최신 개정판

요리조리 맛있는
C 언어

초판 인쇄일 2018년 2월 1일
초판 발행일 2018년 2월 8일

지은이 서보원
발행인 박정모
등록번호 제9-295호
발행처 도서출판 **혜지원**
주소 (10881) 경기도 파주시 회동길 445-4(문발동 638) 302호
전화 031)955-9221~5 **팩스** 031)955-9220
홈페이지 www.hyejiwon.co.kr

기획 · 진행 박민혁
디자인 김희진, 전은지
표지 디자인 전은지
영업마케팅 김남권, 황대일, 서지영
ISBN 978-89-8379-955-5
정가 26,000원

Copyright © 2018 by 서보원 All rights reserved.

No Part of this book may be reproduced or transmitted in any form, by any means without the prior written permission on the publisher.

이 책은 저작권법에 의해 보호를 받는 저작물이므로 어떠한 형태의 무단 전재나 복제도 금합니다.
본문 중에 인용한 제품명은 각 개발사의 등록상표이며, 특허법과 저작권법 등에 의해 보호를 받고 있습니다.

이 도서의 국립중앙도서관 출판예정도서목록(CIP)은 서지정보유통지원시스템 홈페이지(http://seoji.nl.go.kr)와
국가자료공동목록시스템(http://www.nl.go.kr/kolisnet)에서 이용하실 수 있습니다.(CIP제어번호 : CIP2018003299)

요리조리 맛있는
C 언어
최신 개정판

서보원 지음

혜지원

머리말

C 언어와의 만남은
행운이었습니다!

 2006년, 『요리조리 맛있는 C 언어』의 초판을 쓸 때도 C 언어의 인기가 높았는데 아직도 식지 않았습니다. 하지만 점차 C 언어 개발환경이 변했고, 이에 맞춰 새로운 책을 출간해야겠다고 마음 먹었지만 저자의 게으름 때문에 이제야 개정판을 출간하게 되었습니다. 변화된 C 언어 개발환경에 맞춰서 내용을 수정했고, 예제들도 대폭 변경 및 추가했습니다. 아무쪼록 개정판을 위해 흘린 땀이 C 언어를 공부하는 독자들에게 작으나마 도움이 되었으면 합니다.

 C 언어를 처음 만난 것은 1989년입니다. 당시에 COBOL을 사용해서 프로그래밍하던 필자에게 C 언어는 파격 그 자체였습니다. 간결한 명령어, 효율적인 처리, 강력한 함수 기능, 프로그래머의 구미에 맞게 프로그래밍할 수 있는 자율성 등은 설렘을 안겨주기에 충분했습니다. C 언어를 흠모(?)했던 당시의 기억이 아직도 생생하고, C 언어를 만난 것은 평생 잊지 못할 행운이었습니다.

 C 언어는 1972년에 탄생해서 40년 넘는 동안 인기를 누리고 있습니다. 특히, Unix 운영체제를 개발하기 위해 고안되었기 때문에 Unix의 개발 철학과 맥을 같이 하고 있습니다. Unix는 대화형 운영체제이고, 관리자와 사용자에게 많은 자율성을 제공하며 간결하면서도 적재적소에 사용할 수 있는 세분화된 명령어를 지원하는데, C 언어는 이러한 특징을 고스란히 갖고 있습니다. C 언어가 그토록 오랜 시간 동안 인기를 누리고 있는 이유는 무엇일까요?

 첫 번째는, 강력한 기능 때문입니다. C 언어는 고급 언어이면서도 하드웨어 제어가 가능하기 때문에 다양한 분야에서 사용할 수 있습니다. 지금도 하드웨어를 제어하는 프로그램에 C 언어를 사용하고 있는 것을 보면 알 수 있다.

두 번째는, 범용적이면서 이식성이 좋은 프로그래밍 언어이기 때문입니다. C 언어는 시스템의 종류와 관계없이 사용할 수 있고, 응용 프로그램에서 하드웨어 제어 프로그램에 이르기까지 다양한 프로그램을 작성할 수 있습니다.

세 번째는, 구조적인 기법을 사용하기 때문입니다. 프로그래밍을 공부할 때 제일 먼저 듣는 말이 알고리즘입니다. 알고리즘은 명령어를 논리적으로 구성해 놓은 것을 의미하는데, C 언어는 구조적인 기법을 사용하는 대표적인 언어이기 때문에 알고리즘을 공부할 때 유용합니다. 프로그래밍을 교육하는 대부분의 학교에서 C 언어를 필수 과목으로 선택하는 이유가 여기에 있습니다. 또한 요즘에 가장 인기 있는 Python, C++, Java가 C 언어의 전통을 이어받고 있기 때문에 이들 언어를 익히는 데 많은 도움이 됩니다.

이 책에서는 ANSI-C를 기준으로 문법을 설명하고 있으며, 풍부한 예제를 사용해서 C 언어에 대한 이해를 돕고 있습니다. 각 장의 기본 구성은 우선 문법을 설명하고 예제를 제시하는 형식으로 되어 있습니다. 특히 『Level Up』 예제를 마련하여 독자 스스로 문제를 해결할 수 있는 능력을 키울 수 있도록 했고, 각 장의 마지막 부분에는 주요 내용을 정리할 수 있는 연습 문제를 수록하였습니다. C 언어의 기초 문법부터 파일 입출력에 이르기까지 대부분의 내용을 담고 있기 때문에 처음부터 숙독한다면 C 언어의 전문가로 변신할 수 있을 것입니다.

끝으로, 이 책이 출간되기까지 물심양면으로 도움을 주신 도서출판 혜지원의 박정모 사장님과 깔끔한 편집과 교정으로 완성도를 높여주신 박민혁, 전은지, 김희진에게 감사드립니다.
하늘나라에 계신 어머니와 가장 사랑하는 아내, 희주, 희유에게 이 책을 선물합니다.

세상을 하얗게 수놓은 겨울, 혜화관 6층 연구실에서
저자 씀

목차

머리말 ································ 4

{ PART 01 프로그램과 C 언어 }

Chapter 01 프로그램이란?
1 | 프로그램 ······················· 14
2 | 프로그래밍 언어 ················ 16

Chapter 02 프로그래밍 언어의 종류
1 | 저급 언어와 고급 언어 ··········· 19
2 | 컴파일 언어와 인터프리트 언어 ··· 21
3 | 절차지향 언어와 객체지향 언어 ··· 22

Chapter 03 C 언어의 역사와 특징
1 | C 언어의 역사 ·················· 25
2 | C 언어의 특징 ·················· 28

{ PART 02 C 언어와의 첫 만남 }

Chapter 01 C 프로그램 환경 설정하기
1 | Visual Studio 2017 사용하기 ····· 36
2 | Dev C++ 사용하기 ··············· 43

Chapter 02 첫 번째 C 프로그램
1 | 프로그램 작성 방법 ·············· 49
2 | C 프로그램의 기본 구조 ·········· 53
3 | 첫 번째 프로그램의 분석 ········· 55
4 | 몇 가지 규칙 ··················· 57
5 | 간단한 표준 입출력 프로그램 ····· 60

{ PART 03 변수와 자료형 }

Chapter 01 변수란?
1 | 식별자(identifier) ················· 80
2 | 변수와 상수 ······················· 82

Chapter 02 자료형
1 | 자료형이란? ······················· 84
2 | 자료형의 사용 방법 ··············· 85
3 | 자료형 수정자 ···················· 88
4 | 문자형 변수 ······················· 93
5 | 정수형 변수 ······················ 100
6 | 실수형 변수 ······················ 106

Chapter 03 상수
1 | 상수의 종류 ······················ 112
2 | 정수형 상수 ······················ 112
3 | 실수형 상수 ······················ 115
4 | 문자 상수 ························· 116
5 | 문자열 상수 ······················ 119

Chapter 04 형변환
1 | 형변환이란? ······················ 127
2 | 자동 형변환 ······················ 128
3 | 강제 형변환 ······················ 132

{ PART 04 연산자 }

Chapter 01 수식과 문장
1 | 수식 ······························ 142
2 | 문장 ······························ 143

Chapter 02 연산자의 종류와 우선순위
1 | 연산자의 종류 ···················· 146
2 | 연산자의 우선순위 ··············· 147

Chapter 03 산술 연산자 ··············· 149

Chapter 04 증감 연산자 ··············· 154

Chapter 05 대입 연산자 ··············· 158

Chapter 06 관계 연산자 ··············· 163

Chapter 07 논리 연산자 ··············· 169

Chapter 08 비트 논리 연산자
1 | 비트 논리 연산자 ················ 179
2 | 비트 이동 연산자 ················ 188

Chapter 09 주소 연산자 ··············· 194

Chapter 10 기타 연산자

1 | 조건 연산자 ·················· 198
2 | 연결 연산자 ·················· 201
3 | 캐스트 연산자 ················ 203
4 | sizeof 연산자 ················ 204

{ PART 05 제어문 }

Chapter 01 제어 구조
1 | 제어 구조의 종류 ············· 218
2 | 순차 처리 ···················· 219
3 | 선택 처리 ···················· 219
4 | 반복 처리 ···················· 220

Chapter 02 선택문
1 | if문 ·························· 221
2 | switch문 ···················· 231

Chapter 03 반복문
1 | while문 ····················· 246
2 | do~while문 ················· 250
3 | for문 ························ 254

Chapter 04 분기문
1 | break문 ····················· 275
2 | continue문 ·················· 278
3 | goto문 ······················ 281
4 | return문 ···················· 283

{ PART 06 배열과 포인터 }

Chapter 01 포인터
1 | 포인터란? ··················· 294
2 | 포인터의 사용 방법 ·········· 297
2 | 포인터 사용의 주의 사항 ····· 304

Chapter 02 배열
1 | 배열의 정의 ·················· 307
2 | 배열의 선언 ·················· 308
3 | 배열의 초기화 ················ 312
4 | 다차원 배열 ·················· 318

{ PART 07 포인터 활용 }

Chapter 01 배열과 포인터의 관계
1 | 포인터 연산 ·················344
2 | 포인터로 배열 처리하기 ·········350

Chapter 02 포인터와 문자열
1 | 문자열 처리 ················356
2 | 다차원 배열과 문자열 ·········361

Chapter 03 포인터의 종류
1 | 배열 포인터 ················367
2 | 포인터 배열 ················370
3 | 포인터의 포인터 ············373
4 | void형 포인터 ··············376

{ PART 08 함수 }

Chapter 01 함수의 정의
1 | 프로그램과 함수 ············384
2 | 함수란? ···················386
3 | 함수의 정의 ···············387

Chapter 02 함수의 사용
1 | 함수의 선언 ················393
2 | 함수의 사용 ················395

Chapter 03 매개변수 전달 방법
1 | 매개변수 ··················403
2 | 매개변수 전달 방법 ·········406
3 | 값에 의한 호출(call by value) ···407

4 | 참조에 의한 호출(call by reference)   410

Chapter 04 함수에서 값을 반환하는 방법
1 | return 명령 ···············413
2 | 함수의 자료형 ·············417
3 | void형 함수 ···············422
4 | main 함수의 자료형과 매개변수 ·······424

Chapter 05 순환 함수
1 | 순환 함수란? ···············433
2 | 순환 함수의 특징 ···········437
3 | 순환 함수를 사용한 하노이 타워 문제   440

{ PART 09 표준 입출력과 문자열 함수 }

Chapter 01 표준 입출력 함수
1 | 표준 입출력 함수 ·················· 452
2 | 단일 문자 출력 함수 ············· 454
3 | 단일 문자 입력 함수 ············· 454
4 | 문자열 출력 함수 ················· 455
5 | 문자열 입력 함수 ················· 456

Chapter 02 문자열 함수
1 | 문자열 함수의 종류 ·············· 462
2 | 문자열 관련 함수 작성하기 ······ 478

{ PART 10 기억 클래스 }

Chapter 01 메모리 할당 방법
1 | 동적 할당(dynamic allocation) ········ 488
2 | 정적 할당(static allocation) ·············· 489

Chapter 03 메모리의 동적 할당
1 | C 언어의 메모리 관리 ················· 527
2 | 동적 할당 함수 ························ 528

Chapter 02 기억 클래스
1 | 기억 클래스 ·································· 491
2 | 기억 클래스의 종류 ······················ 492
3 | 자동 변수 ·································· 494
4 | 레지스터 변수 ····························· 500
5 | 정적 변수 ·································· 503
6 | 외부 변수 ·································· 508

{ PART 11 구조체 }

Chapter 01 구조체의 이해
1 | 구조체란? ················· 538
2 | 구조체 선언 및 정의 ·········· 540

Chapter 02 구조체의 사용
1 | 구조체 멤버에 대한 접근 ······· 545
2 | 구조체 변수의 초기화 ·········· 548
3 | 구조체 배열과 포인터 ·········· 551
4 | 중첩된 구조체 ················ 557
5 | 구조체를 매개변수로 사용하는 함수 ······· 560

Chapter 03 자기 참조 구조체
1 | 자기 참조 구조체란? ·········· 565
2 | 연결 리스트(linked list) ······ 568

Chapter 04 공용체
1 | 공용체란? ··················· 574
2 | 공용체의 사용 방법 ············ 574

Chapter 05 비트 필드
1 | 비트 필드란? ················ 580
2 | 비트 필드의 사용 방법 ········· 580

{ PART 12 선행처리기 }

Chapter 01 선행처리기의 이해
1 | 선행처리기란? ··············· 598
2 | 선행처리 명령의 종류 ········· 599
3 | 선행처리 명령의 사용 방법 ····· 600

Chapter 02 #include
1 | 사용 방법 ·················· 601
2 | 표준 헤더 파일의 종류 ········ 602

Chapter 03 #define
1 | #define의 기능 ············· 606
2 | 단순 치환 ·················· 607
3 | 매크로 함수 ················· 610
4 | #undef ···················· 615

Chapter 04 조건 컴파일
1 | 조건 컴파일이란? ············ 619
2 | #ifdef, #ifndef ············ 619
3 | #if, #elif ················· 623
4 | 기타 명령어 ················· 626

{ PART 13 파일 입출력 }

Chapter 01 파일 입출력의 기초
1 | 스트림의 이해 ················· 640
2 | 파일 입출력 함수의 종류 ········· 644

Chapter 02 파일 입출력
1 | 파일 입출력 작업의 순서 ········· 646
2 | 파일 열기 ··················· 647
3 | 파일 닫기 ··················· 650
4 | 문자 입출력 함수 ·············· 651
5 | 문자열 파일 입출력 함수 ········· 658
6 | 서식화 파일 입출력 함수 ········· 662
7 | 블록 단위 입출력 함수 ·········· 664

Chapter 03 파일에 대한 임의 접근
1 | 임의 접근이란? ················ 669
2 | 임의 접근 함수 ················ 669

{ 부록 C 언어의 표준 라이브러리 }

01 | 문자 검사 및 변환 함수 ········ 682
02 | 데이터 변환 함수 ············· 684
03 | 문자열 처리 함수 ············· 685
04 | 버퍼 조작 함수 ··············· 687
05 | 메모리 관련 함수 ············· 688
06 | 수학 함수 ··················· 689
07 | 표준 입출력 함수 ············· 693
08 | 파일 입출력 함수 ············· 694
09 | 폴더 관련 함수 ··············· 698
10 | 시간 함수 ··················· 699
11 | 난수 발생 함수 ··············· 701

Index ························· 702

PART 01

프로그램과 C 언어

C는 너무나 유명한 프로그래밍 언어입니다. 수많은 프로그래머들은 C 언어를 중요한 언어로 대접하고 있습니다. 대학을 비롯한 컴퓨터 관련 교육 기관에서는 C 언어를 필수 과목으로 가르치고 있을 정도입니다. C 언어는 어떤 매력을 가지고 있기에 이처럼 오랫동안 인기를 누리고 있을까요? 그 해답을 풀기 전에 일반적인 프로그래밍 언어와 C 언어의 특징에 대해 알아보면서 한발 다가가겠습니다.

프로그램이란?

1 프로그램

컴퓨터는 많은 데이터를 저장할 수 있고, 사람보다 훨씬 빠른 속도로 연산합니다. 또한 사람이 지시한 내용을 있는 그대로 처리할 수 있는 정직함도 갖고 있습니다. 이러한 컴퓨터를 사용하는 목적은 무엇일까요? 한마디로 말하면, 고용량·고속의 컴퓨터로 데이터를 처리하여 원하는 정보를 얻기 위해서입니다. 그렇다면 컴퓨터에게 처리할 작업을 어떻게 지시할 수 있을까요?

그 방법이 프로그램(program)입니다. 프로그램은 컴퓨터가 처리할 명령어들을 모아놓은 묶음입니다. 좀 더 고급스럽게 정의하면, 「프로그램은 데이터를 처리하기 위한 명령어를 논리적인 순서에 맞게 모아 놓은 것입니다. 이때 프로그램을 구성하는 각각의 명령어들은 서로 연관성이 있어야 합니다.

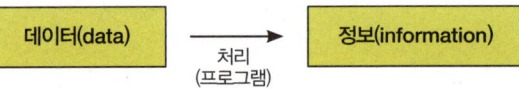

다음은 C 언어와 자바로 작성한 1부터 100까지의 합을 출력하는 프로그램입니다.

C의 예
```c
#include <stdio.h>
int main( )
{
    int i, sum = 0;

    for(i = 1; i <= 100; i++)
        sum = sum + i;
    printf("합 : %d\n", sum);

    return 0;
}
```

자바의 예
```java
class Hap {
    public static int main(String[] args ) {
        int sum = 0;

        for(int i = 1; i <= 100; i++)
            sum = sum + i;
        System.out.println("합 : " + sum);
    }
}
```

프로그램(program)
컴퓨터로 데이터를 처리하기 위한 명령어를 논리적인 순서로 모아 놓은 것

뛰어넘기

컴퓨터의 구성

컴퓨터는 하드웨어(hardware)와 소프트웨어(software)로 구성되어 있습니다. 하드웨어는 컴퓨터 자체, 즉 컴퓨터를 구성하는 기계 장치를 뜻합니다. 하지만 소프트웨어는 하드웨어를 구성하고 있는 CPU, 하드디스크, 메모리 등의 장치들을 효과적으로 사용하기 위한 프로그램입니다. 소프트웨어는 컴퓨터에게 작업을 지시하거나 사용자가 하드웨어를 쉽게 이용할 수 있도록 중간 역할을 수행하는 프로그램들의 집합이라고 할 수 있습니다. 사람으로 비유하면 하드웨어가 팔, 다리고 소프트웨어는 정신이나 지식에 해당합니다. 이러한 소프트웨어는 응용 소프트웨어와 시스템 소프트웨어로 나뉩니다.

• 응용 소프트웨어
특정한 목적을 위해 프로그래밍 언어를 이용하여 작성된 프로그램들의 집합으로, 오피스 프로그램, 인터넷 브라우저 등이 여기에 속합니다.

• 시스템 소프트웨어
응용 소프트웨어와 하드웨어 사이에서 사용자가 컴퓨터 하드웨어를 보다 효율적으로 이용할 수 있도록 도와주는 프로그램들의 집합입니다. 운영체제, 컴파일러, 링커, 로더 등이 여기에 속합니다. 이러한 시스템 소프트웨어는 일반적으로 컴퓨터 제작 회사나 전문 소프트웨어 개발 회사에서 만들고 있으며 컴퓨터 하드웨어에 의존적입니다.
참고로 프로그램 중에는 롬(ROM : Read Only Memory)에 기록되어 변경하기가 어려운 것도 있는데, 이러한 것은 하드웨어와 소프트웨어의 중간적인 성격을 갖는다고 하여 펌웨어(firmware)라고 합니다.

2 프로그래밍 언어

사람이 컴퓨터에게 특정한 작업을 지시하고, 상호간에 대화를 하기 위해서는 의사소통할 수 있는 언어가 필요합니다. 이를 위해 사람과 컴퓨터 사이에 미리 약속된 언어를 사용합니다. 프로그래밍 언어는「사람이 컴퓨터에게 작업을 지시하기 위한 명령과 자료 표현 방식을 기호로 만들어 놓은 것」입니다. 한마디로 말해서 프로그래밍 언어는 프로그램을 작성하는데 사용되는 언어입니다.

1940년대에 탄생한 최초의 컴퓨터는 지금과 같은 형태의 프로그램을 사용하지 않았습니다. 당시에는 직접 배선이나 스위치를 조작해서 프로그래밍했고, 이것이 발전해서 0과 1로 구성된 기계어를 사용하여 본격적으로 프로그램을 만들기 시작했습니다. 지금까지 사용되고 있는 프로그래밍 언어를 5단계 세대로 구분할 수 있습니다.

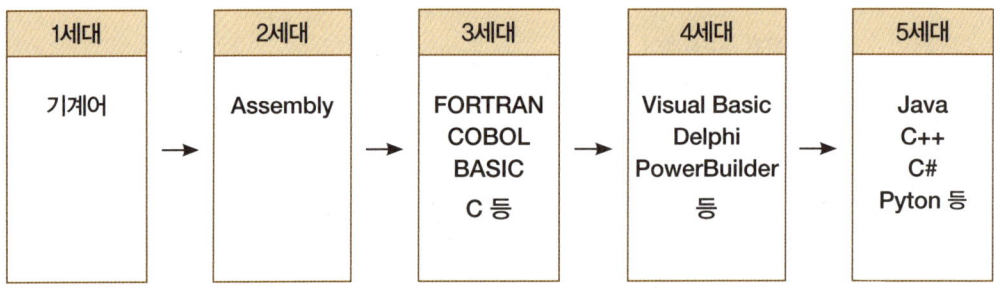

위의 그림처럼 1세대(1G)부터 5세대(5G)까지 다양한 프로그램 언어를 구분할 수 있습니다. 프로그래밍 언어의 세대별 특징은 다음과 같습니다.

- **1세대 언어(1st generation language)**

컴퓨터가 처음 개발되었을 때 사용하기 시작한 기계어 코드이고 모든 명령어를 0과 1로 나타냅니다. 따라서 사람이 프로그램을 작성하기 매우 어렵습니다. 그리고 하드웨어에 따라 기계어 명령어가 다르기 때문에 코드의 호환성이 좋지 않습니다. 기계어는 주로 하드웨어를 제어할 때 사용합니다.

- **2세대 언어(2nd generation language)**

기계어는 하드웨어에 친숙하지만 사람이 사용하기에는 매우 비효율적인 방식입니다. 그래서 0과 1의 기계어 코드를 기호화한 언어를 만들었는데, 그게 바로 어셈블리 언어입니다. 어셈블리는 하드웨어 장치 드라이버와 고속의 연산이 필요한 특수한 프로그램에서만 제한적으로 사용합니다. 기계어에 비해 상대적으로 사용하기 쉽지만 여전히 배우기 어렵고, 하드웨어의 종류에 많은 영향을 받기 때문에 코드의 호환성이 좋지 않습니다.

- **3세대 언어(3rd generation language)**

1954년에 만들어진 세계 최초의 고급 언어 포트란(FORTRAN)을 비롯해서 코볼(COBOL), 베이직(BASIC), C 언어 등이 있고, 3세대 언어를 다른 말로 절차지향 언어(procedure oriented language)라고 합니다. 절차지향 언어는 프로그램의 수행 단위가 함수로 구성되어 있습니다. 현재 3세대 언어는 C 언어를 제외하고는 많이 사용하고 있지 않습니다.

- **4세대 언어(4th generation language)**

1990년 중반 이후에 많이 사용된 프로그램 언어입니다. 주로 윈도우 운영체제에서 GUI(Graphic User Interface)와 데이터베이스 관련 프로그램을 쉽고 빠르게 개발하기 위해 많이 사용했습니다. 대표적으로 마이크로소프트사에서 제작한 Visual Basic(비주얼 베이직), 볼랜드에서 제작한 Delphi(델파이), 사이베이스에서 제작한 PowerBuilder(파워 빌더) 등이 있습니다. 최근에는 5세대 언어에 밀려서 사용자가 급격히 줄어들었습니다.

- **5세대 언어(5th generation language)**

1990년 후반에 등장한 언어입니다. 다양한 운영체제가 섞여 있는 네트워크 환경에서 데이터베이스 처리와 임베디드용 프로그램 제작에 많이 사용됩니다. 1995년에 탄생한 자바와 2002년에 소개된 C#이 대표적인 5세대 언어입니다.

임베디드 시스템(embedded system)

임베디드 시스템이란 말 그대로 '내장된', '끼워 넣은' 시스템입니다. 기존의 시스템에 다른 기능을 추가하기 위해 소프트웨어가 내장된 하드웨어를 끼워 넣은 시스템으로, 스마트폰도 휴대전화기에 컴퓨터 기능을 추가한 일종의 임베디드 시스템입니다.

프로그래밍
프로그램을 작성하는 행위를 말합니다.

프로그래밍 언어
컴퓨터에게 특정한 작업을 지시하기 위한 명령과 자료 표현 방식을 기호로 만들어 놓은 것입니다.

뛰어넘기

위키피디아에서 파이썬을 다음과 같이 정의하고 있습니다.

"파이썬은 1991년 프로그래머인 귀도 반 로섬(Guido van Rossum)이 발표한 고급 프로그래밍 언어로, 플랫폼 독립적이며 인터프리터식, 객체지향적, 동적 타이핑(dynamically typed) 대화형 언어이다. 파이썬이라는 이름은 귀도가 좋아하는 코미디 'Monty Python's Flying Circus'에서 따온 것이다."

그림 귀도 반 로섬

파이썬 홈페이지(www.python.org)에서 파이썬은 강력하고, 빠르고, 어디서든 실행할 수 있고, 친숙하고, 배우기 쉽고, 오픈 소스라고 말합니다. 파이썬이 인기 있는 이유는 배우기 쉬우면서 강력한 기능을 갖고 있기 때문입니다. 특히 리스트, 딕셔너리 등과 같은 고급 수준의 자료구조가 지원될 뿐만 아니라, 네트워크, 수학 계산, 웹 프로그래밍 등의 다양한 분야의 프로그램을 작성할 수 있는 라이브러리를 제공합니다. 현재 파이썬은 3.4 버전까지 나와 있고, 파이썬 홈페이지에서 무료로 다운받아서 사용할 수 있습니다.

1부터 100까지의 합을 출력하는 파이썬 프로그램

```
sum = 0;
for k  in range(1, 100) :
    sum = sum + k

print("합계 = ", sum)
```

프로그래밍 언어의 종류

프로그래밍 언어의 종류는 세대별로 구분하는 것 이외에도 저급 언어와 고급 언어, 컴파일 언어와 인터프리트 언어, 절차지향 언어와 객체지향 언어 등의 다양한 방법으로 나눌 수 있습니다.

1 저급 언어와 고급 언어

컴퓨터에게 명령을 내리기 위해서는 컴퓨터가 이해할 수 있는 언어인 2진수로 전달해야 합니다. 이와 같이 기계가 직접 이해할 수 있는 언어(기계어)를 저급 언어라고 합니다. 하지만 2진수는 사람이 사용하기 어렵기 때문에 보다 편리하게 사용할 수 있는 언어가 필요합니다. 그래서 만들어진 것이 고급 언어입니다. 프로그래밍 언어는 기계 중심인지, 사람 중심인지에 따라 저급과 고급으로 구분할 수 있습니다.

 저급 언어와 고급 언어는 언어의 질적인 차이가 아니라 기계 중심 또는 사람 중심이냐 하는 차이입니다.

저급 언어(low-level language)

저급 언어는 기계가 직접 이해할 수 있는 기계어(machine language)와 어셈블리 언어(assembly language)가 있습니다. 기계어는 0과 1의 조합으로 명령어를 구성합니다. 기계가 이해하기는 쉽지만 사람이 사용하기는 어렵습니다. 어셈블리 언어는 기계어에 있는 각각의 2진수 명령어를 기호로 구성하였습니다. 그렇기 때문에 어셈블리로 작성된 프로그램을 직접 실행할 수 없고, 번역한 다음에 실행할 수 있습니다. 어셈블리로 작성된 프로그램을 기계어로 번역해주는 프로그램을 어셈블러(assembler)라 하고, 번역 작업을 어셈블(assemble)이라고 합니다.

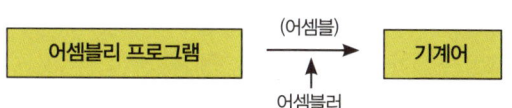

어셈블리로 작성된 프로그램의 예는 다음과 같습니다.

```
MOV A, B
ADD A, 10
LOAD C
SUB A, C
```

저급 언어는 기계 중심 언어이기 때문에 실행 속도가 빠르고, 하드웨어를 정밀하게 제어할 수 있습니다. 하지만 배우기 어렵고, 기계 의존적이기 때문에 호환성이 떨어지는 단점이 있습니다.

기계어
컴퓨터가 이해할 수 있는 2진수로 만들어진 언어

어셈블(assemble) : 어셈블리 프로그램을 번역하는 작업
어셈블러(assembler) : 어셈블리 프로그램을 번역하는 소프트웨어

고급 언어(high-level language)

사람이 사용하는 언어를 명령어로 사용하는 프로그래밍 언어입니다. 기계보다는 사람에게 친숙하기 때문에 배우기 쉽고, 사용이 편리합니다. 하지만 저급 언어에 비해 하드웨어 제어가 힘들고 실행 속도가 느립니다. 고급 언어로 작성된 프로그램은 컴퓨터가 이해할 수 있는 기계어로 번역되어야 하는데, 이때 사용하는 번역기로는 컴파일러(compiler)와 인터프리터(interpreter)가 있습니다. 세계 최초의 고급 언어는 포트란이고, 비주얼 베이직, C, C++, 자바 등과 같은 언어들이 있습니다.

대부분의 프로그래밍 언어는 미국에서 만들었기 때문에 영어로 된 명령어를 사용합니다.

2 컴파일 언어와 인터프리트 언어

고급 언어는 사람이 쉽게 사용할 수 있도록 하기 위해 영어로 된 명령어를 사용합니다. 하지만 컴퓨터는 2진수만 이해할 수 있기 때문에 프로그램 명령어를 직접 실행할 수 없습니다. 프로그램을 실행하기 위해서는 컴퓨터가 이해할 수 있는 2진수 명령어로 번역해야 하는데, 이때 2진수로 된 명령어를 기계어 코드라고 합니다. 번역과 실행 방법에 따라 컴파일과 인터프리트로 구분합니다.

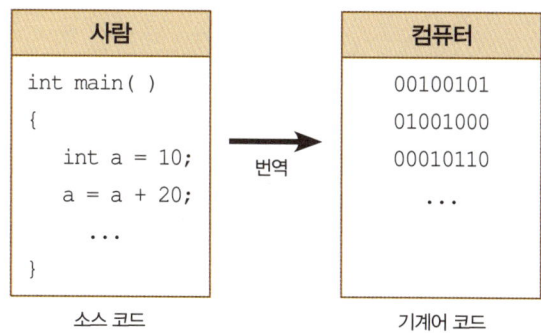

컴파일 방식

사용자가 작성한 프로그램 소스 코드(source code)를 컴파일러(compiler)를 이용해서 기계어 코드(machine code)로 변환합니다. 이렇게 변환된 기계어 코드는 별도의 파일로 만들어지는데, 이를 목적 파일(object file)이라 부르고, 파일 확장자는 obj입니다. 목적 파일은 아직 실행할 수 없기 때문에 링커(linker)라는 프로그램을 사용해서 실행 파일(execution file)로 변환하고, 이때 만들어진 파일의 확장자는 exe입니다. 이처럼 번역을 통해 실행 가능한 파일을 만들어서 작업을 수행하는 것을 컴파일 방식이라고 합니다.

컴파일러로 번역한 결과, 소스 코드와는 별도의 기계어 코드 파일이 만들어지기 때문에 한 번 번역한 후에 다시 번역하지 않고 실행할 수 있어서 실행 속도가 빠릅니다. 또한 번역된 기계어 파일만 있으면 실행할 수 있기 때문에 프로그램을 배포할 때 소스 코드를 숨길 수 있는 장점이 있습니다. 하지만 번역과 실행 과정을 거치기 때문에 번거로운 단점이 있습니다.

인터프리트 방식

인터프리트 방식도 컴파일 방식과 동일하게 프로그램 소스 코드를 기계어 코드로 변환합니다. 다만 번역한 기계어 코드를 목적 파일과 실행 파일과 같은 별도의 파일로 생성하지 않습니다. 그렇기 때문에 실행 파일을 사용해서 프로그램을 실행하는 것이 아니고, 인터프리터(interpreter)라는 프로그램을 사용해서 매번 번역하여 실행합니다. 인터프리트 방식은 소스 코드를 한 줄씩 읽어서 그때그때 실행하는 것으로, GW-Basic, JavaScript, 파이썬(Python) 등이 있습니다. 인터프리트 언어는 문법이 간단해서 배우기 쉬우며, 인터프리터만 운영체제에 맞게 바꿔주면 다양한 환경에서 동일하게 작동시킬 수 있는 장점이 있습니다. 하지만 실행 시 매번 번역해야 되므로 실행 속도가 느린 단점이 있습니다.

컴파일 방식은 번역한 결과가 파일로 만들어지는 반면에 인터프리트 방식은 실행할 때마다 매번 번역합니다.

C 언어는 컴파일 방식의 프로그래밍 언어입니다.

Java나 C#은 컴파일과 인터프리트 방식을 함께 사용하는 언어입니다. 소스 코드를 중간 코드(바이트 코드)로 번역하고, 이를 인터프리터가 해석해서 실행합니다. 이런 방식을 하이브리드(hybrid) 방식이라고 합니다.

3 절차지향 언어와 객체지향 언어

프로그램을 작성하는 방법에 따라 절차지향 방식과 객체지향 방식으로 구분할 수 있습니다. 절차지향 방식은 1970년대부터 1990년대 초반까지 유행하였고, 1990년대부터는 객체지향 방식을 주로 사용합니다.

절차지향 언어(procedure oriented language)
명령어의 순서에 초점을 맞춰서 프로그래밍하기 때문에 데이터를 순차적으로 처리합니다. 그리고 함수(function) 또는 프로시저(procedure) 중심으로 프로그램을 작성하기 때문에 구조적 프로그래밍(structured programming) 언어라고도 부릅니다. COBOL, FORTRAN, PASCAL, C 언어 등이 이에 속합니다.

객체지향 언어(object oriented language)

명령어와 데이터를 결합시킨 객체를 사용해서 프로그래밍할 수 있는 언어입니다. 단순히 명령어의 순서만이 아니라 객체의 결합을 통해 프로그래밍하기 때문에 규모가 큰 프로그램을 개발하는 데 적합합니다. 또한 객체를 재사용할 수 있기 때문에 프로그램 개발의 생산성을 높일 수 있습니다. C++, C#, 자바와 같은 언어가 이에 속합니다.

C는 고급 언어, 컴파일 언어, 절차지향 언어입니다.

뛰어넘기 프로그래밍 언어

현재 사용되고 있는 프로그래밍 언어는 수천가지 종류가 있습니다. 각각의 언어마다 특성이 있고, 사용 방법이 다릅니다. 이러한 언어를 전부 익히는 것은 불가능하지만 몇몇 주요한 언어는 알아두는 것이 좋습니다. 특히 C, C++, Java 정도는 알고 있어야만 프로그램 세계에서 활동할 수 있습니다.

이처럼 다양한 프로그래밍 언어를 익혀야 되는 이유는 다음과 같습니다.

• **주어진 문제를 해결하는데 필요한 가장 좋은 언어를 선택할 수 있습니다.**
다양한 프로그래밍 언어를 알고 있으면 용도와 기능에 맞는 최적의 프로그래밍 언어를 선택할 수 있습니다. 예를 들어 네트워크 환경에서 동작하는 프로그램을 작성하려면 자바를 사용하고, 하드웨어 제어를 위해 C 언어를 사용하여 프로그래밍할 수 있습니다.

• **보다 효율적인 프로그래밍이 가능해집니다.**
프로그래밍 언어마다 기능과 특성이 다르기 때문에 원하는 기능을 지원하는 프로그래밍 언어를 선택해서 사용한다면 보다 효율적인 프로그래밍이 가능해집니다.

• **또 다른 언어를 익히는데 도움이 됩니다.**
프로그램에 대한 기본적인 지식을 갖고 있다면 대부분의 프로그래밍 언어가 비슷한 체계를 유지하고 있기 때문에 새로운 프로그래밍 언어를 보다 빨리 익힐 수 있습니다.

• **프로그래밍 능력을 향상시킬 수 있습니다.**
현재 사용하고 있는 프로그래밍 언어는 지원하지 않지만 다른 언어에서 제공하는 보다 효율적인 기능을 모방하여 프로그래밍 할 수 있습니다. 그러면 보다 강력한 기능을 구현하는데 도움이 됩니다.

많은 프로그래밍 언어를 사용할 수 있는 능력을 갖추면 위와 같은 도움이 됩니다. 하지만 수많은 언어를 전부 알 수 없기 때문에 많은 언어를 공부하는데만 시간 투자한다면 오히려 부작용이 클 것입니다. 지금 공부하고 있는 C 언어를 자유자재로 사용할 수 있는 능력을 키우고, 이를 바탕으로 새로운 언어를 공부하는 것이 좋습니다.

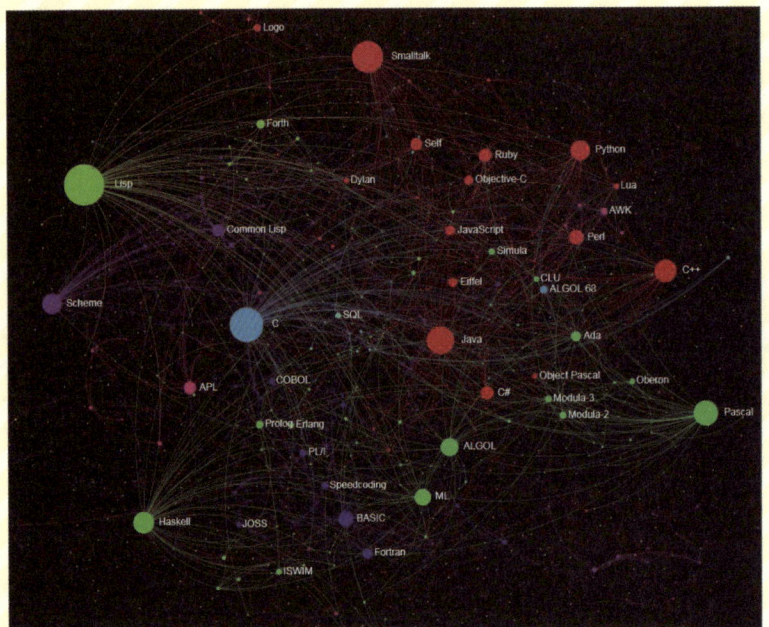

프로그래밍 언어의 관계

C 언어의 역사와 특징

CHAPTER 03

1 C 언어의 역사

C 언어는 1972년 미국의 AT&T에 있는 벨(Bell) 연구소에서 Unix를 설계하던 중 데니스 리치(Dennis Ritchie)에 의해서 탄생했습니다.

C 언어의 탄생 배경

당시에 벨 연구소의 시스템 프로그래머들은 작업 수행 환경 개선을 위해 새로운 운영체제의 필요성을 느꼈고, 켄 톰슨(Ken Thompson)을 중심으로 「Unix」라는 운영체제를 개발하기 시작했습니다. 처음에 개발된 Unix는 어셈블리 언어로 만들었기 때문에 하드웨어 의존도가 높아 서로 다른 시스템 사이의 이식성이 낮은 단점이 있었습니다. 이에 켄 톰슨은 PDP-7에서 시분할 시스템을 구현하기 위해 BCPL(Basic Combined Programming Language)을 간략화한 B 언어를 설계하였습니다. B 언어는 BCPL을 미니컴퓨터에서 사용할 수 있도록 기능을 추가하였고, 어셈블리 언어에 비해서 다른 기종 간의 호환성이 좋은 고급 언어입니다. 하지만 B 언어는 자료형이 제한적이고, 특정한 범위에서만 수행되는 범용성의 한계를 완전하게 해결하지 못했습니다. 때문에 어셈블리 언어만으로 개발된 초기의 Unix를 B 언어로 발전시켰지만 여전히 시스템 의존적인 운영체제라는 벽을 넘지는 못하는 한계를 갖고 있었습니다.

그 후 1972년 데니스 리치는 PDP-11에서 시분할 시스템을 구현하기 위해 C 언어를 설계하고 구현하였습니다. C 언어는 개발될 때부터 시스템에 관계없이 작동하면서 하드웨어까지 원활하게 제어할 수 있도록 설계되었습니다. 이렇게 탄생한 C 언어는 1973년 Unix V5의 90% 정도를 작성하는 주요한 언어로 사용되었습니다.

C 언어 이름의 유래

C 언어는 하버드 대학에서 응용 수학 부문 박사 학위를 받은 후 벨 연구소에서 4년째 일하고 있던 데니스 리치에 의해서 만들어졌었습니다. C라는 이름의 유래는 여러 가지 속설이 있습니다. BCPL을 기반으로 만들어진 B 언어는 BCPL의 첫 글자를 따서 'B'라는 이름이 붙었고, C 언어는 B 언어보다 우월하다는 생각에서 B의 다음 알파벳을 사용했다는 얘기가 있습니다. 또 다른 주장은, C 언어는 B 언어에서 파생되었기 때문에 BCPL의 두 번째 문자를 따서 C라고 지어졌다고 합니다. 이렇듯 여러 가지 주장이 있지만 공통점은 B 언어에서 유래하였고, B 언어보다 우수하다는 점입니다.

C 언어의 계보

대부분의 프로그래밍 언어는 뛰어난 기능성과 편리한 사용을 목표로 설계되지만 어떤 특정한 목적을 위해서 만들어지는 경우도 있습니다. 예를 들면, PASCAL 같은 언어는 구조적 프로그래밍의 기본 개념을 설명하는데 목적이 있고, BASIC 언어는 컴퓨터를 처음 접하는 사용자들에게 컴퓨터의 사용과 컴퓨터 언어를 쉽게 배울 수 있도록 하는데 목적이 있습니다. 또한 FORTRAN은 공학용으로 사용하기 위해 발전한 언어이며, COBOL은 사무용에 아주 적합하도록 만들어졌습니다. 프로그래밍 언어가 추구하는 목표는 아주 중요합니다. 특정한 분야에 사용하기 위해 프로그램을 작성하는 경우에는 더욱 더 언어의 선택에 신중해야 합니다.

C 언어는 Unix라는 운영체제를 구현하기 위해 탄생했기 때문에 Unix에 담겨 있는 철학을 그대로 수용하고 있습니다. Unix는 많은 특징을 갖고 있지만, 그 중에서도 범용성과 간결함을 손꼽을 수 있고, 따라서 C 언어는 무척 배우기 쉬우면서도, 강력한 기능을 갖추고 있습니다. 또한 이식성이 아주 뛰어나서 특정한 시스템에서 작성한 프로그램 코드를 약간의 수정만으로 다른 시스템에서도 사용할 수 있습니다. 무엇보다도 C 언어는 운영체제를 만들기 위한 목적으로 탄생했기 때문에 고급 언어이면서 하드웨어 제어 기능이 탁월합니다.

C 언어는 여러 가지 언어의 장점을 흡수하면서 탄생했습니다. C 언어의 기본 개념은 1967년 캠브리지 대학의 마틴 리챠드(Martin Richards)가 제안한 BCPL(Basic Combined Programming Language)을 참조하였고, BCPL은 1963년 캠브리지 및 런던 대학에서 발표한 CPL(Combined Programming Language)를 참조하였습니다. 그리고 CPL은 ALGOL60을 참조 모델로 이용한 언어입니다. C는 BCPL로부터 내려와 켄 톰슨(Ken Thompson)이 창안한 B라는 언어의 영향을 받았습니다.

C 언어는 미국과 유럽에서 발전하고 있던 많은 프로그래밍 언어들로부터 영향을 받았습니다. 그런데 재밌는 것은 C 언어가 미국과 유럽에서 탄생한 언어들의 장점을 적절하게 흡수했다는 점입니다.

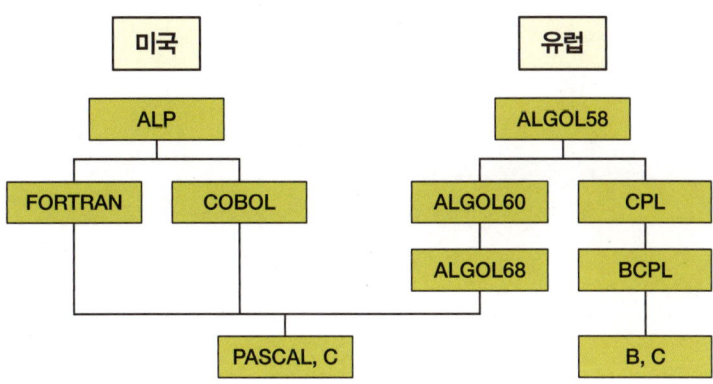

C 언어에 내용적으로 영향을 준 언어들

C 언어는 유럽에서 개발된 ALGOL(ALGOrithm Language)의 영향을 많이 받았습니다. 특히 프로그램을 구조화할 수 있는 기능은 ALGOL로부터 계승되었습니다. 그리고 FORTRAN의 탁월한 함수 기능을 제공받았고, 어셈블리 언어로부터는 하드웨어 제어 기능을 물려받았습니다.

C 언어의 발전

Unix 운영체제를 사용하는 컴퓨터 시스템이 증가함에 따라 C 언어의 인기도 올라갔습니다. C 언어가 탄생한 초기에는 표준안이 없는 상태에서 계속 발전하였지만, 사용자가 계속 증가하면서 미국 표준 협회(ANSI : American National Standards Institute)에서 표준안을 제정하기에 이르렀습니다. 이것이 ANSI C입니다. ANSI C가 만들어진 이후에 계속적인 표준화 작업이 진행되어, 현재는 1999년에 제정된 C99가 표준으로 사용됩니다.

· **K&R C**

1978년 Prentice-Hall에서 출판된 최초의 C 서적인 'The C Programming Language'의 저자 Brian W. Kernighan과 Dennis M. Ritchie의 영문 이니셜을 따서 K&R C라고 부릅니다. K&R C는 Old C, Original C, Traditional C 등으로도 불리는데, 여기서는 C 언어의 문법만 정의하고 있고 C 라이브러리에 대한 설명이 빠져있습니다.

· **ANSI C / ISO C**

1980년대 초반에 C 언어의 인기가 확산되면서 C 컴파일러의 종류가 증가하였고, 컴파일러마다 호환되지 않는 문제가 발생하였습니다. 이러한 문제를 해결하기 위해 1983년에 ANSI 산하에 위원회가 설치되어 1989년에 C 언어 표준이 채택되었습니다. 이를 C89라 하고, C 언어와 라이브러리를 함께 정의하였습니다.

1990년 국제표준화기구(ISO : International Standardization Organization)에서 C 언어 표준을 채택하였는데, 이를 ISO C라 하고 C90이라고 부릅니다.

- C99

1994년부터 C 언어 표준에 대한 개정을 위해 ANSI와 ISO에서 공동위원회를 설립하였습니다. 이 위원회에서는 C90의 내용을 그대로 고수한 채 한글이나 일본어와 같은 2바이트 크기의 문자를 처리할 수 있도록 하고, C++와의 호환성을 높일 수 있는 C99 표준을 채택하였습니다.

2 C 언어의 특징

C 언어는 Unix 운영체제를 개발하기 위해 만들어졌기 때문에 시스템 프로그램을 작성하는데 필요한 기능을 갖고 있습니다. 이외에도 문서 및 파일 처리, 수식 계산, 그래픽 등과 같은 거의 모든 분야에서 사용할 수 있습니다. C 언어는 강력한 기능과 비교적 쉽게 배울 수 있기 때문에 아주 빠른 속도로 보급되었습니다. 하드웨어 제어가 가능하면서도 이식성이 좋기 때문에 전산 이론 및 실무에서 폭넓게 사용되고 있는 현대적인 언어입니다. C 언어의 주요한 특징을 살펴보면 다음과 같습니다.

시스템 프로그래밍 언어

시스템 프로그램이란 운영체제, 언어 번역기, 디버거 등과 같이 사용자가 시스템을 보다 편리하게 사용할 수 있도록 해주는 소프트웨어입니다. 시스템 프로그램을 작성하기 위해서는 하드웨어 제어 기능과 뛰어난 이식성이 필수적입니다. C 언어는 고급 언어이면서도 저급 언어의 특징인 하드웨어 제어 기능을 갖고 있기 때문에 중급 언어(middle-level language)라고도 부릅니다. C 언어는 다음과 같은 기능을 제공하기 때문에 시스템 프로그래밍 언어로서 손색이 없습니다.

- 비트 연산이 가능합니다.
- 데이터의 형변환이 자유롭습니다.
- 이식성이 뛰어납니다.
- 포인터를 이용해 시스템 자원에 대한 접근이 쉽습니다.
- 언어 사양이 작습니다.

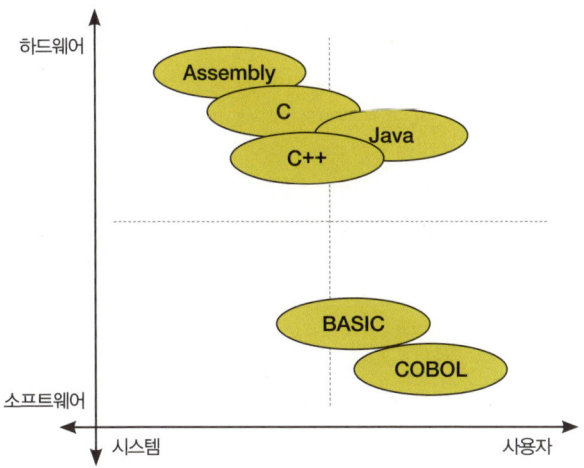

범용 프로그래밍 언어

시스템 프로그램뿐만 아니라 파일 처리, 그래픽, 일반 업무용 프로그램 등과 같은 각종 응용 프로그램을 개발할 수 있습니다. 다양한 제어 구조와 연산자, 풍부한 자료형과 라이브러리를 제공하기 때문에 복잡한 처리뿐만 아니라 일상적인 분야에서도 사용할 수 있습니다.

구조적 프로그래밍 언어

C 언어를 사용하면 하향식 설계(top-down design), 구조적 프로그래밍(structured programming), 그리고 모듈식 설계(modular design)를 할 수 있습니다. 함수를 사용해서 프로그램을 기능별로 분할할 수 있으며, 분할 컴파일이 가능합니다. 또한 구조적 프로그래밍은 프로그램 개발의 생산성을 높일 수 있으며 프로그램의 수정과 디버깅이 용이해지는 장점이 있습니다. 이러한 기능을 이용하여 보다 신뢰성 있고 이해하기 쉬운 프로그램을 만들 수 있습니다.

프로그램은 1개의 소스 파일만으로 만들어지는 것이 아닙니다. 여러 사람이 작업을 분담해서 별도의 소스 파일을 작성하고, 이를 통합하여 1개의 실행 파일을 만들게 됩니다. 이를 위해 C 언어는 각각의 소스 파일을 별도로 컴파일할 수 있는 분할 컴파일 기능을 제공합니다.

뛰어난 이식성

C 언어는 개인용 컴퓨터에서부터 중형 이상의 컴퓨터에 이르기까지 대부분의 시스템에서 사용할 수 있는 높은 호환성을 갖고 있습니다. 특히 자료형 변환이 쉽기 때문에 특정한 시스템에서 개발한 프로그램을 다른 시스템으로 수월하게 이식할 수 있습니다.

콕콕
C 프로그램은 기계어 코드로 번역한 실행 파일의 크기가 작고, 서로 다른 장치에 쉽게 이식할 수 있기 때문에 휴대용 기기, 각종 제어 시스템 등과 같은 장치에서 동작하는 다양한 소프트웨어를 개발하는데 사용합니다.

기타 특징

C 언어는 이 외에도 많은 특징을 갖고 있습니다.

- 명령어와 문법 체계가 간결합니다.
- 메모리의 동적 할당(dynamic allocation)이 가능하기 때문에 기억장치를 효율적으로 사용할 수 있습니다.
- 알파벳 대·소문자를 구분합니다. 참고로 C 언어의 모든 명령어는 소문자를 사용합니다.
- 프로그램은 함수들로 구성되어 있습니다. 프로그래밍 언어의 기본 기능인 입출력 부분까지 함수로 처리합니다.
- 다양한 연산자를 제공합니다.
- 재귀 호출 함수(recursive function)를 사용할 수 있습니다.
- 선행처리기(preprocessor) 기능이 있습니다.
- 프로그램을 컴파일하면 간결한 코드로 만들어집니다.
- 번지 연산 및 비트 단위의 연산이 가능합니다.

뛰어넘기 **C 언어를 선택하는 이유**

C 언어가 탄생한지 40년이 넘은 지금까지도 영향력이 감소하지 않는 이유는 무엇일까요? 대부분의 프로그래머들이 프로그래밍을 공부할 때 C 언어를 추천하는 이유는 무엇일까요? 대부분의 교육 기관에서 C 언어를 가르치는 이유는 무엇일까요?

- **이유 Ⅰ** : C는 이식성이 좋은 언어입니다.

이식성은 C 언어의 가장 널리 알려진 장점 중에 하나입니다. C 언어의 문법을 잘 따르고, 표준 C 언어(ANSI C)에서 규정된 라이브러리를 사용하면 컴파일러나 운영체제, 그리고 시스템에 관계없이 프로그램을 쉽게 이식할 수 있습니다.

- 이유 Ⅱ : C는 융통성이 좋은 언어입니다.

C 언어를 사용해서 작성할 수 있는 프로그램의 종류에는 아무런 제한이 없습니다. 운영체제, 편집기, 컴파일러 등과 같은 프로그램에서부터 업무용 프로그램, 하드웨어 제어 프로그램, 네트워크 프로그램 등에 이르기까지 실로 다양한 프로그램 개발이 가능합니다.

- 이유 Ⅲ : C는 간결한 명령어를 사용하는 언어입니다.

C 언어에서 제공하는 명령어의 개수는 많지 않습니다. 구조적 프로그래밍을 위한 제어문, 다양한 연산자와 자료형을 제외하면 대부분의 기능은 함수로 처리합니다. 그리고 자체에서 제공하는 내장 함수는 main만 있을 뿐, 나머지는 컴파일러 제작 회사에서, 또는 사용자가 직접 작성합니다.

- 이유 Ⅳ : C는 사용자에게 무한한 자유를 제공하는 언어입니다.

C 언어가 탄생하기 전에 인기를 누렸던 COBOL이나 FORTRAN과 같은 언어는 프로그램 작성 규칙이 엄격합니다. 몇 번째 열부터 명령어를 기술하고, 명령어와 선언부를 구분하는 규칙을 반드시 지켜야 합니다. 하지만 C 언어는 프로그램을 작성하는데 반드시 필요한 몇 가지 사항을 제외하면 별다른 규칙이 없습니다. 그렇기 때문에 포인터를 이용한 주소 연산, 자유로운 라이브러리의 구성, 엄격하지 않은 자료형 등을 이용하면 보다 강력한 프로그램을 작성할 수 있습니다. 하지만 많은 자유를 주기 때문에 숙련된 프로그래머가 아니면 C 언어를 정복하는데 어려움이 따른다는 점과 지나치게 자유롭기 때문이 ANSI C 표준을 따르지 않으면 호환성에 문제가 발생할 수 있다는 단점을 내포하고 있습니다.

C 언어의 단점

C 언어는 수많은 장점이 있음에도 불구하고 몇 가지 문제를 갖고 있습니다. C 언어의 장점 중에 하나인 풍부한 유연성이 때로는 단점으로 작용합니다. 자료형과 명령 기술에 대한 규정이 엄격하지 않기 때문에 오류에 대해 프로그래머가 전적으로 책임져야 합니다. 또한 지나치게 간결한 표현 때문에 초보 프로그래머가 익히기에 어려움이 많습니다. 그래서 C 언어를 처음 배우는 사람들이 어렵다고 말합니다.

연습문제

01 데이터를 처리하기 위해 명령어를 논리적으로 모아 놓은 것은 무엇이라 하는가?

① 컴파일러　　② 인터프리터　　③ 프로그램　　④ 프로그래밍 언어

02 고급 언어에 해당되지 않는 것은?

① C　　② 어셈블리　　③ 자바　　④ C++

03 다음 중 C 언어의 특징이 아닌 것은?

① 객체지향 프로그래밍 언어이다.

② 시스템 프로그래밍 언어이다.

③ 유연한 언어이다.

④ 이식성이 뛰어난 언어이다.

04 C 언어의 탄생에 영향을 준 언어가 아닌 것은?

① ALGOL　　② CPL　　③ JAVA　　④ B

05 C 프로그램을 작성하는 과정이 올바른 것은?

① 소스 작성 → 링킹 → 컴파일 → 실행

② 소스 작성 → 컴파일 → 링킹 → 실행

③ 컴파일 → 링킹 → 실행 → 소스 작성

④ 컴파일 → 실행 → 소스 작성 → 링킹

06 C 프로그램을 윈도우 환경에서 컴파일하면 만들어지는 파일의 확장자는 무엇인가?

① exe　　② obj　　③ c　　④ cc

07 프로그램을 작성하는 과정을 (   )이라고 한다.

08 소스 코드를 번역해서 실행하는 방법에 따라 (   ) 방식과 (   ) 방식으로 구분한다.

09 (   ) 언어는 명령어의 순서에 초점을 맞춰서 프로그래밍하고, (   ) 언어는 명령어와 데이터를 결합시킨 객체를 사용해서 프로그래밍할 수 있는 언어이다.

10 저급 언어를 사용하면 호환성이 떨어지는 이유에 대해 설명하시오.

11 C 언어의 장점과 단점을 각각 두 가지씩 기술하시오.

12 C 언어가 시스템 프로그래밍에 강점을 갖는 이유에 대해 설명하시오.

13 컴파일 언어와 인터프리트 언어의 장단점에 대해 설명하시오.

14 절차지향 언어와 객체지향 언어의 특징에 대해 설명하시오.

15 여러 가지 프로그래밍 언어를 익히는 이유에 대해 설명하시오.

PART 02

C 언어와의 첫 만남

C 언어는 높은 인기에 걸맞게 다양한 컴파일러가 존재합니다. 그 중에서 볼랜드의 Turbo-C와 Borland C++는 1990년대 초반까지 애용되었던 컴파일러이고, 지금은 Visual Studio를 가장 많이 사용합니다. 프로그램을 처음 배울 때는 어떤 컴파일러를 사용해도 상관없지만, 실무에서는 컴파일러의 선택이 매우 중요합니다. 이 장에서는 각종 컴파일러의 설치 및 사용 방법에 대해 설명하고, 첫 번째 C 프로그램과 만납니다.

C 프로그램 환경 설정하기

CHAPTER 01

C 언어는 다양한 운영체제와 시스템에서 사용할 수 있기 때문에 컴파일러의 종류가 많습니다. 요즘에는 객체지향 프로그래밍(OOP : Object Oriented Programming) 개념이 도입되면서 C++ 컴파일러를 많이 사용하고 있으며, C++ 컴파일러는 C 언어를 함께 사용할 수 있습니다. 여기서는 Visual Studio 2017과 Dev C++를 사용하는 두 가지 방법에 대해 설명하겠습니다. 두 가지 프로그램 모두 무료로 사용할 수 있고, Dev C++는 프로그램 크기가 작아서 손쉽게 사용할 수 있으니 각자 환경에 맞는 프로그램을 설치하면 됩니다.

1 Visual Studio 2017 사용하기

Visual Studio는 마이크로소프트 홈페이지(http://www.visualstudio.com/ko)에서 다운받을 수 있습니다. Visual Studio 6.0부터 시작되어 현재 2017 버전까지 출시되었습니다.

Visual Studio 2017 다운받기

Visual Studio 2017 Community 버전은 학생이나 개인 개발자들이 무료로 사용할 수 있으니 자유롭게 다운받아서 설치하면 됩니다.

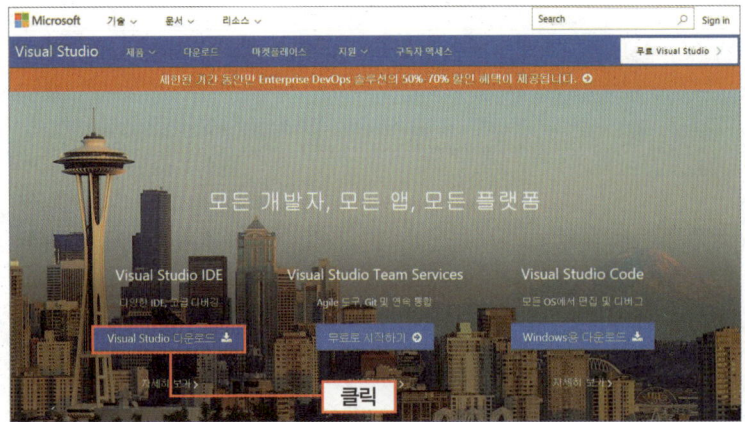

뛰어넘기 — 객체지향 프로그래밍(OOP : Object Oriented Programming)

프로그램은 거의 대부분 사람이 직접 설계해서 하나하나 코딩하는 수작업으로 작성합니다. 그렇기 때문에 프로그램을 개발하는데 많은 시간이 걸리고, 결과적으로 생산성이 떨어질 수밖에 없습니다. 사회의 발전 속도에 비해 프로그램 개발 속도가 더디게 진행되기 때문에 소프트웨어의 위기 상황이 발생하게 되었습니다. 이러한 문제를 해결하기 위해 1970년대 초반에 등장한 것이 구조적 프로그래밍(Structured Programming)입니다. 구조적 프로그래밍은 순차, 선택, 반복이라는 세 가지 제어 구조를 이용해서 프로그램을 작성하고, 프로그램을 기능별로 분할시키는 방법입니다. C, COBOL, FORTRAN 등은 구조적 프로그래밍 기법을 사용하는 언어입니다.

하지만 1990년대에 구조적 프로그래밍 기법의 한계로 인해 또다시 소프트웨어의 위기가 찾아옵니다. 이때 등장한 것이 객체지향 프로그래밍입니다. 객체지향 프로그램은 데이터와 명령어를 하나로 묶어서 객체로 표현하고, 이 객체를 재사용해서 소프트웨어 개발의 생산성을 높이는 프로그래밍 방법입니다.

Visual Studio 2017 사용하기

Visual Studio 2017을 사용해서 C 프로그램을 작성하려면 프로젝트와 소스 파일을 만들어야 됩니다. 프로젝트는 프로그래머가 작성하는 응용 프로그램의 단위이고, 프로젝트 안에는 1개 이상의 소스 파일을 만들 수 있습니다.

01 Visual Studio 2017을 실행합니다. 새로운 프로젝트를 만들기 위해 메뉴에서 [파일] → [새로 만들기] → [프로젝트]를 선택합니다.

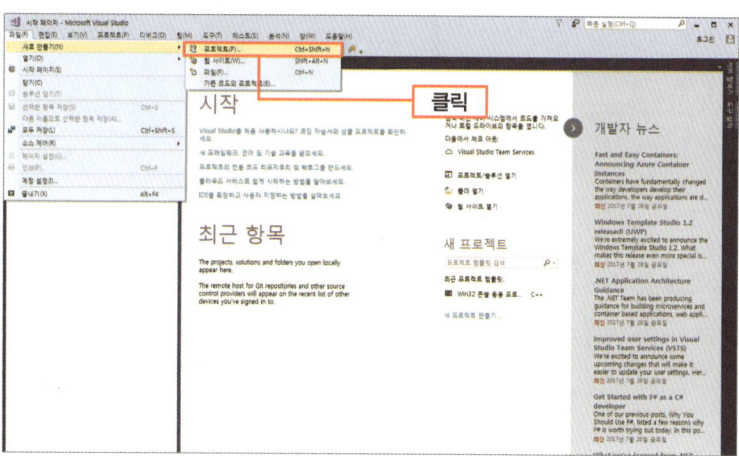

02 새 프로젝트 창에서 프로젝트 유형, 이름, 저장 위치 등을 지정합니다. 프로젝트 유형은 'Win32 콘솔 응용 프로그램'을 선택하고, 이름과 위치는 기본값으로 설정해도 됩니다.

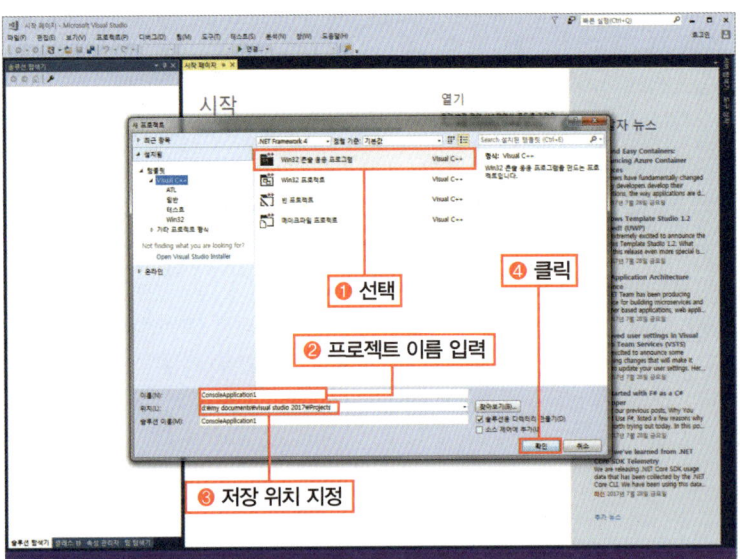

03 Win32 콘솔 응용 프로그램 마법사에서 [다음] 버튼을 클릭합니다.

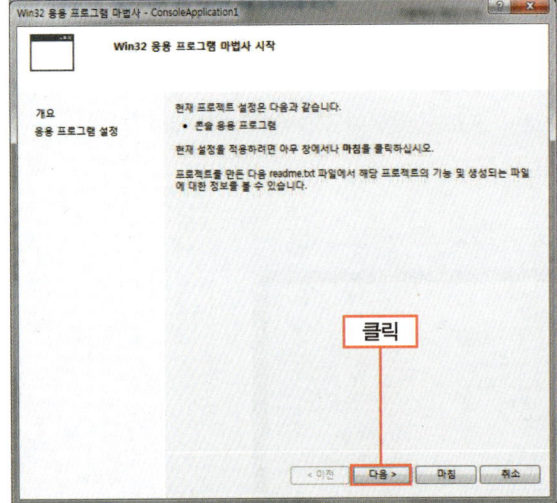

04 '콘솔 응용 프로그램', '빈 프로젝트'를 선택하고 [마침] 버튼을 클릭합니다.

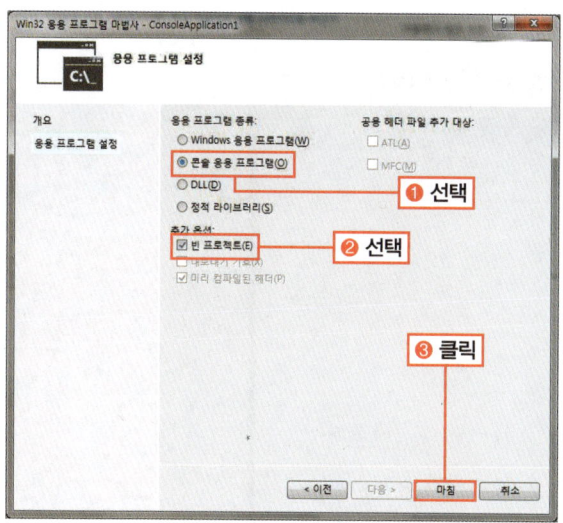

05 Win32 콘솔 응용 프로그램 마법사를 마치면 프로젝트가 생성되어 화면 왼쪽에 솔루션 탐색기 창이 나옵니다. 프로젝트에 소스 파일을 추가하기 위해 메뉴에서 [프로젝트] → [새 항목 추가]를 선택합니다. 또는 솔루션 탐색기 창의 '소스 파일'에서 마우스 오른쪽 버튼을 클릭하여 [추가] → [새 항목]을 선택해도 됩니다.

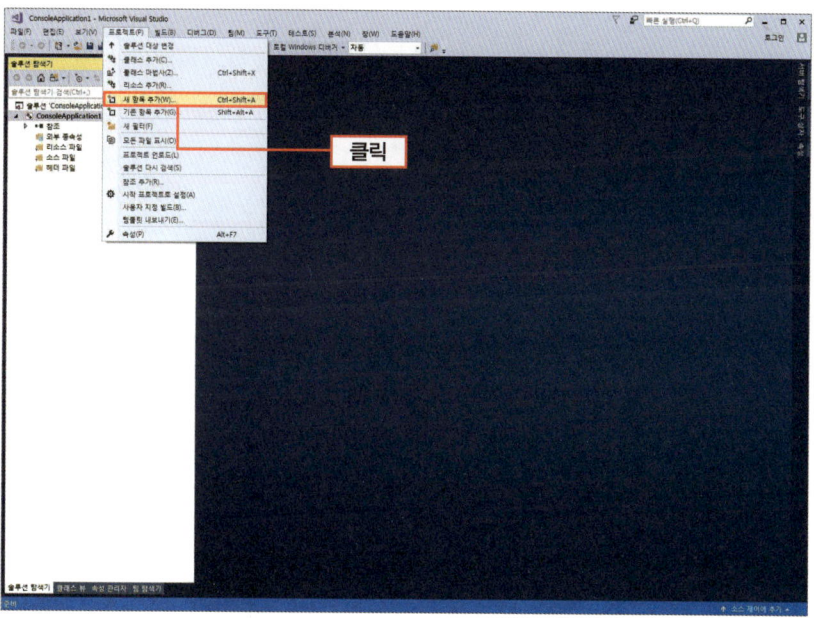

06 새 항목 추가 창에서 'C++ 파일'을 선택하고, 파일 이름에 'exam1.c'를 입력하세요. 파일 확장자를 '.c'로 하지 않으면 C++ 확장자인 '.cpp'가 됩니다.

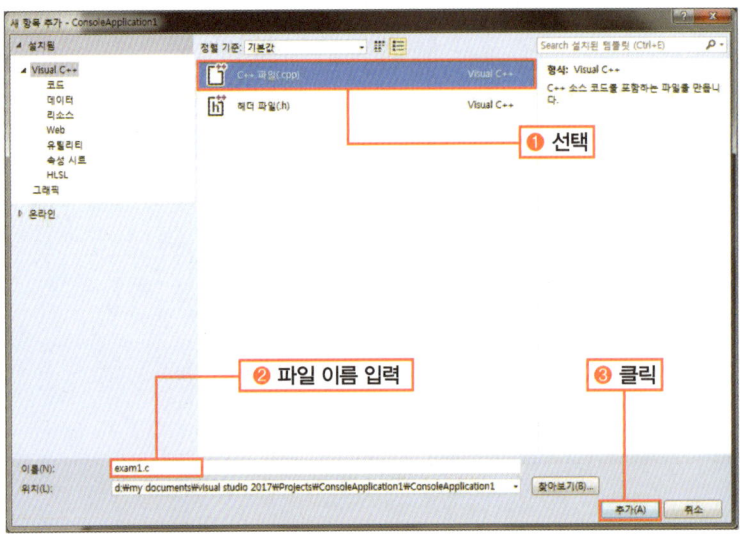

07 소스 코드를 입력할 창이 나타나면 아래와 같은 프로그램을 입력합니다.

```
#include <stdio.h>

int main( )
{
    printf("Hello, world!\n");

    return 0;
}
```

08 이제 프로그램 작성이 완료되었으니 컴파일하기 위해 메뉴에서 [빌드] → [솔루션 빌드]를 선택합니다. 빌드는 소스 파일을 컴파일하고, 오류가 없으면 링크까지 해서 실행 파일을 만드는 작업입니다. '솔루션 빌드' 항목은 소스 파일이 수정된 경우만 다시 수행하는데, 수정 여부와 무관하게 무조건 다시 빌드하려면 '솔루션 다시 빌드'를 선택해야 됩니다.

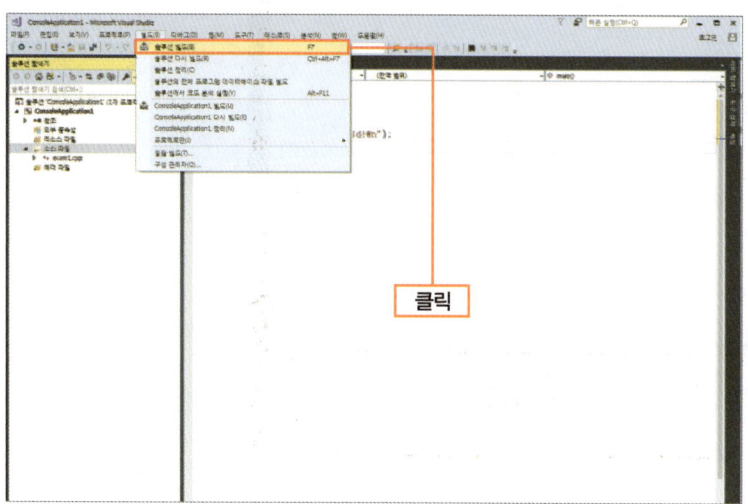

클릭

09 컴파일과 링크하는 과정이 아래 창에 나옵니다.

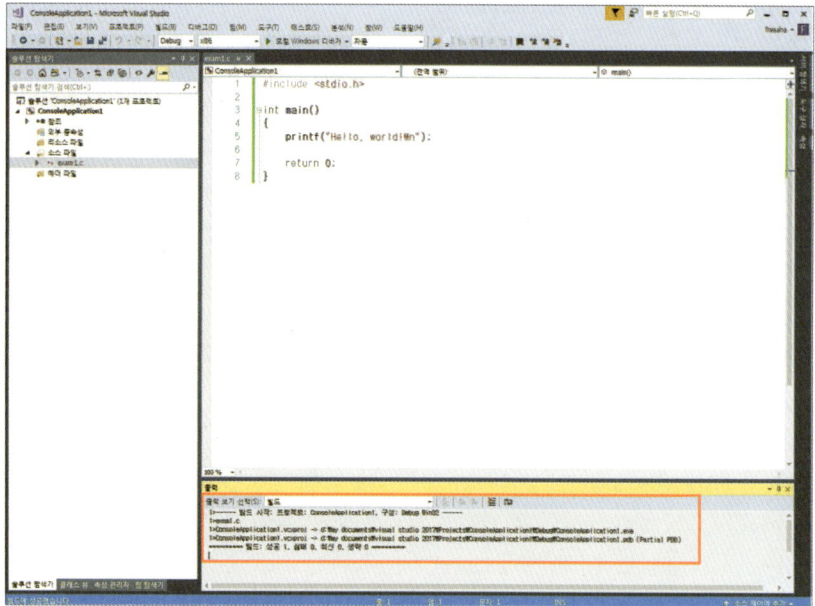

Part 02. C 언어와의 첫 만남   41

10 컴파일이 완료되었으니 실행하기 위해 메뉴에서 [디버그] → [디버그하지 않고 시작]을 선택합니다.

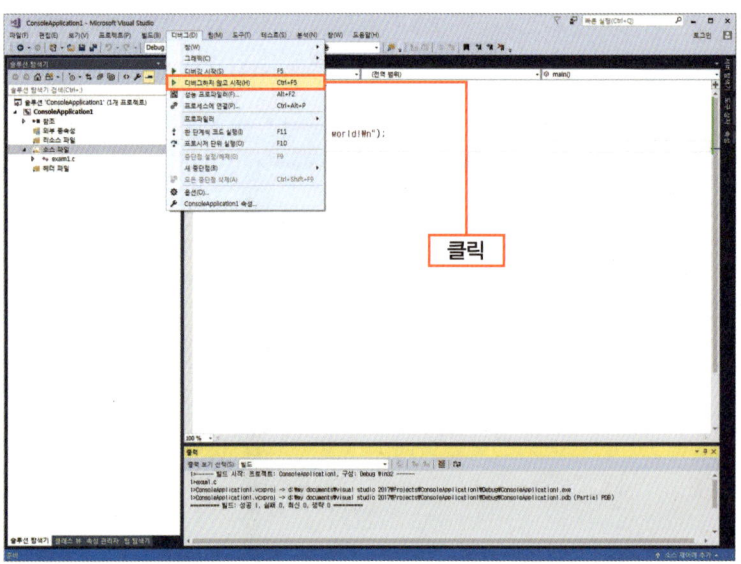

11 프로그램이 실행되어 다음과 같은 결과가 출력됩니다.

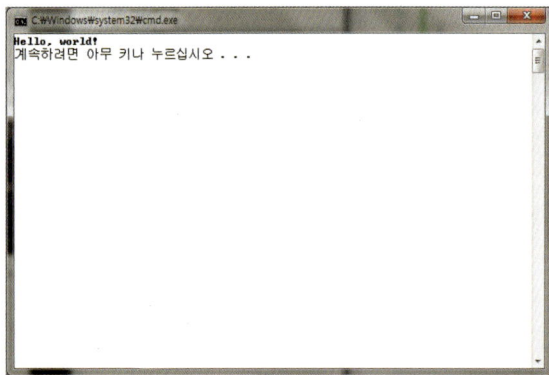

2 Dev C++ 사용하기

Dev C++는 무료로 제공되는 통합 개발 환경의 C와 C++ 개발 도구입니다. 현재 윈도우 버전만 제공되고 있으며 Visual Studio에 비해서 프로그램 크기가 작아서 간단한 C 프로그램을 개발할 때 편리하게 사용할 수 있습니다.

Dev C++ 다운받기

Dev C++는 SourceForge(https://sourceforge.net/projects/orwelldevcpp/files/Setup%20Releases/)에서 다운받을 수 있습니다.

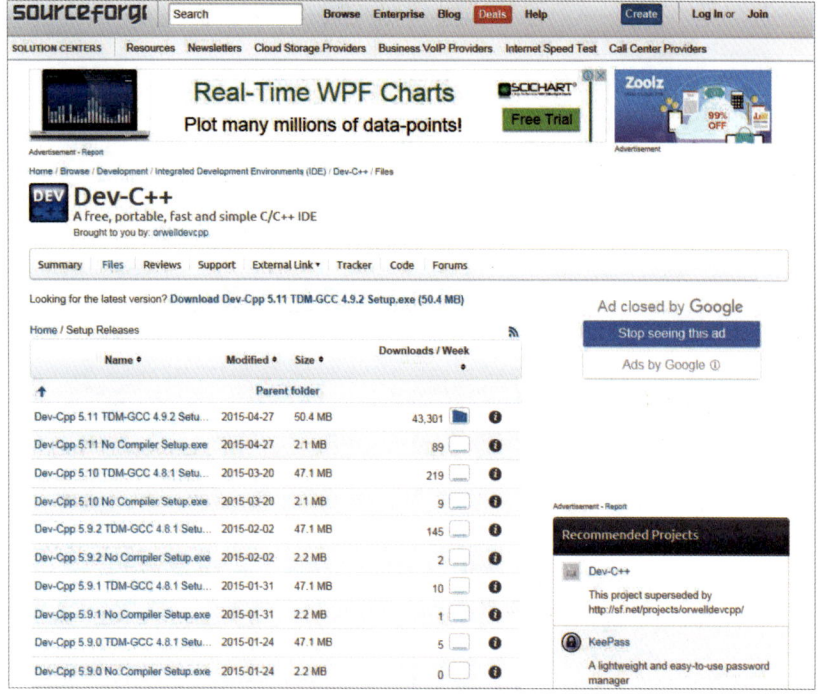

Dev C++ 사용하기

Dev C++는 Visual Studio 2017과 달리 프로젝트 없이 소스 파일을 만들 수 있습니다. 설치하고 처음 실행하면 몇 가지 환경 설정하는 창이 나오는데, 아래와 같이 수행하면 됩니다.

01 사용할 언어를 선택하는 창이 나옵니다. 'Korean(한국어)'를 선택하고 [Next] 버튼을 클릭합니다.

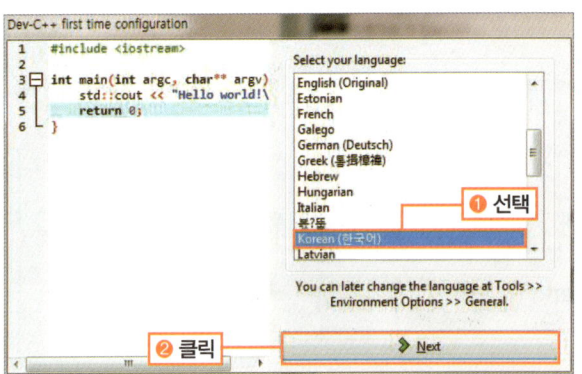

02 글꼴과 아이콘을 설정하는 창에서 원하는 사항을 선택을 하고 [Next] 버튼을 클릭합니다.

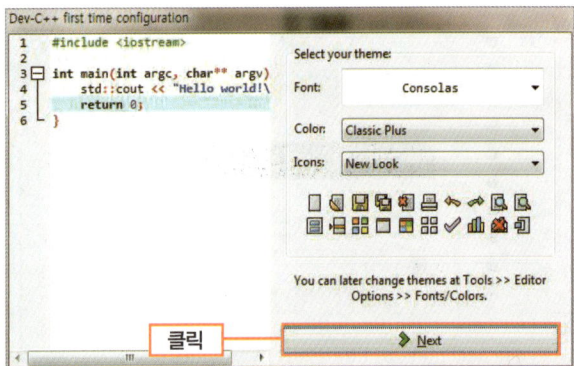

03 Dev C++ 구성이 성공적으로 완료되었으니 [OK] 버튼을 클릭합니다.

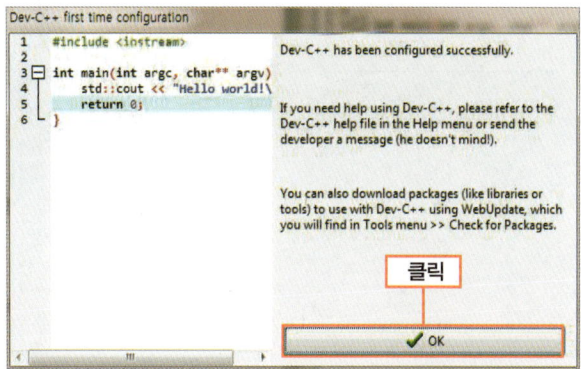

04 설치와 환경 설정이 끝나서 C 프로그램을 작성할 수 있는 화면이 나옵니다. 메뉴에서 [파일] → [새로 만들기] → [소스 파일]을 선택합니다.

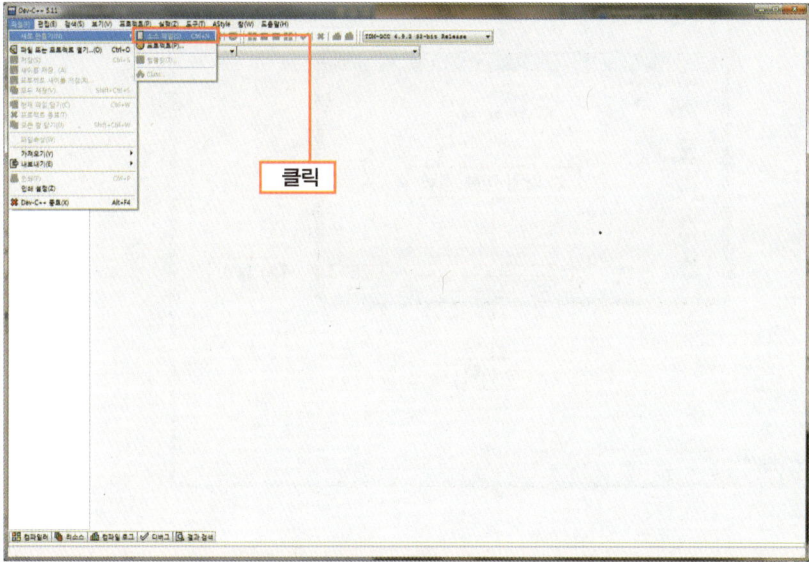

05 아래와 같은 소스 코드를 입력하고 메뉴에서 [파일] → [저장]을 선택합니다. 파일 이름은 exam1.c를 입력, 파일형식은 'C source files (*.c)'를 선택하고 [저장] 버튼을 클릭합니다.

```
#include <stdio.h>

int main( )
{
    printf("Hello, world!\n");

    return 0;
}
```

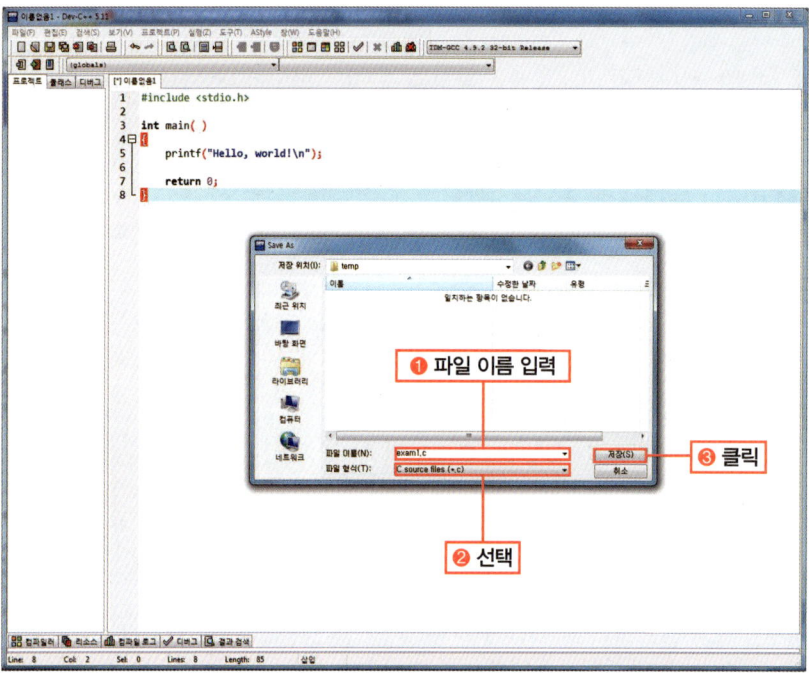

06 컴파일하기 위해 메뉴에서 [실행] → [컴파일]을 선택하거나 컴파일 아이콘( )을 클릭합니다.

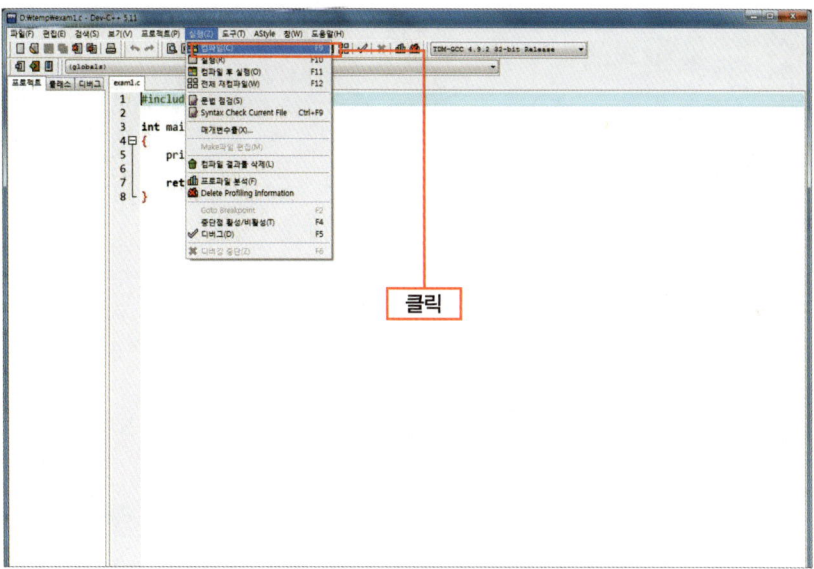

07 컴파일 과정이 화면 아래 창에 나옵니다.

08 컴파일이 완료되었으니 실행하기 위해 메뉴에서 [실행] → [실행]을 선택하거나, 실행 아이콘(□)을 클릭합니다.

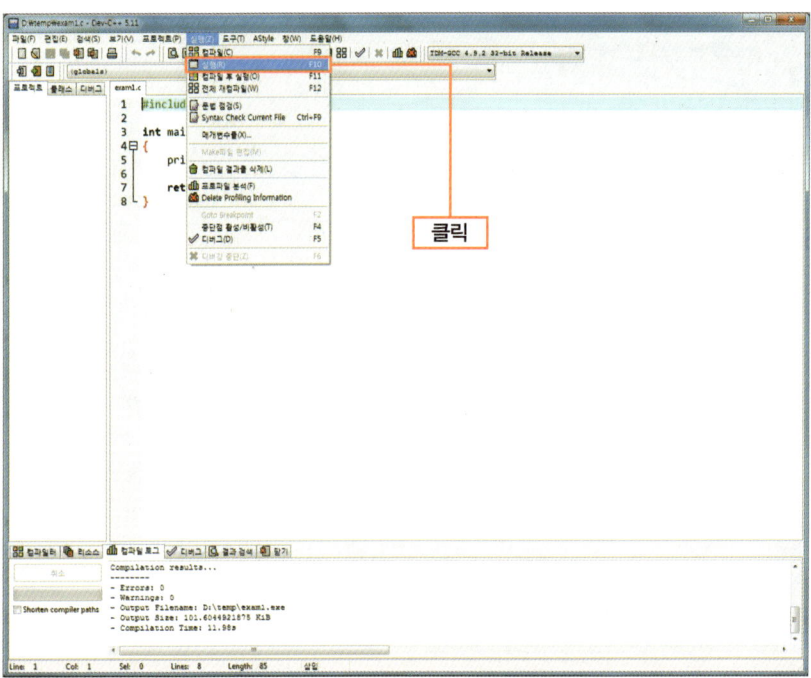

09 프로그램이 실행되어 다음과 같은 결과가 출력됩니다.

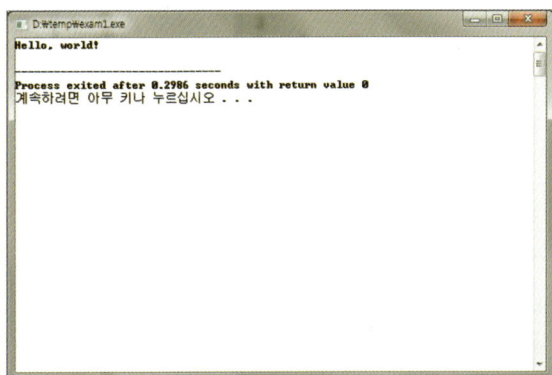

첫 번째 C 프로그램

1 프로그램 작성 방법

C는 컴파일 언어이기 때문에 사용자가 작성한 프로그램을 번역해서 실행 가능한 파일을 생성해야 합니다. 이를 위해서는 소스 프로그램을 편집하기 위한 편집기와 컴파일러가 필요합니다. 요즘의 컴파일러는 통합 개발 환경(IDE)을 제공하기 때문에 별도의 편집기는 필요 없습니다. 프로그램 작성 과정은 컴파일러의 종류에 따라 조금 차이가 있겠지만, 대체적으로 다음과 같은 과정으로 진행됩니다.

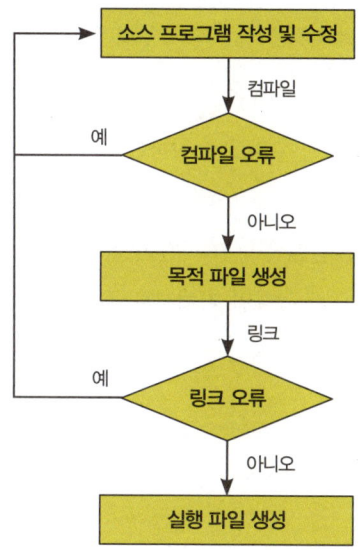

통합 개발 환경(IDE : Integrated Development Environment)

프로그램을 개발하기 위해서는 몇 가지 툴(tool)이 필요합니다. 프로그램 작성에 사용되는 프로그램 편집기(editor), 컴파일러(compiler), 링커(linker), 디버거(debugger) 등이 대표적인 툴입니다. 이러한 툴이 따로따로 있으면 프로그램을 작성해서 완성하기까지 불편한 점이 많습니다. 그래서 서로 다른 툴을 단일한 환경에 묶어서 사용하게 되었고, 이를 통합 개발 환경이라고 부릅니다. 예를 들면, C나 C++ 언어를 사용하기 위한 Visual Studio, 자바를 위한 Eclipse, 안드로이드 프로그램을 위한 Android Studio 등이 대표적인 통합 개발 환경입니다.

소스 프로그램 작성

편집기를 이용해서 프로그램을 입력합니다. 만약 통합 개발 환경을 사용하는 경우에는 별도의 편집기가 필요 없습니다. 프로그램 작성이 끝나면 파일로 저장합니다. 이때 확장자는 'c'또는 'cpp'로 합니다.

컴파일

C 언어로 작성한 소스 프로그램은 기계가 이해할 수 없는 사람 중심의 코드이기 때문에 기계어로 변환하는 작업이 필요한데, 이를 컴파일이라고 합니다. 컴파일러는 프로그램을 기계어로 번역하면서 문법적인 문제가 없는지 검사하여 문제가 있다면 오류 메시지를 출력하고, 컴파일을 중단합니다. 오류 메시지에는 오류(error)와 경고(warning)가 있습니다.

- **오류** : 문법적으로 잘못된 사항이 있음을 지적하는 것으로 컴파일을 올바로 수행할 수 없기 때문에 프로그램을 수정해야 합니다.
- **경고** : 불명확한 부분에 대한 주의 사항을 지적하는 것으로 컴파일을 완료하고 목적 코드를 생성합니다. 하지만 경고 메시지를 제거하기 위해 프로그램을 수정하는 것이 좋습니다.

사용자는 오류 메시지를 보고 잘못된 부분을 수정하는데, 이를 디버깅(debugging)이라고 합니다. 소스 프로그램을 입력하는 도중에 오타로 인해 발생한 문제는 쉽게 발견할 수 있지만 논리적인 부분에서 오류가 있으면 디버깅하는데 상당한 시간이 필요합니다.

컴파일러는 소스 프로그램에 오류가 없다면 기계어로 구성된 목적 코드(object code)를 만들어줍니다. Unix나 Linux는 확장자가 'o'인 목적 파일을, 윈도우 환경에서는 확장자가 'obj'인 목적 파일을 생성합니다.

뛰어넘기 — 오류의 종류

소스 프로그램은 요구 사항에 맞도록 설계하고, 이를 코드로 작성합니다. 프로그램을 실행하면 애초에 설계할 때 구상했던 결과가 나와야 되는데, 의도하지 않은 결과가 발생할 수 있습니다. 단순히 문법이 잘못된 것을 포함해서 결과가 다르게 나오는 것을 모두 오류(error)라고 합니다. 프로그램의 오류를 버그(bug)라 하고, 버그를 제거하는 작업을 디버깅(debugging)이라 합니다.

버그(bug)는 '벌레'를 뜻하기 때문에, 디버그(debug)는 '벌레를 잡다'는 의미가 됩니다. 프로그램에서는 오류를 벌레에 비유하여 '오류를 찾아 수정하는 일'이라는 의미로 사용합니다. 프로그램의 오류를 버그라고 부르게 된 것은, 1947년 하버드 대학에서 Mark II 컴퓨터를 사용하던 소프트웨어 엔지니어에 의해서였습니다. 그 엔지니어는 프로그램 오류를 수정하기 위해 며칠 동안 고생하다 전선 위에 죽어있는 벌레를 발견하게 되었고, 이 벌레 때문에 전기가 통하지 않아 문제가 발생하였다는 결론을 내렸습니다. 그리고 자신의 업무 노트에 '첫 번째로 발견된 벌레의 사례'라고 기록하였습니다. 그 후 프로그램 '오류'는 '버그', '오류를 수정하는 작업'은 '디버그'로 불리게 되었습니다.

디버깅하는 방법은 프로그래머가 직접 코드를 읽으면서 오류를 찾아내는 테이블 디버깅과 디버깅 소프트웨어를 이용하는 컴퓨터 디버깅이 있습니다. 이때 디버깅을 위한 소프트웨어를 디버거(debugger)라고 부릅니다.

오류의 종류는 컴파일 과정에서 발생하는 컴파일 오류(compile error), 실행 과정에서 발생하는 런타임 오류(runtime error), 논리적 흐름의 문제로 원하는 결과가 나오지 않는 논리 오류(logical error) 등이 있습니다.

❶ 컴파일 오류

컴파일 오류는 문법에 맞지 않는 코드 작성 때문에 발생합니다. 명령어를 잘못 입력하거나, 문법에 맞지 않는 명령을 사용하면 프로그램을 컴파일할 때 오류가 발생합니다. 컴파일 오류에는 구문 오류(syntax error)가 포함됩니다.

> **❷ 런타임 오류**
> 런타임 오류는 응용 프로그램을 실행하는 동안 실행할 수 없는 연산을 시도할 때 발생합니다. 예를 들면, 0으로 나누는 경우입니다. 다음과 같은 문장이 있다고 가정합시다.
>
> speed = miles / hours
>
> 만약 변수 hours가 0이면 문장의 구문이 옳다고 하더라도 잘못된 나누기 연산이 됩니다. 이처럼 프로그램을 실행하는 과정에서 발생하는 오류를 런타임 오류라고 합니다.
>
> **❸ 논리 오류**
> 논리 오류는 응용 프로그램이 의도한 대로 실행되지 않을 때 발생합니다. 프로그램 구문에 이상이 없고, 잘못된 연산을 수행하지도 않지만 결과가 잘못될 수 있습니다. 프로그램을 검사하고 결과를 분석해야만 응용 프로그램이 정확하게 수행되는지 검증할 수 있습니다.

링크

링크는 컴파일한 목적 코드를 필요한 라이브러리(library) 또는 서브프로그램(subprogram)과 연결시켜주는 작업입니다. 이때 목적 코드를 연결시켜주는 프로그램을 링커(linker)라고 합니다. C 언어는 분할 컴파일이 가능하기 때문에 개별 소스 프로그램을 각각 컴파일하고, 이때 생성된 목적 코드를 링크를 통해서 한 개의 실행 파일로 생성합니다. 링커를 사용해서 생성된 실행 파일은 Unix와 Linux에서는 확장자가 'out'이고 윈도우에서는 'exe'입니다.

실행

링크를 사용해서 생성된 실행 파일을 실행합니다. Unix나 Linux에서는 확장자가 out인 파일 이름을 입력하면 되고, 윈도우에서는 확장자를 제외한 파일 이름을 입력합니다.

프로그램 작성 과정
소스 프로그램 작성 → 컴파일 → 링크 → 실행

버그(bug)와 디버그(debug)
버그는 프로그램의 오류를 뜻하고, 이를 해결하는 작업을 디버그라고 합니다.

2 C 프로그램의 기본 구조

C 프로그램의 구조

C 언어는 함수 기반 언어이기 때문에 프로그램은 한 개 이상의 함수로 구성됩니다. 특히 main 함수가 반드시 필요한데, 이 함수는 프로그램의 시작 위치를 나타냅니다. 함수는 특정한 작업을 수행하도록 한 개 이상의 문장으로 구성된 독립된 코드입니다. 다음은 C 프로그램의 기본 구조입니다.

```
#헤더                          선행처리 명령어를 사용합니다.

int main( )                    main 함수를 사용합니다.
{                              함수의 시작
    변수 선언;

    문장;
}                              함수의 종료
```

- **헤더** : 선행처리 지시자인 '#'으로 시작하고, '#' 이후에 선행처리 명령어를 사용합니다.

> **예**
> ```
> #include <stdio.h>
> #define  printf PRT
> ```

- **main( )** : 주프로그램에 해당하는 부분이고, 프로그램의 시작 위치를 의미하는 특별한 함수입니다. 함수는 함수 이름과 괄호가 있고, 중괄호({ }) 안에 한 개 이상의 문장으로 구성됩니다.

- **변수 선언** : C 프로그램은 변수를 사용하기 전에 미리 선언해야 합니다.

- **문장(statement)** : C 언어의 모든 문장은 세미콜론(;)으로 끝납니다.

선행처리(preprocessor)
처리기보다 먼저 작업한다는 의미입니다. 여기서 처리기란 컴파일러를 뜻하기 때문에, 결국 선행처리는 컴파일러보다 선행해서 작업한다는 의미입니다. 주로 헤더 파일을 추가하거나 매크로 상수나 매크로 함수를 사용할 때 선행처리 명령어를 이용합니다.

주석(comment)

프로그램은 명령어나 데이터뿐만 아니라 다른 프로그래머가 읽기 쉽도록 소스 코드에 대한 설명을 기술해야 합니다. 이때 사용하는 것이 주석입니다. 주석이 빠진 프로그램은 유지·보수하는데 많은 시간이 소요되기 때문에 프로그램을 업그레이드하기 어렵습니다. 즉, 주석은 소스 코드에 대한 설명을 위해 사용하고, 프로그래머 사이에 정보를 전달하는 중요한 방법입니다. 컴파일러는 주석 부분을 번역하지 않습니다. C 언어에서의 주석은 두 가지 종류가 있습니다.

- **//** : 한 줄짜리 주석입니다. '//' 뒤에 설명을 기술하면 됩니다.

- **/* ~ */** : 여러 줄에 걸쳐서 설명할 때 사용합니다.

```c
/*****************************************
*** 이름    : hello.c                    ***
*** 기능    : Hello World를 출력         ***
*** 작성자  : 서보원                     ***
*****************************************/
#include <stdio.h>

int main( )
{
    printf("Hello, world!\n");    // 화면에 Hello, world!를 출력합니다.

    return 0;
}
```

주석은 여러 가지 용도로 사용할 수 있습니다. 위의 예에서와 같이 프로그램이 시작하는 부분에 주석 상자(comment box)를 사용하거나, 주요한 명령어에 대한 설명을 붙일 수 있습니다.

주석을 다양하게 활용하는 예를 들어 보면 다음과 같습니다.

```
//-------- 프로그램 중간에 중요한 부분에 대한 간단한 설명 ----------

/*****************************************************
*     중요한 블록을 시작할 때 설명을 붙입니다.                    *
*****************************************************/

/*-------------------------------------------*
*      선을 이용해서 주석을 표시할 수도 있습니다.            *
*-------------------------------------------*/

// 중요한 명령에는 한 줄짜리 주석을 사용합니다.
```

주석은 컴파일러가 번역하지 않습니다.

3 첫 번째 프로그램의 분석

앞에서 C 컴파일러를 설치할 때 사용했던 첫 번째 프로그램을 분석해보겠습니다. 단순히 "Hello, world!"라는 문자열을 출력하는 프로그램이지만, 몇 가지 중요한 점이 있습니다.

```c
#include <stdio.h>

int main( )
{
    printf("Hello, world!\n");

    return 0;
}
```

```
#include <stdio.h>
```

C 언어는 프로그램 앞부분에 선행처리 명령어를 선언합니다. 문자열을 출력하는 printf 함수를 사용하기 위해선 이 함수에 대한 정보를 컴파일러에게 제공해야 하는데, 그러한 정보가 헤더 파일 'stdio.h'에 들어있습니다. 'stdio'는 'STanDard Input Output'의 약자이고, 'h'는 'Header'의 약자입니다. 결국 'stdio.h'는 표준 입출력과 관련된 함수의 정보를 담고 있는 헤더 파일입니다. 여기서 표준 입출력이란 시스템에 관계없이 사용할 수 있는 입출력 방법으로, 키보드 입력과 화면 출력을 의미합니다. 표준 입출력 함수를 사용하기 위해서는 반드시 'stdio.h'를 include 명령으로 포함(include)시켜야 합니다. '#'은 선행처리 지시자이고, 'include'는 선행처리 명령어입니다. include는 '〈'와 '〉' 사이에 지정된 파일 내용을 현재 프로그램에 포함시키는 기능을 수행합니다.

```
int main( )
```

main은 프로그램의 시작 위치를 나타내는 특별한 함수입니다. 그렇기 때문에 C 언어로 작성된 모든 프로그램은 반드시 한 개의 main 함수를 갖고 있어야 합니다. 함수는 함수 이름과 괄호가 있고, 중괄호({ }) 안에 한 개 이상의 문장으로 구성된 함수의 본문을 기술합니다. main 앞에 붙은 int는 main 함수의 자료형인데, 정수값을 반환한다는 뜻입니다. 이에 대한 자세한 설명은 8장에서 하겠습니다.

```
printf("Hello, world!\n");
```

printf는 지정된 형식으로 데이터를 화면에 출력하는 함수입니다. 여기서 사용된 큰따옴표(" ")는 문자열을 뜻합니다. 즉, 위의 문장은 문자열 "Hello, World!"를 화면에 출력합니다. 문장의 끝에 있는 '\n'은 커서가 다음 줄로 이동하는 개행 문자(Enter↵)입니다. 그렇기 때문에 "Hello, world!"를 화면에 출력하고 줄바꿈합니다.

```
return 0;
```

int main( )에서 int는 정수를 반환한다는 의미입니다. C 언어 표준은 main 함수의 마지막에 정수를 반환하도록 정했기 때문에 return 명령을 사용해서 0을 반환합니다. 0은 오류가 없다는 뜻으로 사용됩니다.

main 함수
main 함수는 프로그램의 시작 위치를 나타내는 역할을 합니다. 그렇기 때문에 독립적으로 실행될 수 있는 모든 프로그램은 main 함수를 반드시 한 개 갖고 있어야 합니다.

4 몇 가지 규칙

프로그램을 잘 작성하기 위해서는 문법을 따르고, 몇 가지 중요한 관례를 지켜야 합니다. 이를 위해 C 프로그램을 작성할 때 사용되는 몇 가지 규칙을 소개합니다.

① 모든 문장은 세미콜론(;)으로 끝나고, 가능하면 한 줄에 한 개의 문장만 사용합니다.
② 블록은 중괄호({ })를 사용해서 구분하고, 통일된 방식을 씁니다.
③ 빈칸과 공백 줄을 적절히 사용합니다.
④ 블록에 있는 문장들은 Tab 키(⇥)를 사용하여 들여쓰기하는 것이 좋습니다.

문장(statement)은 세미콜론(' ; ')으로 끝나고, 실행을 위한 가장 작은 단위입니다.

가능하면 한 줄에 한 개의 문장만 사용합니다.
문장은 프로그램 실행을 위한 가장 작은 단위입니다. C 언어는 모든 문장의 끝에 세미콜론이 나와야 합니다. 즉, 세미콜론은 문장의 끝을 표시하는 마침표와 같은 기능을 수행합니다. 한 줄에 여러 개의 문장을 기술할 수 있지만 보기에 좋지 않기 때문에 관례상 한 줄에 한 개의 문장만 기술합니다. 다음과 같은 경우를 살펴보겠습니다.

```
int a, b, c;    a = 10;    b = 20;
c = a + b;
```

이와 같이 한 줄에 여러 개의 문장을 사용해도 문법적으로는 아무런 문제가 없습니다. 하지만 보기에 좋지 않기 때문에 다음과 같이 깔끔하게 정리하는 것이 좋습니다.

```
int a, b, c;
a = 10;
b = 20;

c = a + b;
```

중괄호를 통일된 방식으로 사용합니다.

블록은 함수나 특정한 조건에 맞는 명령을 처리할 때 사용하는데, 이때 중괄호로 구분합니다. 블록을 다음과 같이 표기합니다.

```
int main( ) {
    int a;

    a = 10;
    printf("%d\n", a);

    return 0;
}
```

또는 다음과 같이 표기할 수도 있습니다.

```
int main( )
{
    int a;

    a = 10;
    printf("%d\n", a);

    return 0;
}
```

앞의 프로그램처럼 중괄호의 위치를 다르게 사용할 수 있지만 자신만의 통일성을 갖출 필요가 있습니다.

빈칸과 공백 줄을 적절하게 사용합니다.

명령어를 기술할 때 빈칸과 공백 줄을 적절하게 활용해야 합니다.

```
int a;
a=10;
a=a+20;
```

이와 같이 사용하는 것보다 다음과 같이 기술하는 것이 보다 읽기 쉬운 표기 방법입니다.

```
int a;

a = 10;
a = a + 20;
```

― 공백 줄을 삽입하여 명령어의 기능별로 구분합니다.
― 빈칸을 사용해서 코드를 보기 좋게 만듭니다.

들여쓰기를 합니다.

main 함수에서 중괄호를 사용하여 블록으로 처리했습니다. 블록 안에 기술된 명령어들은 블록 단위로 구분하기 위해 Tab 키를 사용해서 들여쓰기(indentation) 하는 것이 좋습니다.

```
int main( )
{
    int a;

    a = 10;
    printf("%d\n", a);

    return 0;
}
```

― Tab 키를 사용해서 들여쓰기 합니다.

> '보기 좋은 떡이 맛도 좋다'는 말도 있듯이 빈칸, 공백 줄, 들여쓰기 등을 적절히 사용해야 맛깔스러운 프로그램이 됩니다.

Part 02. C 언어와의 첫 만남 **59**

5 간단한 표준 입출력 프로그램

프로그램은 입력 데이터를 처리해서 원하는 정보를 출력합니다. 데이터를 입력받고 출력하는 다양한 방법이 있지만 가장 기본이 키보드 입력과 화면 출력 같은 표준 입출력입니다. C 언어는 printf와 scanf 등의 함수를 사용하여 입출력을 처리합니다. 이 함수들을 사용하기 위해서는 반드시 stdio.h 파일을 include해야 합니다.

(1) printf 함수를 이용한 표준 출력

printf 함수는 지정된 내용을 화면에 출력하는 함수로, 여러 가지 형식(format)을 지정해서 출력하는 기능을 제공합니다.

사용 형식

```
int printf(char *format [,argument,...]);
```

format	argument로 지정된 내용을 어떻게 출력할 것인지를 지정하는 형식 문자열입니다.
argument	출력할 항목으로 한 개 이상을 지정할 수 있습니다.

형식 지정을 하지 않은 값은 그대로 출력되고, 형식 지정된 내용은 해당 형식에 맞게 출력합니다. 만약 argument가 형식 지정보다 많으면 초과하는 argument는 무시합니다. 출력할 내용의 형식을 지정하는 방법은 다음과 같습니다.

format 형식

```
%[flags][width][.prec]type
```

- % : 출력할 값의 형식 지정은 '%'로 시작합니다.

사용 형식에서 대괄호([ ])로 표기된 내용은 생략할 수 있다는 의미입니다.

- flags : 플래그 문자를 지정합니다.

종류	기 능
–	데이터를 왼쪽 정렬 방향으로 출력합니다. 지정하지 않으면 오른쪽 정렬됩니다.
+	숫자에 +/– 부호를 붙여서 출력합니다.
0	출력할 데이터보다 큰 길이가 지정되면 빈칸을 0으로 채웁니다.

- **width** : 내용을 출력할 때 전체 길이를 지정합니다. width가 출력할 내용의 길이보다 길면 확장해서 출력하지만, width가 작으면 width를 무시하고 원래 내용의 길이만큼 출력합니다.
- **.prec** : 정밀도를 뜻하는 precision의 약자로 실수인 경우에는 소수점 이하 자릿수, 문자열인 경우에는 출력할 문자열의 길이를 지정합니다.
- **type** : 출력할 데이터의 자료형을 지정하는 문자로 생략할 수 없습니다. type의 종류는 아래와 같습니다.

종류	설 명	자료형
%d	부호 있는 10진 정수로 출력	정수형
%u	부호 없는 10진 정수로 출력	정수형
%o	부호 있는 8진 정수로 출력	정수형
%x	부호 있는 16진 정수(소문자)로 출력	정수형
%X	부호 있는 16진 정수(대문자)로 출력	정수형
%c	문자로 출력	문자형
%s	문자열을 출력	문자열 포인터
%f	고정 소수점으로 출력	실수형
%e	부동 소수점으로 출력(소문자)	실수형
%E	부동 소수점으로 출력(대문자)	실수형
%g	%e또는 %f 중에서 길이가 짧은 쪽을 출력	실수형
%ld	long 10진수로 출력	정수형
%lo	long 8진수로 출력	정수형
%lx	long 16진수로 출력	정수형
%%	'%' 문자 자체를 출력	

printf 함수는 화면에 출력할 데이터에 대한 형식을 지정할 수 있습니다.

printf 함수는 %[flags][width][.prec]type와 같은 방식으로 출력 형식을 지접합니다. 여기서 대괄호([ ])로 묶은 것은 생략 가능하다는 표시입니다.

예 다음의 printf 함수는 데이터 10을 5자리로 출력하고, 개행 문자를 사용해서 줄바꿈합니다.

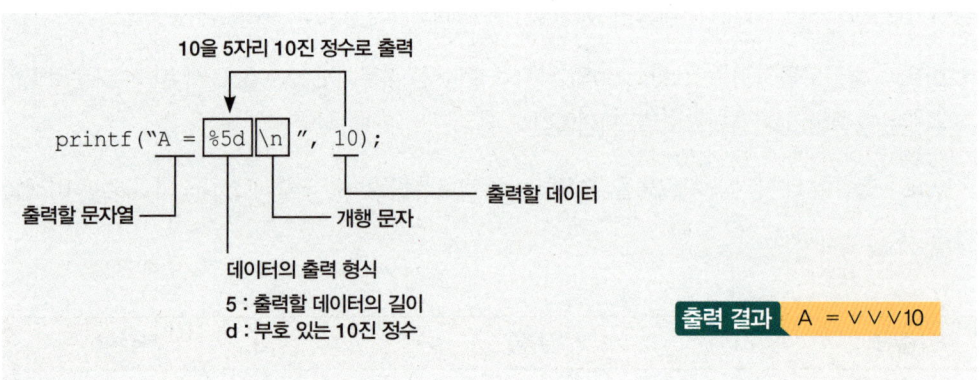

예 다음은 데이터 12.345를 전체 5자리(소수점도 포함합니다), 소수점 이하 2자리까지 출력합니다.

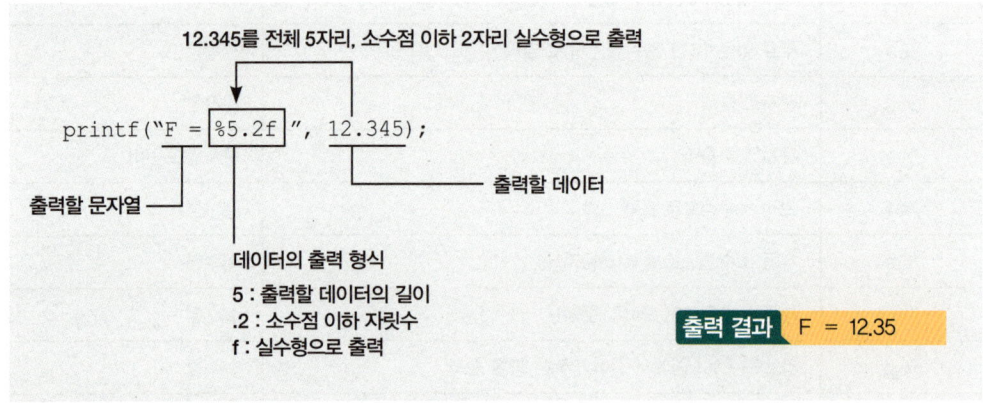

12.345를 %5.2f로 지정하면 소수점 이하 2자리에서 반올림해서 12.35가 출력됩니다.

예제 2-1 printf 함수를 사용해서 숫자를 출력하는 프로그램입니다.

```
01  #include <stdio.h>          // printf 함수를 사용하기 위해 stdio.h 파일을 include 합니다.
02
03  int main( )
04  {
05      int a = 123;              // 정수형 변수 a와 실수형 변수 b를 선언하고,
06      float b = 123.1234567;    // 각각 123, 123.1234567로 초기화합니다.
07
08      printf("%d\n", a);
09      printf("%5d\n", a);
10      printf("%05d\n", a);      // printf 함수를 사용해서 정수를 출력합니다.
11      printf("%-5d\n", a);
12
13      printf("%f\n", b);
14      printf("%12f\n", b);
15      printf("%12.3f\n", b);    // printf 함수를 사용해서 실수를 출력합니다.
16      printf("%.3f\n", b);
17
18      return 0;
19  }
```

실행결과

```
123
  123
00123
123
123.123459
  123.123459
     123.123
123.123
```

해설

- **05** : 정수형 변수 a에 123을 대입합니다. int는 정수값을 처리하는 변수를 만들기 위한 명령입니다.
- **06** : 실수형 변수 b에 123.1234567을 대입합니다. float는 실수값을 처리하는 변수를 만들기 위한 명령입니다.
- **08** : 정수형 변수 a의 값을 10진 정수로 출력합니다. 문자열 뒤에 붙어 있는 '\n'은 줄을 바꾸기 위한 개행 문자입니다.

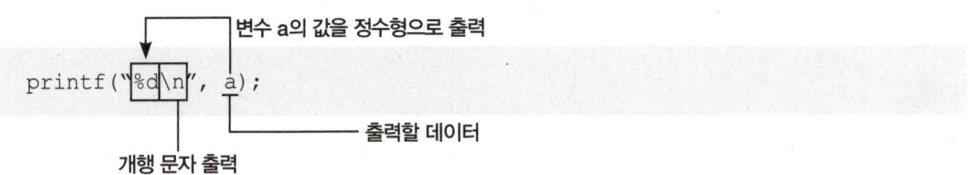

printf 함수는 역슬래시('\')를 사용해 여러 가지 종류의 특수 문자를 표현할 수 있습니다. 특수 문자의 종류는 다음과 같습니다.

특수 문자	명 칭	설 명
\a	Bell	스피커에서 벨소리가 나옵니다.
\b	Back space	왼쪽의 한 칸을 지웁니다.
\f	Form feed	프린터에서 한 페이지 이동합니다.
\n	Line feed	줄을 바꾸는 개행 문자입니다.
\r	Carriage return	커서를 1열로 이동시킵니다.
\t	Tab	Tab 키 입력과 동일한 기능입니다.
\\	Back slash	역슬래시('\') 자체를 출력합니다.
\'	Apostrophe	작은따옴표(')를 출력합니다.
\"	Quote	큰따옴표(")를 출력합니다.
\숫자	ASCII code	숫자에 해당하는 ASCII 코드를 출력합니다.

- **09** : 정수형 변수 a의 값을 5자리로 출력합니다. a의 값 123은 3자리이기 때문에 왼쪽에 2자리의 공백 문자가 출력됩니다.

- **10** : 변수 a의 값을 5자리로 출력하는데, 공백을 0으로 채웁니다. 그렇기 때문에 '00123'을 출력합니다.
- **11** : 123을 왼쪽 정렬해서 5자리로 출력하기 때문에 123 뒤쪽에 2개의 공백 문자가 출력됩니다.
- **13** : 실수형 변수 b의 값을 실수형으로 출력합니다. 소수점 이하 자릿수를 지정하지 않으면 소수점 이하 6자리까지만 출력하고, 해당 위치에서 반올림합니다. 123.1234567을 6자리에서 반올림하면 123.123457이 출력되는게 맞지만 실제로는 123.123459가 출력됩니다. 그 이유는, float 실수값을 처리할 때 소수점 이하 6자리에서 정밀도가 떨어지기 때문입니다. 만약 변수 b를 double로 선언하면 정확한 값인 123.123457이 출력됩니다.
- **14** : 실수값 123.1234567을 12자리로 출력합니다. 실수를 출력할 때 길이는 소수점까지 포함하는데, 소수점 이하 자릿수를 지정하지 않았기 때문에 기본적으로 6자리까지 출력합니다. 결국 123.1234567을 소수점 이하 6자리까지만 출력하면 123.123459, 그리고 전체 자리수가 12자리이므로 2개의 공백 문자가 앞에 표시됩니다.
- **15** : 123.1234567을 전체 길이 12, 소수 이하 자릿수 3으로 지정하였습니다. 앞에 공백 문자 5개를 출력하고, 그 뒤에 123.123을 출력합니다.
- **16** : 전체 길이는 지정하지 않았고, 소수 이하 자릿수만 3으로 지정했기 때문에 123.123을 출력합니다.

예제 2-2 printf 함수를 사용해서 문자를 출력하는 프로그램입니다.

```
01  #include <stdio.h>
02
03  int main( )
04  {
05      char ch = 'A';
06
07      printf("%c\n", ch);
08      printf("%5c\n", ch);
09      printf("%-5c\n", ch);
10
11      return 0;
12  }
```

문자형 변수 ch를 선언하고, 문자 'A'로 초기화합니다.

printf 함수를 사용해서 문자를 출력합니다.

실행결과

```
A
    A
A
```

해설

- 05 : 문자형 변수 ch에 문자 'A'를 대입합니다. 문자는 작은따옴표(' ')로 표시합니다. char은 문자 변수를 만들기 위한 명령입니다.
- 07 : 변수 ch의 값을 %c를 사용해서 문자형으로 출력합니다.
- 08 : 변수 ch의 값 'A'를 길이 5로 출력합니다. 출력 방향을 지정하지 않았기 때문에 오른쪽 정렬해서 왼쪽에 공백 문자 4개와 그 뒤에 A가 출력됩니다.
- 09 : ch의 값을 왼쪽 정렬해서 출력합니다. 왼쪽에 A, 그리고 그 뒤에 공백 문자 4개를 출력합니다.

예제 2-3 printf 함수를 사용해서 문자열을 출력하는 프로그램입니다.

```c
01 #include <stdio.h>
02
03 int main( )
04 {
05     char *str = "C Language";      // 문자열을 처리하기 위해 포인터 변수를 선언하고, 문자열로 초기화합니다.
06
07     printf("C Language\n");
08     printf("%s\n", str);
09     printf("%20s\n", str);          // printf 함수를 사용해서 문자열을 출력합니다.
10     printf("%-20s\n", str);
11     printf("%5s\n", str);
12     printf("%10.5s\n", str);
13
14     return 0;
15 }
```

실행결과

```
C Language
C Language
         C Language
C Language
C Language
     C Lan
```

해설

- **05** : 변수 str에 문자열 "C Language"를 대입합니다. 문자열은 여러 개의 문자들을 큰따옴표(" ")로 묶어서 사용합니다. 문자열을 처리하기 위해 포인터 변수를 이용하는데, 포인터 변수는 '*'를 사용해서 선언합니다. 포인터에 대한 자세한 설명은 6장을 참고하세요.
- **07** : 형식을 지정하지 않았기 때문에 큰따옴표에 있는 "C Language"를 그대로 출력합니다.
- **08** : 변수 str의 값이 "C Language"이므로 이 문자열로 출력합니다. 그리고 '\n'에 의해서 줄 바꿈 합니다. %s는 문자열을 출력하기 위한 형식입니다. 여기서는 포인터 변수 str이 갖고 있는 주소의 문자열을 출력합니다.
- **09** : str의 값을 길이 20으로 출력합니다. 출력 방향을 지정하지 않으면 오른쪽 정렬하여 출력합니다. 여기서 "C Language"의 길이가 10이기 때문에 오른쪽으로 정렬하여 길이 20으로 출력하면 왼쪽에 10개의 공백 문자가 출력됩니다.
- **10** : str을 출력하는 방향이 '-'로 지정되었기 때문에 왼쪽 정렬해서 출력합니다. 그렇기 때문에 "C Language" 뒤에 10개의 공백 문자가 출력됩니다.
- **11** : 출력할 데이터의 길이보다 짧은 길이를 지정하면 지정된 길이를 무시합니다. 여기서 str이 갖고 있는 문자열의 길이는 10인데 출력을 5로 지정했기 때문에 5를 무시하고 str에 있는 원래의 값을 출력합니다.
- **12** : 정밀도를 지정합니다. '10.5'에서 10은 출력할 값의 길이, '.5'는 str에서 5개의 문자만 추출하라는 의미입니다. 결국 'C Language'에서 5개의 문자 'C Lan'을 추출하고, 이 문자들을 길이 10으로 출력합니다.

printf 함수는 출력할 데이터의 길이보다 짧은 길이를 지정하면 지정된 길이를 무시하고 원래의 데이터를 그대로 출력합니다.

printf 함수의 형식에서 문자열의 정밀도를 지정하면 해당 문자열에서 지정된 개수만큼만 출력됩니다.

(2) scanf 함수를 이용한 표준 입력

scanf 함수는 키보드로 값을 입력받는 함수이고, printf 함수와 마찬가지로 입력되는 데이터의 형식을 지정할 수 있습니다. 사용 방법은 printf 함수와 비슷합니다.

사용 형식

```
int scanf(char *format [,address,...]);
```

format	키보드로 입력받을 값의 형식을 지정합니다.
address	키보드로 입력한 내용을 저장할 메모리 주소를 지정합니다.

format 형식

```
%[width]type
```

- % : 입력받을 값의 형식 지정은 '%'로 시작합니다.
- width : 키보드로 입력한 내용을 읽을 최대 길이를 지정합니다.
- type의 종류

종류	설 명	자료형
%d	부호 있는 10진 정수 입력	정수형
%u	부호 없는 10진 정수 입력	정수형

%o	부호 있는 8진 정수 입력	정수형
%x	부호 있는 16진 정수 입력	정수형
%c	문자 입력	문자형
%s	문자열 입력	문자열 포인터
%f	고정 소수점으로 입력	실수형
%e	부동 소수점으로 입력(소문자)	실수형
%E	부동 소수점으로 입력(대문자)	실수형

예제 2-4 scanf 함수를 이용해서 숫자를 입력받는 프로그램입니다.

```
01  #include <stdio.h>
02  int main( )
03  {
04      int a;
05      float b;
06
07      printf("정수 입력 : ");
08      scanf("%d", &a);
09      printf("실수 입력 : ");
10      scanf("%f", &b);
11
12      printf("a = %d\n", a);
13      printf("b = %f\n", b);
14
15      return 0;
16  }
```

입력받은 정수와 실수를 저장하기 위한 변수를 선언합니다.

scanf 함수를 사용해서 키보드로부터 정수와 실수를 입력받습니다.

실행결과

```
정수 입력 : 10 [Enter↲]
실수 입력 : 10.234 [Enter↲]
a = 10
b = 10.234000
```

해설

- **04~05** : 정수형 변수 a와 실수형 변수 b를 선언합니다.
- **07~08** : "정수 입력 : "을 출력하고, 키보드로부터 정수값을 입력받습니다. 변수 a앞에 '&'가 붙어 있는 이유는, scanf 함수는 입력받은 값을 저장할 메모리의 주소를 지정해야 되기 때문입니다. '&'는 변수의 주소를 구하는 연산자입니다. 만약 10을 입력했으면, 그 값을 정수형으로 처리해서 변수 a가 위치한 메모리에 저장합니다. scanf 함수는 변수 앞에 '&'을 붙여야 된다는 점을 주의해야 합니다. 참고로 scanf 함수는 입력받는 값을 Space Bar , ⇥ , Enter↵ 등의 구분자로 구분하기 때문에 정수를 입력하고 구분자를 입력해야 합니다.
- **10** : 입력받은 값을 실수형으로 처리해서 변수 b가 위치한 메모리에 저장합니다.
- **12~13** : 변수 a와 b를 10진 정수와 실수형으로 출력합니다.

scanf 함수는 입력받은 값을 저장하기 위한 주소를 지정해야 되기 때문에 변수 앞에 '&'를 붙여야 합니다.

예제 2-5 scanf 함수를 이용해서 문자와 문자열을 입력받는 프로그램입니다.

```
01  #include <stdio.h>
02
03  int main( )
04  {
05      char a;
06      char b[20];
07
08      printf("문자 입력 : ");
09      scanf("%c", &a);
10      printf("문자열 입력 : ");
11      scanf("%s", b);
12
13      printf("a = %c\n", a);
14      printf("b = %s\n", b);
15
```

- 05~06: 문자와 문자열을 저장하기 위한 변수를 선언합니다.
- 09: 키보드로 문자를 입력받습니다.
- 11: 키보드로 문자열을 입력받습니다.

```
16      return 0;
17 }
```

실행결과

```
문자 입력 : A [Enter↵]
문자열 입력 : program [Enter↵]
a = A
b = program
```

해설

- **05~06** : 문자형 변수 a와 문자형 배열 b를 선언합니다. 문자열은 한 개 이상의 문자로 구성되기 때문에 문자형 배열이나 포인터 변수를 이용해서 처리합니다. 여기서는 문자열을 키보드로 입력받아 메모리에 저장해야 되기 때문에 배열을 사용하였습니다. 배열에 대한 자세한 설명은 6장을 참고하세요.
- **09** : 키보드로부터 한 개의 문자를 입력받아 변수 a에 저장합니다.
- **11** : 문자열을 입력받아 배열 b에 저장합니다. b앞에 '&'를 붙이지 않은 이유는 배열 이름 자체가 해당 배열이 위치한 메모리의 주소이기 때문입니다. 보다 자세한 설명은 6장을 참고하시고, 여기서는 문자열을 입력받을 때는 '&'를 사용하지 않는다는 사실만 기억합시다.
- **13~14** : 입력받은 문자와 문자열을 저장하고 있는 a와 b를 출력합니다.

배열은 동일한 자료형이 여러 개 모여 있는 데이터 구조입니다. C 언어는 큰 괄호([ ])를 사용해서 배열을 표시합니다.

배열 이름은 그 자체가 해당 배열이 위치한 메모리의 주소이기 때문에 scanf 함수에서 '&'를 붙이지 않습니다.

| Level Up 2-1 | 키보드로 실수 1개를 입력받아서 소수점 이하 2자리까지 출력하는 프로그램을 작성하세요.

배경 지식

입력받은 실수값을 저장하기 위한 float형 배열을 선언합니다. 그리고 scanf 함수를 사용해서 실수를 입력받고, printf 함수로 출력합니다.

- 변수 선언 : float a;
- 실수값 입력 : scanf("%f", &a);
- 소수점 이하 2자리 출력 : printf("%.2f", a);

처리 과정

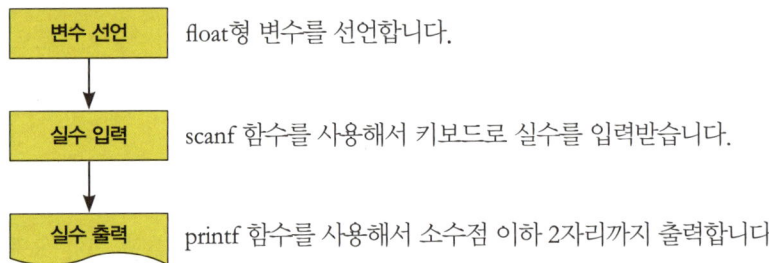

```
01  #include <stdio.h>
02
03  int main( )
04  {
05      float a;
06
07      printf("실수 입력 : ");
08      scanf("%f", &a);
09
10      printf("a = %.2f\n", a);
11
12      return 0;
13  }
```

- float형 변수 a를 선언합니다.
- 키보드로 실수 데이터를 입력받습니다.
- 변수 a의 값을 소수점 이하2자리까지 출력합니다.

실행결과

실수 입력 : 12.456 [Enter↵]
a : 12.46

해설

- **05** : float는 실수형 데이터를 처리하기 위한 자료형이고, a는 실수값을 저장할 변수입니다.
- **08** : 키보드로 실수 데이터를 입력받기 위해서 '%f'로 형식을 지정하였고, 입력받은 값을 변수 a에 저장합니다.
- **10** : 실수를 저장하고 있는 변수 a의 값을 소수점 이하 2자리까지 출력하기 위해 형식 '%.2f'로 지정합니다. 12.456을 입력했을 때 12.46이 출력된 이유는 소수점 2자리에서 반올림하기 때문입니다.

Level Up 2-2 키보드로 문자열을 입력받아서 5개의 문자만 출력하는 프로그램을 작성하세요.

배경 지식

입력받은 문자열을 저장하기 위한 배열을 선언합니다. 그리고 scanf 함수를 사용해서 문자열을 입력받고, printf 함수로 출력합니다.

- 변수 선언 : char str[20];
- 입력 : scanf("%s", str);
- 출력 : printf("%.5s", str);

처리 과정

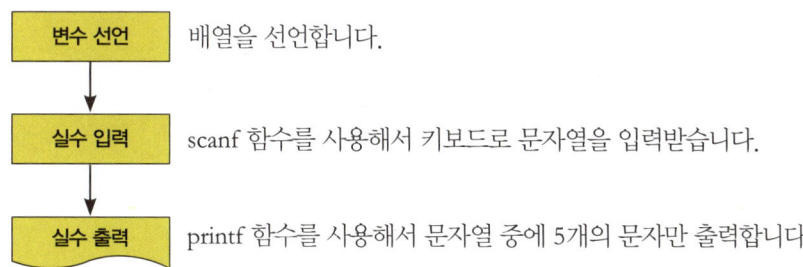

변수 선언 — 배열을 선언합니다.

실수 입력 — scanf 함수를 사용해서 키보드로 문자열을 입력받습니다.

실수 출력 — printf 함수를 사용해서 문자열 중에 5개의 문자만 출력합니다.

```
01  #include <stdio.h>
02
03  int main( )
04  {
05      char str[20];                          크기가 20인 char형 배열을 선언합니다.
06
07      printf("문자열 입력 : ");
08      scanf("%s", str);                      키보드로 문자열을 입력받습니다.
09
10      printf("문자열 : %.5s\n", str);         배열 str에 저장된 문자열에서 5개의
11                                             문자만 출력합니다.
12      return 0;
13  }
```

실행결과

문자열 입력 : program
문자열 : progr

해설

- **08** : 키보드로 문자열을 입력받아 str 배열에 저장합니다. 만약 문자열 "program"을 입력했다면 str 배열에 저장된 형태는 다음과 같습니다. '\0'은 ASCII 코드 0을 뜻하고, 널(NULL) 문자라고 합니다. 문자열의 끝을 표시하기 위해 문자열의 끝에 자동으로 널 문자가 추가되는데, 자세한 설명은 119페이지를 참고하세요.

'p'	'r'	'o'	'g'	'r'	'a'	'm'	'\0'								

참고로 scanf 함수에서 공백 문자는 입력의 끝을 뜻하는 구분자로 사용되기 때문에 문자열 입력에서 공백 문자를 포함할 수 없습니다.

- **10** : "%.5s"는 문자열 중에서 5개의 문자들만 출력하는 형식이기 때문에 str에 저장된 값에서 앞의 5개 문자만 추출하여 출력합니다.

연습문제

01 문장의 끝을 표시하는 문자는?

① ,   ② .   ③ ;   ④)

02 C 언어에서 프로그램의 시작 위치를 표시하는 함수는?

① main   ② start   ③ init   ④ stdio

03 외부 파일을 추가해서 컴파일할 수 있도록 해주는 선행처리기 명령어는?

① #define   ② #config   ③ #def   ④ #include

04 다음 중 printf 함수에서 사용하는 형식 지정 문자에 대한 설명이 잘못된 것은?

① %d : 10진 정수   ② %o : 16진 정수

③ %c : 문자   ④ %s : 문자열

05 다음 중 printf 함수에서 사용하는 실수 자료의 형식 지정 문자가 아닌 것은?

① %f   ② %e   ③ %g   ④ %x

06 scanf 함수에서 두 개 이상의 값을 입력받을 때, 입력받는 데이터를 구분하는 문자가 아닌 것은?

① Enter ↵   ② Space Bar   ③ Tab   ④ Esc

07 다음의 결과가 출력될 수 있도록 형식 지정으로 빈칸을 채우시오. 단, ∨ 표시는 공백을 뜻합니다.

```
int a = 468;
printf("a = [     ]\n", a);
```
결과 a = ∨∨468

```
int a = 468;
printf("a = [     ]\n", a);
```
결과 a = 00468

```
float f = 56.785723;
printf("f = [     ]\n", f);
```
결과 a = ∨∨56.79

```
float f = 56.785723;
printf("f = [     ]\n", f);
```
결과 a = 56.8∨∨

08 다음의 형식으로 출력되는 결과를 쓰시오. 단, 공백은 ∨로 표시합니다.

```
int a = 342;
printf("a = %-4d\n", a);
```
결과

```
int a = 947;
printf("a = %2d\n", a);
```
결과

```
char b = 'B';
printf("b = %3c\n", b);
```
결과

```
char b = 'C';
printf("b = %-3c\n", b);
```
결과

09 프로그램에서 주석을 사용하면 프로그램의 이해도를 높일 수 있다. 그 이유에 대해서 설명하시오.

10 프로그램을 작성할 때 들여쓰기는 중요한 습관이다. 들여쓰기를 하면 얻을 수 있는 효과에 대해서 설명하시오.

01 다음 프로그램에서 잘못된 부분을 수정하시오.

①
```
#include <stdio.h>

int main()
{
    int a;

    printf("정수를 입력하세요 : ");
    scanf("%f", a);

    printf("a = %d\n", a);

    return 0;
}
```

②
```
#include <stdio.h>

int main()
{
    printf("정수 10을 5자리로 출력 : 5%d", 10);
    printf("실수를 소수점 이하 2자리까지 출력 : %2f", 12.4567);
    printf("문자열에서 3개의 문자만 출력 : %3s", "program");

    return 0;
}
```

02 다음 프로그램의 출력 결과는?

①
```
#include <stdio.h>

int main()
{
```

```
    printf("C Language\nProgramming\n\n");
    printf("C 언어는 쉽고\n이식성이 좋다\n");

    return 0;
}
```

②

```
#include <stdio.h>

int main( )
{
    printf("%d, %5d, %-5d\n", 10, 10, 10);
    printf("%f, %10.2f, %3.2f\n", 12.567, 12.567, 12.567);
    printf("%s, %5.3s, %10.5s\n", "C Language", "C Language", "C Language");

     return 0;
}
```

03 키보드로 2개의 정수를 입력받아서 덧셈과 뺄셈한 결과를 출력하는 프로그램을 작성하시오.

04 키보드로 1개의 정수를 입력받아서 10진수, 8진수, 16진수로 출력하는 프로그램을 작성하시오.

PART 03

변수와 자료형

C 프로그램을 작성하는 목적은 데이터를 처리하는 것이기 때문에 프로그램에서 변수가 차지하는 비중은 지대합니다. 처리할 데이터의 크기와 성격에 따라 적절하게 변수를 만들어야 하는데, 이때 자료형(data type)을 사용합니다. C 언어에서는 char, int, float, double, void 등과 같은 5가지의 기본 자료형을 제공하고, 이를 확장한 여러 가지 유도형을 사용할 수 있습니다. 이 장에서는 자료형의 종류, 변수, 상수, 형변환 등에 관해 설명합니다. 지금부터 자료형을 사용하여 변수를 만드는 방법에 대해 공부해 봅시다.

변수란?

1 식별자(identifier)

식별자는 C 언어에서 사용하는 변수, 함수 등의 이름을 뜻합니다. 이름은 다른 것과 구분할 수 있어야 되기 때문에 같은 이름을 사용할 수 없습니다. 식별자는 길이에 제한이 없고, 대·소문자를 구분해서 처리합니다. 또한 C 언어에서 명령어로 사용하기 위해 미리 정의해 놓은 예약어(reserved word)는 식별자로 사용할 수 없습니다.

식별자의 작성 규칙
식별자를 작성하는 규칙은 다음과 같습니다.

- 공백이 없는 한 개의 단어로 구성되어야 합니다.
- 영문자(대·소문자), 숫자, '_'를 사용할 수 있습니다.
- 식별자의 첫 번째 글자는 반드시 영문자 또는 '_'로 시작해야 합니다.
- 길이 제한이 없습니다.
- 대·소문자를 구분합니다.
- 한글을 사용할 수 없습니다.
- 예약어를 사용할 수 없습니다.

식별자는 변수, 함수 등의 이름을 뜻합니다.

ANSI C는 식별자의 길이에 제한을 두지 않고 처음 32자까지만 유효하게 지정했지만 요즘의 컴파일러들은 이러한 제한을 두고 있지 않습니다.

다음은 식별자의 옳고, 그른 예입니다.

올바른 식별자		잘못된 식별자	
식별자	올바른 이유	식별자	잘못된 이유
data	소문자로 시작	data name	식별자 내에 공백 사용
Data	대문자로 시작	#data_name	'#'을 사용
d1234	문자로 시작	7data_name	첫 글자에 숫자 사용
_dataname	'_'로 시작	for	예약어를 사용

식별자를 만들 때 의미 있는 단어를 사용해야 합니다. 만약 학교 이름을 처리하는 변수라면 schoolName 또는 school_name과 같은 방식으로 이름을 만드는 것이 좋습니다. 가능하면 변수나 함수 이름의 첫 글자는 소문자로 시작하고, 처리할 데이터에 맞는 이름을 붙이는 것이 좋은 습관입니다.

예약어(reserved word)

예약어란 말 그대로 C 언어에서 미리 예약해 놓은 단어를 뜻합니다. 예약어를 키워드(keyword)라고 부르기도 합니다. 특정한 단어를 미리 예약해 놓은 이유는, 특별한 용도로 사용하기 위해서입니다. 결국 예약어는 특별한 의미를 갖고 있는 명령어입니다. 식별자를 만들 때 예약어를 사용할 수 없습니다. 하지만 forLoop와 같이 예약어를 포함한 이름은 사용할 수 있습니다. C 언어에서 사용하는 예약어의 종류는 다음과 같습니다.

auto	do	goto	signed	unsigned
break	double	if	sizeof	void
case	else	int	static	volatile
char	enum	long	struct	while
const	extern	register	switch	
continue	float	return	typedef	
default	for	short	union	

예약어는 C 언어에서 특별한 목적으로 사용하기 위해 예약해 놓은 명령어입니다.

2 변수와 상수

변수와 상수

프로그램 언어를 공부하다 보면 가장 먼저 접하는 용어가 변수(variable)와 상수(constant)입니다. 한 마디로 변수는 변하는 수이고, 상수는 변하지 않는 수를 뜻합니다. 쉬운 예를 들어 보겠습니다.

반지름이 R인 원의 넓이를 구해봅시다.

$$\text{원의 넓이} = \pi R^2 \ (\pi \fallingdotseq 3.14159)$$

여기서 반지름 R에 따라 원의 넓이가 변하기 때문에 R은 변수이고, π는 변하지 않는 값이기 때문에 상수라고 합니다.

C 프로그램을 작성할 때도 변수와 상수는 비슷한 의미를 갖습니다. 하지만 프로그램과 수학은 다르기 때문에 변수를 프로그램적으로 이해해야 합니다.

변수의 정의

프로그래밍의 가장 큰 목적은 '데이터를 처리해서 원하는 정보를 얻는 것'입니다. 여기서 데이터와 정보는 변수를 이용해서 표현합니다. 변수는 말 그대로 '변하는 수'이지만 컴퓨터에서 처리하는 값이 변하기 위해서는 그 값을 보관할 수 있는 메모리 공간이 필요합니다. 그래서 변수는 메모리의 특정한 위치에 자료를 기억할 수 있는 공간을 확보합니다. 또한 각각의 공간을 구분해야 되기 때문에 이름을 붙여서 처리합니다.

프로그램에서 사용되는 변수의 특징을 이용해서 변수의 뜻을 정의해보겠습니다.

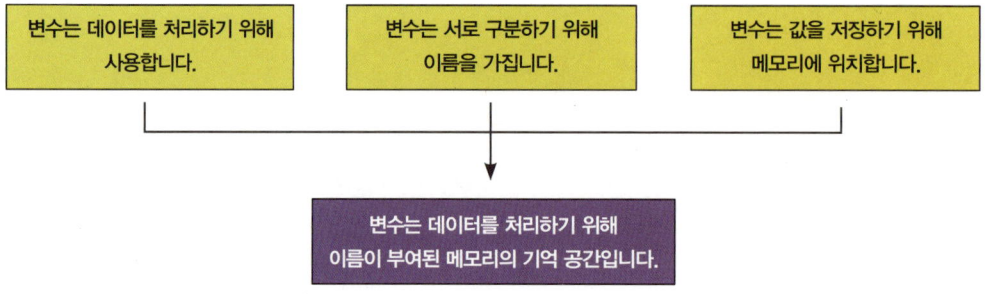

변수?

변수는 프로그램을 처음 배울 때 가장 힘들게 생각하는 단어입니다. 프로그램을 작성하기 위해서 컴퓨터 앞에 앉으면 어디서부터 시작해야 될지 막막한 심정일 겁니다. 데이터를 처리해서 원하는 결과를 얻어야 하는데, 어떤 변수를 만들어야 될지 몰라 당황합니다. 프로그래밍에서 변수는 영원한 화두입니다. 쉽게 이해해보죠. 과일을 담기 위해 그릇을 사용합니다. 과일의 개수와 모양에 따라 다른 그릇이 필요한데, 이 그릇을 변수로 이해할 수 있습니다. 즉, 변수는 데이터를 담는 그릇이고, 그릇에 담을 데이터의 크기와 종류에 따라 다른 그릇을 사용하듯이 변수도 처리할 데이터에 따라 각기 다른 종류를 사용합니다.

뛰어넘기
프로그램 내장 방식과 변수

컴퓨터 하드웨어는 중앙처리장치(CPU : Central Process Unit), 주기억장치, 입출력장치, 보조기억장치 등으로 구성되어 있습니다. 그중에서 CPU와 주기억장치가 핵심 장치입니다. 1945년에 폰 노이만(von Neumann)은 컴퓨터에서 처리할 명령과 데이터를 주기억장치에 기억시켜 놓고 사용할 것을 제안하였습니다. 이를 '프로그램 내장 방식(Stored program)'이라고 하는데, CPU는 주기억장치에 기억되어 있는 명령과 데이터를 하나씩 읽어서 작업을 수행합니다. 이때 데이터는 변수를 사용해서 값을 읽거나 기록할 수 있습니다. 결국 변수는 메모리에 위치해야 합니다.

그런데 문제는 CPU가 주기억장치로부터 명령과 데이터를 가져오려고 할 때, 읽어올 주기억장치의 위치를 알고 있어야 한다는 점입니다. 이를 해결하기 위해서 주기억장치에 1바이트 단위로 주소(address)를 부여합니다. 주기억장치의 첫 번째 바이트가 0번지, 그 다음은 1번지, 2번지, 3번지, … 이런 식으로 주소를 부여하고, 해당 주소에서 정보를 읽거나 기록합니다. 결국 CPU는 다음과 같이 동작하게 됩니다.

① 주기억장치의 특정한 주소로부터 명령과 데이터를 가져옵니다.
② 명령어로 처리한 데이터를 주기억장치의 특정한 주소에 기록합니다.
③ 이와 같은 작업을 반복적으로 수행하여 데이터를 처리합니다.

이처럼 주기억장치에 데이터를 저장하거나, 저장된 값을 읽기 위해 주소를 사용해서 위치를 지정합니다. 하지만 주소는 프로그램이 실행될 때마다 매번 바뀔 수 있고, 주소를 일일이 외우는 것은 쉽지 않습니다. 그래서 프로그램을 작성할 때는 주소 대신에 이름을 사용하고, 이 이름은 컴파일러에 의해 주소로 변환됩니다. 이처럼 데이터를 처리하기 위해 주기억장치의 특정 공간에 이름을 붙인 것을 변수라고 합니다.

자료형

1 자료형이란?

자료형의 개념

프로그램에서 데이터를 처리하기 위해서 변수와 상수를 사용합니다.

```
a = b + 10;
```

위의 수식(expression)에서 a와 b는 변수(variable)이고, 10은 상수(constant)입니다. 변수는 메모리에 공간을 갖기 때문에 데이터를 저장할 수 있고, 상수는 프로그램이 실행되는 동안에 그 값을 유지합니다. 상수는 값의 종류에 따라 데이터의 성격이 정해지지만, 변수는 사용하기 전에 미리 처리할 데이터의 크기와 성격을 선언해야 합니다.

데이터를 처리하기 위해서는 기억장치에 적당한 공간을 확보하고, 그곳에 데이터를 저장하거나 처리하기 위해 읽기도 합니다. 이때 처리할 데이터가 정수인지 문자인지, 아니면 실수인지를 구분해야 합니다. 또한 데이터의 적당한 크기를 정해야 합니다. 이처럼 처리할 데이터의 크기와 성격을 결정짓는 것을 자료형(data type)이라고 합니다.

자료형의 종류

C 언어에서 제공하는 자료형은 기본형(primitive type)과 유도형(derived type)으로 분류할 수 있습니다. 기본형은 C 언어에서 제공되는 자료형을 그대로 사용하는 가장 기본이 되는 자료형이고, 유도형은 기본형을 사용해 새로운 형태의 자료형을 만들어 사용할 수 있는 자료형입니다. 기본형으로는 문자형, 정수형, 실수형, void형 등이 있고, 유도형은 배열, 포인터, 구조체, 공용체 등이 있습니다.

C 언어는 char, int, float, double, void 등의 5가지 기본 자료형을 제공합니다. 참고로 void를 제

외한 나머지 자료형은 산술 연산이 가능합니다. 이 장에서는 기본형만 설명하고, 유도형은 6장 이후에 설명합니다.

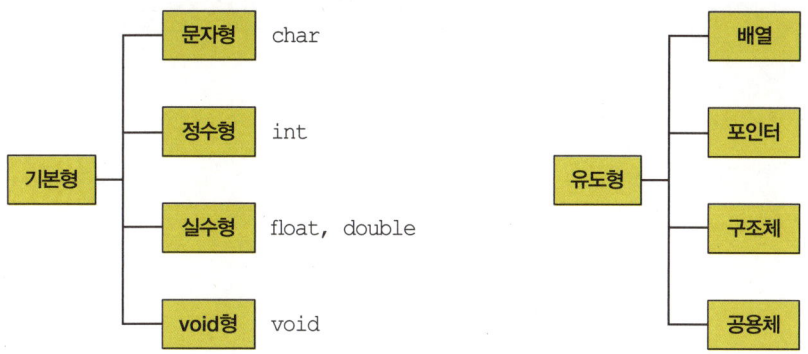

기본형과 유도형
- **기본형** : C 언어에서 제공되는 가장 기본이 되는 자료형입니다.
- **유도형** : 기본형을 사용해 새롭게 정의할 수 있는 자료형입니다.

void형은 함수와 포인터에서만 사용할 수 있기 때문에 7장, 8장에서 자세히 설명합니다.

2 자료형의 사용 방법

변수의 선언

변수는 데이터를 처리하기 위해 메모리 공간을 사용하기 때문에 처리할 데이터의 크기와 종류에 맞는 자료형을 선택해야 합니다. 변수를 사용하기 위해서는 우선적으로 변수를 선언해야 합니다. 변수 선언이란 컴파일러에게 데이터를 저장하기 위한 메모리를 할당해 달라고 요청하는 것입니다. 변수를 선언하는 형식과 방법은 다음과 같습니다.

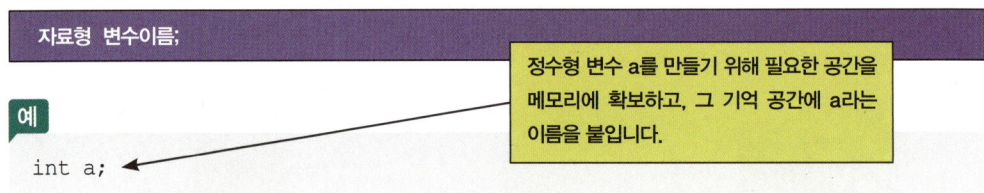

```
자료형  변수이름;
```

정수형 변수 a를 만들기 위해 필요한 공간을 메모리에 확보하고, 그 기억 공간에 a라는 이름을 붙입니다.

예
```
int a;
```

변수 a는 메모리에 생성되지만 특정한 값으로 초기화하지 않았기 때문에 어떤 값이 저장되어 있는지 알 수 없습니다. 이처럼 변수에 값을 대입하지 않으면 해당 변수에는 알 수 없는 값(쓰레기 값)이 저장됩니다.

변수의 선언과 정의

선언과 정의의 개념은 경우에 따라 약간 차이가 있습니다. 선언은 변수를 위한 기억 공간을 메모리에 만들지 않고 컴파일러에게 해당 정보만 알려주는 작업입니다. 반면에 정의는 기억 공간을 확보하고, 그것에 변수를 배치하는 것입니다. 이처럼 선언과 정의라는 용어의 뜻이 다르지만 일반적으로 커다란 차이 없이 혼재해서 사용합니다.

같은 자료형을 갖는 여러 개의 변수를 선언할 때에는 다음과 같이 할 수 있습니다.

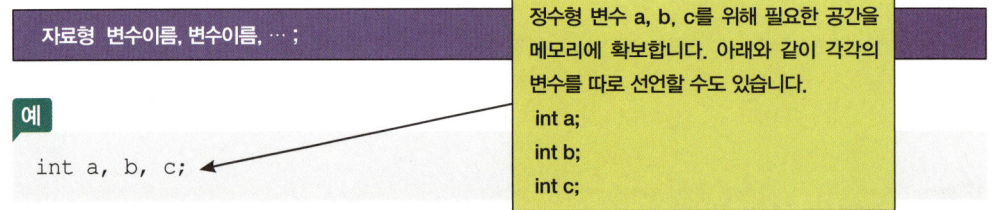

```
자료형  변수이름, 변수이름, … ;
```

정수형 변수 a, b, c를 위해 필요한 공간을 메모리에 확보합니다. 아래와 같이 각각의 변수를 따로 선언할 수도 있습니다.
int a;
int b;
int c;

예
```
int a, b, c;
```

변수의 초기화

변수의 초기화는 변수를 선언한 다음에 초기화하는 방법과 변수를 선언함과 동시에 초기화하는 두 가지 방법이 있습니다. 변수를 선언한 다음에 초기화하는 것은 다음과 같습니다.

변수의 초기화 방법 ❶
자료형 변수 ;
변수 = 초기값 ;

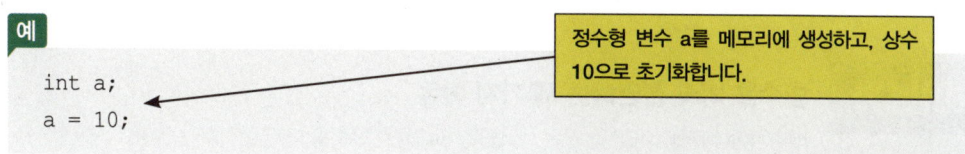

변수를 선언함과 동시에 초기화하는 방법은 다음과 같습니다.

변수의 초기화 방법 ❷
자료형 변수 = 초기값;

변수를 선언하는 순서를 정리하면 다음과 같습니다.

① 변수의 이름 결정
변수 이름은 식별자 작성 규칙에 맞게 정합니다. 변수가 처리할 데이터의 성격에 적합한 의미를 갖는 이름으로 정하는 것이 좋습니다.

② 변수의 자료형 결정
처리할 데이터의 크기와 성격 맞는 자료형을 정합니다.

③ 변수 초기화
대입 연산자('=')를 사용해서 선언된 변수를 초기화합니다.

변수는 데이터를 처리하기 위해 이름이 부여된 기억 공간입니다.

대입 연산자 '='는 수학에서 사용되는 'equal'의 뜻이 아니고 오른쪽에 있는 값을 왼쪽에 할당 또는 대입(assignment)하는 기능입니다.

뛰어넘기 | 변수를 미리 선언하는 세 가지 이유

베이직이나 PHP, ASP와 같은 스크립트 언어들은 변수를 미리 선언하지 않아도 사용할 수 있습니다. 그렇기 때문에 필요할 때 변수에 값을 지정해서 처리하면 됩니다. 하지만 C 언어는 번거롭지만 변수를 사용하기 전에 선언해야만 합니다. 그 이유는 무엇일까요?

- **프로그램을 치밀하게 설계할 수 있기 때문에 성능이 좋아질 수 있습니다.**

변수는 데이터를 담는 그릇이기 때문에 프로그램에서 처리할 데이터의 종류와 얻고자 하는 정보를 미리 예측하는 것은 매우 중요합니다. 프로그램 설계 단계에서 입출력 데이터에 대한 계획을 세우고, 이에 맞춰 프로그램을 작성하면 가장 좋은 방법을 찾을 수 있습니다.

- **프로그램 오류를 줄일 수 있습니다.**

처리할 데이터에 맞는 변수들을 미리 선언했기 때문에 다른 이름의 변수를 사용하는 경우가 줄어듭니다. 만약 변수를 선언하지 않은 상태에서 필요할 때 사용할 수 있다고 가정한다면, 프로그램 중간에 새로운 변수를 사용하여 뜻하지 않은 잘못을 범할 수 있게 됩니다. 이처럼 변수를 미리 선언하지 않으면 어떤 용도로 변수를 사용할지 알 수 없기 때문에 오류 발생이 증가합니다.

- **변수 관리가 쉬워집니다.**

프로그램 앞부분에 변수를 선언하면 프로그램에서 사용하는 변수들을 일목요연하게 볼 수 있기 때문에 프로그램에 대한 이해도를 높일 수 있습니다. 또한 변수들을 한 곳에 모아 놓고 사용하기 때문에 변수 관리가 쉬워지는 장점이 있습니다.

3 자료형 수정자

C 언어는 처리할 데이터의 크기와 성격에 따라 다양한 종류의 자료형을 제공합니다. 문자 처리는 char, 정수는 int, 실수는 float와 double을 사용합니다. 이처럼 처리할 데이터에 따라 char, int, float, double 등을 적절하게 골라서 사용할 수 있습니다.

하지만 C 언어는 이 정도의 자료형만으로 끝나지 않습니다. 데이터의 종류에 따라 보다 정밀하게 자료형을 구분해서 사용할 수 있습니다. 만약 처리하려고 하는 정수 데이터가 양수만 있다면 굳이 음수를 사용할 필요가 없고, 기본 자료형보다 더 큰 데이터를 처리하려면 크기를 늘려주어야 합니다. 이처럼 특수한 용도로 자료형을 변화시킬 수 있는 명령어를 자료형 수정자(data type modifier)라고 합니다.

자료형 수정자는 자료형을 보다 자세하게 정의하기 위한 부가적인 명령으로 자료형의 크기를 변화시키는 크기 수정자와 부호를 변화시킬 수 있는 부호 수정자로 구분합니다. 크기 수정자는 수치형(정수형, 실수형)에서만 사용할 수 있고, 부호 수정자는 문자형과 정수형에서만 사용 가능합니다.

크기 수정자

수치 자료형의 크기를 변화시키는데 사용하는 수정자입니다. 수정자를 사용하는 방법은 자료형 앞에 붙여서 변수를 선언하면 됩니다. 사용 형식은 다음과 같습니다.

수정자의 사용 형식

수정자 자료형 변수이름;

크기 수정자의 종류는 short와 long이 있고, int형에서 사용하면 다음과 같은 크기 변화가 발생합니다.

종류	short	long
크기	2바이트	4바이트

예

```
short int a;
long int b;
```

int는 4바이트(또는 2바이트)인데 short를 사용하면 무조건 2바이트로 변환되고, long을 사용하면 4바이트가 됩니다. int형에 크기 수정자를 결합해서 사용하는 경우에는 int를 생략할 수 있고, 일반적으로 생략합니다.

int의 크기는 다른 자료형과 달리 2바이트 또는 4바이트로 처리됩니다. 이처럼 서로 다른 크기를 갖는 이유는 컴퓨터 시스템의 종류에 따라 한 번에 처리하는 크기가 다르기 때문입니다. 일반적으로 윈도우나 Linux에서는 4바이트, MS-DOS 환경에서는 2바이트를 사용합니다.

크기 수정자 long은 실수 자료형 double과 함께 사용할 수 있습니다.

예
```
long double a;
```

long double은 8바이트 이상의 크기이고, 컴파일러마다 8, 10, 12바이트 등으로 처리합니다. 참고로 Visual Studio 2017은 8바이트, Dev C++는 12바이트입니다.

자료형의 크기를 변화시키기 위해 크기 수정자 short와 long을 사용합니다.

부호 수정자

문자형이나 정수형은 음수와 양수를 전부 처리할 수 있습니다. 하지만 부호 없는 값을 사용한다면 부호 수정자를 사용해서 모든 값을 양수로 처리할 수 있습니다. 컴퓨터는 정수를 처리하기 위해 부호화된 2의 보수(signed 2's complement) 방식을 사용합니다. 이것은 2진화된 값의 최상위 비트를 부호 비트로 간주해서, 그 비트가 0이면 양수, 1이면 음수가 되게 하는 방법입니다. 이처럼 부호 있는 정수를 처리하기 위해 부호 비트를 사용하는 반면에 부호 없는 값은 부호 비트를 사용하지 않습니다. 그렇기 때문에 양수를 표현할 수 있는 범위를 2배로 늘릴 수 있습니다.

부호 수정자는 signed와 unsigned를 사용합니다. signed는 양수와 음수를 사용할 수 있는 부호 있는 수정자이고, 기본값이기 때문에 일반적으로 생략합니다. 하지만 unsigned를 기본 자료형 앞에서 사용하면 부호 없는 값으로 처리됩니다. 부호 수정자는 문자형과 정수형에서만 사용할 수 있습니다. 참고로 부호 수정자는 크기 수정자와 결합해서 사용할 수 있습니다.

수정자의 사용 형식
부호수정자 크기수정자 자료형 변수이름;

예
```
unsigned char a;
unsigned int b;
unsigned long c;
```

부호 수정자 unsigned는 음수를 사용할 필요가 없을 때 이용합니다.

unsigned int는 int를 생략하고 unsigned라고만 지정할 수 있습니다.

C 언어의 문자형(char)은 크기가 1바이트라는 점에서만 정수형과 차이가 있을 뿐, 처리하는 데이터는 정수형과 동일합니다. 그렇기 때문에 문자형 변수는 양수와 음수를 모두 처리할 수 있습니다.

크기 수정자와 부호 수정자를 같이 사용할 수 있습니다. int형에서 unsigned와 short 또는 long을 함께 사용할 수 있습니다.
예) unsigned short a;
    unsigned long b;

뛰어넘기 | 부호화된 2의 보수(signed 2's complement)

컴퓨터는 음수를 표현하기 위해 '부호화된 2의 보수 방식'을 사용합니다. 우선 2의 보수가 무엇인지부터 알아야 합니다. n개의 비트로 구성된 2진수에 특정한 값을 더해서 2^n의 값이 나오도록 해주는 그 값을 2진수 값에 대한 **2의 보수**라고 합니다.

n개의 자리를 갖는 N에 대한 2의 보수 = $2^n - N'$

예를 들어 2진수 (10011010)의 2의 보수를 구해봅시다.
(10011010) + N' = 2^8(10000000)이 되도록 해주는 N'이 2의 보수이므로, 2진수 (10011010)에 대한 2의 보수는 (01100110)입니다.
2의 보수를 보다 쉽게 구하는 방법은 다음과 같습니다.

오른쪽부터 처음 나오는 1까지는 그대로 놔두고, 나머지는 0 → 1, 1 → 0으로 변경합니다.

$(1\ 0\ 0\ 1\ 1\ 0\ 1\ 0)_2$
↓↓↓↓↓↓↓↓
$(0\ 1\ 1\ 0\ 0\ 1\ 1\ 0)_2$: 2의 보수

> 오른쪽부터 진행하여 첫 번째 1이 나올 때까지는 그대로 쓰고, 그 이후부터는 0은 1로, 1은 0으로 변환합니다.

그렇다면 컴퓨터는 음수를 어떻게 저장할까요?

숫자와 함께 음의 부호 '–'를 저장하기 위해서는 특별한 방법이 필요합니다. 일단 음수와 양수를 구분하기 위해 어떤 숫자를 2진수화한 값의 최상위 비트를 부호 비트로 사용합니다. 최상위 비트가 0이면 양수, 1이면 음수가 됩니다. '부호화된 2의 보수 방식'은 음수를 그 절대값에 대한 2의 보수로 표현하는 방법입니다. 8비트 크기를 사용한다고 가정할 때, (-4)는 다음과 같은 방법으로 표현합니다.

(-4)에 대한 절대값은 4이므로 4에 대한 2의 보수가 바로 (-4)가 됩니다. 4는 8비트 2진수로 (00000100)이고, 이에 대한 2의 보수는 (11111100)이므로, 이 값이 바로 (-4)를 '부호화된 2의 보수 방식'으로 표현한 것입니다.

뛰어넘기 자료형의 종류

C 언어에서 제공하는 자료형은 데이터의 성격과 크기에 따라 여러 가지로 구분할 수 있습니다. 기본형에 크기 수정자와 부호 수정자를 사용하면 자료형은 다음과 같은 종류로 확장됩니다. 참고로 int형에 크기 수정자를 사용하는 경우에는 int를 생략하고 그냥 short, long이라고 표기하는 것이 일반적입니다.

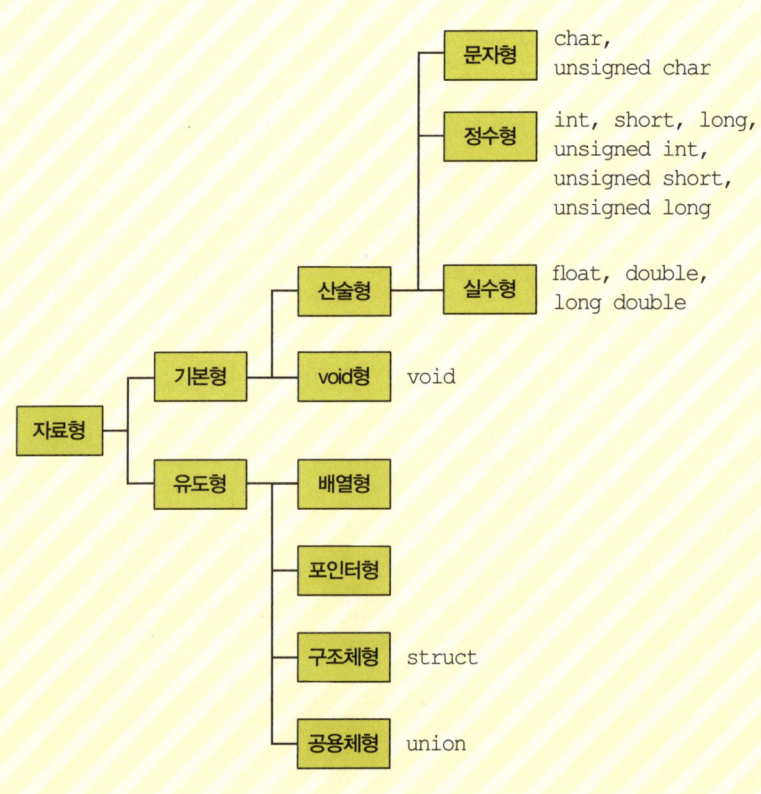

4 문자형 변수

C 언어에서 처리하는 모든 문자는 ASCII 코드로 표현하기 때문에 문자 한 개를 처리하기 위해 1바이트가 필요합니다. 또한 문자를 변수에 저장할 때 ASCII 코드로 변환하기 때문에 산술 연산이 가능합니다. 문자형 변수는 자료형 char를 사용해서 선언합니다. char로 선언된 변수는 문자만 취급하는 것이 아니고 1바이트 크기의 정수 데이터를 처리할 수 있습니다. 결국 char은 int로 선언한 정수형 변수와 마찬가지로 1바이트 크기의 정수를 처리할 수 있는 정수 자료형이라고 생각해야 됩니다.

자료형	크기	유효 범위
char	1바이트	-128 ~ 127
unsigned char	1바이트	0~255

예
```
char ch = 'A';
```

문자형 변수 ch를 선언하고, 초기값 'A'를 대입합니다. 문자 'A'의 ASCII 코드는 65이기 때문에 다음과 같이 해도 동일한 결과가 됩니다.

```
char ch = 65;
```

일반적으로 부호 있는 자료형을 선언할 때 사용하는 signed 명령어는 생략합니다. 그렇기 때문에 char 또는 signed char로 선언하는 것은 동일합니다. 만약 unsigned로 선언하면 부호로 사용되는 최상위 비트를 무시하기 때문에 사용할 수 있는 양수값의 유효 범위가 2배로 확장됩니다.

뛰어넘기 | ASCII 코드

컴퓨터가 이해할 수 있는 언어는 2진수이기 때문에 사람이 사용하는 언어를 컴퓨터에게 전달하기 위해서는 2진수로 표현해야 합니다. 이를 위해 코드(code)를 사용하는데, 코드란 문자를 2진화된 형태로 표현하는 것을 의미합니다. 코드의 종류는 많지만, 그 중에서 가장 많이 사용하는 것이 ASCII(American Standard Code for Information Interchange) 코드입니다. ASCII 코드는 7비트로 구성되어 있으며 주로 데이터 통신이나 개인용 컴퓨터에서 사용합니다. 프로그램을 작성할 때 ASCII 코드를 알고 있으면 여러 가지로 도움이 되기 때문에 알파벳과 숫자에 대한 코드 정도는 외워야 합니다.

알파벳 대문자 26개, 소문자 26개, 숫자 10개의 모든 ASCII 코드를 외울 필요는 없습니다. 대문자 A는 65, 소문자 a는 97, 숫자 0은 48 이 세 가지만 외우면 됩니다. 대문자와 소문자는 32 차이가 나고, 문자마다 1씩 증가합니다.

알파벳 대문자	문자	A	B	C	...	X	Y	Z
	코드(10진수)	65	66	67	...	88	89	90
알파벳 소문자	문자	a	b	c	...	x	y	z
	코드(10진수)	97	98	99	...	120	121	122
숫자	문자	0	1	2	...	7	8	9
	코드(10진수)	48	49	50	...	55	56	57

간단하게 ASCII 코드에 해당하는 문자를 알아보는 방법이 있습니다. 명령 프롬프트를 실행하고 [Alt]키를 누른 상태에서 키보드의 오른쪽에 있는 숫자 키패드에서 숫자를 입력하면 됩니다. 예를 들면, [Alt]를 누른 상태에서 숫자 48을 입력하면 화면에 0이 출력되고, [Alt]를 누르고 65를 입력하면 화면에 A가 출력됩니다.

예제 3-1 문자형 데이터를 처리하는 프로그램입니다.

```
01  #include <stdio.h>
02
03  int main()
04  {
05      char a, b;              문자형 변수 a, b를 선언합니다.
06
07      a = 'A';
08      b = 65;                 각각의 문자형 변수에 값을 대입합니다.
09
10      printf("a = %c\nb = %c\n", a, b);
11
12      return 0;               printf 함수를 사용해서 변수의 값을 문자 형
13  }                           식으로 출력합니다.
```

실행결과

```
a = A
b = A
```

해설

- **05** : 문자형 변수 a, b를 선언합니다.
- **07~08** : 변수 a, b에 각각 'A'와 65를 대입합니다. 문자 'A'에 대한 ASCII 코드는 65이기 때문에 문자 'A'와 65는 동일한 값입니다. 참고로 문자 상수는 작은따옴표(' ')로 묶어야 합니다.
- **10** : 변수 a와 b에 저장된 값이 65이기 때문에 %c 형식을 지정하면 문자 'A'를 출력합니다.

```
printf("a = %c\nb = %c\n", a, b);
              ↓        ↓
             'A'      'A'
```

Part 03. 변수와 자료형

문자 상수는 작은따옴표(' ')로 묶어서 표현합니다.

예제 3-2 문자형 변수에 대한 오버플로우 프로그램입니다.

```
01 #include <stdio.h>
02
03 int main()
04 {
05     char a;
06     unsigned char b;
07
08     a = 127 + 3;
09     b = 127 + 3;
10
11     printf("a = %d\nb = %d\n", a, b);
12
13     return 0;
14 }
```

문자형 변수 a와 부호 없는 문자형 변수 b를 선언합니다.

printf 함수를 사용해서 변수의 값을 정수 형식으로 출력합니다.

실행결과

```
a = -126
b = 130
```

해설

- **05~06** : 부호 있는 문자형 변수 a와 부호 없는 문자형 변수 b를 선언합니다.
- **08** : 127 + 3의 결과는 130인데, 변수 a는 1바이트 크기의 부호 있는 문자형이기 때문에 유효 범위 −128~127을 초과한 130을 표현할 수 없습니다. 130을 2진수로 표현하면 (10000010)이고, 부호 비트(가장 왼쪽에 있는 비트)가 1이기 때문에 음수에 해당합니다. 정수는 부호화된 2의 보수 방식으로 표현하기 때문에 130의 2진수 값인 (10000010)에 대한 2의 보수를 구하면

(01111110)이 되므로 −126을 출력하게 됩니다. 이처럼 변수의 유효 범위를 초과하는 값을 대입하면 오버플로우(overflow)가 발생합니다.

- **09** : 부호 없는 문자형 변수의 유효 범위는 0~255까지이기 때문에 연산 결과 얻어진 130을 처리할 수 있습니다.
- **11** : 변수 a와 b는 각각 2진수 (10000010)을 저장하고 있습니다. 하지만 부호 있는 자료형 또는 부호 없는 자료형이냐에 따라 각기 다른 방식으로 처리하게 됩니다. 결국 a는 −126, b는 130을 출력합니다.

오버플로우(overflow)

변수가 처리할 수 있는 유효 범위를 초과하는 경우를 오버플로우라고 합니다. 만약 char 자료형 변수에 128을 대입하면 이는 유효 범위인 -128~127을 초과하기 때문에 오버플로우가 발생하게 됩니다. 그러면 변수의 크기를 초과하는 부분이 잘리거나 엉뚱한 결과가 나오기도 합니다. C 컴파일러는 유효 범위를 검사하지 않기 때문에 오버플로우 발생 여부에 대한 판단은 프로그래머의 몫입니다.

예제 3-3 키보드로 문자 1개를 입력받아서 해당 문자의 ASCII 코드를 10진수, 16진수, 8진수로 출력하는 프로그램입니다.

```
01  #include <stdio.h>
02
03  int main()
04  {
05      char a;
06
07      printf("문자 입력 : ");
08      scanf("%c", &a);
09
10      printf("문자 : %c\n", a);
11      printf("10진수 : %d\n", a);
12      printf("16진수 : %x\n", a);
13      printf("8진수 : %o\n", a);
14
15      return 0;
16  }
```

키보드로 입력받은 문자를 저장할 문자형 변수 a를 선언합니다.

키보드로 입력받은 문자를 변수 a에 저장합니다.

변수 a의 값을 문자, 10진수, 16진수, 8진수로 출력합니다.

실행결과

```
문자 입력 : A
문자 : A
10진수 : 65
16진수 : 41
8진수 : 101
```

해설

· **10~13** : 변수 a의 값을 문자(%c), 10진수(%d), 16진수(%x), 8진수(%o)로 출력합니다.

Level Up 3-1 영어 대문자를 입력받아서 소문자를 출력하는 프로그램을 작성하세요.

배경 지식

우선 입력받은 영어 대문자를 저장하기 위한 char 자료형 변수를 선언합니다. 영어 소문자는 대문자보다 ASCII 코드값으로 32 크기 때문에 입력받은 문자에 32를 더하면 소문자가 됩니다.

처리 과정

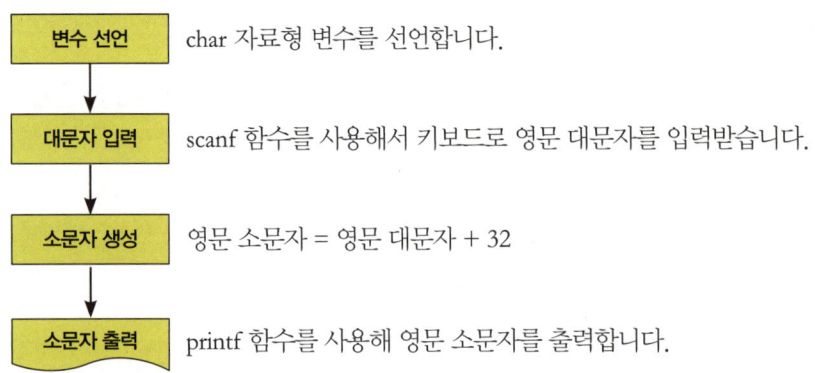

- 변수 선언 : char 자료형 변수를 선언합니다.
- 대문자 입력 : scanf 함수를 사용해서 키보드로 영문 대문자를 입력받습니다.
- 소문자 생성 : 영문 소문자 = 영문 대문자 + 32
- 소문자 출력 : printf 함수를 사용해 영문 소문자를 출력합니다.

```
01  #include <stdio.h>
02
03  int main()
04  {
05      char upper, lower;        ─── char형 변수 upper와 lower를 선언합니다.
06
07      printf("대문자 입력 : ");
08      scanf("%c", &upper);      ─── 키보드로 영어 대문자를 입력받습니다.
09
10      lower = upper + 32;       ─── 대문자에 32를 더해서 소문자를 구합니다.
11      printf("소문자 : %c\n", lower);
12
13      return 0;
14  }
```

실행결과

대문자 입력 : D
소문자 : d

뛰어넘기 — 자료형의 크기

자료형에 따라 변수가 확보하는 메모리의 크기가 달라집니다. char은 1바이트, int는 4바이트 등으로 각각 다른 크기의 메모리를 사용합니다. 그 이유는, 처리할 수 있는 값의 유효범위를 다르게 구성하기 위해서입니다.

1비트(2진수 1자리)는 0과 1이라는 2가지 종류의 값을, 2비트는 4가지(00, 01, 10, 11)의 값을 처리할 수 있습니다. 8비트는 2^8 = 256가지의 값을 표현할 수 있습니다. 결국 char로 만든 변수는 256가지의 값을, int로 만든 변수는 2^{32} = 4,294,967,296가지의 값을 표현할 수 있기 때문에 처리할 값에 따라 적절한 자료형으로 변수를 만들어서 사용하는 것이 메모리 관리의 효율성을 증대할 수 있습니다.

5 정수형 변수

정수 데이터를 처리하기 위한 기본 자료형은 int입니다. int는 시스템에 따라서 다른 크기를 사용하는데, 그 이유는 시스템마다 1워드(word)의 크기가 다르기 때문입니다. 여기서 1워드는 시스템에서 한 번에 처리하는 단위를 뜻합니다. int는 1워드 크기만큼 메모리 공간을 확보하기 때문에 윈도우나 Unix, Linux 시스템에서는 4바이트이고, MS-DOS에서는 2바이트 크기를 사용합니다. 이 책에서는 int의 크기를 4바이트로 처리하겠습니다.

대부분의 컴퓨터에서 정수 데이터를 처리하기 위해 고정 소수점(fixed point) 방식을 사용합니다. '부호화된 2의 보수 방식'도 고정 소수점 방식의 일종입니다. 이 방식은 다음과 같이 최상위 비트를 부호 비트로 사용합니다.

```
 31   30            ...            0   : 비트 위치(32비트인 경우)
┌────┬──────────────────────────────┐
│ S  │            정수              │
└────┴──────────────────────────────┘
 S : 부호 비트(0 : 양수, 1 : 음수)
```

정수형 변수는 프로그램에서 가장 많이 사용하는 자료형이기 때문에 크기 수정자(short, long)와 부호 수정자(signed, unsigned)를 이용하여 다양하게 처리할 수 있습니다.

자료형	크기	유효 범위
int	4바이트	-2,147,483,648~2,147,483,647
unsigned int	4바이트	0~4,294,967,295
short	2바이트	-32,768~32,767
unsigned short	2바이트	0~65,535
long	4바이트	-2,147,483,648~2,147,483,647
unsigned long	4바이트	0~4,294,967,295

컴퓨터는 정수를 표현하기 위해 고정 소수점 방식을 사용합니다.

뛰어넘기 — 데이터의 단위

컴퓨터는 데이터를 처리하기 위해 여러 가지 단위를 사용합니다. 그중에서 가장 작은 단위는 비트(bit)입니다. 1비트는 2진수 1자리를 처리할 수 있는 단위입니다. 비트가 8개 모여서 1바이트(byte)가 되고, 2 또는 4바이트가 1워드(word)를 구성합니다.

- **비트(bit)**

binary digit의 약자로 2진수 1자리를 저장할 수 있는 단위입니다. 컴퓨터에서 자료를 표현하고 처리하는 기본 단위로 사용되고, 정보 표시의 최소 단위입니다.

- **바이트(byte)**

8비트로 구성된 한 문자의 표시 단위이면서, 컴퓨터 기억장치를 사용하기 위한 주소(address) 지정의 최소 단위입니다. 1바이트는 8비트로 구성되어 있기 때문에 256(2^8)가지의 문자를 표현할 수 있습니다.

- **워드(word)**

컴퓨터 내부에서 명령을 처리하는 기본 단위입니다. 컴퓨터마다 한 번에 처리할 수 있는 크기가 다릅니다. 일반적으로 컴퓨터를 16비트 머신(machine)이나 32비트 머신이라고 부를 때, 16비트, 32비트를 해당 컴퓨터의 1워드라고 합니다. 결국 워드는 컴퓨터가 한 번에 읽거나 기록할 때 처리할 수 있는 단위를 뜻합니다.

예제 3-4 정수형 데이터를 처리하는 프로그램입니다.

```
01  #include <stdio.h>
02
03  int main()
04  {
05      int a, b, c;                        int형 변수 a, b, c를 선언합니다.
06
07      a = 10;
08      b = 20;
09      c = a + b;                          변수 a와 b를 더한 결과를 c에 대입합니다.
10
11      printf("%d + %d = %d", a, b, c);
```

```
12
13      return 0;
14 }
```

실행결과

```
10 + 20 = 30
```

해설

- 05 : 정수 데이터를 처리하기 위한 int형 변수 a, b, c를 선언합니다.
- 09 : 변수 a와 b를 더한 결과를 c에 저장합니다. '='는 오른쪽의 값을 왼쪽에 있는 변수에 대입하는 연산자입니다.

뛰어넘기 int, short, long 자료형의 크기

정수 자료형에서 int는 4바이트인데, long도 4바이트입니다. 같은 크기의 명령어를 두 개 만든 이유는 무엇일까요?

C 언어가 처음 만들어진 1970년대는 컴퓨터가 한 번에 처리하는 단위가 2바이트인 경우가 대부분이었고, 성능이 좋은 컴퓨터라고 해도 4바이트 정도였습니다. int는 컴퓨터가 한 번에 처리하는 크기(1 워드)로 메모리 공간을 확보하기 때문에 컴퓨터마다 다른 크기가 사용됩니다. 그래서 프로그램의 호환성 문제가 발생할 수 있습니다. 이 문제를 해결하기 위해 어떤 경우에도 동일한 크기로 지정되는 short와 long 명령어를 만든 겁니다.

무조건 2바이트 크기로 고정하는 경우에는 short, 4바이트인 경우는 long 명령어를 사용하라는 취지입니다. 결국 int가 2바이트로 정해진 컴퓨터에서는 int와 short의 크기가 동일하고, 윈도우와 같이 int를 4바이트로 처리하는 경우에는 int와 long이 같은 크기입니다. 컴퓨터가 처리하는 자료 중에서 정수값을 가장 많이 사용하기 때문에 다른 자료형과 달리 정수형은 int, short, long 등의 다양한 명령어를 제공하고 있습니다.

예제 3-5 정수 자료형의 크기를 구하는 프로그램입니다.

```
01  #include <stdio.h>
02
03  int main()
04  {
05      int a;
06      short b;         ─── 정수형 변수 a, b, c를 선언합니다.
07      long c;
08
09      printf("int의 크기 : %d\n", sizeof(a));
10      printf("short의 크기 : %d\n", sizeof(b));
11      printf("long의 크기 : %d\n", sizeof(c));
12
13      return 0;
14  }
```

실행결과

```
int의 크기 : 4
short의 크기 : 2
long의 크기 : 4
```

해설

- **05~07** : int형 변수 a, short형 변수 b, long 형 변수 c를 선언합니다. int에 크기 수정자 short와 long을 사용하는 경우에 int를 생략하는 것이 일반적입니다.
- **09** : sizeof는 연산자의 일종으로 변수나 자료형의 크기를 바이트 단위로 구합니다. sizeof의 사용 형식은 다음과 같습니다.

    sizeof(변수) 또는 sizeof(자료형)

여기서 변수 a는 int형이기 때문에 시스템 환경에 따라 4 또는 2바이트 크기를 갖습니다. 만약 윈도우나 Unix, Linux에서 실행하면 int의 크기는 4바이트가 됩니다.
- 10 : 변수 b는 short형이기 때문에 무조건 2바이트 크기입니다.
- 11 : 변수 c는 long형이기 때문에 무조건 4바이트 크기입니다.

sizeof는 변수나 자료형의 크기를 바이트 단위로 구하는 연산자입니다.

Level Up 3-2 키보드로 가로와 세로 변의 크기를 정수로 입력받아서 사각형 넓이를 출력하는 프로그램을 작성하세요.

배경 지식
우선 입력받은 가로와 세로 변의 크기를 저장하기 위한 int형 변수들을 선언합니다. 사각형의 넓이를 구하는 공식은 다음과 같습니다.

- 사각형의 넓이 = 가로 변의 크기 X 세로 변의 크기

처리 과정

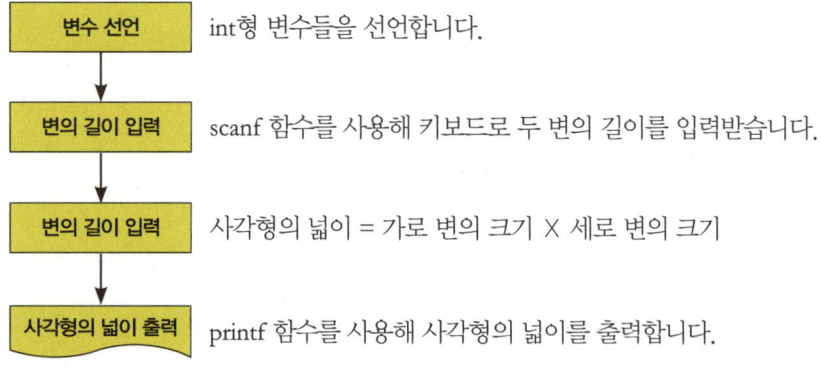

```
01  #include <stdio.h>
02
03  int main()
04  {
05      int side1, side2, area;                       ── 정수형 변수를 선언합니다.
06
07      printf("가로, 세로 변의 길이 입력 : ");
08      scanf("%d%d", &side1, &side2);                ── 키보드로 두 변의 길이를 입력합니다.
09
10      area = side1 * side2;
11      printf("사각형 넓이 = %d\n", area);            ── 사각형의 넓이를 구하고, 그 값을 출력합니다.
12
13      return 0;
14  }
```

실행결과

가로, 세로 변의 길이 입력 : 10 30
사각형 넓이 = 300

해설

· **08** : scanf 함수를 사용해서 2개 이상의 값을 입력받는 경우에는 각 값을 구분 문자인 공백 문자, 탭, 개행 문자 등으로 분리해야 합니다. 실행 화면에서 가로 변의 길이를 입력하고 구분 문자를 입력한 다음에 세로 변의 길이를 입력하세요. 그러면 입력받은 값이 각각 side1과 side2에 저장됩니다.

6 실수형 변수

실수형은 부동 소수점 자료형(floating point data type)이라고도 부릅니다. 실수형 데이터는 소수점을 포함하는 수를 의미하고, 이를 처리하기 위해 float, double, long double 등의 명령어를 사용할 수 있습니다. 실수형은 수학이나 과학 기술 계산에서 주로 사용하는데 정밀도가 높은 반면에 연산 속도가 느린 단점이 있습니다. 그 이유는, 정수형 데이터는 '부호화된 2의 보수 방식'으로 처리하지만, 실수형 데이터는 '부동 소수점 방식'을 사용하기 때문입니다. 부동 소수점이란 소수점의 위치가 고정되어 있지 않고 숫자마다 변하는 것을 뜻합니다.

부동 소수점 방식은 실수를 다음과 같은 방법으로 지수(exponent)와 가수(mantissa)로 분리해서 저장합니다. 4바이트 크기인 float는 부호 1비트, 지수 8비트, 가수(소수) 23비트를 사용하고, 8바이트인 double은 부호 1비트, 지수 11비트, 가수 52비트를 사용해서 처리합니다.

31	30 ... 23	22 ... 0	: 비트 위치(32비트인 경우)
S	지수	가수(소수)	

S : 부호 비트(0 : 양수, 1 : 음수)

예를 들면 다음과 같이 처리합니다.

예 8.75를 부동 소수점 방식으로 저장하시오.

$8.75 = (8.C)_{16} = (0.8C \times 16^1)_{16}$

지수에 바이어스(bias) 128을 더하면 지수부는 129가 되고, 129는 16진수로 $(81)_{16}$이므로, 이를 부동 소수점 방식으로 메모리에 저장하면 다음과 같습니다.

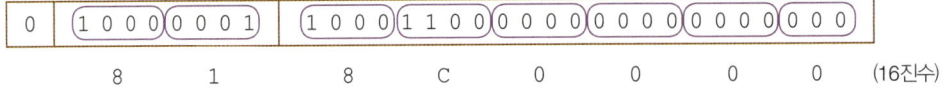

 $(0.75)_{10}$을 16진수로 변환하는 방법

16을 곱해서 소수 부분이 00이 될 때까지 반복합니다.
$0.75 \times 16 \Rightarrow 12$이기 때문에 $(0.75)_{10} \Rightarrow (0.C)_{16}$가 됩니다.

실수 자료형의 크기와 유효 범위는 다음과 같습니다.

자료형	크기	유효 범위
float	4바이트	$\pm 3.4 \times 10^{-38} \sim \pm 3.4 \times 10^{38}$
double	8바이트	$\pm 1.79 \times 10^{-308} \sim 1.79 \times 10^{308}$
long double	컴파일러마다 다름	double형과 같거나 큰 범위

long double은 컴파일러마다 다른 크기를 사용합니다. Visual Studio는 8바이트, Dev C++는 12바이트입니다.

뛰어넘기 부동 소수점 방식에서의 바이어스

정수는 소수가 없는 데이터이고, 소수점의 위치를 숫자의 오른쪽 끝에 있는 것으로 간주합니다. 정수 123은 123.0과 같은 식으로 취급하는 것입니다. 결국 모든 정수는 소수점의 위치가 오른쪽 끝에 고정되는 특징이 있습니다. 하지만 실수는 소수점의 위치가 가변적이기 때문에 소수점을 표현하기 어렵습니다. 이러한 문제를 해결하기 위해 유효 숫자의 왼쪽으로 소수점을 고정시키는 방법을 사용합니다.

예를 들면, 16진수 $(8.C)_{16}$은 소수점의 위치가 유효 숫자 앞에 있지 않기 때문에 이를 $(0.8C \times 16^1)_{16}$ 형태로 변환합니다. 그러면 소수점이 유효 숫자 앞으로 이동하게 되고, 이때 지수가 발생합니다. 이처럼 실수를 지수와 가수로 분리시키는 작업을 정규화(normalization)라고 합니다. 하지만 이것으로 끝나지 않습니다. 만약 $(0.08C)_{16}$을 정규화하면 $(0.8C \times 16^{-1})_{16}$이 되기 때문에 지수에 음수가 나올 수 있습니다. 숫자의 부호를 처리하기 위해 부호 비트를 사용하듯이 지수부도 부호 처리가 필요합니다. 이를 해결하는 방법으로 바이어스(bias)가 사용됩니다.

바이어스는 지수를 양수로만 처리하기 위해 사용되는 값입니다. 만약 지수의 크기가 8비트라면 2^8, 즉 256가지의 숫자를 표현할 수 있기 때문에 사용 가능한 지수는 -128~127입니다. 여기서 지수가 음수인 경우 이를 양수로 변환하기 위해 지수에 128을 더하면 -128~127 범위의 값이 0~255로 바뀝니다. 이때 지수를 무조건 양수로 변환하기 위해 사용되는 값을 바이어스라고 합니다. 원래의 지수에 바이어스를 더한 결과를 부동 소수점의 지수 부분에 저장합니다.

예제 3-6 실수형 데이터를 처리하는 프로그램입니다.

```
01 #include <stdio.h>
02
03 int main()
04 {
05     float a;
06     double b;
07
08     a = 123.123456789;
09     b = 123.12345678901234567;
10
11     printf("a = %.6f\nb = %.14f\n", a, b);
12
13     return 0;
14 }
```

실수형 변수 a, b를 선언합니다.

실수형 변수 a, b를 초기화합니다.

실행결과

```
a = 123.123459
b = 123.12345678901235
```

해설

- **05~06** : 실수값을 처리하기 위해 float와 double형 변수 a, b를 선언합니다.
- **11** : 변수 a와 b의 값을 각각 소수점 이하 6, 14자리까지 출력하면, 123.123459, 123.12345678901235가 됩니다. 이처럼 정확도가 다른 이유는, 실수형 자료는 지수와 가수로 분리해서 저장하기 때문에 가수의 크기에 따라서 정밀도가 달라지기 때문입니다. 시스템에 따라서 약간의 차이는 있지만 float형은 소수점 이하 6자리까지만 처리할 수 있고, double형은 15자리까지 처리할 수 있습니다

예제 3-7 실수형 데이터의 정밀도와 관련된 프로그램입니다.

```
01  #include <stdio.h>
02
03  int main()
04  {
05      float a;
06      double b;
07
08      a = 123.1234567 + 0.0000001;
09      b = 123.1234567 + 0.0000001;
10
11      printf("a = %.7f\n", a);
12      printf("b = %.7f\n", b);
13
14      return 0;
15  }
```

5~6행: 실수형 변수 a, b를 선언합니다.
8~9행: 실수 데이터의 연산 결과를 변수 a, b에 저장합니다.

실행결과

```
a = 123.1234589
b = 123.1234568
```

해설

- **11** : a의 값을 소수점 이하 7자리까지 출력합니다. 하지만 a는 float형이기 때문에 소수점 이하 7자리까지의 연산을 제대로 처리할 수 없습니다.
  123.1234567 + 0.0000001 → 123.1234568
  위와 같은 연산 결과가 나와야 되는데, float형은 정밀도의 한계로 인해서 부정확한 값이 출력됩니다.

- **12** : double형 변수 b의 값을 소수점 이하 7자리까지 출력합니다. double형은 소수점 이하 15자리까지 처리할 수 있으므로 올바른 결과가 출력됩니다.

Level Up 3-3 키보드를 통해 실수값으로 반지름을 입력받아서 원의 넓이와 둘레를 소수점 이하 2자리까지 출력하는 프로그램을 작성하세요.

배경 지식

우선 반지름, 원의 넓이, 둘레를 저장하기 위한 float형 변수들을 선언합니다. 원의 넓이와 둘레를 구하는 공식은 다음과 같습니다.

- 원의 넓이 = πr^2
- 원의 둘레 = $2\pi r$

처리 과정

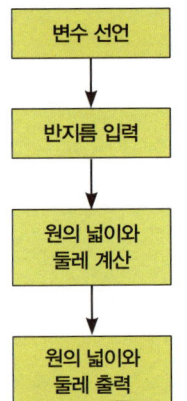

float형 변수들을 선언합니다.

scanf 함수를 사용해서 키보드로 반지름을 입력받습니다.

- 원의 넓이 : 3.14 X 반지름 X 반지름
- 원의 둘레 : 2 X 3.14 X 반지름

printf 함수를 사용해 원의 넓이와 둘레를 출력합니다.

```
01 #include <stdio.h>
02
03 int main()
04 {
05     float radius, area, circum;         ── 실수형 변수를 선언합니다.
06
07     printf("반지름 입력 : ");
08     scanf("%f", &radius);               ── 키보드로 반지름을 입력합니다.
09
10     area = 3.14 * radius * radius;
11     circum = 2 * 3.14 * radius;         ── 원의 넓이와 둘레를 계산합니다.
```

```
12
13        printf("원의 넓이 : %.2f\n", area);
14        printf("원의 둘레 : %.2f\n", circum);
15
16        return 0;
17    }
```

> 원의 넓이와 둘레를 소수점 이하 2자리까지 출력합니다.

실행결과

```
반지름 입력 : 3.2
원의 넓이 : 32.15
원의 둘레 : 20.10
```

뛰어넘기 — 자료형의 종류

기본 자료형에 크기 수정자와 부호 수정자를 결합하면, C 언어에서 제공하는 자료형의 종류는 다음과 같습니다.

자료형	크기	설명
char	1바이트	부호 있는 문자형
unsigned char	1바이트	부호 없는 문자형
int	4바이트	부호 있는 정수형
unsigned int	4바이트	부호 없는 정수형
short	2바이트	짧은 부호 있는 정수형
unsigned short	2바이트	짧은 부호 없는 정수형
long	4바이트	긴 부호 있는 정수형
unsigned long	4바이트	긴 부호 없는 정수형
float	4바이트	실수형
double	8바이트	배정도 실수형
long double	8바이트 이상	확장 배정도 실수형

상수

1 상수의 종류

상수(constant)는 프로그램 수행 중에 그 값이 변하지 않는 데이터를 의미합니다. C 언어의 여러 가지 자료형으로 데이터를 처리하기 위해서는 이에 맞는 다양한 종류의 상수가 필요합니다. C 언어에서 제공하는 상수의 종류는 다음과 같습니다.

정수형 상수	소수가 없는 값으로 10진, 8진, 16진, long형 상수 등이 있습니다.
실수형 상수	소수가 있는 값으로 10진, 지수 상수 등이 있습니다.
문자 상수	1개의 문자를 표현하는 상수로 작은따옴표를 사용합니다.
문자열 상수	1개 이상의 문자 묶음을 표현하는 상수로 큰따옴표를 사용합니다.

2 정수형 상수

정수형 상수는 소수점 없이 사용하는 값을 의미합니다. 모든 정수형 상수 앞에는 '+', '−'와 같은 부호를 붙일 수 있고, 만약 부호를 생략하면 양의 정수로 취급합니다. 정수형 상수는 진법에 따라 10진, 8진, 16진 상수로 구분합니다.

10진 상수	0~9의 숫자를 이용해서 표현하며 0 이외의 숫자로 시작합니다. 예) 123, 10, 5, -345, +345
8진 상수	0~7의 숫자를 이용해서 표현하며 숫자 앞에 0을 붙입니다. 예) 0123, 010, 01, +0345, -0345
16진 상수	0~9, A~F의 숫자를 이용해서 표현하며 숫자 앞에 0x 또는 0X를 붙입니다. 예) 0x123, 0X123, +0x1AB, -0xEF, 0x1a3
long형 상수	4바이트 크기의 정수형 상수이고, 숫자 뒤에 'l' 또는 'L'을 붙입니다. 예) 123l, 123L, +123L, -123L

C 언어는 정수형 상수의 기본형을 int로 취급합니다.

예제 3-8 다양한 정수형 상수를 처리하는 프로그램입니다.

```
01  #include <stdio.h>
02
03  int main()
04  {
05      int a = 100, b = 0100, c = 0x100;      int형 변수 a, b, c를 선언하고 10진,
                                                8진, 16진 상수로 초기화합니다.
06
07      printf("a = %d\nb = %d\nc = %d\n", a, b, c);
08                                             변수 a, b, c의 값을 출력합니다.
09      return 0;
10  }
```

실행결과

```
a = 100
b = 64
c = 256
```

해설

- **05** : 정수형 변수 a에 10진 상수 100, b에 8진 상수 0100, c에 16진 상수 0x100을 대입합니다.
- **07** : 100은 10진 상수이고, 0100은 숫자 앞에 0이 붙어서 8진 상수이기 때문에 10진수로 변환하면 64가 되고, 16진수 0x100을 10진수로 변환하면 256이 됩니다. a, b, c를 출력하면 각각 100, 64, 256이 출력됩니다.

8진 정수는 숫자 앞에 0을 붙이고, 16진 정수는 0x(숫자 0과 소문자 x) 또는 0X(숫자 0과 대문자 X)를 붙입니다.

예제 3-9 키보드로 입력받은 정수를 8진수, 10진수, 16진수로 출력하는 프로그램입니다.

```
01 #include <stdio.h>
02
03 int main()
04 {
05     int a;
06
07     printf("정수 입력 : ");
08     scanf("%d", &a);          ── 키보드로 정수를 입력받아 변수 a에 저장합니다.
09
10     printf("10진수 : %d\n", a);
11     printf("8진수 : %o\n", a);  ── 변수 a의 값을 10진수, 8진수, 16진수로 출력합니다.
12     printf("16진수 : %x\n", a);
13
14     return 0;
15 }
```

실행결과

```
정수 입력 : 100
10진수 : 100
8진수 : 144
16진수 : 64
```

해설

- **08** : 키보드로 10진 정수를 입력받아서 변수 a에 저장합니다.
- **10~12** : 변수 a의 값을 각각 10진수(%d), 8진수(%o), 16진수(%x)로 출력합니다.

3 실수형 상수

실수형 상수는 소수점이 있는 숫자를 의미하고, 부동 소수점 상수라고도 합니다. 부동(floating)이라는 단어는 소수점이 고정된 위치에 있지 않고, 수에 따라서 소수점의 위치가 변한다는 의미입니다. 실수형 상수는 10진수와 지수 형태로 표기할 수 있습니다.

10진수 형식	10진수에 소수점을 사용해서 표기하는 방법입니다. 예) 123.456, -123.456, 0.000123, +0.213
지수 형식	e 또는 E를 사용해서 지수와 숫자를 분리해서 표기하는 방법입니다. 예) 1.23E3, 0.43E-2, -4.2e5
float형 상수	실수 상수 뒤에 'f' 또는 'F'를 붙여서 표현합니다. 예) 1.23F, 0.43F, -4.2F

실수형 상수 뒤에 'f' 또는 'F'를 붙이면 4바이트 크기의 float형 상수가 됩니다.

정수형 상수의 기본형은 int형이기 때문에 long형 상수가 있듯이, 실수형 상수는 double형이 기본형이기 때문에 float형 상수가 존재합니다.

예제 3-10 실수형 상수를 처리하는 프로그램입니다.

```c
01 #include <stdio.h>
02
03 int main()
04 {
05     float a = 123.4356F;
06     double b = 1.234356E2;
07
08     printf("a = %e\n", a);
09     printf("b = %f\n", b);
10
11     return 0;
12 }
```

실행결과

```
a = 1.234356e+02
b = 123.435600
```

해설

- **05** : float형 변수 a에 123.4356을 대입합니다. 실수형 상수 뒤에 'f'나 'F'를 붙이면 4바이트 크기의 float형 상수가 됩니다. float형 상수가 필요한 이유는 실수형 상수의 기본형이 double이기 때문입니다.
- **06** : double형 변수 b에는 지수 형태로 1.234356E2를 대입합니다. 1.234356E2는 1.234356×10^2를 의미하고, 1.234356e2 또는 1.234356E+2 등과 같이 표현할 수 있습니다.
- **08~09** : 변수 a를 지수 형태(%e)로 출력합니다. 123.4356을 지수 형태로 바꾸면 1.234356×10^2가 되기 때문에 1.234356E+2를 출력합니다. 반면에 변수 b는 일반 10진수 형식(%f)으로 지정했기 때문에 1.234356×10^2는 123.435600으로 출력됩니다.

4 문자 상수

문자 상수는 1개의 문자 값이고, 해당 문자를 작은따옴표(' ') 안에 표현합니다. 문자 상수가 메모리에 저장될 때는 ASCII 코드를 이용해서 처리합니다. 문자 상수의 표현은 작음따옴표 안에 1개의 문자를 사용하는 경우와 역슬래시('\')를 이용하는 이스케이프 문자 처리 방법이 있습니다.

문자 상수	작은따옴표를 사용해서 문자 상수를 표현합니다. 예) 'A', '5', '#'		
이스케이프 문자 상수	작은따옴표 안에 역슬래시를 이용해서 확장 문자를 표현합니다.		
	문자	의미	기능
	\a	Bell	스피커에서 벨소리가 나옵니다.
	\b	Back space	왼쪽으로 한 칸을 지웁니다.
	\f	Form feed	프린터에서 한 페이지 이동합니다.
	\n	Line feed	줄을 바꾸는 개행 문자입니다.
	\r	Carriage return	커서를 1열로 이동시킵니다.
	\t	Tab	Tab키 입력과 동일한 기능입니다.
	\\	Back slash	역슬래시('\') 자체를 출력합니다.
	\'	Apostrophe	작은따옴표(')를 출력합니다.
	\"	Quote	큰따옴표(")를 출력합니다.
	\0	Null	Null 문자는 ASCII 코드로 0입니다.
	\ddd	Octal number	8진수로 ASCII 코드값을 부여할 때 사용합니다.
	\xddd	Hexa number	16진수로 ASCII 코드값을 부여할 때 사용합니다.

이스케이프 문자(Escape character)

문자 중에 개행 문자, 백스페이스 등과 같이 화면으로 출력되지 않는 문자들이 있습니다. 또는 C 언어에서 특별한 의미로 사용되는 문자들(', ", \ 등)을 이스케이프 문자라고 합니다.

예제 3-11 문자 상수를 처리하는 프로그램입니다.

```
01 #include <stdio.h>
02
03 int main()
04 {
05     char a, b, c;                    char형 변수 a, b, c를 선언합니다.
06
```

```
07        a = 'A';
08        b = '\x41';
09        c = 65;
10
11        printf("%c, %c\n", a, a+1);
12        printf("%c, %c, %c\n", a, b, c);
13
14        return 0;
15  }
```

char형 변수에 문자 상수를 대입합니다.

실행결과

```
A, B
A, A, A
```

해설

- **07~09** : 문자 상수를 사용하는 방법은 다음과 같습니다.
  ① 작은따옴표에 1개의 문자를 기술하는 방법 : a = 'A';
  ② 이스케이프 문자를 사용하는 방법 : b = '\x41';
  ③ 문자의 ASCII 코드를 사용하는 방법 : c = 65;
- **11** : char형 변수는 산술형이기 때문에 연산이 가능합니다. 변수 a의 값이 문자 'A'이고, ASCII 코드로 65이기 때문에 더하기 1을 하면 66, 즉 문자 'B'가 됩니다.
- **12** : 'A', 65, '\x41'은 모두 같은 값이기 때문에 a, b, c를 %c 형식으로 출력한 결과는 'A'가 됩니다.

'\x41'은 16진수 값으로 41에 해당합니다.

5 문자열 상수

문자열(string)이란 1개 이상의 문자들이 여러 개 모여 있는 문자들의 묶음입니다. 문자열을 표현하기 위해서는 큰따옴표(" ")로 둘러싸야 합니다. 만약 'AB'라고 표현하면 오류가 발생하는데, 작은따옴표는 한 개의 문자를 표현하기 위해 1바이트 크기의 공간만을 사용하기 때문입니다. 또한 'A'와 "A"는 완전히 다른 표현입니다. 'A'는 문자 상수이고, "A"는 문자열 상수입니다. C 언어는 문자열을 처리하기 위해서 다음과 같은 두 가지의 독특한 방법을 사용합니다.

문자열의 특징

· 문자열의 끝을 표시하기 위해서 널(null, '\0') 문자를 사용합니다.

'A'와 "A"는 다음과 같은 형태로 저장됩니다.

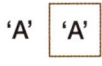

모든 문자열의 끝에는 널 문자가 삽입되기 때문에 문자열의 길이는 문자의 개수에 1을 더한 크기가 됩니다.

널(null) 문자는 ASCII 코드 0에 해당하고, 아무런 값도 출력하지 않습니다.

문자 상수는 작은따옴표를 사용하고, 문자열 상수는 큰따옴표를 사용합니다.

· 문자열은 메모리에 보관되기 때문에 주소를 가집니다.

C 언어는 문자열을 처리하기 위한 별도의 자료형이 존재하지 않습니다. 그 이유는 포인터와 배열을 사용해서 처리할 수 있기 때문입니다. 여기서 포인터란 메모리 주소를 값으로 갖는 자료형을 의미하고, 배열은 동일한 자료형의 집합입니다.

문자열은 끝에 자동으로 널 문자가 붙고, 문자열이 보관된 주소를 갖는 특징이 있습니다.

문자열의 처리 방법

· 포인터 변수를 사용해서 문자열을 처리하는 경우

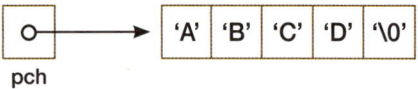

위의 명령은 포인터 변수 pch에 문자열 "ABCD"를 대입하라는 의미가 아닙니다. 엄밀히 말하면 pch에 문자열 "ABCD"가 저장되어 있는 주소를 대입하라는 뜻이고, pch는 문자열 "ABCD"가 보관된 주소를 가리키고 있다는 의미로 이해할 수 있습니다. 그림으로 표현하면 다음과 같습니다.

```
   ┌───┐    ┌───┬───┬───┬───┬───┐
   │ o─┼───►│'A'│'B'│'C'│'D'│'\0'│
   └───┘    └───┴───┴───┴───┴───┘
    pch
```

문자열 상수는 다른 상수들과 달리 메모리에 보관되기 때문에 해당 문자열이 저장된 메모리 주소를 가집니다. 그렇기 때문에 문자열이 보관된 주소를 포인터 변수에 대입해서 처리합니다. 만약 "ABCD" 문자열이 메모리 100번지에 위치하고 있다면 변수 pch는 100을 저장합니다.

· 배열을 사용해서 문자열을 처리하는 경우

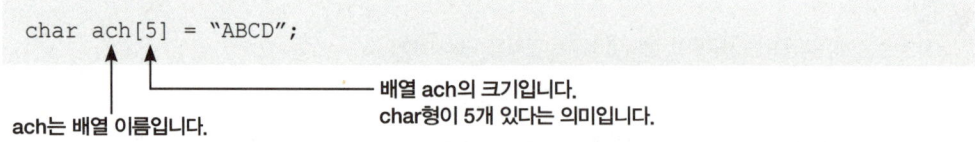

배열은 동일한 자료형이 메모리에 연속적으로 배치되어 있는 것을 의미합니다. ach는 char 자료형이 5개 모여서 구성된 배열입니다. 이것을 그림으로 표현하면 다음과 같습니다.

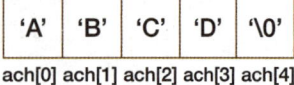

문자열을 처리하기 위해 배열을 사용할 때 주의할 점은 문자열의 끝에 널 문자가 추가되기 때문에 배열의 크기는 문자의 개수보다 1 커야 된다는 것입니다.

예제 3-12 포인터 변수와 배열을 사용해 문자열을 처리하는 프로그램입니다.

```c
01 #include <stdio.h>
02
03 int main()
04 {
05     char *pch = "Program";      // 포인터 변수를 선언하고, 문자열의 주소를 대입합니다.
06     char ach[8] = "Program";    // 배열을 선언하고, 문자열로 초기화합니다.
07
08     printf("%s\n", pch);
09     printf("%s\n", ach);
10
11     return 0;
12 }
```

실행결과

```
Program
Program
```

해설

- **05** : 문자형 포인터 변수에 문자열 "Program"의 시작 주소를 대입합니다. 포인터 변수는 일반적인 변수에 값을 대입하는 것과 다릅니다. int a = 5는 int형 변수 a에 5를 대입하는 명령이기 때문에 메모리 어딘가에 위치하고 있는 a에 5가 저장됩니다. 반면에 포인터 변수는 해당 자료가 저장되어 있는 주소를 값으로 가집니다. 만약 문자열 "Program"이 100번지에 위치하고 있다면, pch는 100을 갖게 됩니다.

· 06 : 문자형 배열 ach에 "Program"이라는 문자열을 대입합니다. 배열 ach의 크기가 8인 이유는 문자열의 끝에 널이 추가되기 때문입니다.

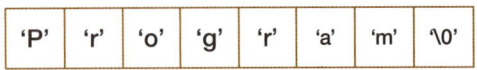

포인터를 사용해서 문자열을 처리할 때, 포인터 변수는 문자열이 저장되어 있는 번지를 알고 있는 것뿐인데 반해서 배열을 사용하는 경우에는 해당 배열에 문자열이 직접 대입됩니다.

· 08 : '%s'는 문자열을 출력할 때 사용하는 형식(format)입니다. printf 함수로 문자열을 출력할 때는 출력할 문자열이 보관된 메모리의 시작 주소를 지정합니다. 여기서 포인터 변수 pch가 문자열의 주소를 저장하고 있기 때문에 해당 주소부터 널 문자가 나올 때까지 출력합니다.

· 09 : C 언어에서 배열 이름은 해당 배열이 위치하고 있는 곳의 시작 주소 값입니다. 모든 변수는 메모리에 위치하기 때문에 주소가 배정되는데, 배열도 변수의 일종이기 때문에 역시 주소를 갖습니다. 하지만 일반 변수에서의 변수 이름은 해당 주소에 저장된 값을 의미하는 반면에, 배열에서의 배열 이름은 해당 배열이 위치한 메모리의 시작 주소를 뜻합니다. 문자열을 출력할 때 배열 이름만 지정한 것은, 해당 배열이 위치한 곳의 주소에서부터 널 문자가 나올 때까지 출력하라는 의미입니다.

메모리의 주소를 값으로 취하는 변수를 포인터 변수라고 합니다.

배열 이름은 해당 배열의 시작 주소 값입니다.

뛰어넘기 : 문자열 처리

85페이지에 있는 자료형의 종류를 보면 문자열형이 없는 것을 알 수 있습니다. C 언어는 문자열을 처리하는 전용 자료형을 제공하지 않습니다. 그 이유는, 문자열을 배열이나 포인터로 처리할 수 있기 때문입니다. 문자열은 1개 이상의 문자 묶음이기 때문에 문자형 배열로 여러 개의 문자를 표현할 수 있습니다. 또한 문자열은 메모리에 기억되기 때문에 그 위치(주소)를 문자형 포인터로 처리 가능합니다.

예제 3-13 키보드로 문자열을 입력받는 프로그램입니다.

```
01  #include <stdio.h>
02
03  int main()
04  {
05      char str[20];                ──── 크기가 20인 배열 str을 선언합니다.
06
07      printf("문자열 입력 : ");
08      scanf("%s", str);            ──── 키보드로 문자열을 입력받습니다.
09
10      printf("%s\n", str);         ──── 문자열을 출력합니다.
11
12      return 0;
13  }
```

실행결과

```
문자열 입력 : beautiful
beautiful
```

해설

- **05** : 키보드로부터 입력받은 문자열을 저장하기 위해 크기가 20인 문자형 배열을 선언합니다.
- **08** : 키보드로 문자열을 입력받아서 배열 str에 저장합니다. scanf 함수를 사용할 때 변수 앞에 '&'를 붙여야 됩니다. 하지만 배열 이름 str 앞에 '&'를 붙이지 않은 이유는, 배열 이름 자체가 해당 배열이 위치한 곳의 시작 주소이기 때문입니다.
- **10** : 입력받은 문자열이 배열 str에 저장되어 있기 때문에, 그 값을 출력합니다.

> **뛰어넘기** 상수에 이름 붙이는 방법

상수는 프로그램이 수행되는 도중에 변하지 않는 값입니다. 상수 중에서 특정한 의미를 갖는 값에 이름을 붙일 수 있습니다. 이처럼 상수에 이름을 붙이면 이름만 봐도 의미를 쉽게 파악할 수 있기 때문에 값의 의미 전달이 쉬워지고, 해당 값을 수정할 때 상수로 정의된 부분만 고치면 되기 때문에 프로그램의 유지 보수가 간단해지는 장점이 있습니다. 값에 이름을 붙이는 방법은 #define 명령을 사용하여 기호 상수를 정의하는 것과 const 명령을 사용하는 방법이 있습니다.

❶ 기호 상수

기호 상수는 선행처리 명령어 #define을 사용해서 다음과 같이 선언합니다.

```
#define 기호상수이름   값
```

예) #define MAX 100 → 100을 MAX라는 이름으로 사용합니다.

기호 상수는 상수에 이름을 붙인 것이기 때문에 새롭게 값을 대입할 수 없습니다. 일반적으로 기호 상수는 대문자를 사용합니다. 그 이유는 소문자를 주로 사용하는 변수와 구별하기 위해서입니다.

예제 3-14 기호 상수를 사용하는 프로그램입니다.

```
01 #include <stdio.h>
02 #define MAX 100              기호 상수 MAX를 정의합니다.
03
04 int main()
05 {
06     int a;
07
08     printf("정수 입력 : ");
09     scanf("%d", &a);          키보드로 정수를 입력받습니다.
10
11     a = a + MAX;
12     printf("a = %d\n", a);
13
14     return 0;
15 }
```

124　C 언어

실행결과

정수 입력 : 10
b = 110

해설

· **02** : 기호 상수 MAX를 정의하고, 상수 100 대신에 MAX라는 이름으로 사용할 수 있습니다. MAX는 어디까지나 상수이기 때문에 'MAX = 100' 과 같이 대입 연산자의 왼쪽에 올 수 없습니다.

· **11** : 변수 a의 값과 기호 상수 MAX를 더한 결과를 변수 a에 저장합니다. 만약 a의 값이 10이라면 '10+100'한 결과 110이 a에 저장됩니다.

❷ const 명령의 사용

const 수정자는 변수를 상수로 변환하는 명령어입니다. 사용 방법은 일반적인 변수 선언문 앞에 const를 붙이면 됩니다.

```
const  자료형 변수이름 = 초기값;
```

예) const int MAX = 100; → 변수 MAX를 100으로 초기화하고, 상수로 변환합니다.

const 명령어로 선언된 변수는 상수로 변환되기 때문에 더 이상 변수로 사용할 수 없습니다. 그래서 const로 선언된 변수를 '상수화된 변수'라고도 합니다. 주의할 점은 const로 변수를 선언할 때 반드시 초기화해야 한다는 것입니다. 그 이유는 const 명령을 통해 변수를 상수로 변환하면 새로운 값을 대입할 수 없기 때문입니다.

예제 3-15 const 명령어를 사용하는 프로그램입니다.

```c
01 #include <stdio.h>
02
03 int main()
04 {
05     const double PI = 3.14;      // const 명령을 사용해 변수 PI를 상수로 변환합니다.
06     int r;
07
08     printf("반지름 입력 : ");     // 키보드로 반지름을 입력받습니다.
09     scanf("%d", &r);
10
11     printf("원의 넓이 = %.2f\n", PI * r * r);   // 원의 넓이를 출력합니다.
12
13     return 0;
14 }
```

실행결과

```
반지름 입력 : 5
원의 넓이 = 78.50
```

해설

· **05** : const 명령어를 사용해서 변수 PI를 상수로 변환합니다. 이제부터 PI는 상수로 사용되기 때문에 새로운 값을 대입할 수 없습니다. 만약 이후에 PI = 3.141592와 같이 PI에 값을 수정하면 다음과 같은 오류가 발생합니다.

"Cannot modify a const object in function main"

· **11** : 입력받은 반지름을 사용해서 원의 넓이를 출력합니다. 여기서 PI는 3.14에 해당하는 상수입니다.

형변환

CHAPTER 04

형변환이란?

프로그램은 데이터와 명령으로 구성됩니다. 실제 데이터는 프로그램 외부에 존재하고, 데이터를 처리하기 위한 변수를 사용해서 데이터를 처리합니다. 데이터의 종류에 따라서 다양한 자료형을 사용합니다. 그런데 어떤 경우에는 서로 다른 자료형이 혼재된 상태에서 연산이 수행됩니다. 여러 가지 자료형 사이에서 연산을 수행하기 위해서는 자료형을 일치시키기 위한 변환이 필요한데, 이때 서로 다른 자료형 사이에서 자료형이 변환되는 것을 형변환(data type conversion)이라고 부릅니다. 다음과 같은 예를 보겠습니다.

```
int a;
a = 5 / 2;
```

'5 / 2'한 결과를 변수 a에 대입하면 어떻게 될까요? '5 / 2'는 2.5가 되는 것이 당연하지만 변수 a는 정수형이기 때문에 2.5라는 실수 데이터를 처리할 수 없습니다. 결국 2.5라는 실수값이 정수형으로 변환되기 때문에 소수점 이하에 있는 0.5가 잘려나간 2를 대입하게 됩니다. 여기서 실수값 2.5가 정수형으로 형변환 되었습니다.

또 다른 예를 보겠습니다.

```
int a = 10;
double b;

b = a / 4.0;
```

int형 변수 a와 double형 변수 b를 선언하고, 변수 a에 10을 대입했습니다. 그리고 int형 변수 a를 4.0으로 나눠서 그 결과를 변수 b에 대입합니다. 변수 a는 int형이고, 상수 4.0은 실수형입니다다. 서로 다른 자료형이 한 개의 수식에서 피연산자로 사용되었습니다. 이처럼 서로 다른 자료형이 피연산자로 사용되면 반드시 자료형을 일치시키기 위한 형변환이 필요합니다. 그 이유는, 서로 다른 자료형 사이에서는 연산을 수행할 수 없기 때문입니다. 정수형과 실수형이 연산에 참여하면 정수형 자료가 실수형으로 형변환 됩니다. 그렇기 때문에 int형 변수 a가 실수형으로 변환되고, 4.0을 나눠서, 결국 변수 b에는 2.5가 대입됩니다.

형변환은 자동 형변환과 강제 형변환으로 구분하고, 자동 형변환은 묵시적(implicit) 형변환, 강제 형변환은 명시적(explicit) 형변환이라고도 부릅니다.

형변환의 종류는 자동 형변환(묵시적 형변환)과 강제 형변환(명시적 형변환)이 있습니다.

2 자동 형변환

연산에 참여하는 자료형이 일치하지 않는 경우에 자료형의 일치를 위해 형변환이 필요합니다. 자동 형변환은 컴파일러에서 정해놓은 규칙에 따라 자동으로 이뤄지는 변환입니다. 대부분의 프로그래밍 언어는 자동 형변환 기능을 갖고 있습니다. 자동 형변환의 기본 원칙은 크기가 작은 자료형에서 큰 자료형으로 변환되고, 정수보다는 실수의 우선순위가 높습니다. C 컴파일러가 정해놓은 규칙은 다음과 같습니다.

```
char → short → int → unsigned → long → unsigned long → float → double
```

자동 형변환은 연산의 종류에 따라 약간 차이가 있는데, 그 규칙을 정리하면 다음과 같습니다.

수식에서의 형변환

- char와 short는 int로 변환되고, float는 double로 변환됩니다.
- 2개의 피연산자 중에 하나가 double이면 나머지도 double로 변환되고, 결과도 double이 됩니다.
- 2개의 피연산자 중에 하나가 long이면 나머지도 long으로 변환되고, 결과도 long이 됩니다.
- 2개의 피연산자 중에 하나가 unsigned이면 나머지도 unsigned로 변환되고, 결과도 unsigned가 됩니다.
- 수식의 모든 float는 double로 변환되어 연산합니다.

대입문에서의 형변환

- '='의 오른쪽 값이 왼쪽의 자료형으로 변환되어 저장됩니다.
- 문자는 정수로 변환되어 저장됩니다.
- 실수형이 정수형으로 변환될 때 소수점 이하는 절삭되어 저장됩니다.

C 컴파일러가 정해놓은 규칙에 따라서 자료형이 자동으로 변환되기 때문에 어떠한 자료형 사이에서도 연산이 가능합니다. 이러한 자동 형변환은 C 언어의 특징인 유연성과 자유로움을 가져다 주지만, 값이 잘려서 기대하지 않은 결과가 나올 수 있기 때문에 주의해야 됩니다. 가능하면 자료형을 일치시키면서 연산하는 것이 바람직합니다.

자동 형변환은 컴파일러가 정해놓은 규칙에 따라 자동으로 형변환 되는 것을 의미합니다.

자동 형변환은 작은 크기 → 큰 크기, 정수형 → 실수형으로 변환됩니다.

예제 3-16 자동 형변환 하는 프로그램입니다.

```
01 #include <stdio.h>
02
03 int main()
04 {
```

```
05      char ch;
06      int i;                    문자형 변수 ch, 정수형 변수 i, 실수형 변수 f를 선언합니다.
07      float f;
08
09      i = 4.3 * 3.5;
10      ch = 'A' + 3;
11      f = 20 + 5;
12
13      printf("i = %d, ch = %c, f = %f\n", i, ch, f);
14
15      return 0;
16  }
```

실행결과

```
i = 15, ch = D, f = 25.000000
```

해설

- **09** : 실수형 상수끼리 연산하기 때문에 결과도 실수형이 됩니다. 하지만 대입 연산자('=') 왼쪽에 있는 변수 i는 int형이기 때문에 연산 결과가 정수형으로 변환되어 저장됩니다.

```
a = 4.5 * 3.5;
    ② ①
```

❶ : 실수형 상수는 double형으로 취급되기 때문에 4.5와 3.5를 연산한 결과는 15.05가 됩니다.
❷ : 대입 연산자의 왼쪽에 있는 변수 i가 int형이기 때문에 연산 결과 15.05에서 소수점 이하 부분이 절삭되어 15가 대입됩니다.

- **10** : 문자 'A'와 정수형 상수 3의 연산은 문자가 정수형으로 형변환 됩니다.

```
ch = 'A' + 3;
     ② ①
```

❶ : 문자 'A'는 정수형 상수 3 때문에 int형으로 변환됩니다. 'A'가 int로 변환된 65에 상수 3을

더한 결과 68이 됩니다.

❷ : 대입 연산자 오른쪽에서 얻어진 68이 문자형 변수 ch에 대입될 때 char로 변환됩니다.

· **11** : 상수 20과 5는 정수형이기 때문에 연산 결과도 정수형이 됩니다. 정수형 상수는 기본적으로 int형으로 취급됩니다.

```
f = 20 + 5;
```

 : 정수형 상수 20과 5를 더한 결과 25가 됩니다.

 : 연산 결과가 정수형이기 때문에 float 변수 f에 대입될 때는 float로 변환된 25.0이 저장됩니다.

> **콕콕** 수식에서 피연산자의 자료형이 일치하지 않으면 컴파일러에 의해 자동으로 형변환 되기 때문에 피연산자의 자료형에 주의를 기울여야 합니다.

> **콕콕** 자동 형변환을 묵시적 형변환이라고도 말하는 이유는, 프로그래머가 특별한 명령어를 사용하지 않아도 컴파일러가 정한 묵시적 규칙에 따라 형변환되기 때문입니다.

예제 3-17 자동 형변환 하는 프로그램입니다.

```
01 #include <stdio.h>
02
03 int main()
04 {
05     float f;                    // float형 변수 f를 선언합니다.
06
07     f = 4.6 + 10 / 4;
08
09     printf("f = %f\n", f);
10
11     return 0;
12 }
```

> **실행결과**
>
> ```
> f = 6.600000
> ```

해설

· 07 : 형변환은 연산을 수행하는 그 순간의 피연산자에 한해서 이루어집니다. 4.6이 실수형이기 때문에 '10 / 4'도 실수형으로 변환될 것 같지만 그렇지 않습니다. 수식에 여러 개의 연산자가 사용되면 연산자의 우선 순서에 따라 하나씩 처리합니다.

```
f = 4.6 + 10 / 4;
        ❸   ❷   ❶
```

❶ : 10과 4는 정수형 상수이기 때문에 연산 결과도 정수형이 됩니다. 연산 결과가 2.5이지만 정수형으로 변환되어 2가 됩니다.

❷ : 4.6은 실수형이고 '10 / 4'한 결과인 2는 정수형이기 때문에 2가 실수형으로 변환되어 '4.6 + 2.0' 연산을 수행합니다. 그 결과 6.6이 됩니다.

❸ 실수형 상수 6.6은 double형이기 때문에 f에 대입될 때 float로 변환되어 저장됩니다.

3 강제 형변환

자동 형변환, 즉 묵시적 형변환은 C 컴파일러의 내부 규칙에 따라 자동으로 자료형이 변환되는 것입니다. 하지만 필요에 따라서는 사용자가 직접 형변환을 지정할 수 있습니다. int형 변수 a, b와 float형 변수 f가 있다고 가정하겠습니다.

```
float f;
int a, b;
a = 10;
b = 4;
```

int형 변수 a, b에 각각 10과 4로 초기화하고 다음과 같은 문장을 수행합니다.

```
f = a / b;
```

int형 변수 a에서 b를 나눈 결과를 float형 변수 f에 대입합니다. 'a / b'한 결과는 2.5가 되지만 a와 b가 int형이기 때문에 결과는 2가 됩니다. 결국 변수 f에 2가 저장됩니다. 이처럼 연산에서 자동으로 형변환 되는 것으로 인해 원하는 결과값을 저장하지 못하는 경우가 발생할 수 있습니다. 이때 강제 형변환을 사용합니다. 강제 형변환은 캐스트(cast) 연산자를 이용해 명시적(explicit)으로 형변환을 지정합니다.

캐스트 연산자의 사용 형식은 다음과 같습니다.

```
(자료형)수식
```

예
```
(float)a
```

캐스트 연산자를 사용해서 명시적으로 형변환하면 원래의 자료형이 그 순간에만 지정된 자료형으로 변환됩니다. 한 번 변환으로 자료형이 영원히 바뀌는 것은 아닙니다.

앞의 예를 다음과 같이 수정해 보겠습니다.

```
f = (float)a / b;
```

(float)a는 int형 변수 a를 float형으로 변환하는 명령입니다. 결국 int형 변수 a를 float로 변환하고, 연산을 수행하기 때문에 결과는 2.5가 됩니다.

> **콕콕** 강제 형변환은 프로그래머가 캐스트 연산자를 사용해서 강제로 형변환 합니다.

예제 3-18 강제 형변환하는 프로그램입니다.

```
01 #include <stdio.h>
02
03 int main()
04 {
05     int a = 5, b = 2;
06     double f;                          ── int와 float형 변수 a, b, f를 선언합니다.
07
08     f = a / b;                         ── 자동 형변환이 진행됩니다.
09     printf("자동 형변환 : %d / %d = %f\n", a, b, f);
10
11     f = (double)a / b;                 ── 캐스트 연산자를 사용해 강제 형변환 합니다.
12     printf("강제 형변환 : %d / %d = %f\n", a, b, f);
13
14     return 0;
15 }
```

실행결과

```
자동 형변환 : 5 / 2 = 2.000000
강제 형변환 : 5 / 2 = 2.500000
```

해설

- **08** : 5 라인에서 int형 변수 a, b를 각각 5와 2로 초기화했습니다. a를 b로 나누면 둘 다 int형이기 때문에 결과도 int가 됩니다. 2.5가 int로 변환된 2를 float형 변수 f에 저장합니다.
- **11** : 캐스트 연산자를 사용해서 int형 변수 a를 double로 변환하고, int형 변수 b와 연산하면 b는 double로 자동 형변환 됩니다. 그렇기 때문에 연산 결과는 double이 됩니다.

```
f = (double)a / b;
         ❶ double
             ❷ double
         ❸
```

캐스트 연산자를 사용해서 강제 형변환하면 해당 수식에서만 적용됩니다.

예제 3-19 형변환하는 프로그램입니다.

```
01 #include <stdio.h>
02
03 int main()
04 {
05      float f;
06
07      f = 4.5 + 6.8;
08      printf("4.5 + 6.8 = %f\n", f);
09
10      f = (int)4.5 + 6.8;
11      printf("(int)4.5 + 6.8 = %f\n", f);
12
13      f = (int)4.5 + (int)6.8;
14      printf("(int)4.5 + (int)6.8 = %f\n", f);
15
15      return 0;
16 }
```

실행결과

```
4.5 + 6.8 = 11.300000
(int)4.5 + 6.8 = 10.800000
(int)4.5 + (int)6.8 = 10.000000
```

해설

· **07** : 실수형 상수는 double형으로 취급되기 때문에 4.5와 6.8은 double형입니다. 결국 4.5와 6.8을 더한 11.3은 double형이고, float형 변수 f에 대입될 때 float형으로 자동 형변환되어 11.3을 저장합니다.

· 10 : 실수형 상수 4.5를 int형으로 강제 형변환하면 4가 되고, 거기에 6.8을 더하면 10.8이 됩니다. 이 값을 f에 대입합니다.

```
f = (int)4.5 + 6.8;
```

· 13 : 4.5와 6.8을 int형으로 강제 변환하면 각각 4와 6이 되고, 이 값을 더한 6을 float형 변수 f에 저장합니다.

```
f = (int)4.5 + (int)6.8;
```

뛰어넘기 — 형변환의 종류

형변환은 수식에 사용된 피연산자의 자료형이 서로 다를 때 일정한 규칙에 따라 피연산자의 자료형을 일치시키는 것을 의미합니다. 형변환의 종류는 다음과 같습니다.

자료형	크기	설명
자료형의 크기에 따라	광역화 형변환	작은 크기의 자료형이 큰 자료형으로 변환됩니다. 예) long lng = 100; → 정수형 상수 100이 long형 변수에 대입됩니다.

	협소화 형변환	큰 자료형이 작은 크기의 자료형으로 변환됩니다.
		(대입 연산자의 왼쪽에 있는 자료형에 맞게 변환됩니다.)
		예) int i;
		　　float f = 1.234F;
		　　i = f;
		→ float형 변수에 저장된 실수형 값에서 소수점 이하가 절삭되어 int형 변수 i에 저장됩니다.

형변환 주체에 따라	자동 형변환 (묵시적 형변환)	컴파일러가 자체적으로 정해놓은 규칙에 따라 자동으로 형변환합니다.
	강제 형변환 (명시적 형변환)	캐스트 연산자를 이용해서 원하는 자료형으로 직접 형변환합니다.

연습문제

01 다음 중 C 언어의 자료형으로 사용할 수 없는 것은?

① int ② boolean ③ float ④ char

02 다음 중 정수 자료형만으로 묶인 것은?

① int, short ② int, float ③ char, double ④ long, float

03 다음과 같은 문장을 수행한 결과 변수 a에 저장된 값은?

```
unsigned char a = -10;
```

① -10 ② 10 ③ -246 ④ 246

04 16진 상수를 올바로 표현한 것은?

① 0123 ② 123 ③ 0x123 ④ 123L

05 문자형 변수 ch에 대문자 A를 대입하는 문장으로 올바른 것은?

① ch = A; ② ch = "A"; ③ ch = 'A'; ④ ch = &A;

06 다음 중 변수로 사용할 수 없는 것은?

① data ② float ③ _sub ④ int01

07 이스케이프 문자 상수에 대한 설명이 잘못된 것은?

① \f : 화면에서 한 페이지 이동

② \t : 탭

③ \n : 개행 문자

④ \a : 벨 소리

08 다음의 식별자 중에서 옳거나 그른 이유를 설명하시오.

① #var　　　② 5dat　　　③ abc　　　④ unsigned　　　⑤ Aus

09 변수를 선언하는 목적에 대해 설명하시오.

10 C 언어의 자료형에 대해 설명하시오.

11 여러분들이 사용하고 있는 컴파일러에서 int형은 몇 바이트로 처리되는지 조사하시오.

12 4바이트 크기의 정수형 데이터를 2의 보수 방식으로 처리할 때 −1, −10을 2진수로 표현하시오.

13 자동 형변환과 강제 형변환에 대해서 설명하시오.

14 문자열 상수와 문자 상수의 차이점에 대해서 설명하시오.

01 다음 프로그램의 결과값을 구하시오.

```
#include <stdio.h>

int main()
{
    char ch = 'A';
    unsigned char uch = -50;

    printf("%d, %c\n", ch, ch);
    printf("%u\n", uch, uch);

    return 0;
}
```

02 시, 분, 초를 입력받아서 초로 환산하는 프로그램을 작성하시오.

03 정수 1개를 입력받아서 제곱한 값을 출력하는 프로그램을 작성하시오.

04 실수 3개를 입력받아서 합과 곱을 출력하는 프로그램을 작성하시오.

05 자신이 태어난 년도를 입력받아서 현재 나이를 출력하는 프로그램을 작성하시오.

06 밑변과 높이를 정수로 입력받아서 삼각형의 넓이를 소수점 이하 2자리까지 출력하는 프로그램을 작성하시오.

MEMO

PART 04

연산자

연산자는 데이터에 연산을 수행하는 기호화된 명령입니다. C 언어는 다른 언어에 비해서 다양한 연산자를 제공합니다. 특히 하드웨어 제어에 필요한 비트 연산자와 주소 연산자를 제공하는 특징이 있습니다. 또한 산술 연산을 보다 간결하게 처리할 수 있는 증감 연산자와 여러 가지 종류의 대입 연산자가 있습니다. 이와 같은 다양한 연산자를 적재적소에 사용함으로써 좀 더 세밀한 처리가 가능합니다. 이 장에서는 C 언어가 제공하는 산술, 대입, 관계, 논리, 비트, 주소 연산자 등에 관해 설명합니다

수식과 문장

1 수식

수식(expressions, 식, 표현식)은 연산자와 피연산자로 구성되고, 상수, 변수 등을 조작(연산)하는 데 사용합니다. 수식의 구성 요소는 상수, 변수, 연산자 등입니다. 가장 간단한 수식은 한 개의 피연산자로 구성됩니다. 다음은 수식의 예입니다.

예

```
10
20 * 3
30 + 4 * 5
a = b + 10
a + 5
```

수식은 상수, 변수 또는 이들을 결합하여 만들어지고, 수식이 모여서 또 다른 수식을 구성할 수 있습니다. 예를 들면 수식 30+4*5는 연산자의 우선 순서에 따라 4*5 수식을 우선 처리하고, 30에 4*5의 결과인 20을 다시 덧셈합니다. 이렇듯 한 개의 수식에 여러 개의 서브 수식을 포함할 수 있습니다.

```
a = 30 + 4 * 5;
            └─20─┘
        └────50────┘
    └──────50──────────┘
```

이와 같은 수식의 연산 결과는 50이 됩니다.

또한 C 언어의 모든 수식은 값을 가집니다. 앞의 예에서 4 * 5는 20이라는 값을, 30 + 4 * 5는 50

이라는 값을, a = 30 + 4 * 5도 50 이라는 값을 갖게 됩니다. 즉, 연산을 통해서 수식이 값을 갖게 되고, 이때 사용되는 것이 연산자(operator)입니다.

여기서 중요한 것은 수식이 계산될 때 앞 장에서 설명한 형변환 규칙에 따라서 자료형이 변환된다는 점입니다.

> **예**
> ```
> float f;
> f = 10 + 6.8;
>         int
>            double
>     float
> ```

C 언어에서의 모든 수식은 값을 가집니다.

연산자와 피연산자
연산자는 연산을 수행하는 기호입니다. 사칙 연산을 처리하는 +, -, *, / 등이 연산자이고, 피연산자(operand)는 연산 대상인 상수나 변수입니다. 모든 연산자는 단독으로 쓰일 수 없고 반드시 피연산자와 함께 사용합니다.

2 문장

문장은 프로그램을 구성하는 기본 요소이고, 프로그램 실행을 위한 최소 구성 단위입니다. C 언어의 모든 문장(statement)은 세미콜론으로 끝납니다.

```
float f;
a = 12 / 5.0;
```

문장은 1개 이상의 수식으로 구성될 수 있습니다. 위의 예에서 'a = 12 / 5.0'은 여러 개의 수식으로 구성되어 있습니다.

```
a = 12 / 5.0;
        결과 : 2.4
   결과 : 2.4
```

위의 수식은 12를 5.0으로 나누는 수식 '12 / 5.0'과 연산 결과를 a에 대입하는 수식으로 구성되어 있습니다. 모든 수식은 값을 갖기 때문에 '12 / 5.0'은 값 2.4를 갖고, 그 결과를 a에 대입하는 수식도 값 2.4를 가집니다.

참고로 가장 간단한 수식은 상수나 변수 1개만 사용한 경우로, 이를 다음과 같은 문장으로 표현할 수도 있습니다.

```
10;
x;
```

이와 같은 문장도 아무런 문법상의 오류 없이 사용할 수 있습니다. 하지만 어떠한 기능도 수행하지 않기 때문에 의미 없는 문장으로 처리되어 컴파일 할 때 경고(warning) 메시지가 출력됩니다.
C 언어에서 제공하는 문장의 종류는 공문(empty statement), 단일문(single statement), 복합문(compound statement) 등이 있습니다. 공문은 아무런 내용 없이 세미콜론(';')만으로 표현된 문장이고, 단일문은 수식이나 명령으로 구성된 한 개의 문장입니다. 복합문은 중괄호({ })를 사용해서 여러 개의 단일문을 묶어 놓은 것으로 블록(block)이라고도 부릅니다.

공문	;
단일문	a = b + 10;

복합문(블록)	{
	    a = b + 10;
	    c += a;
	}

중괄호로 둘러싼 블록도 한 개의 문장으로 취급됩니다.

예제 4-1 수식과 문장에 관한 프로그램입니다.

```
01  #include <stdio.h>
02
03  int main()
04  {
05      int a = 15, b = 4;      ── int형 변수 a, b를 선언함과 동시에 15와 4로
06      float f;                   초기화하고, float형 변수 f를 선언합니다.
07
08      f = (a + 6.0) / b;
09
10      printf("(%d + 6.0) / %d = %f\n", a, b, f);
11
12      return 0;
13  }
```

실행결과

```
(15 + 6.0) / 4 = 5.250000
```

해설

· **08** : 3개의 수식으로 구성되어 있습니다.

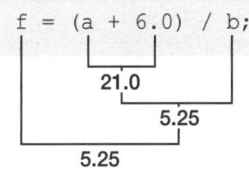

'(a + 6.0)'의 수식에서 int형 변수 a는 실수형 상수 6.0으로 인해서 실수형으로 자동 형변환됩니다. 그 결과 21.0이 되고, 이 값을 int형 변수 b로 나누면, 그 결과 역시 실수형 5.25가 됩니다.

연산자의 종류와 우선순위

CHAPTER 02

연산자의 종류

C 언어에서 제공되는 연산자의 사용 방법은 다른 언어와 유사하지만 독특한 연산자들을 갖고 있습니다. 특히 비트 연산자와 번지 연산자는 하드웨어를 제어할 때 많이 사용합니다. 또한 수식을 간결하게 표현할 수 있는 증감 연산자와 11가지나 되는 대입 연산자는 C 언어의 독특한 특징입니다. 이러한 연산자들은 현재 인기가 많은 C++나 Java 언어에서도 사용되고 있습니다.
연산자의 종류는 연산 기능과 피연산자의 개수에 따라 구분할 수 있습니다.

연산 기능에 따른 분류

연산자가 수행하는 처리 내용에 따라 연산자를 구분할 수 있는데, 누구나 알고 있는 사칙 연산에서부터 대입 연산, 관계 연산, 논리 연산, 비트 연산 등 다양한 종류가 있습니다.

종 류	연 산 자	
부호 연산자	+ -	
산술 연산자	+ - * / %	
증감 연산자	++ --	
대입 연산자	= += -= *= /= %= &= |= ^= <<= >>=	
관계 연산자	< <= > >= == !=	
논리 연산자	&& || !	
비트 연산자	& | ~ ^ >> <<	
주소 연산자	& *	
조건 연산자	? :	
기타 연산자	sizeof 연산자	sizeof
	캐스트 연산자	(type)
	구조체 연산자	. ->
	연결 연산자	,

피연산자의 개수에 따른 분류

연산자는 피연산자의 개수에 따라서 단항 연산자, 이항 연산자, 삼항 연산자로 분류할 수 있습니다. 단항 연산자는 '++', '--'와 같이 하나의 피연산자만을 대상으로 연산할 때, 이항 연산자는 더하기 빼기와 같이 두 개의 피연산자가 필요한 연산을 수행할 때 사용합니다. 또한 삼항 연산자는 (수식)? op1 : op2 같은 표기법을 사용합니다. C 언어에서 사용하는 삼항 연산자로는 조건 연산자(? :)가 있습니다.

종류	연산자
단항 연산자	+(부호) -(부호) ++ -- ! ~ & * (type) sizeof
이항 연산자	+ - * / %
	= += -= *= /= %= &= |= ^= >>= <<=
	< <= > >= == !=
	&& || !
	& | ~ ^ >> <<
삼항 연산자	? :

피연산자의 개수에 따라 단항 연산자, 이항 연산자, 삼항 연산자로 구분합니다.

2 연산자의 우선순위

한 문장에서 여러 개의 연산자를 사용하면 어떠한 연산자부터 처리할지 결정합니다. 이때 사용되는 규칙이 연산자 우선순위입니다. 연산자는 괄호, 단항 연산자, 이항 연산자, 삼항 연산자 순서로 우선순위가 정해집니다. 이 중에서 이항 연산자인 대입 연산자의 우선순위가 가장 낮습니다.

종 류	연 산 자	결합 방향	우선순위
일차식	( ) [ ] -> .	→	높음 ↑
단항 연산자	! ~ ++ -- -(부호) +(부호) (type) * & sizeof	←	
이항 연산자	* / %	→	
	+ -		
	>> <<		
	< <= > >=		
	== !=		
	&		
	^		
	|		
	&&		
	||		
삼항 연산자	? :	←	
대입 연산자	= += -= *= /= %= <<= >>= &= ^= !=	←	↓ 낮음
쉼표 연산자	,	→	

연산자의 결합 방향은 동일한 우선순위의 연산자가 연속될 경우에 연산이 실행되는 방향을 나타냅니다. 대부분의 연산자가 왼쪽에서 오른쪽으로 결합되지만 대입, 단항, 삼항 연산자만 오른쪽에서 왼쪽 방향으로 처리됩니다.

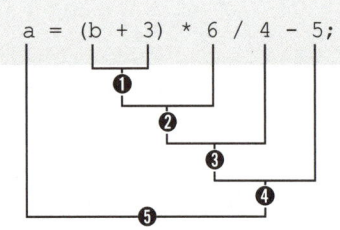

수식에 2개 이상의 연산자가 있을 때 연산자 우선순위에 따라 처리됩니다.

수식에서 우선순위가 같은 연산자 중에서 먼저 처리되는 순서를 결합성(associativity)이라 하고, 이는 연산자의 결합 방향에 의해 결정됩니다.

일반적으로 단항 연산자가 이항 연산자보다 우선순위가 높습니다.

산술 연산자

CHAPTER 03

산술 연산자는 부호, 사칙 연산, 나머지 연산을 수행합니다. 부호로 사용되는 +, -는 단항 연산자이고, 나머지는 이항 연산자입니다. 만약 정수형 데이터를 대상으로 나누기 연산(/)을 수행하면 결과도 정수형이 되기 때문에 나머지가 제거된 몫만 구합니다. 그리고 0으로 나누면 실행 오류가 발생합니다. 나머지를 계산하는 '%' 연산자는 정수와 문자형에서만 사용할 수 있습니다. 산술 연산자의 종류는 다음과 같습니다.

종류	연산자	연산 형식	예제 연산식	예제 결과	설 명
이항 산술 연산자	+	op1 + op2	7 + 5	12	op1과 op2를 더합니다.
	-	op1 - op2	7 - 5	2	op1에서 op2를 뺍니다.
	*	op1 * op2	7 * 5	35	op1과 op2를 곱합니다.
	/	op1 / op2	7 / 5	1	op1을 op2로 나눕니다.
	%	op1 % op2	7 % 5	2	op1을 op2로 나눈 나머지를 구합니다.
부호 연산자	+	+op	+7	7	양수 부호로 사용합니다.
	-	-op	-7	-7	음수 부호로 사용합니다.

'%'는 나머지를 구하는 연산자로서 정수와 문자형에서만 사용할 수 있습니다.

예제 4-2 두 개의 정수를 대상으로 사칙 연산을 수행하는 프로그램입니다.

```
01 #include <stdio.h>
02
03 int main()
04 {
05     int a, b, sum, sub, mul, div;      ← int형 변수를 선언합니다.
06
07     a = 10;
08     b = 3;                              ← int형 변수 a, b를 10과 3으로 초기화합니다.
```

```
09
10      sum = a + b;
11      sub = a - b;
12      mul = a * b;
13      div = a / b;
14
15      printf("%d + %d = %d\n", a, b, sum);
16      printf("%d - %d = %d\n", a, b, sub);
17      printf("%d * %d = %d\n", a, b, mul);
18      printf("%d / %d = %d\n", a, b, div);
19
20      return 0;
21 }
```

a와 b를 대상으로 사칙 연산을 수행합니다.

연산 결과를 출력합니다.

실행결과

```
10 + 3 = 13
10 - 3 = 7
10 * 3 = 30
10 / 3 = 3
```

해설

- **10** : 변수 a와 b를 더한 결과 13을 변수 sum에 저장합니다.
- **11** : 변수 a에서 b를 뺀 결과 7을 변수 sub에 저장합니다.
- **12** : 변수 a와 b를 곱한 결과 30을 변수 mul에 저장합니다.
- **13** : 변수 a에서 b를 나눈 결과 3을 변수 div에 저장합니다. a와 b가 정수형이고, 결과를 저장하는 div도 정수형이기 때문에 10/3한 3.333333에서 소수 부분 0.333333이 잘려나가서 정수 부분 3만 div에 저장됩니다.

정수형에서 나누기 연산을 수행하면 소수 부분이 잘리기 때문에 몫을 구하는 효과가 있습니다.

예제 4-3 두 개의 정수를 입력받아서 나머지를 구하는 프로그램입니다.

```
01  #include <stdio.h>
02
03  int main()
04  {
05      int a, b, mok, na;
06
07      printf("두 개의 정수를 입력하세요 : ");
08      scanf("%d%d", &a, &b);
09
10      mok = a / b;
11      na = a % b;
12
13      printf("몫 : %d\n나머지 : %d\n", mok, na);
14
15      return 0;
16  }
```

08 → 키보드로 2개의 정수를 입력하여 변수 a, b에 저장합니다.

10~11 → 몫과 나머지를 계산하여 각각 변수 mok, na에 저장합니다.

실행결과

```
두 개의 정수를 입력하세요 : 20  6
몫 : 3
나머지 : 2
```

해설

- **08** : 키보드로 두 개의 정수를 입력받아서 int형 변수 a, b에 저장합니다.
- **10~11** : 정수형에서 나누기 연산('/')을 수행하면 소수점 이하는 잘려나가기 때문에 몫만 구하고, 나머지 연산('%')은 나누기한 나머지 값을 구합니다. 만약 a가 20이고 b가 6이라면 나누기 결과는 3이 되고, 나머지 결과는 2가 됩니다.

Level Up 4-1 키보드로 초를 입력(정수형)받아서 시, 분, 초로 환산해서 출력하는 프로그램을 작성하세요.

배경 지식

키보드로 입력받은 초를 저장할 변수와 시, 분, 초로 환산한 결과를 저장할 변수를 int형으로 선언합니다. 초를 시, 분, 초로 환산하는 방법은 다음과 같습니다.

- 시간 구하는 방법 : 1시간은 3,600초이기 때문에 '초 / 3,600'한 몫을 구합니다.
- 분을 구하는 방법 : 1분은 60초이기 때문에 시간을 구한 나머지 초를 60으로 나눈 몫을 구합니다.
- 초를 구하는 방법 : 시, 분을 구한 나머지 값을 구합니다.

처리 과정

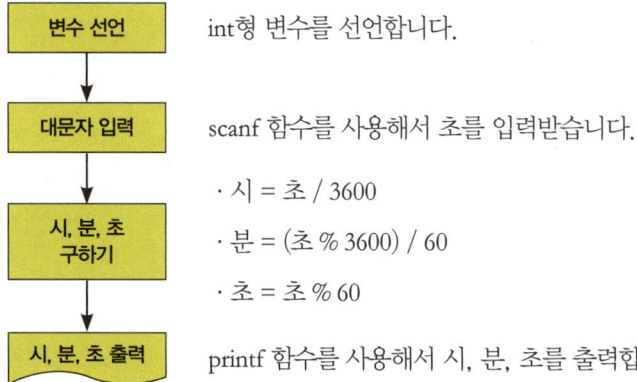

int형 변수를 선언합니다.

scanf 함수를 사용해서 초를 입력받습니다.

- 시 = 초 / 3600
- 분 = (초 % 3600) / 60
- 초 = 초 % 60

printf 함수를 사용해서 시, 분, 초를 출력합니다.

```
01 #include <stdio.h>
02
03 int main()
04 {
05     int inputSec, sec, min, hour;
06
07     printf("초를 입력하세요 : ");
```

키보드로 입력받은 초를 저장하기 위한 inputSec와 시, 분, 초를 저장할 sec, min, hour 변수를 선언합니다.

```
08        scanf("%d", &inputSec);
09
10        hour = inputSec / 3600;
11        min = (inputSec % 3600) / 60;
12        sec = inputSec % 60;
13
14        printf("%d초는 %d시간 %d분 %d초입니다.\n", inputSec, hour, min, sec);
15
16        return 0;
17 }
```

08: 키보드로 초를 입력받아 inputSec에 저장합니다.

10~12: 시, 분, 초를 계산하여 hour, min, sec에 저장합니다.

실행결과

초를 입력하세요 : 12543
12543초는 3시간 29분 3초입니다.

해설

- **10** : 1시간은 3,600초이기 때문에 입력받은 초를 3,600으로 나눈 몫이 시간입니다.
- **11** : 입력받은 초를 3,600으로 나눈 나머지를 60으로 나눈 몫이 분입니다. 만약 나머지 연산자를 사용하지 않는다면 다음과 같이 처리할 수 있습니다.

  min = (inputSec − (hour * 3600)) / 60;

- **12** : 입력받은 초를 시간과 분으로 환산한 나머지가 초입니다. 이를 위해 다음과 같이 처리합니다.

  sec = (inputSec % 3600) % 60;

  이 수식은 입력받은 초를 60으로 나눈 나머지를 구한 것과 같은 결과가 되기 때문에 간단하게 아래와 같이 표현합니다.

  'sec = inputSec % 60'

증감 연산자

CHAPTER 04

증감 연산자 ++, --는 변수의 값을 1 증가 또는 감소시킬 때 사용하는 단항 연산자입니다.

종류	연산자	연산 형식	예제	설명
단항 산술 연산자	++	op++	num++	op값을 사용한 후에 1증가합니다.
		++op	++num	op값을 1증가한 후에 사용합니다.
	--	op--	num--	op값을 사용한 후에 1감소합니다.
		--op	--num	op값을 1감소한 후에 사용합니다.

증감 연산자는 변수의 앞에 올 때와 뒤에 올 때 다른 방식으로 동작합니다. 변수의 앞에 오는 전위형(prefix)은 해당 변수의 값을 1 증감한 다음에 수식에 사용되는 반면에 변수의 뒤에 오는 후위형(postfix)은 변수의 현재 값을 사용한 후에 증감합니다.

종류	예	처리 순서	결과	설명
전위형	b = 5; a = ++b;	b = b + 1; a = b;	a : 6 b : 6	b를 먼저 증가한 후에 a에 대입합니다.
	b = 5; a = --b;	b = b - 1; a = b;	a : 4 b : 4	b를 먼저 감소한 후에 a에 대입합니다.
후위형	b = 5; a = b++;	a = b; b = b + 1;	a : 5 b : 6	b의 값을 a에 대입한 후에 b를 증가시킵니다.
	b = 5; a = b--;	a = b; b = b - 1;	a : 5 b : 4	b의 값을 a에 대입한 후에 b를 감소시킵니다.

++는 변수의 값을 1 증가하고, --는 1 감소합니다. a++과 a+1은 완전히 다른 연산입니다. a++은 a의 값을 1 더해서 a의 값이 변경되지만, a+1은 a는 변경없이 그냥 a에 1을 더한 값입니다.

증감 연산자를 사용하면 다음과 같은 두 가지 장점을 얻을 수 있습니다.

① 수식의 표현이 간결해집니다.
   프로그램에서 변수에 1 증감하는 처리는 자주 사용되는 연산이기 때문에 보다 축약된 형식을 사용하면 직감적으로 이해하기 쉬워집니다.
② 기계어 코드의 길이를 줄일 수 있습니다.
   C 컴파일러는 프로그램을 번역하기 위해 우선 어셈블리 코드로 변환한 다음에 기계어 코드를 생성합니다. 이때 증감 연산자는 어셈블리 명령어 INC(++)나 DEC(--)로 해석됩니다. 이 명령어는 1바이트 크기의 기계어 코드와 대응되기 때문에 어셈블리의 더하기와 빼기 명령인 ADD(+), SUB(-)보다 작은 크기를 가집니다.

예제 4-4 증감 연산자를 사용하는 프로그램입니다.

```
01  #include <stdio.h>
02
03  int main()
04  {
05      int a, b;                              // int형 변수 a와 b를 선언합니다.
06
07      b = 5;
08      a = ++b;                               // 전위 증가 연산을 수행합니다.
09      printf("a = %d, b = %d\n", a, b);
10
11      b = 5;
12      a = b++;                               // 후위 증가 연산을 수행합니다.
13      printf("a = %d, b = %d\n", a, b);
14
15      b = 5;
16      a = --b;                               // 전위 감소 연산을 수행합니다.
17      printf("a = %d, b = %d\n", a, b);
18
19      b = 5;
20      a = b--;                               // 후위 감소 연산을 수행합니다.
21      printf("a = %d, b = %d\n", a, b);
22
23      return 0;
24  }
```

실행결과

```
a = 6, b = 6
a = 5, b = 6
a = 4, b = 4
a = 5, b = 4
```

해설

- **07~08** : int형 변수 b에 5를 대입합니다. ++b는 b의 값을 먼저 증가시킨 후에 b를 사용하는 전위 증가 연산입니다. 그렇기 때문에 b가 먼저 1 증가해서 6이 되고, 그 값을 a에 대입합니다.
- **11~12** : b++는 먼저 b를 사용한 후에 b의 값을 1 증가시키는 후위 증가 연산입니다. b를 a에 대입하면 a는 5가 되고, 그 다음에 b를 1 증가시키기 때문에 b는 6이 됩니다.
- **15~16** : --b는 b를 우선 1 감소시킨 후에 b의 값을 사용하는 전위 감소 연산입니다. b를 먼저 1 감소하면 4가 되고, 그 값을 a에 대입합니다.
- **19~20** : b--는 b의 값을 우선 사용한 다음에 b를 감소하는 후위 감소 연산입니다. b의 값을 먼저 a에 대입하면 a는 5가 되고, 그 다음에 b를 감소하기 때문에 b는 4가 됩니다.

전위형과 후위형의 차이

- 전위형 : b = ++a;

  처리순서 : ❶ a = a + 1;

  　　　　　❷ b = a;

- 후위형 : b = a ++;

  처리순서 : ❶ b = a;

  　　　　　❷ a = a+1;

예제 4-5 증감 연산자를 사용하는 프로그램입니다.

```
01  #include <stdio.h>
02
03  int main()
04  {
05      int a = 10, b = 5, c, d;
06
07      c = a++ * 4;          // 변수 a에 후위 증가 연산을 수행합니다.
08      d = ++b * 5;          // 변수 b에 전위 증가 연산을 수행합니다.
09
10      printf("c = %d\nd = %d\n", c, d);
11
12      return 0;
13  }
```

실행결과

```
c = 40
d = 30
```

해설

- **07** : a++는 후위 증가 연산이기 때문에 우선 a의 값을 사용한 다음에 증가합니다. a의 값이 10이기 때문에 '10 * 4'한 결과 40을 c에 대입하고 a를 1증가시킵니다.
- **08** : ++b는 전위 증가 연산이기 때문에 b를 먼저 1증가시킵니다. 원래 b의 값이 5이므로 1증가된 6과 5를 곱한 30을 d에 대입합니다.

대입 연산자

대입 연산자는 우변에 있는 값을 좌변에 대입(assignment)합니다. C 언어가 제공하는 대입 연산자는 두 가지 형태가 있습니다.

- **단순 대입 연산자** : '='는 우변의 값을 좌변에 대입하는 기능이며, 수학에서 사용하는 equal의 의미가 아닙니다.
- **혼합 대입 연산자** : 다른 연산자와 단순 대입 연산자('=')를 결합해서 연산을 수행한 결과를 좌변에 대입합니다. '연산자=' 형식으로 사용합니다.

연산자	연산 형식	설 명	예 제
=	op1 = op2	op2를 op1에 대입	n = 1;
+=	op1 += op2	op1 = op1 + op2	n = n + 1; → n += 1;
-=	op1 -= op2	op1 = op1 - op2	n = n - 1; → n -= 1;
*=	op1 *= op2	op1 = op1 * op2	n = n * 1; → n *= 1;
/=	op1 /= op2	op1 = op1 / op2	n = n / 1; → n /= 1;
%=	op1 %= op2	op1 = op1 % op2	n = n % 1; → n %= 1;
&=	op1 &= op2	op1 = op1 & op2	n = n & 1; → n &= 1;
|=	op1 |= op2	op1 = op1 | op2	n = n | 1; → n |= 1;
^=	op1 ^= op2	op1 = op1 ^ op2	n = n ^ 1; → n ^= 1;
<<=	op1 <<= op2	op1 = op1 << op2	n = n << 1; → n <<= 1;
>>=	op1 >>= op2	op1 = op1 >> op2	n = n >> 1; → n >>= 1;

대입 연산자도 연산자의 일종이기 때문에 한 개의 문장에서 여러 개의 대입 연산자를 사용할 수 있습니다.

```
a = b = c = d = 100;
```

이 문장은 여러 개의 변수를 동일한 값으로 초기화할 때 사용합니다. 대입 연산자의 결합 방향이 오른쪽에서 왼쪽이기 때문에 다음과 같은 순서로 처리됩니다.

```
a = b = c = d = 100;
            ❷  ❶
          ❸
        ❹
```

모든 수식은 값을 갖기 때문에 ❶을 처리한 결과는 100이 되고, 이를 다시 c, b, a에 연속해서 대입하면 a, b, c, d의 값이 전부 100이 됩니다.

혼합 대입 연산자를 사용하면 수식을 보다 간결하게 표현할 수 있습니다.

변수에 1을 더하는 연산은 다음과 세 가지 종류가 있습니다.
· a = a + 1;
· a++; 또는 ++a;
· a += 1;

예제 4-6 혼합 대입 연산자를 사용하는 프로그램입니다.

```
01 #include <stdio.h>
02
03 int main()
04 {
05      int sum = 20, sub = 25, mul = 5, div = 40;
06
07      sum += 6;  ─────────── sum에 6을 더한 결과를 대입합니다.
08      sub -= 8;  ─────────── sub에 8을 뺀 결과를 대입합니다.
09      mul *= 7;  ─────────── mul에 7을 곱한 결과를 대입합니다.
10      div /= 3;  ─────────── div를 3으로 나눈 결과를 대입합니다.
11
12      printf("sum = %d\n", sum);
```

```
13      printf("sub = %d\n", sub);
14      printf("mul = %d\n", mul);
15      printf("div = %d\n", div);
16
17      return 0;
18  }
```

실행결과

```
sum = 26
sub = 17
mul = 35
div = 13
```

해설

- **07** : sum과 6을 더하고, 그 결과를 다시 sum에 대입합니다. sum의 초기값이 20이므로 연산 결과 sum은 26이 됩니다. 'sum = sum + 6'과 동일한 기능입니다.
- **08** : sub에서 8을 뺀 결과를 다시 sub에 대입합니다. sub의 초기값이 25이므로 연산 결과는 17이 됩니다. 'sub = sub − 8'과 동일한 기능입니다.
- **09** : mul과 7을 곱한 결과를 다시 mul에 대입합니다. mul의 초기값이 5이므로 연산 결과는 35가 됩니다. 'mul = mul * 7'와 동일한 기능입니다.
- **10** : div를 3으로 나눈 몫을 다시 div에 대입합니다. div의 초기값이 40이므로 연산 결과는 13이 됩니다. 'div = div / 3'과 동일한 기능입니다.

예제 4-7 다른 연산자와 함께 혼합 대입 연산자를 사용하는 프로그램입니다.

```
01  #include <stdio.h>
02
03  int main()
```

```
04 {
05      int a = 20, b = 5, c = 10;
06
07      a += c - 5;         c에서 5를 뺀 값과 a를 더하고, 그 결과를 다시 a에 대입합니다.
08      b *= c + 5;         c와 5를 더한 값에 b를 곱하고, 그 결과를 다시 b에 대입합니다.
09
10      printf("a = %d\n", a);
11      printf("b = %d\n", b);
12
13      return 0;
14 }
```

실행결과

```
a = 25
b = 75
```

해설

- **07** : 연산자의 우선순위에 따라서 혼합 대입 연산자의 우측에 있는 'c - 5'를 먼저 수행하고, 그 결과와 a를 더해서 다시 a에 대입합니다. 다음과 같은 문장과 동일한 기능입니다.

    ```
    a = (c - 5) + a;
    ```

    a는 20이고, c는 10이기 때문에 연산 결과 25를 a에 대입합니다.

    ```
    a += c - 5;
    ```

- **08** : 복합 연산자 우측에 있는 'c + 5'를 먼저 수행하고, 그 결과와 b를 곱해서 다시 b에 대입합니다. 다음과 같은 문장과 동일한 기능입니다.

    b = (c + 5) * b;

    c는 10, b는 5이기 때문에 연산 결과 75를 b에 대입합니다.

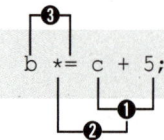

대입 연산자는 우선순위가 낮기 때문에 다른 연산자를 처리한 다음에 수행합니다.

뛰어넘기 좌변값과 우변값

대입 연산은 대입 연산자의 오른쪽에 있는 값을 왼쪽에 대입하는 처리입니다. 이때 대입 연산자의 오른쪽에 있는 값을 우변값(rvalue, right value), 왼쪽에 있는 값을 좌변값(lvalue, left value)라고 합니다.

$$a = 10;$$

좌변값 　 우변값

대입 연산자는 우변값으로 좌변값을 변경하기 때문에 좌변값에는 반드시 변수를 사용해야 됩니다. 하지만 우변값은 대입할 수 있는 값이기 때문에 변수, 상수, 수식 등을 자유롭게 사용할 수 있습니다. 대입 연산자의 좌변값에는 반드시 변수가 와야 된다는 점을 기억하세요.

관계 연산자

관계 연산자는 피연산자의 크기를 비교해서 참(true)이나 거짓(false)의 연산 결과를 생성합니다. C 언어는 논리형 상수(true와 false)를 제공하지 않기 때문에 참과 거짓 값을 표현하기 위해 1과 0을 사용합니다. 즉, 관계 연산 결과가 참이면 1, 거짓이면 0이 됩니다. 관계 연산자의 피연산자는 산술형 자료나 수식만을 사용할 수 있습니다.

연산자	연산 형식	예제		설 명
		연산식	결과	
>	op1 > op2	3 > 7	0	op1이 op2보다 크면 참
>=	op1 >= op2	3 >= 7	0	op1이 op2보다 크거나 같으면 참
<	op1 < op2	3 < 7	1	op1이 op2보다 작으면 참
<=	op1 <= op2	3 <= 7	1	op1이 op2보다 작거나 같으면 참
==	op1 == op2	3 == 7	0	op1과 op2가 같으면 참
!=	op1 != op2	3 != 7	1	op1과 op2가 같지 않으면 참

예

```
int a, b = 10, c = 5, d = 3
a = b > c > d;
```
❶
❷
❸

관계 연산자는 결합 방향이 왼쪽에서 오른쪽으로 진행되기 때문에 ❶, ❷ 순서로 연산합니다. 연산 ❶에서 b가 c보다 크기 때문에 연산 결과는 참, 즉 1이 되고, 연산 ❷는 ❶의 연산 결과 1이 d보다 작기 때문에 거짓(0)이 됩니다. 결국 a에 대입되는 값은 0입니다.

이처럼 관계 연산자는 연산 결과 참과 거짓이 발생하지만 1과 0을 사용해서 참, 거짓을 표현합니다.

관계 연산자는 값의 크기를 비교한 결과가 참이면 1, 거짓이면 0이 됩니다.

예제 4-8 관계 연산자를 사용하는 프로그램입니다.

```
01  #include <stdio.h>
02
03  int main()
04  {
05      int a, b, c, d;
06
07      c = 20;
08      d = 30;
09
10      a = c > d;          // c가 d보다 큰지 비교하여 c가 크면 1(참),
11      printf("a = %d\n", a);  //  아니면 0(거짓) 값을 a에 대입합니다.
12
13      c = d = 5;
14      b = c == d;         // c와 d가 같은지 비교하여 같으면 1(참),
15      printf("b = %d\n", b);  //  아니면 0(거짓) 값을 b에 대입합니다.
16
17      return 0;
18  }
```

실행결과

```
a = 0
b = 1
```

해설

- **10** : c는 20, d는 30이기 때문에 'c > d' 연산 결과는 거짓이 됩니다. 거짓은 0으로 표현하기 때문에 a에 0이 대입됩니다.
- **13~14** : c와 d에 5를 대입했기 때문에 'c == d' 연산 결과는 참이 됩니다. 참은 1로 표현하기 때문에 b에 1이 대입됩니다. 대입 연산자 '='와 관계 연산자 '=='를 혼동하지 말아야 합니다. C 언

어를 공부하는 초기에 '='와 '=='를 제대로 구분하지 않고 처리하는 경우가 많으니 주의하기 바랍니다.

대입 연산자 '='와 관계 연산자 '=='를 혼동하지 않도록 주의해야 합니다.

예제 4-9 관계 연산자를 사용할 때 형변환으로 인한 잘못된 결과가 나오는 프로그램입니다.

```
01  #include <stdio.h>
02
03  int main()
04  {
05      int x = -1;
06      unsigned y = 1;
07
08      if(x < y)
09          printf("x < y\n");
10      else
11          printf("x >= y\n");
12
13      return 0;
14  }
```

서로 다른 자료형 사이에 관계 연산을 수행하면 형변환으로 인해 엉뚱한 결과가 나올 수 있습니다.

실행결과

x >= y

해설

· **08~11** : x와 y의 크기를 비교합니다. if는 조건 명령으로 괄호 안에 있는 조건이 참이면 if 명령 다음에 있는 문장을 수행하고, 거짓이면 else 명령 다음에 있는 문장을 처리합니다.

Part 04. 연산자   **165**

x는 -1이고 y는 1이기 때문에 관계 연산 'x < y'은 참이 되어야 하지만 관계 연산에 참여하는 피연산자의 자료형이 일치하지 않기 때문에 형변환이 발생합니다. 자동(묵시적) 형변환에 의해 int형이 unsigned형으로 변환됩니다. 결국 x는 unsigned로 변환되기 때문에 -1을 2진수로 표현하면 (1111...1111)이고, 이 값을 부호 없는 정수로 처리하면 4,294,967,295가 됩니다. 그래서 'x < y'의 연산 결과는 x가 크기 때문에 거짓이 돼서 else 뒤에 있는 문장을 수행합니다.

관계 연산자를 사용할 때 자료형이 일치하지 않으면 형변환으로 인해 의도하지 않은 결과가 나올 수 있으니 주의해야 합니다.

관계 연산자를 사용할 때 비교되는 피연산자의 자료형에 주의해야 합니다.

Level Up 4-2 키보드로 입력받은 정수값이 0이면 100을 6으로 나눈 몫을 출력하고, 0이 아니면 100을 6으로 나눈 나머지를 출력하는 프로그램을 작성하세요.

배경 지식

키보드로 입력받은 정수를 저장하기 위한 int형 변수를 선언합니다. 그리고 if 명령을 사용해서 입력받은 값이 0인지 비교합니다.

· 0인 경우 : 100 / 6
· 0이 아닌 경우 : 100 % 6

처리 과정

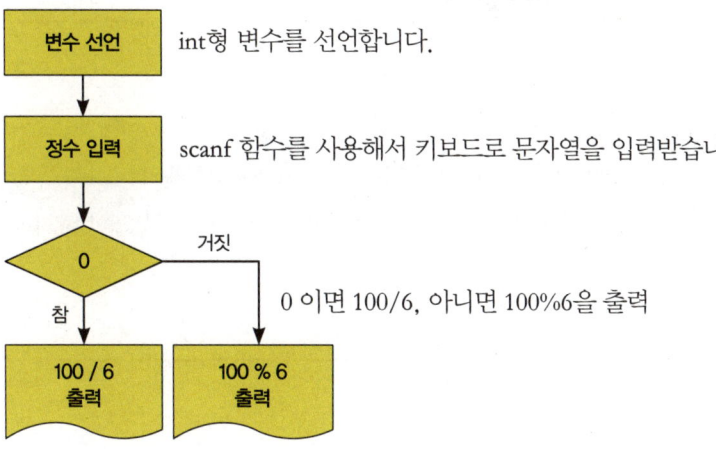

```
01  #include <stdio.h>
02
03  int main()
04  {
05      int num;
06
07      printf("0 또는 1을 입력하세요 : ");
08      scanf("%d", &num);
09
10      if(num == 0)
11          printf("100 / 6 : %d\n", 100/6);
12      else
13          printf("100 %% 6 : %d\n", 100%6);
14
15      return 0;
16  }
```

05: 키보드로 입력받은 정수를 저장하기 위해 int형 변수를 선언합니다.
08: 키보드로 정수를 입력받아서 num에 저장합니다.
10~13: num이 0이면 '100/6', 아니면 '100%6'을 출력합니다.

실행결과

```
0 또는 1을 입력하세요 : 0
100 / 6 : 16
```

해설

- **10~13** : 키보드로 입력받은 정수를 저장한 변수 num의 값이 0이면 100을 6으로 나눈 몫을 출력합니다. 100과 6이 정수형 상수이기 때문에 연산 결과는 몫이 됩니다. 만약 num이 0이 아니면 100을 6으로 나눈 나머지를 출력합니다. printf 함수에서 '100 %% 6' 으로 표기한 이유는, '%' 문자는 특수한 의미가 있으므로 이를 출력하기 위해서는 이스케이프 방식을 사용해야 하기 때문입니다(61페이지 참조).

논리 연산자

CHAPTER 07

논리 연산자는 두 개의 피연산자를 대상으로 논리 연산을 수행합니다. 논리 연산자의 우선순위는 NOT 〉 AND 〉 OR 순서입니다.

연산자	연산 형식	예제		설명
		연산식	결과	
&&	op1 && op2	3 && 1	1	논리 연산 AND를 수행합니다.
||	op1 || op2	1 || 0	1	논리 연산 OR를 수행합니다.
!	!op2	!5	0	논리 연산 NOT를 수행합니다.

논리 연산은 논리값을 피연산자로 사용해야 되지만 C 언어는 논리형이 없기 때문에 산술값을 사용해서 처리합니다. 논리 연산에 참여하는 피연산자가 0이면 거짓, 0 이외의 모든 값은 참으로 취급합니다. 연산 결과는 관계 연산과 마찬가지로 참이면 1, 거짓이면 0이 됩니다. 논리 연산자 각각의 연산 방법은 다음과 같습니다.

논리 연산자는 관계 연산자와 마찬가지로 연산 결과 참이면 1, 거짓이면 0이 됩니다.

논리 연산자에 참여하는 피연산자는 반드시 논리값이어야 합니다. 하지만 C 언어는 논리 자료형이 없기 때문에 피연산자가 0이면 거짓, 0 이외의 모든 값은 참으로 취급합니다.

&& 연산자(AND)

피연산자가 전부 참이면 연산 결과가 참(1)이고, 그 이외에는 거짓(0)이 됩니다.

피연산자1	연산자	피연산자2	결과값
true(0 이외의 값)	&&	true(0 이외의 값)	true(1)
true(0 이외의 값)	&&	false(0)	false(0)
false(0)	&&	true(0 이외의 값)	false(0)
false(0)	&&	false(0)	false(0)

예

```
5 && 0 => 거짓(0)
5 && 1 => 참(1)
```

&& 연산자의 왼쪽 피연산자가 거짓이면 오른쪽과 && 연산을 수행하나마나 무조건 거짓이 됩니다. 그렇기 때문에 C 언어는 보다 빠른 처리를 위해 && 연산자의 왼쪽 피연산자가 거짓이면 오른쪽을 아예 처리하지 않습니다.

0 && 5 ➡ 거짓(0) → 왼쪽 피연산자가 이미 거짓이기 때문에 연산을 중단합니다.

&& 연산은 2개의 피연산자가 전부 참일 때만 결과가 참이 됩니다.

|| 연산자(OR)

피연산자 중에 적어도 하나만 참이면 연산 결과가 참(1)이고, 둘 다 거짓일 때만 거짓(0)이 됩니다.

피연산자1	연산자	피연산자2	결과값
true(0 이외의 값)	||	true(0 이외의 값)	true(1)
true(0 이외의 값)	||	false(0)	true(1)
false(0)	||	true(0 이외의 값)	true(1)
false(0)	||	false(0)	false(0)

> **예**
>
> 0 || 5 => 참(1)
> 0 || 0 => 거짓(0)

|| 연산자의 왼쪽 수식이 이미 참이면 오른쪽과 || 연산을 수행하나마나 참이 되기 때문에 오른쪽 수식을 처리하지 않습니다. &&와 || 연산자를 사용할 때 왼쪽 결과에 따라서 오른쪽에 있는 피연산자를 처리하지 않는 이유는 보다 빠르게 처리하기 위해서입니다. 이와 같이 처리하는 것을 '단축 논리 연산'이라고 합니다.

> **예**
>
> 1 || 5 ➡ 참(1) → 왼쪽 피연산자가 이미 참이기 때문에 연산을 중단합니다.

|| 연산은 피연산자 중에 적어도 1개의 값이 참이면 결과가 참이 됩니다.

C 언어는 &&와 ||에서 단축 논리 연산 방식으로 처리합니다. &&는 피연산자가 전부 참일 때만 결과가 참이 되기 때문에 왼쪽 피연산자가 거짓이면 && 연산을 수행하나마나 결과는 거짓이 됩니다. 그리고 || 연산은 피연산자 중에 하나만이라도 참이면 결과는 참이 되는 특성이 있습니다. 그렇기 때문에 왼쪽의 피연산자가 참이면 결과는 무조건 참이 됩니다. 이러한 특성을 이용해 프로그램의 처리 속도를 빨리 할 수 있도록 만든 것이 단축 논리 연산입니다.

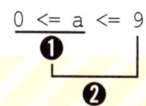

관계 연산의 주의점

관계 · 논리 연산은 참 또는 거짓의 결과만 반환하는데, 참은 1, 거짓은 0이 됩니다. 관계 연산을 할 때 수학식에서 사용하는 방식으로 하면 잘못된 결과가 나올 수 있습니다.
만약 키보드로 입력받은 값을 변수 a에 저장했는데, 이 값이 0~9까지의 숫자인지 판별하고 싶을 때 0 <= a <= 9의 식을 사용하면 올바른 결과가 나오지 않을 수 있습니다.
이 수식은 다음과 같은 연산 순서에 따라 처리됩니다.

```
0 <= a <= 9
  ❶
      ❷
```

만약 a의 값이 3이라면 **식❶**(0 <= a)은 참이 되어 1이 되고, **식❷**(1 <= 9)도 참이 되어 결국 위 식의 결과는 1이 됩니다. 아무런 문제가 없어 보입니다. 하지만 a의 값이 20이라면 **식❶**은 참이 되어 1, **식❷**도 참이 되어 결과는 1이 됩니다. 20이 0~9 범위의 값이라고 판별한 겁니다. 이처럼 두 개 이상의 관계 연산을 붙여서 사용할 때 수학식과 같은 형태로 하면 예기치 않은 문제가 발생할 수 있습니다. 이를 올바로 처리하려면 관계 연산을 논리 연산과 결합해서 사용해야 됩니다.

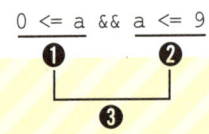

a의 값이 20일 때 **식❶**은 참이 되어 1, **식❷**는 거짓이 되어 0, **식❸**은 1과 0의 && 연산이기 때문에 결과는 거짓이 되어 0이 됩니다. 이처럼 C 언어의 모든 수식은 값을 갖기 때문에 연산 순서에 따라 처리되는 과정을 세심하게 체크해야 됩니다.

! 연산자(NOT)

단항 연산자로 참은 거짓으로, 거짓은 참으로 변환합니다.

연산자	피연산자	결과값
!	true(0 이외의 값)	false(0)
!	false(0)	true(1)

```
!5      => 거짓(0)
!0      => 참(1)
!(0 && 2) => 참(1)
```

예제 4-10 논리 연산자를 사용하는 프로그램입니다.

```
01  #include <stdio.h>
02
03  int main()
04  {
05      int a, b, c = 0, d = 10, e = 20, f = 30;
06
07      a = c && d;
08      b = e || f;
09      printf("a = %d\nb = %d\n", a, b);
10
11      a = (c > d) && (e < f);
12      b = !(c > d) || (e > f);
13      printf("a = %d\nb = %d\n", a, b);
14
15      return 0;
16  }
```

07: c와 d가 모두 참일 때만 결과가 참이 됩니다.
08: e와 f 중에 1개만 참이어도 결과가 참이 됩니다.
11: 2개의 관계 연산 결과가 모두 참일 때만 결과가 참이 됩니다.
12: 2개의 관계 연산 결과 중에 1개만 참이어도 결과가 참이 됩니다.

실행결과

```
a = 0
b = 1
a = 0
b = 1
```

해설

- **07** : 논리 연산에 참여하는 피연산자가 0이면 거짓으로 취급하고, 0 이외의 모든 값은 참으로 간주합니다. c와 d를 && 연산합니다. && 연산자는 피연산자가 전부 참일 때만 참이 되기 때문에 '0 && 10'을 수행하면 거짓이 됩니다. 결국 a에는 0이 대입됩니다.
- **08** : e와 f를 || 연산합니다. || 연산자는 피연산자 중에 적어도 하나만 참이면 참이 되기 때문에 '10 || 20'을 수행한 결과는 참이 됩니다. b에는 1이 대입됩니다.
- **11** : 두 개의 관계 연산 수식을 논리 연산자 &&로 처리합니다. &&는 단축 논리 연산을 수행하

기 때문에 실제로는 && 연산자 왼쪽 수식이 거짓이기 때문에 오른쪽에 있는 'e < f'를 처리하지 않고 거짓인 0이 a에 대입됩니다.

```
a = (c > d) && (e < f);
       거짓(0)      참(1)
            거짓(0)
```

· 12 : 두 개의 관계 연산 수식을 논리 연산자 ||로 처리합니다.

```
b = !(c > d) || (e > f);
      거짓(0)      거짓(0)
      참(1)
           참(1)
```

예제 4-11 단축 논리 연산을 수행하는 프로그램입니다.

```
01 #include <stdio.h>
02
03 int main()
04 {
05     int a, b = 0, c = 10, d = 20;
06
07     a = (b > c) && (d = 30);
08     printf("a = %d, d = %d\n", a, d);
09
10     a = (b < c) || (d = 40);
11     printf("a = %d, d = %d\n", a, d);
12
13     return 0;
14 }
```

만약 b가 c보다 크지 않으면 && 연산자 뒤에 있는 수식을 처리하지 않습니다.

만약 b가 c보다 작으면 || 연산자 뒤에 있는 수식을 처리하지 않습니다.

> 실행결과

```
a = 0, d = 20
a = 1, d = 20
```

해설

- **07** : && 연산자의 왼쪽 피연산자가 거짓이면 오른쪽에 있는 피연산자와 && 연산을 수행하나 마나 거짓이 되기 때문에 오른쪽에 있는 수식을 처리하지 않습니다. 결국 a에 0이 대입되고, 'd = 30' 수식을 수행하지 않기 때문에 d에 있는 값은 바뀌지 않습니다.

```
a = (b > c) && (d = 30);
       거짓(0)    처리하지 않음
```

- **10** : || 연산자의 왼쪽에 있는 피연산자가 참이면 오른쪽에 있는 피연산자를 처리하지 않습니다. 결국 a에는 1이 대입되고, 'd = 40' 수식을 수행하지 않기 때문에 d의 값은 변경되지 않습니다.

```
a = (b < c) || (d = 40);
       참(1)    처리하지 않음
```

Level Up 4-3 키보드로 영문자를 입력받아서 대문자면 "대문자입니다", 소문자면 "소문자입니다"를 출력하는 프로그램을 작성하세요.

배경 지식

키보드로 입력받은 문자를 저장하기 위한 char형 변수를 선언합니다. 그리고 if 명령을 사용해서 입력받은 값의 대·소문자 여부를 판단합니다.

· 문자 >= 'A' && 문자 <= 'Z'인 경우 : "대문자입니다"를 출력
· 문자 >= 'a' && 문자 <= 'z'인 경우 : "소문자입니다"를 출력

처리 과정

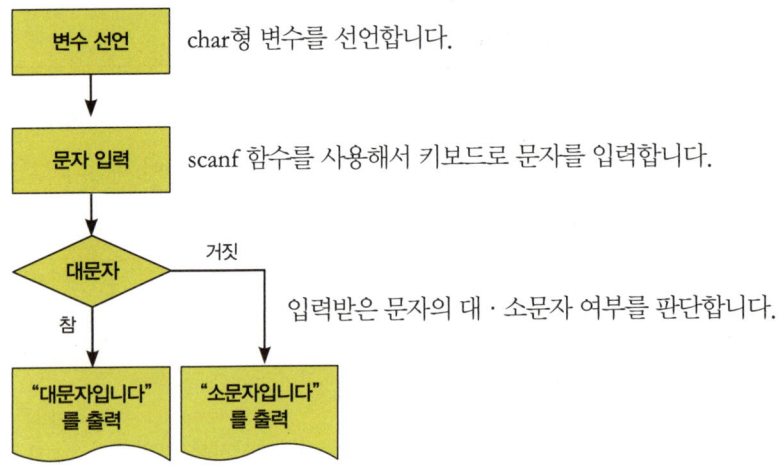

```
01 #include <stdio.h>
02
03 int main()
04 {
05     char ch;                              ─── 키보드로 입력받은 문자를 저장하기 위해
06                                                char형 변수를 선언합니다.
07     printf("영문자를 입력하세요 : ");
08     scanf("%c", &ch);                     ─── 키보드로 문자를 입력받아서 ch에 저장합니다.
09
10     if(ch >= 'A' && ch <= 'Z')            ─── ch에 있는 값의 대 · 소문자 여부를 판단합니다.
11         printf("대문자입니다.\n");
12     else
13         printf("소문자입니다.\n");
14
15     return 0;
16 }
```

> **실행결과**

영문자를 입력하세요 : K
대문자입니다.

해설

· **10~13** : 대문자는 'A' 보다 크거나 같고 'Z'보다는 작거나 같습니다. 즉, ch >= 'A'와 ch <= 'Z' 관계식을 논리 AND 연산자(&&)로 묶어서 표현합니다.

ch에 저장된 값이 대문자면 if 명령의 조건이 참이 되기 때문에 "대문자입니다."를 출력하고, 거짓이면 "소문자입니다."를 출력합니다.

뛰어넘기 > C 언어의 논리값

C 언어는 false, true와 같은 논리값을 제공하지 않고 정수값으로 이를 표현합니다. 0은 false, 0 이외의 값은 true로 판단합니다. 그래서 관계 연산이나 논리 연산과 같이 연산 결과가 논리값이 만들어지는 경우에 0 또는 1로 나타냅니다.
정수형 변수 a에 아래와 같은 수식을 사용하면 a는 1이 됩니다.

a = 10 && 5;

논리 연산자 &&에 사용된 10과 5는 정수값입니다. 하지만 논리 연산은 false와 true와 같은 논리값을 대상으로 처리하기 때문에 정수값을 논리값으로 변환해서 이해해야 됩니다. 그래서 C 언어는 0 이외의 값을 true로 판단해서 10과 5는 모두 true가 되어 10 && 5는 true && true와 같은 의미로 이해합니다. 이렇게 true와 true를 &&(논리 AND) 연산하면 결과는 true가 되어 a에 1이 대입됩니다.

```
if(a = 10)
    printf("참\n");
else
    printf("거짓\n");
```

위와 같은 if 구조는 언제나 "참"만 출력합니다.

- **a = 10** → a에 10을 대입합니다.
- **a == 10** → a와 10이 같은지 비교합니다.

a = 10의 결과는 10이기 때문에 if(a = 10)은 if(10)과 같은 의미가 됩니다. if는 괄호 안에 있는 수식이 true인지 false인지 여부를 판단하는데, if 괄호 안에 10이 있기 때문에 무조건 true로 이해합니다(0 이외의 값은 true!). 그래서 원래의 의도였던 a와 10이 같은지 여부는 비교하는 연산을 수행하지 않습니다.

이처럼 C 언어는 논리값을 0, 1 등의 정수로 표현하기 때문에 관계와 논리 연산자를 사용할 때 주의해야 됩니다.

비트 연산자

CHAPTER 08

비트 연산자는 자료를 비트 단위로 처리합니다. 논리 연산 &(AND), |(OR), ~(NOT), ^(XOR)와 이동 연산(shift operators) >>, <<를 제공합니다. 비트 연산자의 피연산자에는 정수형과 문자형만 사용할 수 있습니다.

종류	연산자	연산 형식	예제 연산식	예제 결과	설명
비트 논리 연산자	&	op1 & op2	7 & 9	1	비트 단위로 AND연산을 수행합니다.
	|	op1 | op2	5 | 9	13	비트 단위로 OR 연산을 수행합니다.
	~	~op	~10	-11	비트 단위로 NOT 연산을 수행합니다.
	^	op1 ^ op2	12 ^ 10	6	비트 단위로 XOR 연산을 수행합니다.
비트 이동 연산자	>>	op1 >> op2	8 >> 1	4	오른쪽으로 비트 단위 이동합니다.
	<<	op1 << op2	4 << 1	8	왼쪽으로 비트 단위 이동합니다.

- 비트 논리 연산자 : &, |, ~, ^
- 비트 이동 연산자 : >>, <<

1 비트 논리 연산자

논리 연산을 비트 단위로 수행합니다. 피연산자의 비트 값이 0이면 거짓, 1이면 참으로 간주하고, 연산 결과가 참이면 1, 거짓이면 0이 됩니다.

& 연산자

비트 단위로 논리 연산 AND를 수행합니다. 피연산자 비트가 전부 참일 때만 결과가 참이 됩니다. & 연산자는 데이터의 특정 비트를 0으로 만들 때 주로 사용합니다.

Part 04. 연산자 179

피연산자1	연산자	피연산자2	결과값
1	&	1	1
1	&	0	0
0	&	1	0
0	&	0	0

특정 비트를 0으로 변환하려면 해당 비트의 값만 0이고, 나머지 비트들은 1인 값과 '&' 연산하면 됩니다. 만약 16진수로 0x1234인 값에서 상위 1바이트를 0으로 지우려면 상위 1바이트의 각 비트가 0이고 나머지 비트들은 1인 값과 '&' 연산합니다.

예

```
a = 0x1234;
a = a & 0x00FF;
```

16진 상수 0x00FF는 상위 1바이트의 비트가 전부 0이기 때문에 변수 a와 비트 AND 연산을 수행하면, 결국 a의 상위 1바이트가 0으로 변환됩니다.

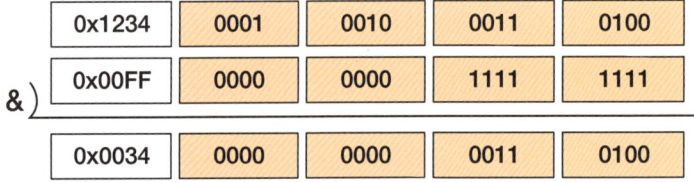

비트 AND 연산자(&)는 특정 비트를 0으로 바꿀 때 주로 사용합니다.

데이터의 특정 비트를 0으로 변환하는 것을 마스킹(masking) 연산이라고 합니다.

| 연산자

비트 단위로 논리 연산 OR를 수행합니다. 피연산자 비트 중에 적어도 하나만 참이면 결과는 참이 됩니다. | 연산자는 특정 비트를 1로 바꿀 때 주로 사용합니다.

피연산자1	연산자	피연산자2	결과값
1	|	1	1
1	|	0	1
0	|	1	1
0	|	0	0

특정 비트를 1로 변환하려면 해당 비트의 값만 1이고, 나머지 비트들은 0인 값과 '|' 연산하면 됩니다. 만약 16진수로 0x1200인 값에서 하위 1바이트의 각 비트를 1로 변환하려면 하위 1바이트의 모든 비트가 1이고 나머지 비트들은 0인 값과 '|' 연산합니다.

> **예**
>
> a = 0x1200;
> a = a | 0x00FF;

상수 0x00FF는 하위 1바이트의 비트가 전부 1이기 때문에 변수 a와 비트 OR 연산을 수행하면, 결국 a의 하위 1바이트가 1로 변환됩니다.

|)
0x1200	0001	0010	0000	0000
0x00FF	0000	0000	1111	1111
0x12FF	0001	0010	1111	1111

비트 OR 연산자(|)는 특정 비트를 1로 바꿀 때 주로 사용합니다.

^ 연산자

비트 단위로 논리 연산 XOR(eXclusive OR)를 수행합니다. XOR 연산은 피연산자 비트가 서로 다를 때 참이고, 서로 같으면 거짓이 됩니다. ^ 연산자는 특정 비트를 반전시킬 때 주로 사용합니다.

피연산자1	연산자	피연산자2	결과값
1	^	1	0
1	^	0	1
0	^	1	1
0	^	0	0

만약 특정 비트가 1인 경우에 이를 0으로 반전시키려면 1과 '^' 연산하면 되고, 비트가 0인 경우에도 1과 '^' 연산하면 됩니다. 만약 0과 '^' 연산한다면 비트 값이 변경되지 않습니다. 결국 반전시키려는 비트의 값만 1이고 나머지 비트들은 0인 값과 '^' 연산하면 해당 비트만 반전시킬 수 있습니다. 만약 16진수로 0x1010인 값을 0x1111로 변환하려면 다음과 같이 처리합니다.

예

```
a = 0x1010;
a = a ^ 0x0101;
```

변수 a와 상수 0x0101을 XOR 연산하면 다음과 같이 특정 비트를 반전시킬 수 있습니다.

	0x1010	0001	0000	0001	0000
^)	0x0101	0000	0001	0000	0001
	0x1111	0001	0001	0001	0001

비트 XOR 연산자(^)는 특정 비트를 반전시킬 때 주로 사용합니다.

~ 연산자

비트 단위로 논리 연산 NOT을 수행하는 단항 연산자입니다. 피연산자 비트가 1이면 0으로, 0이면 1로 바꿉니다. 결국 비트 반전을 수행합니다. 2진수를 비트 반전시키면 1의 보수가 됩니다. 결국 ~ 연산자를 이용하면 쉽게 1의 보수를 구할 수 있기 때문에 1의 보수 연산자 또는 비트 반전 연산자라고도 부릅니다.

연산자	피연산자	결과값
~	1	0
~	0	1

예

```
a = 10;
a = ~a;
```

a를 비트 NOT하면 비트 반전이 됩니다.

~)	10	0000	0000	0000	1010
	0xFFF5	1111	1111	1111	0101

16진수 0xFFF5를 10진수로 변환하면 -11이 됩니다. 그 이유는 정수를 부호화된 2의 보수 방식으로 처리하기 때문에 0xFFF5는 부호 비트가 1인 음수입니다. 이런 경우에는 0xFFF5에 대한 2의 보수를 구해서 음수 부호(-)를 붙여야 됩니다.

0xFFF5	1111	1111	1111	0101

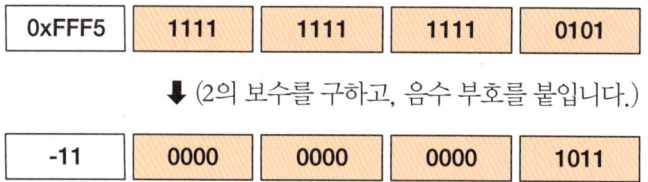 (2의 보수를 구하고, 음수 부호를 붙입니다.)

-11	0000	0000	0000	1011

비트 NOT 연산자(~)는 비트를 반전시켜서 1의 보수를 구합니다.

2의 보수는 1의 보수에 1을 더한 것과 같은 값이기 때문에 어떤 숫자에 비트 NOT(~) 연산을 수행한 결과는 '-숫자 -1'과 동일합니다.

예 ~10 ▶ -10 -1 ▶ -11

뛰어넘기

1의 보수와 2의 보수

보수(complement)는 컴퓨터 분야에서 매우 중요한 개념입니다. 특히 숫자를 표현하거나 연산을 할 때 보수를 이용합니다. 보수는 2가지 종류가 있는데, 진수를 나타내는 수인 r의 보수와 (r-1)의 보수가 있습니다. 2진수에서는 2의 보수와 1의 보수, 10진수에서는 10의 보수와 9의 보수가 존재합니다.

• 1의 보수

2진수에서 사용하는 보수로서, 2^n-1(n은 숫자의 자릿수)에서 숫자를 빼면 구해지는 값입니다. 예를 들면, $(10011010)_2$에 대한 1의 보수는 $(2^8-1) - (10011010)_2$한 결과인 $(01100101)_2$이 1의 보수입니다. 이를 보다 쉽게 구하기 위해 다음과 같은 방법을 사용합니다.

모든 2진수 값을 0→1, 1→0으로 변환합니다.
$(1\ 0\ 0\ 1\ 1\ 0\ 1\ 0)_2$
↓ ↓ ↓ ↓ ↓ ↓ ↓ ↓
$(0\ 1\ 1\ 0\ 0\ 1\ 0\ 1)_2$: 1의 보수

• 2의 보수

2^n(n은 숫자의 자릿수)서 숫자를 빼면 구해지는 값입니다. 그렇기 때문에 2의 보수는 1의 보수에 1을 더한 것과 동일합니다.

2의 보수 = 1의 보수 + 1

2의 보수를 쉽게 구하는 방법은 2진수 값의 오른쪽에서 왼쪽 방향으로 이동하면서 첫 번째 1이 나올 때까지는 그대로 쓰고, 그 다음부터는 0은 1로, 1은 0으로 변환하면 됩니다.

(1 0 0 1 1 0 1 0)₂

↓↓↓↓↓↓↓↓

0 1 1 0 0 1 1 0   ❶ 오른쪽에서 왼쪽으로 진행하면서 첫 번째 1이 나올 때까지는
그대로
❷ 1 뒤부터는 0은 1로, 1은 0으로 변환

연산 결과 : (0 1 1 0 0 1 1 0)₂

예제 4-12 비트 논리 연산자를 사용하는 프로그램입니다.

```
01  #include <stdio.h>
02
03  int main()
04  {
05      char a, b, c;
06
07      a = 10;
08      b = 7;
09
10      c = a & b;                              a와 b를 비트 AND 연산합니다.
11      printf("a & b  ==>  %d\n", c);
12
13      c = a | b;                              a와 b를 비트 OR 연산합니다.
14      printf("a | b  ==>  %d\n", c);
15
16      c = a ^ b;                              a와 b를 비트 XOR 연산합니다.
17      printf("a ^ b  ==>  %d\n", c);
18
19      c = ~a;                                 a를 비트 NOT 연산합니다.
20      printf("~a     ==>  %d\n", c);
21
22      return 0;
23  }
```

실행결과

```
a & b  ==>  2
a | b  ==>  15
a ^ b  ==>  13
~a     ==>  -11
```

해설

- **10** : a와 b를 비트 AND 연산하기 때문에 둘 다 1인 경우에만 1이 됩니다.

  &) a : 00001010
      b : 00000111
      ─────────────
      c : 00000010

- **13** : a와 b를 비트 OR 연산하기 때문에 비트 중에 적어도 하나만 1이면 1이 됩니다.

  |) a : 00001010
      b : 00000111
      ─────────────
      c : 00001111

- **16** : a와 b를 비트 XOR 연산하기 때문에 비트값이 서로 다를 때 1이고, 같으면 0이 됩니다.

  ^) a : 00001010
      b : 00000111
      ─────────────
      c : 00001101

- **19** : a를 비트 NOT 연산하기 때문에 a의 비트를 반전시킵니다.

  ~) a : 00001010
      ─────────────
      c : 11110101

  2진수 11110101은 부호 비트가 1이라서 음수로 취급되기 때문에 이에 대한 2의 보수를 구하고, 음수 부호를 붙이면 -11인 것을 알 수 있습니다.

예제 4-13 16진수 0x59의 오른쪽에서 3번째 비트를 0으로 변환하고, 2번째 비트를 1로 변환하는 프로그램입니다. (가장 오른쪽 비트를 0번째라고 가정합니다.)

```
01  #include <stdio.h>
02
03  int main()
04  {
05      char a = 0x59, b;       ── char형 변수 a, b를 선언하고 a를 16진 상수 0x59로 초기화합니다.
06
07      b = a & 0xF7;            ── 변수 a와 16진수 0xF7을 비트 & 연산합니다.
08      printf("0x59 & 0xF7 = %x\n", b);
09
10      b = a | 0x04;            ── 변수 a와 16진수 0x04를 비트 | 연산합니다.
11      printf("0x59 & 0x04 = %x\n", b);
12
13      return 0;
14  }
```

실행결과

```
0x59 & 0xF7 = 51
0x59 & 0x04 = 5d
```

해설

· **07** : 특정 비트를 0으로 바꿀 때 비트 AND 연산자(&)를 사용합니다. 데이터의 가장 오른쪽 비트를 0번째라 가정하고, 변수 a의 오른쪽에서 3번째 비트를 0으로 바꾸려고 합니다. 비트 AND 연산을 수행해서 특정 비트를 0으로 바꾸는 방법은 다음과 같습니다.

0으로 바꾸려고 하는 비트가 0이고, 값을 유지하는 비트는 1인 값과 비트 AND 연산합니다.

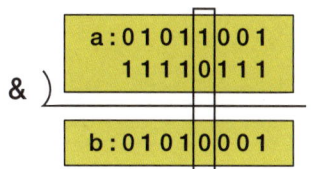

- 10 : 변수 b의 오른쪽에서 2번째 비트를 1로 바꾸려고 합니다. 특정 비트를 1로 변경할 때 비트 OR(|) 연산자를 사용합니다. 1로 바꾸려고 하는 위치의 비트만 1이고, 값을 유지하는 비트는 0 인 값과 비트 OR 연산하면 됩니다.

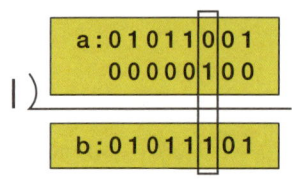

2 비트 이동 연산자

이동 연산자(《 또는 》)는 왼쪽 피연산자의 비트를 오른쪽에 있는 피연산자만큼 이동합니다. 《 는 왼쪽 이동, 》는 오른쪽 이동 연산자입니다.

《 연산자

《 연산자는 데이터를 비트 단위로 왼쪽 이동하고, 빈자리에 0을 채웁니다. 밀려난 비트는 사라집니다.

연산	왼쪽 피연산자의 2진수 표기	결과값(2진수)	결과값(10진수)
10 << 1	0000 1010	0001 0100	20
-10 << 1	1111 0110	1110 1100	-20

'《 연산자는 왼쪽으로 비트를 이동시키기 때문에 오른쪽 빈자리에 0을 채웁니다.

》 연산자

》 연산자는 비트 단위로 오른쪽 이동하고 왼쪽 빈자리에 부호 있는 데이터인 경우에는 부호 비트를, 부호 없는 데이터는 0을 채웁니다. 즉, 》 연산자의 왼쪽에 있는 피연산자가 양수면 빈자리에 무조건 0을 채우고, 음수인 경우에는 1을 채웁니다.

연산	왼쪽 피연산자의 2진수 표기	결괏값(2진수)	결괏값(10진수)
10 >> 1	0000 1010	0000 0101	5
-10 >> 1	1111 0110	1111 1011	-5

예 10 >> 1

0이 채워집니다.

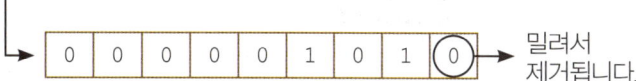

밀려서 제거됩니다.

예 -10 >> 1

부호 비트가 채워집니다.

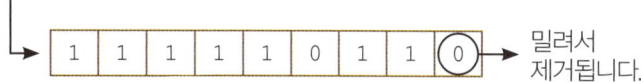

밀려서 제거됩니다.

'>>' 연산자는 부호 있는 데이터인 경우에는 왼쪽에 부호 비트를 채우고, 부호 없는 데이터는 0을 채웁니다.

예제 4-14 비트 이동 연산자를 사용하는 프로그램입니다.

```
01  #include <stdio.h>
02
03  int main()
04  {
05      int a = 8, b;
06
07      b = a << 1;                    변수 a를 왼쪽으로 1비트 이동합니다.
08      printf("a << 1   ==>   %d\n", b);
09
10      b = a >> 1;                    변수 a를 오른쪽으로 1비트 이동합니다.
11      printf("a >> 1   ==>   %d\n", b);
12
13      return 0;
14  }
```

실행결과

```
a << 1  ==>  16
a >> 1  ==>  4
```

해설

· 07 : 변수 a의 값을 왼쪽으로 1비트 이동합니다.

맨 왼쪽에 있는 1비트가 밀려나가고, 오른쪽에 0이 채워집니다. 그 결과 16이 됩니다. << 연산자는 왼쪽으로 1비트 이동할 때마다 곱하기 2한 것과 동일한 결과가 됩니다. 8을 왼쪽으로 1비트 이동하면 16, 2비트 이동하면 32, 3비트 이동하면 64가 됩니다.

· 10 : 변수 a의 값을 오른쪽으로 1비트 이동합니다.

맨 오른쪽에 있는 1비트가 밀려나가고, 왼쪽에 부호 비트가 채워집니다. a는 부호 있는 int형이고 양수이기 때문에 0을 채웁니다. >> 연산자는 오른쪽으로 1비트 이동할 때마다 나누기 2한 것과 동일한 결과가 됩니다. 8을 오른쪽으로 1비트 이동하면 4, 2비트 이동하면 2, 3비트 이동하면 1이 됩니다.

'<<' 연산자는 1비트 왼쪽 이동할 때마다 곱하기 2한 것과 같은 결과가 됩니다.

'>>' 연산자는 1비트 오른쪽 이동할 때마다 나누기 2한 것과 같은 결과가 됩니다.

예제 4-15 음수를 비트 이동하는 프로그램입니다.

```
01  #include <stdio.h>
02
03  int main()
04  {
05      char a = -10, b;
06      unsigned char ua = -10, ub;
07
08      b = a >> 1;
09      printf("a >> 1   ==>   %d\n",b);
10
11      ub = ua >> 1;
12      printf("ua >> 1  ==>   %d\n",ub);
13
14      return 0;
15  }
```

05: 부호 있는 문자형 변수 a, b를 선언하고, a를 -10으로 초기화합니다. 부호 없는 문자형 변수 ua, ub를 선언하고, ua를 -10으로 초기화합니다.

08: 변수 a를 오른쪽으로 1비트 이동합니다.

11: 변수 ua를 오른쪽으로 1비트 이동합니다.

실행결과

```
a >> 1   ==>   -5
ua >> 1  ==>   123
```

해설

· **08** : char형 변수 a를 오른쪽으로 1비트 이동합니다. 컴퓨터는 음수를 표현하기 위해 2의 보수 방식을 사용하기 때문에 -10은 2진수로 (11110110)입니다.

부호 있는 값을 오른쪽으로 이동하면 밀려난 빈 공간에 부호 비트를 채웁니다. -10은 음수이기 때문에 맨 왼쪽에 1을 채워서 1비트 오른쪽으로 이동한 결과는 -5가 됩니다.

· **11** : 부호 없는 문자형 변수 ua를 오른쪽으로 1비트 이동합니다. -10은 2진수로 (11110110)이지만 부호 없는 문자로 사용하기 때문에 부호 비트가 없습니다.

부호 없는 문자형 자료를 오른쪽으로 이동하면 밀려난 빈 공간에 0을 채웁니다. 그 결과 (01111011)이 되고, 이 값은 10진수로 123입니다.

Level Up 4-4 키보드로 정수 1개를 입력받아서 오른쪽에서 2번째 비트값을 출력하는 프로그램을 작성하세요. 단, 가장 오른쪽에 있는 비트를 0번째라고 가정합니다.

배경 지식

키보드로 입력받은 정수를 저장하기 위한 int형 변수를 선언합니다. 입력받은 정수의 오른쪽에서 2번째 비트값을 구하기 위해 비트 연산자를 사용합니다. 우선 정수를 오른쪽으로 2비트 이동하면 2번째 비트값이 가장 오른쪽에 위치하게 됩니다. 그리고 이를 1과 비트 AND 연산(&)한 결과를 출력합니다. 그러면 가장 오른쪽에 있는 비트가 값을 유지하고 나머지 비트들은 0으로 지워집니다.

정수 >> 2 & 1

처리 과정

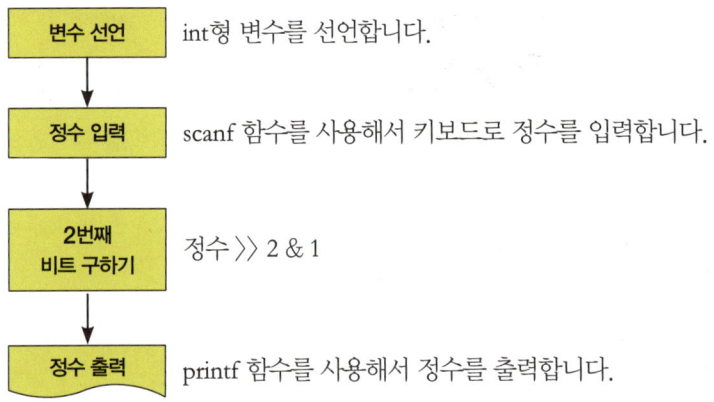

```
01 #include <stdio.h>
02
03 int main()
04 {
05      int num;
06
07      printf("정수를 입력하세요 : ");
08      scanf("%d", &num);
09
10      printf("%d의 2번째 비트 : %d\n", num, num >> 2 & 1);
11
12      return 0;
13 }
```

05 키보드로 입력받은 정수를 저장하기 위한 int형 변수를 선언합니다.
08 키보드로 정수를 입력받아 num에 저장합니다.
10 num의 2번째 비트값을 출력합니다.

실행결과

```
정수를 입력하세요 : 20
20의 2번째 비트 : 1
```

해설

· **10** : num의 2번째 비트값을 출력하기 위해 >>와 & 연산자를 사용합니다. 만약 num이 20이라면 'num >> 2'한 결과는 다음과 같습니다.

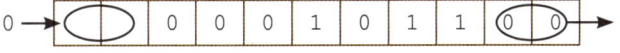

오른쪽에 있는 2개의 비트가 밀려 나가기 때문에 00000101이 됩니다. 이 값을 1과 & 연산하면 가장 오른쪽에 있는 비트값만 그대로 유지하고 나머지 비트는 0으로 변환됩니다(& 연산은 특정 비트를 0으로 변환할 때 사용합니다).

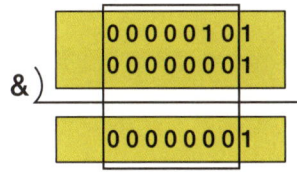

주소 연산자

주소 연산자는 하드웨어를 제어하거나 보다 강력한 프로그램을 작성하기 위해 사용합니다.

연산자	연산 형식	예 제	설 명
&	&op	&x	변수 x가 위치한 메모리의 주소를 구합니다.
*	*op	*x	포인터 변수 x가 갖고 있는 주소에 저장된 값을 구합니다.

&와 *는 단항 연산자로서, &는 변수가 위치한 메모리의 주소를 구하는 연산자입니다. 그리고 *는 포인터 변수에서만 사용할 수 있으며, 포인터 변수가 가리키고 있는 메모리에서 값을 구해옵니다.

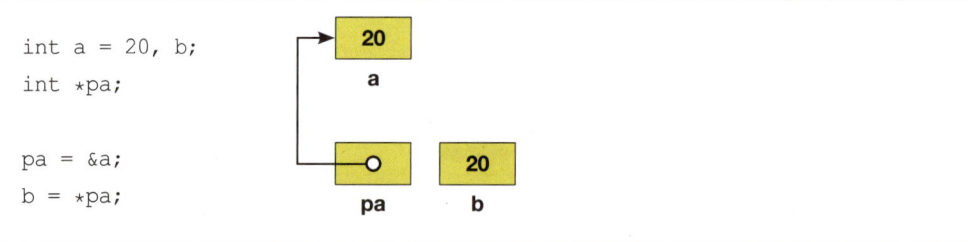

int형 변수 a, b와 포인터 변수 pa를 선언합니다. pa 앞에 붙은 '*'는 주소 연산자가 아닙니다. 변수를 선언할 때 사용하는 '*'는 포인터 변수라는 표시일 뿐입니다.

```
pa = &a;
```

이 문장은 변수 a의 주소를 pa에 대입하라는 뜻입니다. 포인터 변수는 주소를 값으로 취합니다. 연산자 &는 변수가 위치한 곳의 메모리 주소를 구하기 때문에 주소 연산자라고 부릅니다. 만약 변수 a가 메모리의 100번지에 위치하고 있다면 '&a'는 100이고, pa에 저장되는 값도 100이 됩니다.

```
b = *pa;
```

연산자 '*'는 포인터 변수에서만 사용할 수 있습니다. 이 문장을 해석하면 다음과 같습니다.

포인터 변수 pa가 갖고 있는 주소로부터 값을 읽어서 b에 대입합니다.

만약 pa가 갖고 있는 주소값이 100이라면, '*pa'는 100번지에 있는 값을 읽어오라는 의미입니다. 결국 100번지에는 변수 a가 있으니까 a의 값을 읽어오게 됩니다. 그래서 연산자 *를 간접 주소 연산자라고 합니다. 간접 주소(indirect address)의 의미는, 일반 변수를 사용해서 값을 읽어오거나 저장할 때는 직접 변수 이름만 지정하면 되는 반면에, 포인터 변수는 포인터 변수가 갖고 있는 값, 즉 해당 주소에 가서 값을 읽어 오기 때문에 간접적인 방법이라고 합니다.

'&' 연산자는 해당 변수가 위치한 메모리의 주소를 구하는 단항 연산자입니다.

'*' 연산자는 포인터 변수가 갖고 있는 메모리 주소에서 값을 읽어오는 단항 연산자입니다.

'*'와 '&' 주소 연산자는 곱하기(*)와 비트 AND 연산자(&)와 같은 기호를 사용합니다. 수식에서 이 연산자들을 구분하는 방법은 피연산자의 개수입니다. 곱하기와 비트 AND 연산자(&)는 이항 연산자인 반면에 주소 연산자 '*'와 '&'는 단항 연산자이기 때문에 피연산자의 개수에 따라서 어떤 연산을 수행할지 결정합니다.

예제 4-16 주소 연산자를 사용하는 프로그램입니다.

```
01  #include <stdio.h>
02
03  int main()
04  {
05      int a = 10;
06      int *b;                              // int형 포인터 변수 b를 선언합니다. 변수 앞에 붙어 있는 '*'는 포인터 변수라는 표시입니다.
07
08      b = &a;                              // 변수 a의 주소를 포인터 변수 b에 대입합니다.
09      printf("a = %d, *b = %d\n", a, *b);
10
11      *b = 20;                             // 변수 b가 갖고 있는 주소에 20을 저장합니다.
12      printf("a = %d, *b = %d\n", a, *b);
13
14      printf("&a = %X, b = %X\n", &a ,b);
15
16      return 0;
17  }
```

실행결과

```
a = 10, *b = 10
a = 20, *b = 20
&a = 12FF88, b = 12FF88
```

해설

- **06** : int형 포인터 변수 b를 선언합니다. 변수를 선언할 때 변수 앞에 '*'를 붙이면 포인터 변수라는 표시입니다.
- **08** : '&' 연산자를 사용해서 변수 a의 주소를 포인터 변수 b에 대입합니다. 이 결과 다음과 같은 메모리 구조가 됩니다. 포인터 변수 b는 변수 a가 위치한 메모리의 주소를 값으로 가집니다.

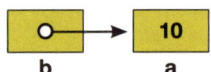

· **09** : a와 *b를 출력합니다. 변수 b앞에 있는 '*'는 간접 주소 연산자이고, 이는 포인터 변수가 갖고 있는 주소에서 값을 읽어옵니다. 결국 a의 값을 출력합니다.

· **11~12** : 간접 주소 연산자가 대입 연산자의 왼쪽에 사용되면 포인터 변수가 갖고 있는 주소에 값을 대입한다는 의미입니다. 20을 포인터 변수가 가리키고 있는 주소에 저장합니다. 현재 포인터 변수 b는 변수 a의 주소를 갖고 있기 때문에 결과적으로 변수 a에 20을 대입하게 됩니다. 그래서 printf 함수로 a와 *b를 출력하면 20이 나옵니다.

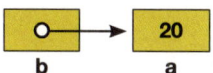

· **14** : 변수 a의 주소와 포인터 변수 b의 값을 출력합니다. 포인터 변수 b는 a의 주소를 값으로 갖고 있기 때문에 변수 a의 주소와 포인터 변수가 갖고 있는 값은 동일합니다. 메모리의 주소를 출력하기 때문에 이 프로그램을 실행하는 컴퓨터마다 다른 값이 출력될 수 있습니다. 참고로 '%X'는 16진수를 대문자로 출력하는 형식입니다.

기타 연산자

조건 연산자

조건 연산자는 3개의 피연산자를 갖는 삼항 연산자로서 형식은 다음과 같습니다.

> 조건식 ? 식1 : 식2

첫 번째 피연산자인 조건식이 참이면 '?' 뒤에 있는 식1을, 거짓이면 ':' 뒤에 있는 식2를 조건 연산의 결과로 취합니다. 여기서 피연산자는 임의의 산술형 데이터 수식이 허용되지만 첫 번째 피연산자는 주로 논리식을 사용합니다.

조건 연산자는 if 명령어와 유사한 기능을 합니다. 조건 연산자를 다음과 같이 if 명령으로 변환할 수 있습니다.

조건 연산자의 예	if 명령을 사용한 경우	설 명

max = (a > b) ? a : b;	if(a > b)
	    max = a;
	else
	    max = b;
		a와 b의 크기를 비교해서 a가 크면 '?' 뒤에 있는 a를 max에 대입하고, a가 크지 않으면 ':' 뒤에 있는 b를 max에 대입합니다.

c = (a < b) ? a+1 : b+1;	if(a < b)
	    c = a + 1;
	else
	    c = b + 1;
		a가 b보다 작으면 'a+1'을 c에 대입하고, 그렇지 않으면 'b+1'을 c에 대입합니다.

조건 연산자는 피연산자가 3개 나오는 삼항 연산자입니다.

조건 연산자는 조건식이 참이면 '?' 뒤에 있는 수식을 처리하고, 거짓이면 ':' 뒤에 있는 수식을 처리합니다.

예제 4-17 조건 연산자를 사용해 최대값을 구하는 프로그램입니다.

```
01  #include <stdio.h>
02
03  int main()
04  {
05      int a = 25, b = 12, c = 40;
06      int max;
07
08      max = (a > b) ? a : b;
09      max = (max > c) ? max : c;
10
11      printf("MAX = %d\n", max);
12
13      return 0;
14  }
```

08 — a가 b보다 크기 때문에 a의 값을 max에 대입합니다.
09 — max가 c보다 크지 않기 때문에 c의 값을 max에 대입합니다.

실행결과

```
MAX = 40
```

해설

· **08~09** : 3개의 변수 a, b, c 중에서 최대값을 구하는 방법은 다음과 같습니다.

❶ a와 b 중에서 큰 값을 max에 저장합니다.

```
max = (a > c) ? a : b;
```

❷ a와 b 중에서 큰 값을 저장하고 있는 max와 c를 비교해서 큰 값을 max에 저장합니다.
결국 a, b, c 중에서 가장 큰 값이 max에 저장됩니다.

```
max = (max > c) ? max : c;
```

| Level Up 4-5 | 키보드로 3개의 정수를 입력받아 최소값을 출력하는 프로그램을 작성하세요. 단 조건 연산자를 사용해서 처리합니다.

배경 지식

이 문제를 해결하기 위해 입력받은 정수를 저장할 int형 변수 3개와 최소값을 저장할 int형 변수 1개가 필요합니다. 변수를 선언했으면 조건 연산자(? :)를 사용해서 3개 정수의 크기를 비교하여 최소값을 구합니다.

처리 과정

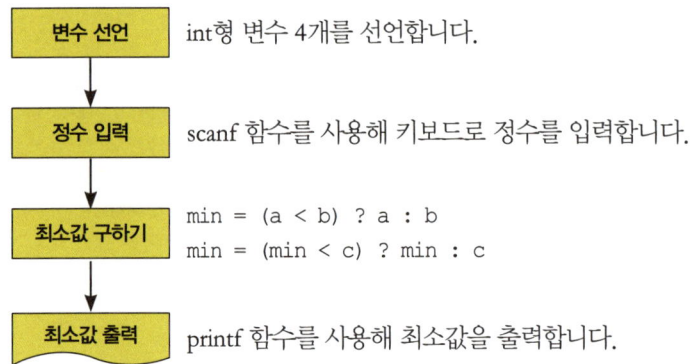

변수 선언 → int형 변수 4개를 선언합니다.

정수 입력 → scanf 함수를 사용해 키보드로 정수를 입력합니다.

최소값 구하기 →
min = (a < b) ? a : b
min = (min < c) ? min : c

최소값 출력 → printf 함수를 사용해 최소값을 출력합니다.

```
01  #include <stdio.h>
02
03  int main()
04  {
05      int a, b, c, min;
06
07      printf("3개의 정수를 입력하세요 : ");
08      scanf("%d%d%d", &a, &b, &c);
09
10      min = (a < b) ? a : b;
11      min = (min < c) ? min : c;
12
13      printf("최소값 : %d\n", min);
14
15      return 0;
16  }
```

- 키보드로 입력받은 정수와 최소값을 저장하기 위한 int형 변수를 선언합니다.
- 키보드로 정수 3개를 입력받아서 a, b, c에 저장합니다.
- a, b, c 중에 최소값을 구해서 min에 저장합니다.

> **실행결과**

```
3개의 정수를 입력하세요 : 20 10 30
최소값 : 10
```

해설

- **10~11** : 3개의 변수 a, b, c 중에서 최소값을 구하는 방법은 다음과 같습니다.

  ❶ a와 b 중에서 작은 값을 min에 저장합니다.

  ```
  min = (a < b) ? a : b;
  ```

  ❷ a와 b 중에서 작은 값을 저장한 min과 c를 비교해서 작은 값을 min에 저장합니다.

  ```
  min = (min < c) ? min : c;
  ```

2 연결 연산자

',' 는 이항 연산자로 두 개의 수식을 하나의 문장으로 표현할 때 사용합니다. 변수를 선언하거나 for문에서 주로 사용합니다. 연결 연산자는 여러 개의 수식을 한 개의 문장으로 나열할 수 있기 때문에 나열 연산자라고도 부릅니다.

예

```
int a = 10;
int b = 20;
```

이와 같은 2개의 문장을 연결 연산자를 사용해 1개의 문장으로 결합할 수 있습니다.

```
int a = 10, b = 20;
```

예

```
x = (y = 1, y + 4);
```

이 문장은 y에 1을 대입하는 수식과 y에 4를 더하는 수식을 연속해서 처리합니다. 연결 연산자는 왼쪽에서 오른쪽으로 결합하기 때문에 먼저 y에 1을 대입하고, 'y+4'한 결과인 5를 x에 저장합니다. 이 문장은 다음과 같은 2개의 문장을 결합한 것입니다.

```
y = 1;
x = y + 4;
```

연결 연산자는 2개 이상의 수식을 나열할 때 사용합니다.

예제 4-18 연결 연산자를 사용하는 프로그램입니다.

```
01  #include <stdio.h>
02
03  int main()
04  {
05      int a, b, c, d;
06
07      a = (b = 10, b + 5);        연결 연산자를 사용해서 'b = 10'과
08      printf("a = %d, b = %d\n", a, b);   'b + 5'를 나열하여 처리합니다.
09
10      c = (d = 5, d * 4), b = d / 2;    연결 연산자를 사용해서 'd=5'
11      printf("b = %d, c = %d, d = %d\n", b, c, d);   와 'd * 4'를 나열하고, 또 다시
12                                                      'b = d / 2'를 처리합니다.
13      return 0;
14  }
```

실행결과

```
a = 15, b = 10
b = 2, c = 20, d = 5
```

해설

- **07** : 연결 연산자를 사용해서 수식 'b = 10'과 'b + 5'를 나열했습니다. 다음과 같은 순서로 처리됩니다.

```
a = (b = 10, b + 5);
```

b에 10을 대입하고, 다시 b에 5를 더한 결과를 a에 대입합니다. 이 문장을 처리한 결과 a는 15, b는 10이 됩니다.

- **10** : 연결 연산자는 대입 연산자보다 우선순위가 낮기 때문에 이 문장의 연산 순서는 다음과 같습니다.

d에 5를 대입하고, 다시 d에 4를 곱한 결과를 c에 대입합니다. 그런 다음에 d를 2로 나눈 값을 b에 대입합니다. 최종적으로 b는 2, c는 20, d는 5가 됩니다.

3 캐스트 연산자

단항 연산자로 강제 형변환 할 때 사용합니다. 피연산자는 임의의 산술형 데이터나 수식을 사용할 수 있습니다. 캐스트 연산자의 사용 형식은 다음과 같습니다.

(자료형)수식

예
```
(int)2.5
(double)a;
```

캐스트 연산자는 3장에서 형변환에 대해 설명했기 때문에 여기서는 자세한 설명을 생략합니다.

캐스트 연산자는 강제(명시적) 형변환할 때 사용합니다.

4 sizeof 연산자

데이터나 자료형의 크기를 바이트 단위로 구하는 연산자입니다. 사용 형식은 다음과 같습니다.

sizeof(수식) 또는 sizeof(자료형)

```
sizeof(int) → 자료형 int의 크기를 바이트 단위로 구합니다.
sizeof(a)   → 변수 a의 크기를 바이트 단위로 구합니다.
```

sizeof의 피연산자가 int나 float와 같은 자료형인 경우에는 괄호를 반드시 사용해야 하지만 변수인 경우에는 괄호를 생략할 수 있습니다.

```
sizeof a      (O)
sizeof int    (×)
sizeof(int)   (O)
```

sizeof 연산자는 변수를 피연산자로 사용할 경우 괄호를 생략할 수 있습니다.

예제 4-19 sizeof 연산자를 사용하는 프로그램입니다.

```
01  #include <stdio.h>
02
03  int main()
04  {
05      int a;
06
07      printf("char     : %d bytes\n", sizeof(char));
08      printf("int      : %d bytes\n", sizeof(int));
09      printf("short    : %d bytes\n", sizeof(short));
10      printf("long     : %d bytes\n", sizeof(long));
11      printf("unsigned : %d bytes\n", sizeof(unsigned));
12      printf("float    : %d bytes\n", sizeof(float));
13      printf("double   : %d bytes\n", sizeof(double));
14      printf("Variable a : %d bytes\n", sizeof(a));
15
16      return 0;
17  }
```

실행결과

```
char       : 1 bytes
int        : 4 bytes
short      : 2 bytes
long       : 4 bytes
unsigned   : 4 bytes
float      : 4 bytes
double     : 8 bytes
Variable a : 4 bytes
```

해설

- **08** : 자료형 int의 크기를 바이트 단위로 구합니다. int의 크기는 실행 환경마다 다르지만 윈도우나 Linux, Unix에서는 4바이트입니다.
- **14** : 변수 a는 int형이기 때문에 4바이트 크기입니다. 변수를 sizeof에서 사용할 경우에는 다음과 같이 괄호를 생략할 수 있습니다.

```
sizeof a
```

Level Up 4-6 키보드로 정수 1개 입력받아서 1의 보수와 2의 보수를 출력하는 프로그램을 작성하세요.

배경 지식

키보드로 입력받은 정수와 1의 보수, 2의 보수를 저장할 변수를 선언합니다. 비트 NOT 연산자 (~)는 1의 보수를 구하는 기능이 있기 때문에 이를 이용하면 됩니다.

- 1의 보수 : ~정수
- 2의 보수 : ~정수 + 1 (∵ 2의 보수 = 1의 보수 + 1)

처리 과정

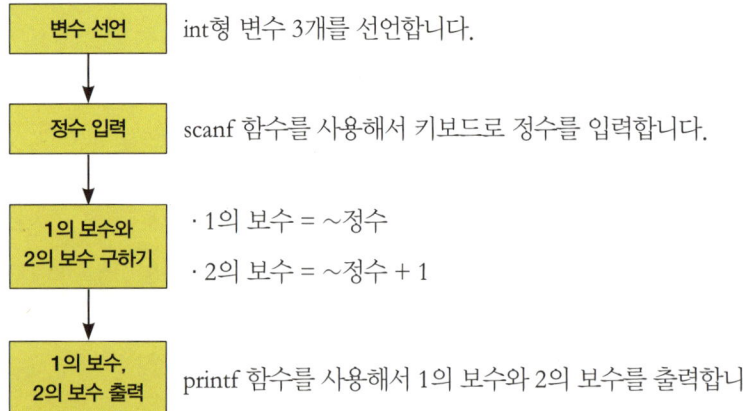

- 변수 선언 : int형 변수 3개를 선언합니다.
- 정수 입력 : scanf 함수를 사용해서 키보드로 정수를 입력합니다.
- 1의 보수와 2의 보수 구하기
  - 1의 보수 = ~정수
  - 2의 보수 = ~정수 + 1
- 1의 보수, 2의 보수 출력 : printf 함수를 사용해서 1의 보수와 2의 보수를 출력합니다.

```
01  #include <stdio.h>
02
03  int main()
04  {
05      int a, b, c;                        키보드로 입력받은 정수와 1의 보수와 2의
06                                          보수를 저장할 int형 변수를 선언합니다.
07      printf("정수를 입력하세요 : ");
08      scanf("%d", &a);                    키보드로 정수를 입력받아 a에 저장합니다.
09
10      b = ~a;
11      c = ~a + 1;                         a에 대한 1의 보수와 2의 보수를 b, c에 저장합니다.
12
13      printf("1의 보수 : %d\n", b);
14      printf("2의 보수 : %d\n", c);       1의 보수와 2의 보수를 출력합니다.
15
16      return 0;
17  }
```

실행결과

```
정수를 입력하세요 : 25
1의 보수 : -26
2의 보수 : -25
```

해설

- **10** : 비트 NOT 연산자(~)는 비트 반전을 하기 때문에 결국 1의 보수를 구합니다. 정수에 대해 ~ 연산을 하면 1의 보수가 구해집니다.
- **11** : 2의 보수는 1의 보수에 1을 더한 값이기 때문에 ~ 연산한 값에 1을 더하면 2의 보수를 구할 수 있습니다. 참고로 어떤 정수에 대한 2의 보수는 부호를 바꾼 것이기 때문에 위의 문장을 다음과 같이 해도 결과는 동일합니다.

```
c = -a;
```

| Level Up 4-7 | 영문자를 1개 입력받아서 대문자는 소문자로, 소문자는 대문자로 변환하여 출력하는 프로그램을 작성하세요. 단, 비트 연산자 '&'와 '|'를 사용해서 변환합니다.

배경 지식

ASCII 코드에서 알파벳 대문자와 소문자는 일정한 규칙을 갖고 있습니다.

알파벳 대문자	문자	A	B	C	…	X	Y	Z
	코드	65	66	67	…	88	89	90
알파벳 소문자	문자	a	b	c	…	x	y	z
	코드	97	98	99	…	120	121	122

이 표에서 알 수 있듯이 대문자와 소문자는 32만큼 차이가 납니다. 대문자에 32를 더하면 소문자가 되고, 소문자에서 32를 빼면 대문자가 됩니다. 이를 비트 연산자를 이용해 처리하기 위해 규칙을 발견해야 합니다.

```
대문자 'A' : 0 1 (0) 0 0 0 0 1
소문자 'a' : 0 1 (1) 0 0 0 0 1
```

대문자와 소문자는 한 비트만 차이가 있음을 알 수 있습니다. 대문자는 오른쪽에서 5번째 비트(가장 오른쪽 비트를 0번째라고 가정할 때)가 0인 반면에 소문자는 1입니다. 그렇기 때문에 대문자를 소문자로 변환하는 방법은 오른쪽에서 5번째 비트를 1로 바꾸고, 소문자에서 대문자로의 변환은 오른쪽에서 5번째 비트를 0으로 바꾸면 됩니다. 특정 비트를 0으로 바꿀 때는 비트 AND 연산(&), 1로 바꿀 때는 비트 OR 연산(|)하면 됩니다.

· 대문자→소문자 변환 : 비트 OR 연산자(|)를 사용해서 오른쪽에서 3번째 비트를 1로 변환합니다.

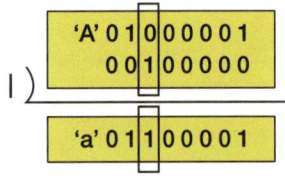

· 소문자→대문자 변환 : 비트 AND 연산자(&)를 사용해서 오른쪽에서 3번째 비트를 0으로 변환합니다.

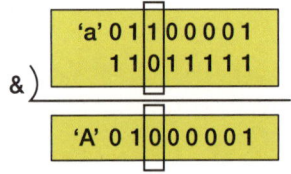

처리 과정

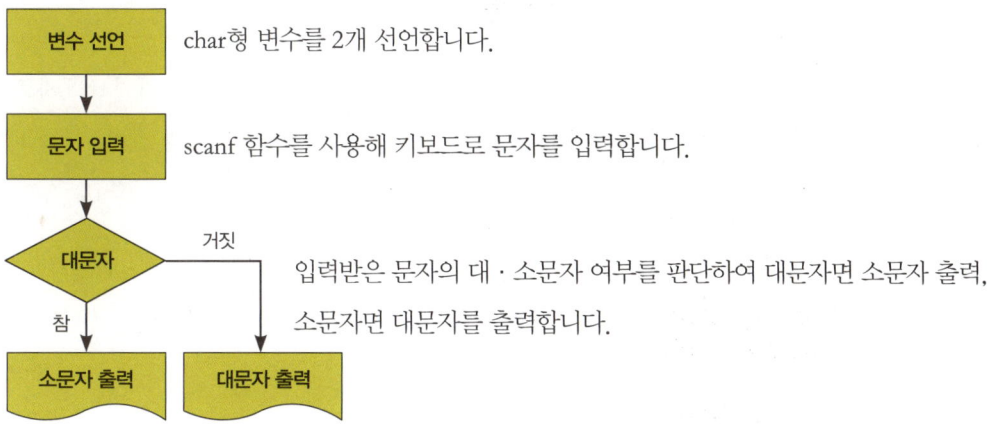

char형 변수를 2개 선언합니다.

scanf 함수를 사용해 키보드로 문자를 입력합니다.

입력받은 문자의 대·소문자 여부를 판단하여 대문자면 소문자 출력, 소문자면 대문자를 출력합니다.

```
01  #include <stdio.h>
02
03  int main()
04  {
05      char ch;
06
07      printf("알파벳을 입력하시오 : ");
08      scanf("%c", &ch);
09
10      if(ch >= 'A' && ch <= 'Z')
11          printf("%c의 소문자 : %c\n", ch, ch | 0x20);
12      else
13          printf("%c의 대문자 : %c\n", ch, ch & 0xDF);
14
15      return 0;
16  }
```

- 05: 키보드로 입력받은 문자를 저장하기 위한 char형 변수를 선언합니다.
- 08: 키보드로 문자를 입력받아 ch에 저장합니다.
- 10: ch에 저장된 값의 대·소문자 여부를 판단합니다.

실행결과

알파벳을 입력하시오 : E
E의 소문자 : e

해설

- **10~13** : if 명령을 사용해서 ch에 있는 값의 대·소문자 여부를 판단하고, 대문자면 소문자로, 소문자면 대문자로 변환합니다. 만약 입력받은 문자가 'E' 또는 'e'라면 아래와 같이 처리합니다.

❶ 대문자('E') → 소문자('e') 변환

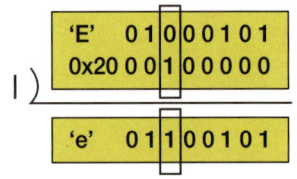

❷ 소문자('e') → 대문자('E') 변환

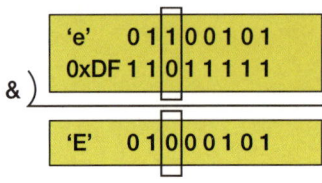

Level Up 4-8 키보드로 정수 1개 입력받아서 오른쪽에서 2, 3번째 비트는 0으로 변환하고, 4번째 비트는 1로 변환한 값을 출력하는 프로그램을 작성하세요. 단, 가장 오른쪽에 있는 비트를 0번째라고 가정합니다.

배경 지식

키보드로 입력받은 정수와 변환한 값을 저장할 int형 변수를 선언합니다. 오른쪽에서 1, 2번째 비트를 0으로 변환하기 위해 '&' 연산자를 사용하고, 오른쪽에서 4번째 비트를 1로 변환하기 위해 '|' 연산자를 사용하여 처리합니다. 만약 입력받은 정수가 14라면 다음과 같이 처리합니다.

· 2, 3번째 비트를 0으로 변환하기 : 정수 & 0xFFFFFFF3;

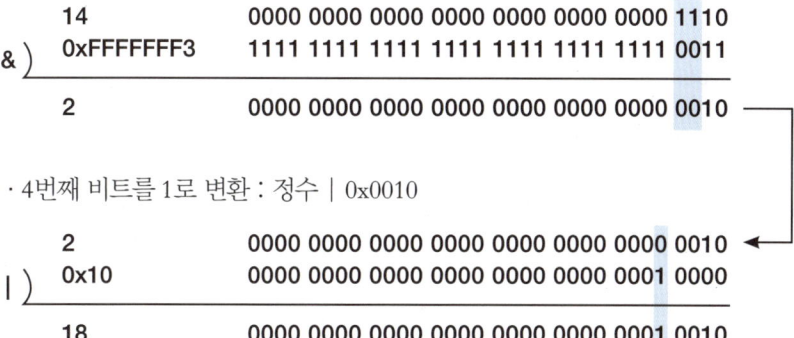

· 4번째 비트를 1로 변환 : 정수 | 0x0010

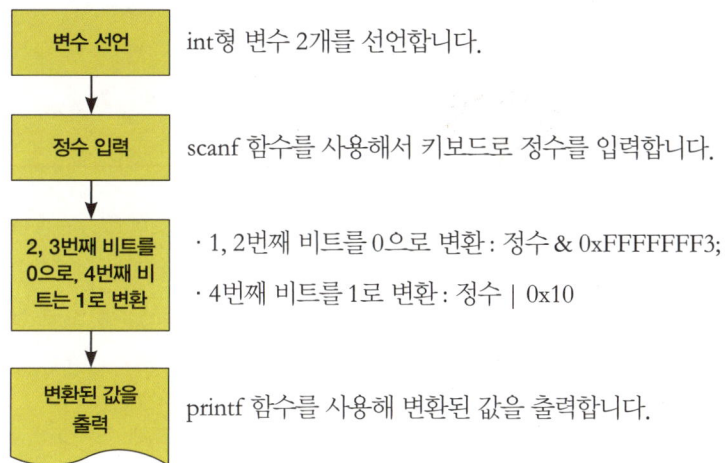

처리 과정

변수 선언   int형 변수 2개를 선언합니다.

정수 입력   scanf 함수를 사용해서 키보드로 정수를 입력합니다.

2, 3번째 비트를 0으로, 4번째 비트는 1로 변환
- 1, 2번째 비트를 0으로 변환 : 정수 & 0xFFFFFFF3;
- 4번째 비트를 1로 변환 : 정수 | 0x10

변환된 값을 출력   printf 함수를 사용해 변환된 값을 출력합니다.

```
01 #include <stdio.h>
02
03 int main()
04 {
05     int a, b;
06
07     printf("정수를 입력하세요 : ");
08     scanf("%d", &a);
09
```

```
10      b = a & 0xFFFFFFF3;
11      b = b | 0x10;
12
13      printf("변환된 값 : %d\n", b);
14
15      return 0;
16 }
```

실행결과

정수를 입력하세요 : 14
변환된 값 : 18

해설

- **10~11** : 입력받은 정수를 저장하고 있는 변수 a의 값에서 오른쪽으로부터 2, 3번째 비트를 0으로 변환하기위해 0xFFFFFFF3과 비트 AND 연산(&)을 수행합니다. 0xFFFFFFF3은 16진수 형태의 4바이트 값으로, a가 int이기 때문에 4바이트 값으로 처리한 겁니다. 그리고 이렇게 얻어진 값을 변수 b에 저장하고, 다시 b값의 오른쪽으로부터 4번째 비트를 1로 변환하기 위해 0x10과 비트 OR 연산(|)을 수행합니다.

연습문제

01 다음 중 산술 연산자만으로 묶인 것은?

① +, *, &&   ② ||, &&, ==,   ③ *, /, %   ④ &, |, ==

02 % 연산자의 기능은?

① 나머지 연산   ② 확률 연산   ③ 곱하기 연산   ④ 백분율 연산

03 변수 a의 초기값이 10일 때 ++a의 결과는?

① 10   ② 11   ③ 12   ④ 13

04 변수 a의 초기값이 5일 때 a > 10의 결과는?

① 5   ② 10   ③ 1   ④ 0

05 다음 중 연관성이 없는 문장은?

① a++;   ② a = a + 1;   ③ a == a + 1;   ④ a += 1;

06 a ^ a의 결과는?

① 0   ② 1   ③ 2   ④ 4

07 ++a와 a++의 차이점에 대해서 설명하시오.

08 캐스트 연산자에 대해서 설명하시오.

09 부호 있는 정수와 부호 없는 정수를 오른쪽으로 비트 이동한 결과가 어떻게 달라지는지 설명하시오.

10 다음 각 수식을 혼합 대입 연산자로 변환하시오.

① a = a + 10
② a = a % 5
③ a = a - (x + 20)
④ a = a * (x - 10)
⑤ a = a >> (x + 1)

11 a = 3, b = 5일 때 다음 수식을 실행한 각각의 결과는?

① a | b
② a & b
③ a ^ b
④ a | ~b
⑤ ~(a & b)

01 다음 프로그램의 실행 결과는?

```c
#include <stdio.h>

int main()
{
    int a = 12, b = 5;

    printf("%d\n", a++);
    printf("%d\n", ++a);
    printf("%d\n", a%b);
    printf("%d\n", a/b);

    return 0;
}
```

02 다음 프로그램의 실행 결과는?

```c
#include <stdio.h>

int main()
{
    int a = 14, b = 10;

    printf("%d\n", a<<1);
    printf("%d\n", a>>1);
    printf("%d\n", a|b);
    printf("%d\n", a&b);

    return 0;
}
```

03 부호 있는 정수 1개를 입력받아서 오른쪽으로 2비트 이동한 결과를 출력하는 프로그램을 작성하시오.

04 다음과 같이 거스름 돈을 입력받아서 10,000원, 1,000원, 500원, 100원, 10원, 1원의 개수를 각각 출력하는 프로그램을 작성하시오.

```
거스름 돈 입력 : 24736
10000원 : 2개
1000원 : 4개
500원 : 1개
100원  2개
10원 : 3개
1원 : 6개
```

05 조건 연산자를 사용해서 4개 정수의 최대값, 최소값을 출력하는 프로그램을 작성하시오.

PART 05

제어문

프로그램을 구성하는 명령어는 특별한 언급이 없으면 위에서 아래 방향으로 처리합니다. 하지만 명령어의 처리 순서를 변경할 필요성이 있을때 제어문(control statement)을 사용합니다. 즉, 제어문은 명령어의 처리 순서를 변경하기 위해 사용하는 명령입니다. 조건에 따라 처리하는 명령을 달리하거나, 특정 명령어를 반복 처리할 필요가 있을 때 제어문을 사용합니다. 보다 고급스러운 프로그램을 작성하기 위해서는 제어문이 필수적이기 때문에 프로그램의 논리적 흐름을 제어하는 방법을 알아두어야 합니다. 이 장에서는 제어 구조를 지시하는 명령어에 대해 설명합니다.

제어 구조

1 제어 구조의 종류

프로그램은 명령어와 데이터로 구성되어 있습니다. 명령어는 데이터를 처리하기 위한 일정한 논리적 흐름으로 구성되고, 이처럼 명령어를 논리적으로 구성하는 것을 알고리즘(algorithm)이라고 합니다. 즉, 알고리즘은 어떠한 문제를 해결하기 위해 명령어를 일정한 제어 구조로 모아 놓은 것을 의미합니다.

일반적으로 프로그램은 순차, 선택, 반복이라는 세 가지 흐름으로 구성됩니다. 프로그램의 논리적인 구조를 설계하는 알고리즘을 작성하기 위해 제어문이 사용되는데, C 언어에서 제공하는 제어문의 종류는 다음과 같습니다.

- **선택문** : 조건에 따라 처리하는 명령을 달리하는 문장입니다. if~else, switch문을 사용합니다.
- **반복문** : 일정한 조건이 만족될 때 동일한 명령을 반복적으로 처리하는 문장입니다. while, do-while, for문을 사용합니다.
- **분기문** : 명령어의 처리 순서를 강제로 변경하는 문장입니다. break, continue, goto, return 문을 사용합니다.

C 언어는 선택문, 반복문, 분기문 등을 제공합니다.

2 순차 처리

특별한 지시사항이 없으면 명령어의 순서는 물 흐르듯이 위에서 아래로 처리됩니다. 명령어의 대부분 순차적으로 처리됩니다. 순차적 실행을 지시하는 명령어는 따로 없고 명령어가 기술된 순서에 따라 처리됩니다.

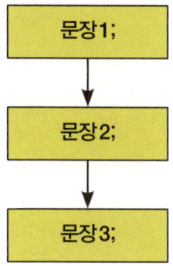

프로그램에서 특별한 지시사항이 없으면 순차 처리로 진행합니다.

3 선택 처리

조건식의 결과에 따라 처리하는 명령어를 달리하는 방식입니다. 조건식이 참이냐 거짓이냐에 따라 다른 명령으로 구성되고, 명령을 선택적으로 처리합니다. 선택 처리를 위해 사용되는 제어 명령으로는 if문, if~else문, switch문 등이 있습니다. if문은 조건식이 참일 때만 처리할 명령어를 기술하는 반면에 if~else문은 조건식이 참이나 거짓일 때 처리할 명령어를 선택적으로 기술합니다.

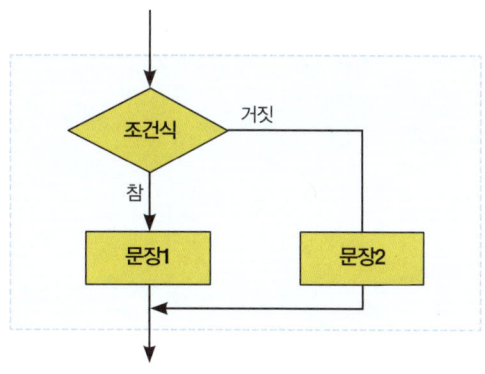

if~else문은 중복해서 사용할 수 있는데, 이런 경우를 다중 if~else문이라고 합니다. 다중 if~else 문은 프로그램의 제어 구조가 복잡해질 수 있기 때문에 이를 보다 구조화된 모습으로 표현한 것이 switch문입니다.

선택 처리를 위해 if, if~else, switch문을 사용합니다.

4 반복 처리

일정한 조건식을 만족하면 특정한 명령어를 반복적으로 수행하는 방식입니다. 이처럼 동일한 작업을 반복적으로 처리하는 것을 순환 구조 또는 루프(loop)라고 합니다. 반복 처리를 하면 프로그램을 간결하게 표현할 수 있으며, 보다 효율적인 코딩이 가능해집니다. C 언어는 반복 처리를 위해 while문, do~while문, for문을 제공합니다.

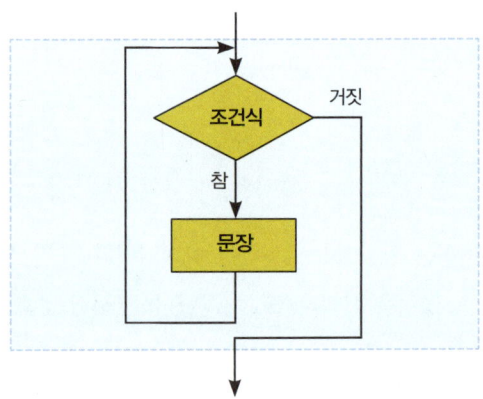

반복 처리를 위해 while, do~while, for문을 사용합니다.

선택문

CHAPTER 02

1 if문

if문은 가장 많이 사용하는 선택문입니다. 조건에 따라서 단일 선택, 양자 선택, 다중 선택으로 나눌 수 있습니다.

단일 선택 if문

단일 선택 if문은 조건식이 참일 때 처리하는 명령만 지정하는 방식입니다.

사용 형식	예
if (조건식) 　　문장1;	if (a > b) 　　a = c;

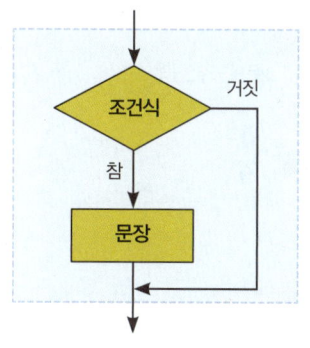

if문의 조건식은 반드시 괄호를 사용해야 되고, 해당 조건식이 참이면 if 블록 안의 문장만 수행하고 if문을 빠져 나옵니다. 만약 조건식이 참일 때 수행하는 문장이 두 개 이상이면 반드시 중괄호를 사용해서 블록으로 묶어주어야 합니다. 다음의 두 가지 구조는 완전히 다름에 유의해야 합니다.

예1	예2

if (조건식)　{
　　문장1;
　　문장2
}
	if (조건식)
	　　문장1;
	　　문장2

[예1]에 있는 if문은 조건식이 참일 때 문장1과 문장2를 처리하지만, [예2]의 if문은 조건식이 참일 때 문장1만 수행하고 문장2는 조건식과 관계없이 처리됩니다.

Part 05. 제어문

예 1

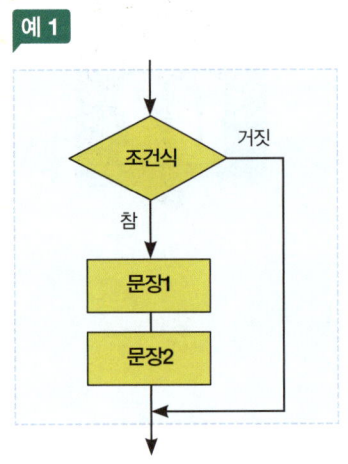

예 2

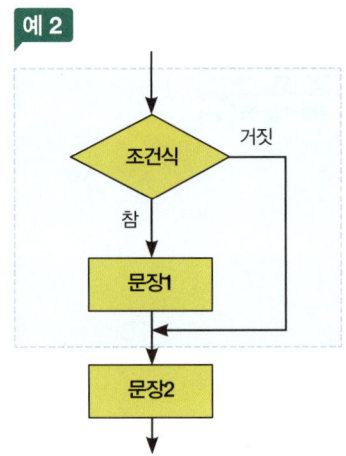

조건식이 참일 때 처리하는 문장이 2개 이상이면 중괄호를 사용해야 한다는 점을 잊지 마세요.

if문은 조건식에 따라 서로 다른 처리를 할 때 사용합니다.

if문의 조건식이 참(0이 아닌 값)이면 지정된 문장을 수행하고, 거짓(0)이면 무시됩니다.

if문에서 조건식이 참일 때 처리하는 문장이 2개 이상이면 중괄호를 사용해 블록으로 묶어야 합니다.

예제 5-1 단일 선택 if문을 사용해서 소문자 여부를 판별하는 프로그램입니다.

```
01  #include <stdio.h>
02
03  int main()
04  {
05      char ch;
06
07      printf("문자를 입력하세요 : ");
08      scanf("%c", &ch);           ─── 키보드로 문자 1개를 입력합니다.
09
10      if(ch >= 'a' && ch <= 'z')  ─── 입력받은 문자가 소문자인지 비교합니다.
11          printf("%c는 소문자입니다.\n", ch);
12
```

```
13      return 0;
14 }
```

> 실행결과

```
문자를 입력하세요 : c
c는 소문자입니다.
```

> 해설

- **10~11** : 단일 선택 if문을 사용해서 변수 ch의 값이 소문자인지 판별합니다. 소문자는 'a'보다 크거나 같고, 'z'보다 작거나 같은 경우이기 때문에 2개의 관계 수식을 논리 AND 연산자(&&)로 결합하여 처리합니다.

만약 이 조건식이 참이면 printf에 있는 내용을 출력하고, 거짓이면 아무 작업도 하지 않습니다.

여러 개의 관계식을 연결해서 사용할 때 논리 연산자를 이용합니다.

> 예제 5-2   조건식이 참일 때 두 개 이상의 문장을 처리하는 방법으로 양수일 때만 사칙연산 하는 프로그램입니다.

```
01 #include <stdio.h>
02
03 int main()
04 {
05     int a, b;
```

```
06
07      printf("2개의 정수를 입력하세요 : ");
08      scanf("%d%d", &a, &b);                    키보드 2개의 정수를 입력합니다.
09
10      if(a > 0 && b > 0) {                       변수 a와 b의 값이 0보다 큰지 비교합니다.
11          printf("%d + %d = %d\n", a, b, a+b);
12          printf("%d - %d = %d\n", a, b, a-b);
13          printf("%d * %d = %d\n", a, b, a*b);
14          printf("%d / %d = %d\n", a, b, a/b);
15      }
16
17      return 0;
18  }
```

실행결과

```
2개의 정수를 입력하세요 : 10  4
10 + 4 = 14
10 - 4 = 6
10 * 4 = 40
10 / 4 = 2
```

해설

- **10~15** : 입력받은 두 개의 정수(a, b)가 양수인지 판별하기 위해 두 개의 관계식과 논리 AND 연산자(&&)를 사용했습니다. 만약 a와 b 모두 0보다 크면 블록 안에 있는 문장들을 처리합니다. if의 조건식이 참일 때 수행하는 문장이 두 개 이상이면 반드시 중괄호를 사용해서 블록으로 묶어 주어야 합니다.

if~else문

if에 있는 조건식의 참, 거짓에 따라서 서로 다른 문장을 처리할 때 if~else를 사용합니다. else는 "그렇지 않으면"의 뜻이기 때문에 else 뒤에는 조건식이 거짓일 때 처리할 내용을 기술합니다. 양자 선택을 위한 if~else문의 사용 형식은 다음과 같습니다.

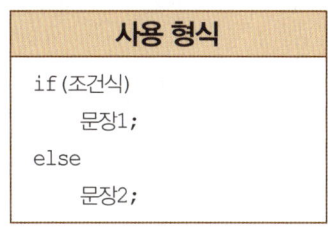
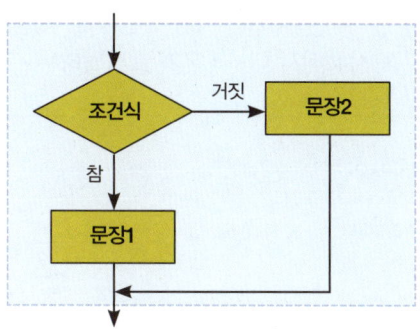

if문의 조건식이 참이면 문장1을 처리하고, 거짓이면 문장2를 처리합니다.

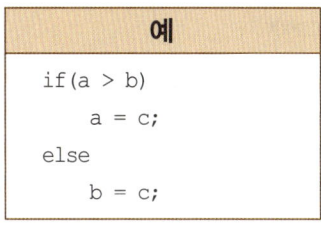
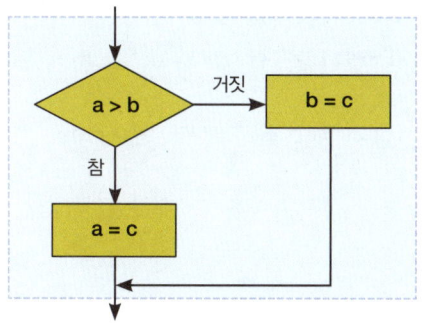

만약 조건식에 따라 처리하는 문장이 2개 이상이면 반드시 중괄호를 사용해서 블록으로 구성해야 합니다.

```
if(조건식) {
    문장1;
    문장2;
}
else {
    문장3;
    문장4;
}
```

if~else문은 조건식이 참이냐 거짓이냐에 따라 서로 다른 처리를 할 때 사용합니다.

if문의 조건식이 거짓이면 else 뒤에 나오는 문장을 처리합니다.

예제 5-3 if~else문을 사용해서 대·소문자를 판별하는 프로그램입니다.

```
01  #include <stdio.h>
02
03  int main()
04  {
05      char ch;
06
07      printf("영문자를 입력하세요 : ");
08      scanf("%c", &ch);
09
10      if(ch >= 'A' && ch <= 'Z')
11          printf("%c는 대문자입니다.\n", ch);
12      else
13          printf("%c는 소문자입니다.\n", ch);
14
15      return 0;
16  }
```

변수 ch의 값이 대·소문자인지 여부를 비교합니다.

실행결과

영문자를 입력하세요 : D
D는 대문자입니다.

해설

· **10~13** : 변수 ch의 값이 'A'보다 크거나 같고, 'Z'보다 작거나 같으면 대문자이기 때문에 "대문자입니다."라고 출력합니다. 만약 조건식이 거짓이면 else에 있는 "소문자입니다."를 출력합니

다. 이처럼 if ~ else문을 사용하면 조건식이 참인지 거짓인지에 따라 처리하는 문장을 다르게 지정할 수 있습니다.

관계식이 논리식보다 연산자 우선순위에서 앞서기 때문에 관계식부터 처리합니다.

예제 5-4 입력받은 두 개의 정수의 크기에 따라 다른 연산을 수행하기 위해 if ~ else문으로 2개의 문장을 처리하는 프로그램입니다.

```
01  #include <stdio.h>
02
03  int main()
04  {
05      int a, b;
06
07      printf("2개의 정수를 입력하세요 : ");
08      scanf("%d%d", &a, &b);
09
10      if(a > b) {
11          printf("%d - %d = %d\n", a, b, a-b);
12          printf("%d / %d = %d\n", a, b, a/b);
13      }
14      else {
15          printf("%d + %d = %d\n", a, b, a+b);
16          printf("%d * %d = %d\n", a, b, a*b);
17      }
18
19      return 0;
20  }
```

a와 b의 크기를 비교하여 적절한 문자들을 처리합니다. 조건식에 따라 수행되는 문장이 2개 이상이면 중괄호로 묶어야 합니다.

실행결과

2개의 정수를 입력하세요 : 10 20
10 + 20 = 30
10 * 20 = 200

- **10~13** : 만약 a가 b보다 크면 a에서 b를 뺀 것과 나눈 결과를 출력합니다. 조건식이 참일 때 처리하는 문장이 2개 이상이기 때문에 중괄호를 사용해서 블록으로 묶었습니다.
- **14~17** : a가 b보다 크지 않으면 a와 b를 더한 것과 곱한 결과를 출력합니다. 조건식이 거짓일 때 처리하는 문장이 2개 이상이면 블록으로 처리합니다.

if~else문에서 처리할 문장이 2개 이상이면 중괄호를 사용해 블록으로 묶어야 합니다.

다중 if~else문

다양한 조건식에 따라 서로 다른 처리를 하는 경우에는 해당 조건에 맞는 문장들을 지정해야 합니다. 이런 경우에 if~else가 여러 개 모여 있는 다중 if~else문을 사용합니다.

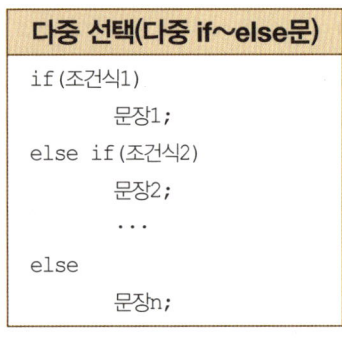
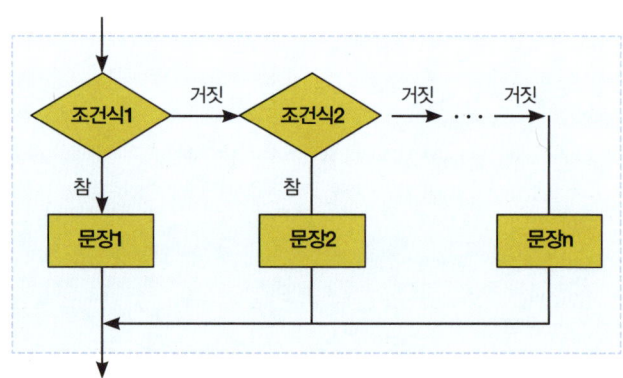

조건식1이 참이면 문장1을 수행하고, 조건식1이 거짓이고 조건식2가 참이면 문장2, …, 모든 조건식이 거짓이면 문장n을 처리합니다.

다중 if~else문은 여러 개의 조건에 따라 처리하는 내용이 다를 때 사용합니다.

예제 5-5 다중 if-else문을 사용해서 입력받은 점수에 대한 학점을 구하는 프로그램입니다.

```
01  #include <stdio.h>
02
03  int main()
04  {
05      int jumsu;
06      char grade;
07
08      printf("점수를 입력하세요 : ");
09      scanf("%d", &jumsu);
10
11      if(jumsu >= 90)
12          grade = 'A';
13      else if(jumsu >= 80)
14          grade = 'B';
15      else if(jumsu >= 70)
16          grade = 'C';
17      else if(jumsu >= 60)
18          grade = 'D';
19      else
20          grade = 'F';
21
22      printf("학점은 %c입니다.\n", grade);
23
24      return 0;
25  }
```

- 점수를 저장할 변수 jumsu와 학점을 저장할 변수 grade를 선언합니다. 변수는 프로그램에서 처리하는 데이터의 성격에 맞는 이름을 붙이는 것이 좋습니다.
- 키보드로 점수를 입력합니다.
- 변수 jumsu의 값이 90 이상인지 비교합니다.
- 변수 jumsu의 값이 80 이상인지 비교합니다.
- 변수 jumsu의 값이 70 이상인지 비교합니다.
- 변수 jumsu의 값이 60 이상인지 비교합니다.
- 변수 jumsu의 값이 60 미만인 경우입니다.
- 학점을 저장하고 있는 grade를 출력합니다.

실행결과

점수를 입력하세요 : 92
학점은 A입니다.

해설

- **11~12** : 학점은 변수 jumsu의 값이 90 이상이면 'A', 80 이상이면 'B', 70 이상이면 'C', 60 이상이면 'D', 60 미만이면 'F'입니다. 점수에 따라 학점의 종류가 여러 가지이기 때문에 한 개의 if문만으로는 처리할 수 없습니다. 결국 다중 if~else문을 사용해서 조건식에 맞는 학점을 구합니다. jumsu가 90 이상이면 grade에 'A'를 대입합니다.
- **13~14** : jumsu가 90보다 크거나 같다는 조건식이 거짓이고, 80보다 크거나 같으면 grade에 'B'를 대입합니다.
- **15~16** : jumsu가 80보다 크거나 같다는 조건식이 거짓이고, 70보다 크거나 같으면 grade에 'C'를 대입합니다.
- **17~18** : jumsu가 70보다 크거나 같다는 조건식이 거짓이고, 60보다 크거나 같으면 grade에 'D'를 대입합니다.
- **19~20** : jumsu가 60보다 크거나 같다는 조건식이 거짓(60 미만)이면 grade에 'F'를 대입합니다.

다중 if~else문을 사용하면 복잡한 조건을 처리할 수 있습니다.

예제 5-6 다중 if~else문을 사용해서 영문자, 숫자, 기타 문자를 판별하는 프로그램입니다.

```
01  #include <stdio.h>
02
03  int main()
04  {
05      char ch;
06
07      printf("문자를 입력하세요 : ");
08      scanf("%c", &ch);            ── 키보드로 문자를 입력받아 ch에 저장합니다.
09
10      if(ch >= 'A' && ch <= 'Z')   ── ch의 값이 대문자인지 비교합니다.
11          printf("%c는(은) 대문자입니다.\n", ch);
12      else if(ch >= 'a' && ch <= 'z')  ── ch의 값이 소문자인지 비교합니다.
13          printf("%c는(은) 소문자입니다.\n", ch);
14      else if(ch >= '1' && ch <= '9')  ── ch의 값이 숫자인지 비교합니다.
```

```
15              printf("%c는(은) 숫자입니다.\n", ch);
16          else ──────────────────────── 모든 조건이 거짓이면 기타 문자입니다.
17              printf("%c는(은) 기타 문자입니다.\n", ch);
18
19          return 0;
20      }
```

실행결과

문자를 입력하세요 : 6
6는(은) 숫자입니다.

2 switch문

비교할 조건이 많은 경우에 사용하는 다중 if~else문은 최악의 경우에 조건을 여러 번 비교하는 일이 발생합니다. 또한 다중 조건으로 인해서 프로그램의 제어 구조가 복잡해질 수 있습니다. 이러한 단점을 해결하기 위해 switch문을 사용합니다. 즉, switch 문은 다중 if~else문을 간결하게 표현하기 위해 사용합니다. switch문의 사용 형식은 다음과 같습니다.

```
switch(수식) {
    case 상수:
        문장;
        ...
        break;
    case 상수:
        문장;
        ...
        break;
    ...
    default :
        문장;
        ...
}
```

switch문의 작동 방식은, switch문에 사용된 수식과 일치하는 값을 갖는 case의 상수 부분으로 분기하여 해당 문장을 수행합니다. 만약 모든 case의 상수 부분에서 일치하는 값을 찾지 못하면 default에 속하는 문장을 처리합니다. 여기서 switch문에 사용된 break는 switch 블록을 빠져나오는 역할을 합니다.

switch문을 사용할 때 다음과 같은 사항을 주의해야 합니다.

- switch문에 사용된 수식은 반드시 정수형 또는 문자형만 사용할 수 있습니다.
- switch문의 수식에 관계식이나 논리식을 사용하면 올바른 처리를 하지 못합니다.
- case에 사용되는 상수는 오로지 1개의 정수값만 사용할 수 있습니다.
- case에 나오는 문장이 2개 이상이더라도 중괄호를 사용하지 않습니다.
- case 구문에는 변수를 사용할 수 없습니다.
- break를 생략하면 다음에 나오는 case 구문을 계속 처리합니다.

switch문의 case 구문에 대한 올바른 사용 방법은 다음과 같습니다.

올바른 사용		잘못된 사용	
• case 1: • case 'A': • case 'A'+3:	case에 정수나 문자형 수식을 사용할 수 있습니다.	• case 1.2: • case "AB":	case에 실수형이나 문자열은 사용할 수 없습니다.

switch문은 다중 if~else문을 보다 구조적으로 표현할 수 있습니다.

case 뒤에 세미콜론(;)이 아니고 콜론(:)이 온다는 점에 주의하세요.

switch문에 있는 수식의 값에 따라 case 구문으로 이동하여 break가 나오거나 switch 블록이 끝날 때까지 처리합니다.

switch문의 default는 else에 해당하는 기능으로, 반드시 작성해야 하는 것은 아닙니다.

예제 5-7 switch문을 사용해서 입력받은 문자에 따라 다른 종류의 문자열을 출력하는 프로그램입니다.

```
01  #include <stdio.h>
02
03  int main()
04  {
05      char ch;
06
07      printf("문자를 입력하세요 : ");
08      scanf("%c", &ch);                  ← 키보드로 문자를 입력받아 ch에 저장합니다.
09
10      switch(ch) {                       ← ch의 값을 비교하여 적절한 case 구문을 실행합니다.
11          case 'A':
12              printf("Ace\n");
13              break;
14          case 'E':
15              printf("Excellent\n");
16              break;
17          case 'G':
18              printf("Good\n");
19              break;
20          default:
21              printf("Bye\n");
22      }
23
24      return 0;
25  }
```

실행결과

```
문자를 입력하세요 : E
Excellent
```

> **해설**

- **10~13** : 변수 ch의 값을 비교하여 적절한 case 구문으로 이동합니다. 만약 ch가 'A'이면 "Ace"를 출력하고, break에 의해 switch 블록을 종료합니다. 만약 break가 없으면 다음 case 구문을 계속 수행합니다.
- **20~21** : ch의 값이 case 구문에 없으면 default에 있는 문장을 처리합니다. ch가 'A', 'E', 'G'가 아니면 default 구문을 수행하게 됩니다.

뛰어넘기

예제 5-8 예제5-7을 다중 if~else로 변환하기

switch문으로 처리한 제어 구조를 다중 if~else로 바꿀 수 있습니다. 앞에서 작성했던 예제 5-7 프로그램을 다중 if~else로 변환하면 다음과 같습니다.

```c
01  #include <stdio.h>
02
03  int main()
04  {
05      char ch;
06
07      printf("문자를 입력하세요 : ");
08      scanf("%c", &ch);
09
10      if(ch == 'A')
11          printf("Ace\n");
12      else if(ch == 'E')
13          printf("Excellent\n");
14      else if(ch == 'G')
15          printf("Good\n");
16      else
17          printf("Bye\n");
18
19      return 0;
20  }
```

- 10: ch의 값이 'A'인지 여부를 비교합니다.
- 12: ch가 'A'가 아니고 'E'인지 여부를 비교합니다.
- 14: ch가 'A', 'E'가 아니고 'G'인지 여부를 비교합니다.
- 16: ch가 'A', 'E', 'G'가 아닌 경우에 else 구문을 실행합니다.

Level Up 5-1 앞에서 작성한 입력받은 점수의 학점을 구하는 예제5-5 프로그램을 switch문으로 변환하세요.

배경 지식

switch문에서 사용되는 수식은 관계식이나 논리식이 아니고, 정수형 수식이나 값이어야 합니다. 그렇기 때문에 입력받은 점수를 학점으로 분류하기 위해 재구성해야 합니다. 학점은 90점 이상 'A', 80점 이상 'B', 70점 이상 'C', 60점 이상 'D', 60점 미만 'F'로 구분합니다. 이를 위해 점수와 학점의 관계를 다음과 같이 구분할 수 있습니다.

점수	학점	점수를 10으로 나눈 몫
100	A	10
99~90		9
89~80	B	8
79~70	C	7
69~60	D	6
59~0	F	기타

if문을 사용한다면 관계, 논리 연산자로 점수의 범위를 지정하고, 그에 해당하는 학점을 구하면 되지만 switch문은 관계, 논리 연산자를 사용해서 처리할 수 없기 때문에 다른 방법을 사용합니다. 그것은 바로 점수를 10으로 나눈 몫을 사용해서 학점을 구하는 방법입니다.

점수를 10으로 나누면, 점수가 100인 경우는 몫이 10, 99~90은 몫이 9, 89~80은 몫이 8, 79~70은 몫이 7, 69~60은 몫이 6, 59~0은 몫이 기타입니다. 결국 몫이 10과 9인 경우는 학점이 'A', 8은 'B', 7은 'C', 6은 'D', 기타는 'F'가 됩니다.

처리 과정

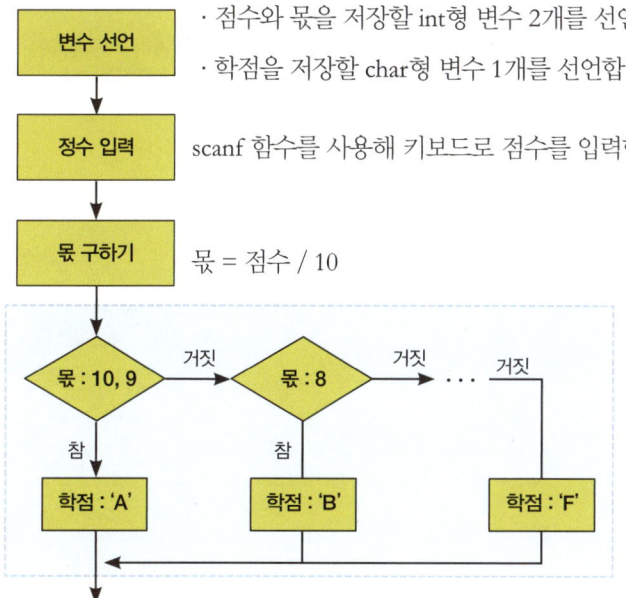

- 점수와 몫을 저장할 int형 변수 2개를 선언합니다.
- 학점을 저장할 char형 변수 1개를 선언합니다.

scanf 함수를 사용해 키보드로 점수를 입력합니다.

몫 = 점수 / 10

switch문을 사용해서 학점을 구합니다.

printf 함수를 사용해서 학점을 출력합니다.

```c
01 #include <stdio.h>
02
03 int main()
04 {
05     int jumsu, mok;
06     char grade;
07
08     printf("점수를 입력하세요 : ");
09     scanf("%d", &jumsu);                    ── 키보드로 점수를 입력합니다.
10
11     mok = jumsu / 10;                       ── jumsu를 10으로 나눈 몫을 구합니다.
12     switch(mok) {
13         case 10:
14         case 9:                             ── 몫이 10, 9인 경우는 grade 변수에 'A'를 대입합니다.
15             grade = 'A';
16             break;
17         case 8:                             ── 몫이 8인 경우는 grade 변수에 'B'를 대입합니다.
18             grade = 'B';
19             break;
20         case 7:                             ── 몫이 7인 경우는 grade 변수에 'C'를 대입합니다.
21             grade = 'C';
22             break;
23         case 6:                             ── 몫이 6인 경우는 grade 변수에 'D'를 대입합니다.
24             grade = 'D';
25             break;
26         default:                            ── 몫이 10, 9, 8, 7, 6이 아닌 경우는
27             grade = 'F';                       grade 변수에 'F'를 대입합니다.
28             break;
29     }
30     printf("학점 = %c\n", grade);
31
32     return 0;
33 }
```

실행결과

점수를 입력하세요 : 92
학점 = A

- **11** : switch는 여러 가지 조건에 따라 다른 처리를 할 때 사용합니다. 입력받은 점수로 학점을 구하기 위해 관계식과 논리식을 사용해야 되는데, 관계와 논리 연산 결과는 참이나 거짓만 반환하기 때문에 switch에서 사용하기 적합하지 않습니다. 그래서 점수를 10으로 나눈 몫을 갖고 학점을 구하려고 합니다.
- **12~16** : 변수 mok의 값이 10 또는 9이면 grade에 'A'를 대입합니다. switch문은 break가 나올 때까지 위에서 아래로 계속해서 명령을 처리하기 때문에 'case 10:'에서 처리할 내용이 없고, break가 없기 때문에 'case 9:' 아래에 있는 문장들을 수행합니다. 그리고 break를 만나서 switch 블록을 종료합니다.

원래는 이 부분은 아래와 같이 각 case 구문마다 처리할 내용을 기술해야 하는데, 이 프로그램과 같이 간단하게 표현하는 것이 더 좋습니다.

```
switch(mok) {
    case 10:
        grade = 'A';
        break;
    case 9:
        grade = 'A';
        break;
```

switch문에서 필요에 따라 break를 생략할 수 있습니다.

switch문으로 작성한 프로그램은 다중 if~else문을 사용해서 표현할 수 있습니다. 하지만 모든 if~else문을 switch문으로 변환할 수 있는 것은 아닙니다. 그 이유는, switch문은 정수형 데이터에 대해서만 조건을 판별할 수 있기 때문입니다.

뛰어넘기: switch에서 여러 가지 조건을 묶어서 처리하기

levelUp 5-1 예제에서 알 수 있듯이 break는 switch 블록을 탈출하는 기능을 수행합니다. 만약 break가 없으면 해당되는 case 아래에 있는 모든 문장을 처리합니다. 이러한 특징을 이용해서 break를 생략하면 보다 효율적인 프로그램을 구성할 수 있습니다.

```
switch( 수식 ) {         수식의 결과에 따라 적절한
    case 상수:            case 구문으로 이동합니다.
        문장;
    case 상수:            break가 없으면 break가 나오거나 switch
        문장;            블록이 끝날 때까지 계속 진행합니다.
        ...
    default :
        문장;
}
```

예제 5-9 년도와 월을 입력받아서 switch문으로 월별 날짜를 출력하는 프로그램입니다.

```
01  #include <stdio.h>
02
03  int main()
04  {
05      int month, year, days;
06
07      printf("년도와 월을 입력하세요 : ");
08      scanf("%d%d", &year, &month);      ── 키보드로 년, 월을 입력합니다.
09
10      switch(month) {
11          case 1:
12          case 3:
13          case 5:
14          case 7:                         ── 입력받은 월이 1, 3, 5, 7, 8, 10, 12이
15          case 8:                            면 변수 days에 31을 대입합니다.
16          case 10:
17          case 12:
```

```
18                days = 31;
19                break;
20          case 4:
21          case 6:
22          case 9:
23          case 11:
24                days = 30;
25                break;
26          case 2:
27                if(((year % 4 == 0) && (year % 100 != 0)) ||
28                    (year % 400 == 0))
29                    days = 29;
30                else
31                    days = 28;
32                break;
33       }
34       printf("%d년 %d월의 날짜 : %d\n", year, month, days);
35
36       return 0;
37   }
```

> 입력받은 월이 4, 6, 9, 11이면 변수 days에 30을 대입합니다.

> 윤년인지 검사하여 2월의 날짜를 구합니다.

실행결과

년도와 월을 입력하세요 : 2020 2
2020년 2월의 날짜 : 29

해설

- **10~19** : 1년 중에 1, 3, 5, 7, 8, 10, 12월은 31일까지 있고, 4, 6, 9, 11월은 30일까지입니다. 그리고 2월은 윤년인 경우에는 29일, 윤년이 아닌 경우에는 28일입니다. switch문에서 month의 값이 1, 3, 5, 7, 8, 10, 12인 경우는 변수 days에 31을 대입하고 break에 의해 switch 블록을 종료합니다. 이처럼 각각의 case에서 처리하는 내용이 같은 경우에는 break와 처리할 내용을 생략해서 표현할 수 있습니다. switch 블록을 탈출하기 위해선 break가 필요하지만 경우에 따라서 얼마든지 생략할 수 있다는 것을 알 수 있습니다.

- **26~29** : 2월은 윤년인지 여부에 따라 날짜가 달라집니다. 다음과 같은 조건을 만족하는 년도가 윤년에 해당합니다.

  - 년도가 4의 배수면서 100의 배수가 아닌 경우
  - 년도가 400의 배수인 경우

년도가 이러한 조건을 만족하는지 판별하기 위해 if문을 사용했습니다. 어떤 수의 배수는 나눈 나머지가 0인 경우이기 때문에 year를 4로 나눈 나머지가 0이면 4의 배수가 됩니다. 그래서 year % 4가 0이면 year은 4의 배수라는 의미입니다. 윤년은 4의 배수이면서 100의 배수가 아니어야 되기 때문에 year % 100은 0이 아니어야 됩니다. 또한 year % 400은 0이 되어야 윤년에 해당합니다. 이런 경우에는 days에 29를 대입하고, 아니면 28을 대입합니다.

Level Up 5-2 'K', 'O', 'R', 'E', 'A' 중에서 한 개의 문자를 입력받아서 'K'면 "KOREA", 'O'면 "OREA", 'R'이면 "REA", 'E'면 "EA", 'A'면 "A", 해당 문자가 아니면 "오류"를 출력하는 프로그램을 if ~ else문과 switch문을 각각 사용해서 두 개 작성하세요.

배경 지식

키보드로 한 개의 문자를 입력받아서 선택 처리합니다.

- if~else문을 사용하는 경우 : 다중 if ~ else문을 사용해서 입력받은 문자에 따라 출력 내용을 다르게 처리합니다.
- switch문을 사용하는 경우 : switch 수식에 입력받은 문자를 지정하여 case 구문에서 출력 내용을 다르게 처리합니다.

처리 과정

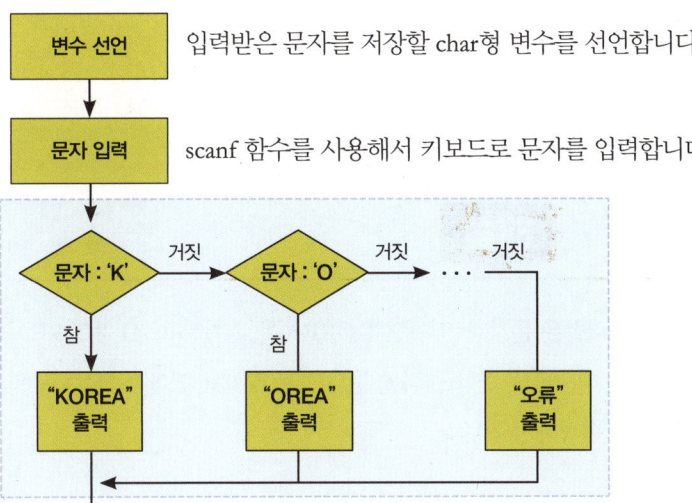

입력받은 문자를 저장할 char형 변수를 선언합니다.

scanf 함수를 사용해서 키보드로 문자를 입력합니다.

① 다중 if~else문을 사용하는 경우

```
01  #include <stdio.h>
02
03  int main()
04  {
05      char ch;
06
07      printf("K, O, R, E, A 중에 한 개의 문자를 입력하세요 : ");
08      scanf("%c", &ch);
09
10      if(ch == 'K')
11          printf("KOREA\n");
12      else if(ch == 'O')
13          printf("OREA\n");
14      else if(ch == 'R')
15          printf("REA\n");
16      else if(ch == 'E')
17          printf("EA\n");
18      else if(ch == 'A')
19          printf("A\n");
20      else
21          printf("오류\n");
22
23      return 0;
24  }
```

키보드로 문자를 입력받아서 ch에 저장합니다.

다중 if~else문을 사용해 입력받은 문자에 따라 다른 내용을 출력합니다.

실행결과

K, O, R, E, A 중에 한 개의 문자를 입력하세요 : O
OREA

해설

- **10~21** : 다중 if~else를 사용해서 입력받은 문자가 'K'이면 'KOREA'를 출력하고, 'O'면 'OREA' …를 출력합니다. 만약 소문자에 대해서도 동일한 처리를 한다면 논리 OR 연산자(||)를 사용해서 다중 if~else문을 다음과 같이 수정하면 됩니다.

```c
if(ch == 'K' || ch == 'k')
    printf("KOREA\n");
else if(ch == 'O' || ch == 'o')
    printf("OREA\n");
else if(ch == 'R' || ch == 'r')
    printf("REA\n");
else if(ch == 'E' || ch == 'e')
    printf("EA\n");
else if(ch == 'A' || ch == 'a')
    printf("A\n");
else
    printf("오류\n");
```

② switch문을 사용하는 경우

```c
01 #include <stdio.h>
02
03 int main()
04 {
05     char ch;
06
07     printf("K, O, R, E, A 중에 한 개의 문자를 입력하세요 : ");
08     scanf("%c", &ch);
```

```
09
10      switch(ch) {
11          case 'K':
12              printf("KOREA\n");
13              break;
14          case 'O':
15              printf("OREA\n");
16              break;
17          case 'R':
18              printf("REA\n");
19              break;
20          case 'E':
21              printf("EA\n");
22              break;
23          default:
24              printf("A\n");
25              break;
26      }
27
28      return 0;
29 }
```

> 변수 ch의 값에 따라 case 구문에서 서로 다른 내용을 출력합니다.

뛰어넘기

Level Up 5-2의 수정

Level Up 5-2 프로그램을 좀 더 세련되게 수정할 수 있습니다. 조건에 따라서 출력되는 값이 'K', 'O', 'R', 'E', 'A'로 이어지기 때문에 case 부분에 있는 break를 생략해서 처리하면 보다 간결하게 표현할 수 있습니다.

```
01 #include <stdio.h>
02
03 int main()
04 {
05     char ch;
06
07     printf("K, O, R, E, A 중에 한 개의 문자를 입력하세요 : ");
08     scanf("%c", &ch);
```

```
09
10      switch(ch) {
11          case 'K':
12              printf("K");
13          case 'O':
14              printf("O");
15          case 'R':
16              printf("R");
17          case 'E':
18              printf("E");
19          default:
20              printf("A\n");
21      }
22
23      return 0;
24  }
```

> **break**를 생략해서 아래 방향으로 계속 처리하도록 구성하였습니다.

해설

```
switch(ch) {
    case 'K':
        printf("K");
    case 'O':
        printf("O");
```

switch문은 break가 나올 때까지 아래 방향으로 계속 처리하는 특징을 갖고 있기 때문에 이를 이용해서 간결하게 표현할 수 있습니다. 입력받은 문자가 'K'면 'K'를 출력하고, 아래로 계속 진행하기 때문에 자연스럽게 'O', 'R', 'E', 'A'를 이어서 출력합니다. ch의 값이 'O'인 경우도 마찬가지로 'O', 'R', 'E', 'A'를 연속해서 출력합니다. 만약 소문자 'k', 'o', 'r', 'e', 'a'에 대해서도 동일한 조건으로 처리한다면 switch문을 다음과 같이 수정하면 됩니다.

```
switch(ch) {
    case 'K':
    case 'k':
        printf("K");
    case 'O':
    case 'o':
        printf("O");
    case 'R':
    case 'r':
        printf("R");
    case 'E':
    case 'e':
        printf("E");
    default:
        printf("A\n");
}
```

break를 생략했기 때문에 break가 나오거나 switch 블록이 끝날 때까지 계속 처리합니다.

switch문에서 break를 생략했을 때 보다 효율적인 처리가 가능한 경우도 있습니다. 문제에 따라서 break의 사용 여부를 판단해야 됩니다.

반복문

CHAPTER 03

반복 처리를 위해 while, do~while, for문을 사용합니다. 반복문은 일정한 조건을 만족하면 지정된 명령을 반복 처리합니다. 만약 처리하는 명령이 두 문장 이상이면 중괄호를 사용해서 블록으로 묶어야 합니다.

while과 do~while문은 반복 횟수를 정확히 예측하기 어려운 경우에 사용하고, for문은 반복 횟수가 정해진 경우에 사용합니다. 그리고 while과 for문은 조건식을 먼저 비교한 다음에 처리하는 반면에, do~while문은 반복 블록을 우선 처리한 다음에 조건식을 비교하는 차이점이 있습니다.

C 언어가 제공하는 반복문은 while, do~while, for문 등이 있습니다.

1 while문

조건식이 참이면 동일한 명령어를 반복 수행하고, 거짓이면 반복 블록을 한 번도 처리하지 않고 종료합니다. while문의 형식 및 동작 순서는 다음과 같습니다.

```
while (조건식) {
    문장;
    ...
}
```

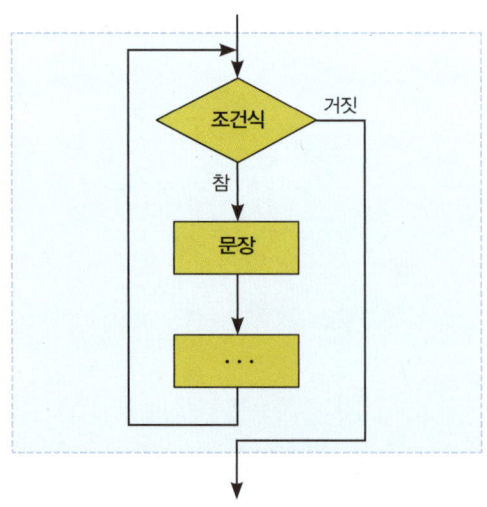

조건식이 참이면 지정된 블록을 반복 수행하고, 거짓이 되면 반복 블록을 탈출합니다. while문은 먼저 조건식을 비교하고 참인 경우에만 while 블록을 처리합니다. 만약 while문의 조건식이 참일 때 수행하는 문장이 한 개뿐이라면 중괄호({ })를 생략할 수 있지만 두 개 이상의 문장을 수행한다면 반드시 중괄호로 블록을 지정해야 됩니다. while 문의 동작 과정은 다음과 같습니다.

❶ while 문에 있는 조건식을 검사합니다.
❷ 만약 조건식이 참이면 while 블록에 있는 문장들을 수행합니다.
❸ while 블록의 끝을 만나면 다시 위로 올라가서 조건식을 비교합니다.
❹ ❷와 ❸의 과정을 반복 수행하고, 조건식이 거짓이 되면 while 블록을 빠져나옵니다.

만약 지정된 횟수만큼 반복하려면 다음과 같은 순서로 처리해야 합니다.

❶ 카운터를 초기화합니다.
❷ 카운터를 반복 횟수와 비교합니다.
❸ ❷번 조건식이 참이면 지정된 문장을 처리합니다.
❹ 카운터를 갱신합니다.

while은 반복 블록으로 진입하기 전에 조건식을 비교하는 진입 조건(entry condition) 방식입니다.

예제 5-10 while문을 사용해서 1부터 5까지 반복해서 출력하는 프로그램입니다.

```
01 #include <stdio.h>
02
03 int main()
04 {
05     int cnt = 1;                         int형 변수 cnt를 선언하면서 1로 초기화합니다.
06
07     while(cnt <= 5) {                    cnt의 값이 5보다 작거나 같으면 반복해서 처리합니다.
08         printf("cnt = %d\n", cnt);
09         cnt++;
10     }
11
12     return 0;
13 }
```

실행결과

```
cnt = 1
cnt = 2
cnt = 3
cnt = 4
cnt = 5
```

해설

- **07** : while문은 블록으로 진입하기 전에 조건식을 비교합니다. cnt가 5보다 작거나 같으면 while 블록에 있는 문장들을 수행합니다.
- **08~09** : cnt의 값을 출력하고, 그 다음 숫자를 출력하기 위해 cnt를 1 증가시킵니다. while 블록을 한 번 처리할 때마다 cnt의 값이 1씩 증가하기 때문에 cnt가 5보다 크면 while 블록이 종료됩니다. 이처럼 cnt의 값에 따라 반복 여부를 결정하는 경우에는 cnt의 값을 변화시켜야 합니다. 만약 그렇지 않으면 무한 반복될 수 있습니다.

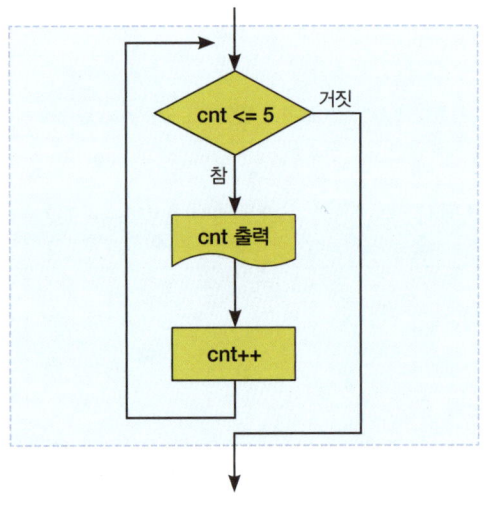

반복 블록을 빠져나오지 않고 무한정 반복되는 것을 무한 루프라고 합니다.

반복 횟수를 지정하려면 우선 카운터를 초기화해야 합니다.

예제 5-11 while문을 사용해서 1부터 100까지의 합을 구하는 프로그램입니다.

```
01  #include <stdio.h>
02
03  int main()
04  {
05      int cnt = 1, sum = 0;
06
07      while(cnt <= 100) {
08          sum = sum + cnt;
09          cnt++;
10      }
11      printf("1부터 100까지의 합 : %d\n", sum);
12
13      return 0;
14  }
```

- 03~05번 줄 설명: int형 변수 cnt와 sum을 선언하고, 각각 1과 0으로 초기화합니다.
  - cnt : 반복 횟수를 카운트하는 변수
  - sum : 합계를 누적하는 변수
- 07번 줄 설명: cnt가 100보다 클 때까지 while 블록을 반복하면서 sum에 합계를 누적합니다.
- 11번 줄 설명: 변수 sum에 보관되어 있는 1부터 100까지의 합을 출력합니다.

실행결과

1부터 100까지의 합 : 5050

해설

- **05** : 1부터 100까지 반복하기 위해 cnt 변수를 사용하고, 시작 값을 1로 초기화합니다. 또한 sum은 합을 누적하는 변수이기 때문에 0으로 초기화합니다. sum 변수는 cnt와 더해서 그 결과를 다시 sum에 더하는데, 이처럼 대입 연산자의 오른쪽에 있는 변수가 왼쪽에도 사용되는 변수를 누적 변수라고 합니다.

- 07~10 : 1부터 100까지의 합을 구하는 과정은 다음과 같습니다.

'1 + 2'한 결과를 sum에 저장하고, 그 결과와 3을 다시 더해서 sum에 보관하고, 또 그 결과를 저장하고, … 이런 과정을 100까지 반복합니다. 결국 이전 결과와 더하기 하는 명령어를 반복 처리합니다. 한 번 누적할 때마다 cnt가 1씩 증가하기 때문에 1부터 100까지의 합을 구할 수 있습니다.

2 do~while문

while문은 조건식을 먼저 계산하여 참일 때만 문장을 수행하는 진입 조건 방식인데 반해서 do~while문은 문장을 실행한 다음에 조건식을 수행합니다. 결국 조건식이 거짓이어도 do~while 블록에 있는 문장을 최소한 한 번은 수행합니다. do~while문과 while문은 조건식을 먼저 비교하느냐, 아니냐 하는 차이만 있을 뿐 동작 방식이 비슷합니다. do~while문의 사용 형식 및 동작 순서는 다음과 같습니다.

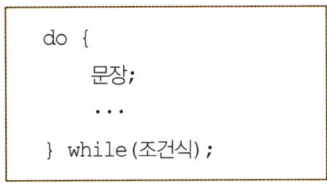
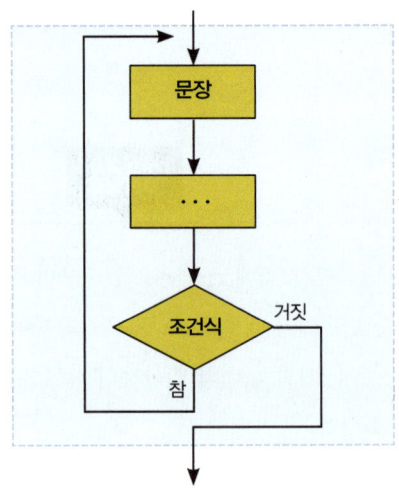

사용 형식에서도 알 수 있듯이 조건식이 do~while 블록 끝에 있기 때문에 문장들을 처리한 다음에 조건식을 비교합니다. do~while문의 동작 순서는 다음과 같습니다.

❶ 무조건 do~while 블록 안의 문장을 수행합니다.
❷ do~while 블록 끝을 만나면 조건식을 계산합니다.
❸ 조건식이 참이면 다시 블록 안에 있는 문장을 수행하고, 거짓이면 do~while 블록을 빠져나옵니다.

do~while은 반복 블록을 처리한 다음에 조건식을 비교하는 탈출 조건(exit condition) 방식입니다.

예제 5-12 do~while문을 사용해서 1부터 100까지의 합을 구하는 프로그램입니다.

```
01  #include <stdio.h>
02
03  int main()
04  {
05      int cnt = 1, sum = 0;
06
07      do {
08          sum = sum + cnt;
09          cnt++;
10      } while(cnt <= 100);
11
12      printf("1부터 100까지의 합 : %d\n", sum);
13
14      return 0;
15  }
```

> cnt가 1부터 100까지 반복하면서 do~while 블록을 처리합니다.

실행결과

1부터 100까지의 합 : 5050

해설

· **07~10** : do~while 블록에 있는 문장을 먼저 수행하고, while에 있는 조건식을 계산합니다. 조건식을 검사하는 순서를 제외하면 while문과 동일합니다.

예제 5-13 국어, 영어, 수학 점수를 입력받아서 합계와 평균을 출력하는 프로그램입니다. 단, 평균은 소수점 이하 2자리까지 출력하고, 'Y' 또는 'y'가 입력되면 반복 처리합니다.

```
01  #include <stdio.h>
02
03  int main()
04  {
05      int kor, eng, mat, tot;
06      double avg;
07      char ch;
08
09      do {
10          printf("\n국어, 영어, 수학 점수를 입력하세요 : ");
11          scanf("%d%d%d", &kor, &eng, &mat);
12
13          tot = kor + eng + mat;
14          avg = tot / 3.0;
15
16          printf("국어 = %d, 영어 = %d, 수학 = %d\n", kor, eng, mat);
17          printf("총점 = %d, 평균 = %6.2f\n", tot, avg);
18
19          printf("계속 하시겠습니까?(Y/N) ");
20          ch = getche();
21      } while(ch == 'Y' || ch == 'y');
22
23      return 0;
24  }
```

- 국어·영어·수학 점수, 합계, 평균, 계속 유무 등을 위한 변수를 선언합니다.
- 국어, 영어, 수학 점수를 입력합니다.
- 합계와 평균을 구합니다.
- 'Y' 또는 'y'를 입력하면 do~while 블록을 반복합니다.

실행결과

국어, 영어, 수학 점수를 입력하세요 : 90 95 95
국어 = 90, 영어 = 95, 수학 = 95
총점 = 280, 평균 = 93.33
계속 하시겠습니까? (Y/N)

해설

- **05~07** : 국어, 영어, 수학 점수를 입력받아서 합계, 평균을 구하는 프로그램입니다. 각 변수의 기능은 다음과 같습니다.

변수	기능	변수	기능	변수	기능
kor	국어 점수	eng	영어 점수	mat	수학 점수
tot	점수 합계	avg	평균 점수	ch	계속 진행 여부

변수 ch는 이 프로그램을 계속할 것인지 여부를 묻는데 사용합니다. 'Y' 또는 'y'를 입력하면 점수 입력을 반복하고, 그렇지 않으면 프로그램을 종료합니다.

- **13~14** : 입력받은 국어, 영어, 수학 점수의 합을 구해서 tot 변수에 저장합니다. 그리고 tot를 3.0으로 나눠서 평균을 구합니다. 이때 3.0으로 나눈 이유는, 평균은 소수점 이하 2 자리까지 출력해야 되기 때문에 연산 결과가 실수형 데이터이어야 합니다. 만약 'tot / 3'으로 계산하면 tot와 3이 모두 int형이기 때문에 연산 결과도 int형이 돼서 소수 부분이 절삭 됩니다. 그래서 3.0으로 나누어 tot와의 연산 결과를 실수형으로 형변환해야 합니다.

- **19~21** : '계속 하시겠습니까? (Y/N)'라고 질문하는 문자열을 출력하고, getche 함수를 사용해서 키보드로 한 개의 문자를 입력받아서 ch에 대입합니다. 입력받은 문자가 'Y' 또는 'y'이면 do~while문을 반복 수행합니다. getche 함수의 기능은 다음과 같습니다.

형식	`int getche();`
기능	키보드로부터 한 개의 문자를 입력받고, 입력받은 문자를 반환합니다.

getche( )는 키보드로 1개의 문자를 입력받는 함수입니다.

3 for문

for문은 가장 많이 사용하는 반복문입니다. while, do~while문은 조건식만 있는데 반해서 for문은 초기식, 조건식, 증감식으로 구성되어 있기 때문입니다. 이들 각각은 생략할 수 있고, 생략하는 것에 따라 다양한 형식을 만들 수 있습니다. 다만 for의 수식에 나오는 세미콜론(;)은 생략할 수 없고, 조건식이 없으면 무한 루프가 됩니다. 일반적인 for문의 형식 및 동작 순서는 다음과 같습니다.

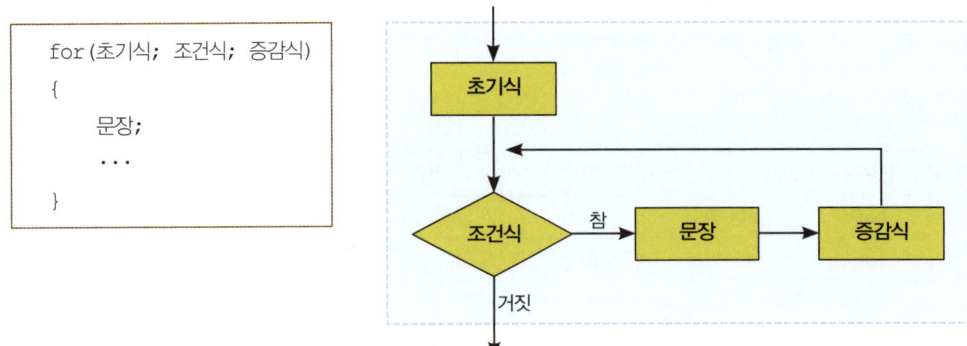

for문에 있는 초기식은 for문에 진입할 때 한 번만 수행하고, 조건식이 참이면 블록을 반복 처리합니다. for문의 동작 과정은 다음과 같습니다.

❶ for문의 초기식은 처음에 한 번만 수행합니다.
❷ 조건식을 계산합니다.
❸ 조건식이 참이면 for 블록 안의 문장들을 수행합니다.
❹ for 블록이 끝나면 for문에 있는 증감식을 수행하고, 다시 조건식을 계산합니다.
❺ 만약 조건식이 거짓이면 for 블록을 빠져나오고, 참이면 ❸과 ❹를 반복 수행합니다.

예

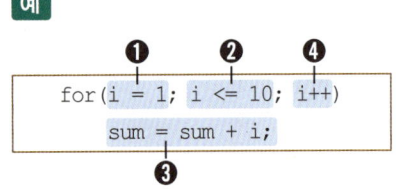

❶ 초기식 'i = 1'을 한 번만 수행
❷ 조건식 'i <= 10'을 수행
❸ 참이면 for 블록의 문장을 처리
❹ 증감식 'i++'를 수행하고 ❷, ❸을 반복 처리

for문을 구성하는 초기식, 조건식, 증감식의 사용은 유연하기 때문에 다양한 형식의 for문을 만들 수 있습니다. 다음은 for문을 다양하게 표현할 수 있는 예입니다.

① 초기식, 증감식에 연결 연산자(,)를 이용해서 여러 개의 수식을 사용할 수 있습니다.
　예) `for(i = 0, j = 100; i < 100; i++, j--)`

② 증감식에서 증감 단위는 원하는 대로 지정할 수 있습니다.
　예) `for(i = 0; i < 100; i = i + 4)`

③ 숫자 대신 문자를 사용할 수 있습니다.
　예) `for(ch = 'A'; ch <= 'K'; ch++)`

④ 반복 횟수가 아닌 다른 조건으로 검사할 수도 있습니다.
　예) `for(i = 0; sum <= 100; i++)`

⑤ 증감식의 값을 정수가 아닌 실수도 사용할 수 있습니다.
　예) `for(d = 10.0; d < 15.0; d = d * 1.2)`

⑥ 규칙에 맞기만 하면 어떤 수식이든 사용할 수 있습니다.
　예) `for(i = 1, y = 50; y <= 100; y = ++x*2+50)`

⑦ 하나 이상의 수식을 빈칸으로 둘 수도 있습니다.
　예) `for(i = 1; i < 255;)` 또는 `for(; ;)`

⑧ 첫 번째 수식이 반드시 초기식일 필요는 없습니다.
　예) `for(printf("init..."); i <= 100; i++)`

⑨ for문에 사용하는 변수를 for 블록 안에서 변경할 수 있습니다.
　예) `for(n = 1; n < 100; n++)`
　　　`    if(k != 2)`
　　　`        n = n + 2;`

for문에 있는 초기식은 처음에 딱 한 번만 실행합니다.

for문에서 초기식, 조건식, 증감식을 생략할 수 있지만 세미콜론(;)을 생략하면 안됩니다.

while과 for문을 무한 루프로 지정하는 방법은 다음과 같습니다.

· **while문**
```
while(1) {
   문장들;
}
```

· **for문**
```
for(;;) {
   문장들;
}
```

예제 5-14 for문을 사용해서 1부터 100까지의 합을 구하는 프로그램입니다.

```
01 #include <stdio.h>
02
03 int main()
04 {
05     int i, sum = 0;           — 반복 횟수와 합계를 저장하는 변수 i와 sum을 선언합니다.
06
07     for(i = 1; i <= 100; i++) — 1부터 100까지 반복하면서 합계를 구합니다.
08         sum = sum + i;
09     printf("1부터 100까지의 합 : %d\n", sum);
10
11     return 0;
12 }
```

실행결과

1부터 100까지의 합 : 5050

해설

· **07~08** : 1부터 100까지의 합을 구하기 위해서 i는 1부터 100까지 반복합니다. 처리 순서는 초기식 'i = 1'을 먼저 수행하고, 조건식을 비교한 다음에 참이면 'sum = sum + i;' 문장을 수행합니다. 그리고 증감식 'i++'를 처리하고 다시 조건식을 비교합니다.

이 프로그램을 while문과 비교해 보겠습니다.

```
       ❶
int i = 1 , sum = 0;
         ❷
while( i <= 100 ) {
    sum += i; ❸
    i++; ❹
}
```

```
int i, sum = 0;
         ❶         ❷         ❹
for( i = 1 ; i <= 100 ; i++ )
    sum += i ❸
```

while문을 사용하는 경우에는 초기식, 조건식, 증감식이 분리되어 표현합니다. 특히 초기식은 while 블록의 바깥에서 수행되기 때문에 while문은 반복되는 횟수를 카운트하면서 처리하는 경우보다는 반복문을 수행할 조건이 가변적일 때 주로 사용합니다. 반대로 for문은 초기식을 매번 증감하면서 조건식을 비교하기 때문에 반복 횟수를 카운트할 수 있는 경우에 많이 사용합니다.

예제 5-15 1부터 100까지의 숫자를 한 줄에 10개씩 출력하는 프로그램입니다.

```
01  #include <stdio.h>
02
03  int main()
04  {
05      int i;
06
07      for(i = 1; i <= 100; i++) {       1부터 100까지 반복합니다.
08          printf("%5d", i);              변수 i의 값을 출력합니다.
09          if((i % 10) == 0)              한 줄에 10개를 출력하면 줄바꿈합니다.
10              printf("\n");
11      }
```

```
12
13      return 0;
14  }
```

실행결과

```
    1     2     3     4     5     6     7     8     9    10
   11    12    13    14    15    16    17    18    19    20
   21    22    23    24    25    26    27    28    29    30
   31    32    33    34    35    36    37    38    39    40
   41    42    43    44    45    46    47    48    49    50
   51    52    53    54    55    56    57    58    59    60
   61    62    63    64    65    66    67    68    69    70
   71    72    73    74    75    76    77    78    79    80
   81    82    83    84    85    86    87    88    89    90
   91    92    93    94    95    96    97    98    99   100
```

해설

- **07~08** : i가 1부터 100까지 증가하면서 for 블록을 반복하여 i를 출력합니다. 1부터 100까지의 숫자는 최대 3자리 숫자이기 때문에 printf 함수에서 '%d'로 출력하면 출력 결과의 모양이 좋지 않습니다. 그래서 '%5d'로 지정하여 i를 5자리 정수로 출력합니다.
- **09~10** : 한 줄에 10개씩 출력하고 줄바꿈 하기 위해 i의 값이 10의 배수인 경우에 개행 문자('\n')를 출력합니다. 10의 배수는 i를 10으로 나눈 나머지가 0인 값이기 때문에 if문에서 나머지 연산자('%')를 사용해서 처리합니다.

예제 5-16 for문을 사용해서 구구단을 출력하는 프로그램입니다.

```
01  #include <stdio.h>
02
03  int main()
04  {
```

```
05      int i, j;
06
07      for(i = 1; i <= 9; i++) {          중첩 for문을 사용해서 구구단을
08          for(j = 1; j <= 9; j++)        출력합니다.
09              printf("%d*%d=%2d ", i, j, i*j);
10          printf("\n");
11      }
12
13      return 0;
14  }
```

실행결과

```
1*1= 1  1*2= 2  1*3= 3  1*4= 4  1*5= 5  1*6= 6  1*7= 7  1*8= 8  1*9= 9
2*1= 2  2*2= 4  2*3= 6  2*4= 8  2*5=10  2*6=12  2*7=14  2*8=16  2*9=18
3*1= 3  3*2= 6  3*3= 9  3*4=12  3*5=15  3*6=18  3*7=21  3*8=24  3*9=27
4*1= 4  4*2= 8  4*3=12  4*4=16  4*5=20  4*6=24  4*7=28  4*8=32  4*9=36
5*1= 5  5*2=10  5*3=15  5*4=20  5*5=25  5*6=30  5*7=35  5*8=40  5*9=45
6*1= 6  6*2=12  6*3=18  6*4=24  6*5=30  6*6=36  6*7=42  6*8=48  6*9=54
7*1= 7  7*2=14  7*3=21  7*4=28  7*5=35  7*6=42  7*7=49  7*8=56  7*9=63
8*1= 8  8*2=16  8*3=24  8*4=32  8*5=40  8*6=48  8*7=56  8*8=64  8*9=72
9*1= 9  9*2=18  9*3=27  9*4=36  9*5=45  9*6=54  9*7=63  9*8=72  9*9=81
```

해설

· **07~11** : 구구단은 1단~9단까지 있고, 각 단마다 1~9까지의 곱셈을 합니다. 이를 처리하기 위해 중첩 for문을 사용하고 있습니다. for 블록을 하나씩 분석하면 다음과 같습니다.

❶ 7라인의 첫 번째 for 블록은 1단부터 9단까지 반복합니다. 이를 위해서 변수 i에 초기값 1을 대입하고 9보다 크지 않으면 for 블록으로 진입합니다.

❷ 8라인의 두 번째 for 블록은 각 단에 대해 1부터 9까지의 곱셈한 결과를 출력합니다. 이를 위해서 변수 j에 초기값 1을 대입하고 9보다 크지 않으면 for 블록으로 진입합니다.

❸ 두 번째 for 블록에서 i, j, i*j를 출력하고 두 번째 for 블록의 증감식(j++)을 수행합니다.

❹ j가 9보다 크지 않으면 ❸번을 반복 수행하고, 조건식이 거짓이면 두 번째 for 블록을 종료합니다.

❺ 두 번째 for 블록이 끝나면 첫 번째 for문의 증감식(i++)을 처리하여 i를 1 증가시키고, 조건식(i <= 9)를 비교합니다.

❻ 만약 조건식이 참이면 두 번째 for문으로 다시 진입하고 ❷, ❸, ❹를 반복 처리합니다.

❼ 첫 번째 for문에서 i가 9보다 크면 for문을 종료합니다.

제어문의 모든 명령어들은 중첩해서 사용할 수 있습니다.

뛰어넘기 — 반복문의 선택 방법

C 언어에서 반복 처리에 사용되는 while, do~while, for 중에서 선택 기준은 무엇일까요? 어떤 명령어를 사용해도 프로그램을 작성할 수 있지만 효율성과 오류를 줄일 수 있는 방법을 찾아야 됩니다.

우선 처리 방식이 진입 조건 또는 탈출 조건인지 결정합니다.

만약 진입 조건 방식이면 while과 for문에서 또 다시 선택해야 합니다. while은 반복 횟수가 지정되지 않은 경우에 사용하면 편리하고, for는 카운터를 이용해서 반복 횟수를 지정하는 경우에 유용합니다. 물론 다음과 같이 for문에서 초기식과 증감식을 생략하면 while문처럼 구성할 수도 있습니다.

```
for(;조건식;)        ◀ 동일한 방식 ▶        while(조건식)
```

또한 while 블록 안에서 증감식을 사용하면 for문과 동일한 처리한 가능합니다.

```
for(초기식; 조건식; 증감식)                   초기식;
    문장;                                    while(조건식) {
                         ◀ 동일한 방식 ▶        문장;
                                                증감식;
                                             }
```

탈출 조건을 사용하는 경우에는 do~while문으로 반복문을 구성합니다. 하지만 특별한 경우(최소한 한 번은 반복 블록을 처리하는 경우)를 제외하면 진입 조건 방식을 많이 사용하기 때문에 do~while은 자주 사용하지 않는 편입니다.

이와 같은 원칙에 따라 반복문을 선택하면 되고, 이를 정리하면 다음과 같습니다.

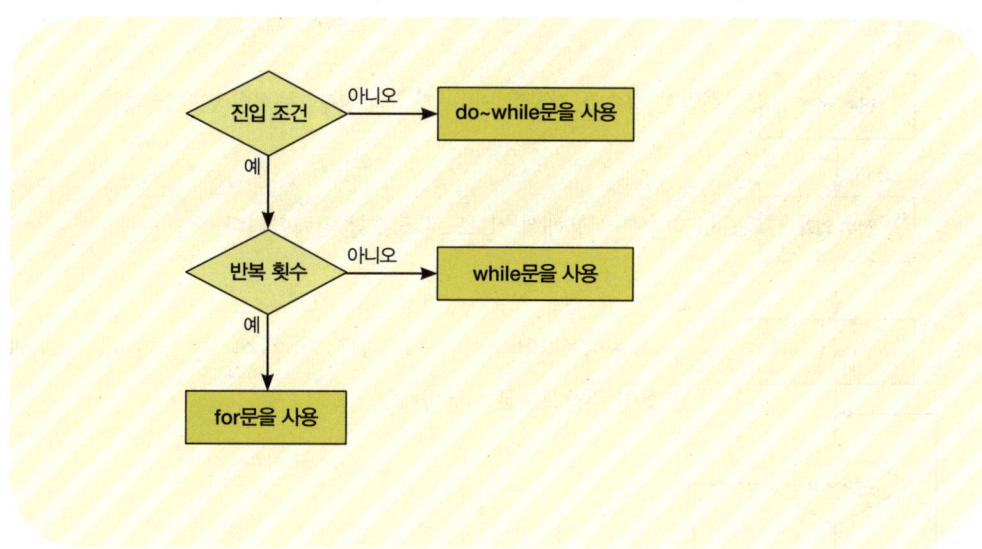

Level Up 5-3   키보드로 정수를 입력받아서 1부터 해당정수까지에서 5의 배수를 제외한 수의 합을 출력하는 프로그램을 작성하세요. 단, 입력받은 정수는 1이상이라고 가정합니다.

배경 지식

키보드로 정수를 입력받아서 1부터 입력받은 값만큼 반복 처리합니다.

· 만약 5의 배수가 아니면 누적합니다.
· 5의 배수면 아무런 처리도 하지 않고 증감식으로 이동합니다.

처리 과정

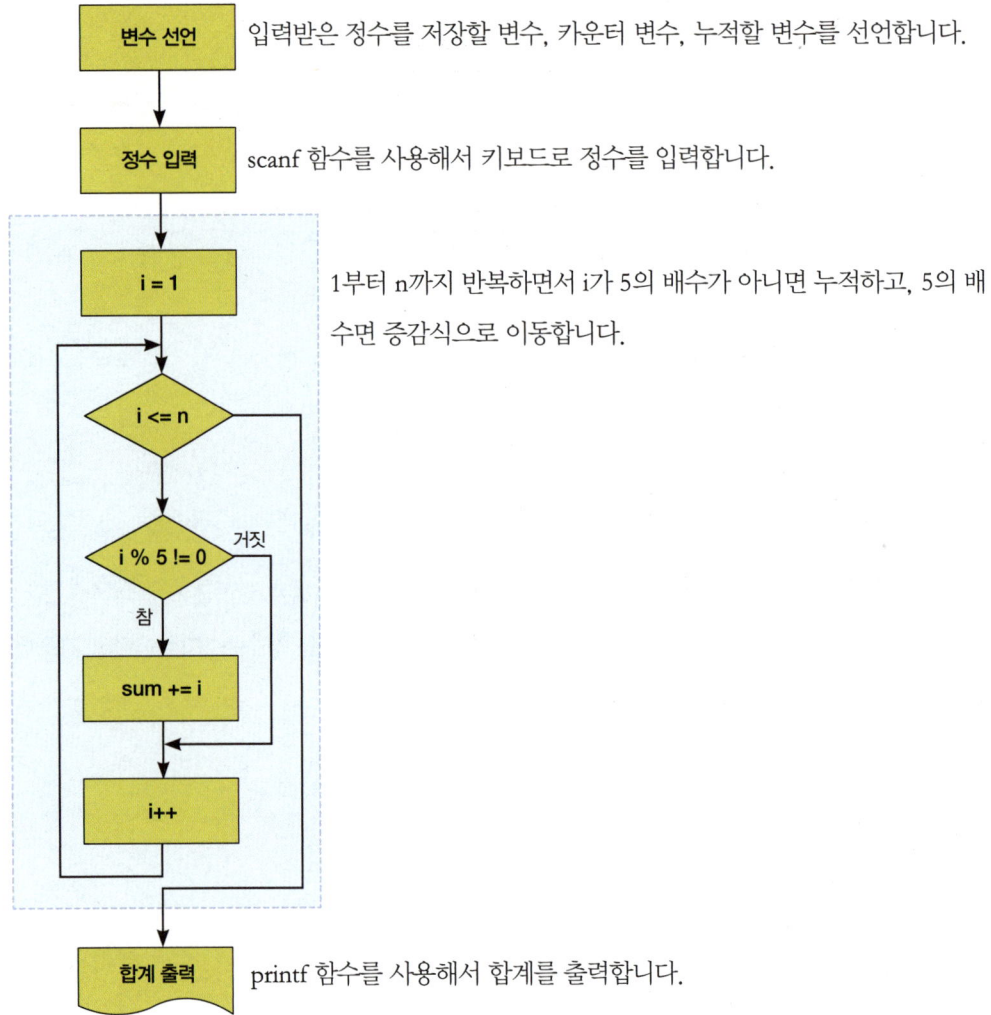

변수 선언 — 입력받은 정수를 저장할 변수, 카운터 변수, 누적할 변수를 선언합니다.

정수 입력 — scanf 함수를 사용해서 키보드로 정수를 입력합니다.

1부터 n까지 반복하면서 i가 5의 배수가 아니면 누적하고, 5의 배수면 증감식으로 이동합니다.

합계 출력 — printf 함수를 사용해서 합계를 출력합니다.

```
01  #include <stdio.h>
02
03  int main()
04  {
05      int n, i, sum = 0;
06
07      printf("정수 입력 : ");
08      scanf("%d", &n);             키보드로 정수를 입력받아서 n에 저장합니다.
09
```

```
10      for(i = 1; i <= n; i++)                    1부터 n까지 반복 처리합니다.
11          if(i % 5 != 0)                         i가 5의 배수가 아니면 합을 누적합니다.
12              sum = sum + i;
13
14      printf("1부터 %d까지 5의 배수를 제외한 수의 합 : %d\n", n, sum);
15
16      return 0;
17  }
```

실행결과

정수 입력 : 50
1부터 50까지 5의 배수를 제외한 수의 합 : 1000

해설

- **10** : 1부터 입력받은 정수(n)까지 반복합니다.
- **11~12** : i를 5로 나눈 나머지가 0이 아니면 5의 배수가 아니기 때문에 이런 경우에만 sum에 누적합니다.

Level Up 5-4 1부터 10, 1부터 20, 1부터 30, …, 1부터 100까지의 합을 출력하는 프로그램을 작성하세요.

배경 지식

1~10, 1~20, 1~30, …, 1~100까지의 합을 계속 출력하려면 각각을 반복문으로 처리할 수도 있지만, 그렇게 하면 비효율적입니다. 문제를 찬찬히 살펴보면 일정한 규칙이 있음을 알 수 있습니다. 프로그램은 문제 분석을 정확히 하는 것이 중요합니다.

1부터 100까지 반복하면서 10의 배수일 때마다 합을 출력하면 됩니다. 이를 처리하기 위해 for문을 사용해서 1부터 100까지 반복하고, for 블록 안에서 if문으로 10의 배수인지를 검사하여 참이면 그때까지 구한 합을 출력합니다.

처리 과정

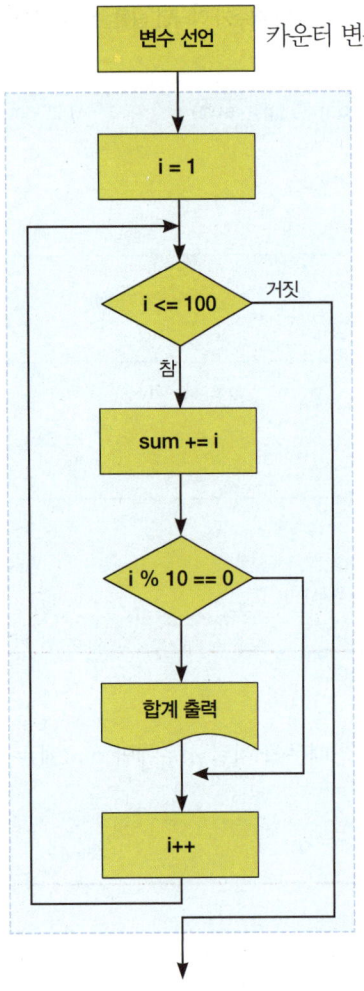

카운터 변수, 누적할 변수를 선언합니다.

1부터 100까지 반복하면서 누적합니다.
만약 i가 10의 배수면 그동안 누적한 합을 출력합니다.

```
01  #include <stdio.h>
02
03  int main()
04  {
05      int i, sum = 0;
06
07      for(i = 1; i <= 100; i++) {         ── 1부터 100까지 반복 처리합니다.
08          sum += i;
09          if(i % 10 == 0)                 ── i가 10의 배수면 그동안 누적한 결과를 출력합니다.
10              printf("1~%d의 합 : %d\n", i, sum);
```

```
11      }
12
13      return 0;
14 }
```

> **실행결과**

```
1~10의 합 : 55
1~20의 합 : 210
1~30의 합 : 465
1~40의 합 : 820
1~50의 합 : 1275
1~60의 합 : 1830
1~70의 합 : 2485
1~80의 합 : 3240
1~90의 합 : 4095
1~100의 합 : 5050
```

해설

- **09~10** : sum에는 1부터 계속 더해진 값이 저장되기 때문에 1부터 100까지 반복하면서 i가 10의 배수일 때마다 누적한 결과를 출력합니다.

Level Up 5-5 문자를 입력받아서 그 문자의 ASCII 코드만큼 '*'를 출력하는 프로그램을 작성하세요.

배경 지식

문제를 읽으면서 "문자의 ASCII 코드를 어떻게 알아낼까?"하는 걱정을 할 수 있는데, 어렵게 생각하지 마세요. 입력받은 문자는 메모리에 ASCII 코드 형식으로 저장되기 때문에 1부터 해당 문자까지 반복하면 반복 횟수가 저절로 정해집니다.

처리 과정

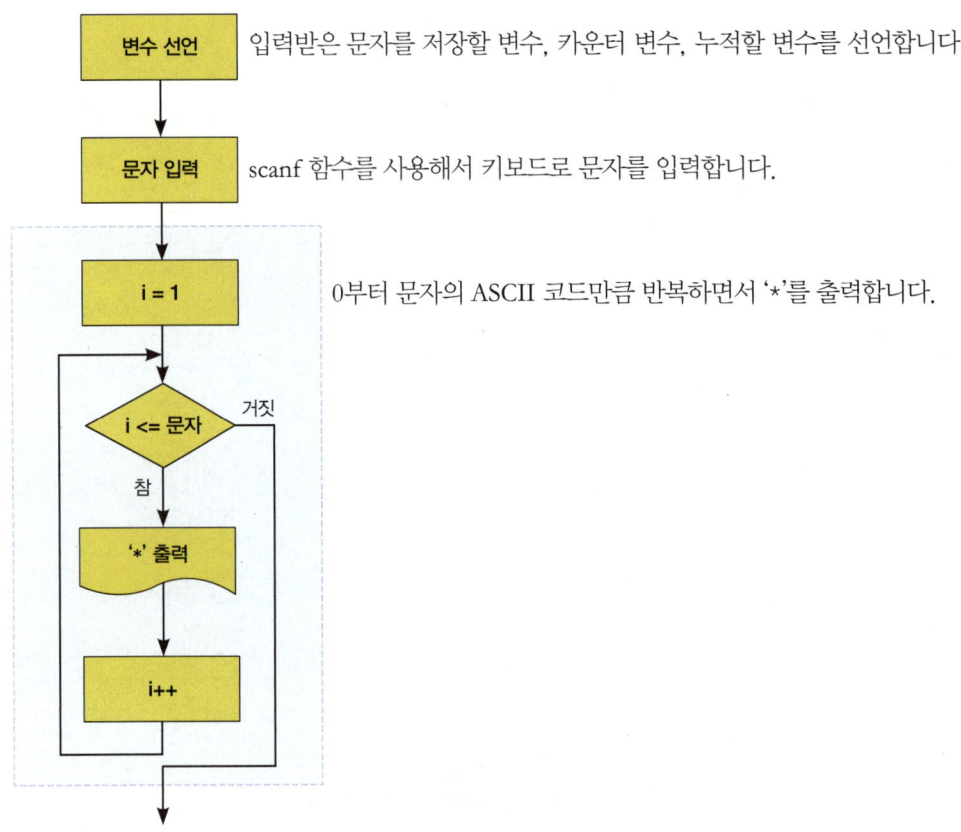

입력받은 문자를 저장할 변수, 카운터 변수, 누적할 변수를 선언합니다.

scanf 함수를 사용해서 키보드로 문자를 입력합니다.

0부터 문자의 ASCII 코드만큼 반복하면서 '*'를 출력합니다.

```
01  #include <stdio.h>
02
03  int main()
04  {
05      int i;
06      char ch;
07
08      printf("문자 입력 : ");
09      scanf("%c", &ch);          ──── 키보드로 문자를 입력합니다.
10
11      for(i = 1; i <= ch; i++)   ──── 키보드로 입력받은 문자의 ASCII 코드
12          printf("*");                만큼 반복하면서 '*'를 출력합니다.
13
14      return 0;
15  }
```

> **실행결과**

문자를 입력하세요 : C
****

해설

- **11~12** : 문자는 메모리에 ASCII 코드로 저장되기 때문에 입력받은 문자를 저장하고 있는 변수 ch의 크기만큼 반복하면서 '*'를 출력합니다.

Level Up 5-6 $\frac{1}{2} + \frac{2}{3} + \cdots + \frac{10}{11}$ 의 계산 결과를 소수점 이하 2자리까지 출력하는 프로그램을 작성하세요.

배경 지식

더해지는 값을 살펴보면 일정한 규칙성이 있음을 알 수 있습니다. 분자는 1부터 10까지 반복되고, 분모는 분자에 1을 더한 값입니다. 프로그램 작성을 위해 논리적으로 표현하면 다음과 같습니다.

- 1부터 10까지 반복합니다.
- 분자에 1을 더한 값으로 나누어 누적합니다.

처리 과정

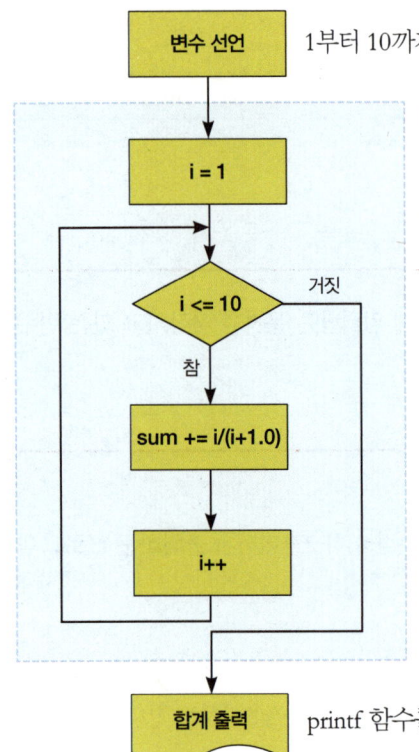

1부터 10까지 카운트하는 것과 누적할 변수를 선언합니다.

1부터 10까지 반복하면서 i/(i+1.0)한 결과를 누적합니다. i에 1.0을 더하는 이유는, i와 (i+1)은 정수형이기 때문에 소수점 이하 숫자가 잘립니다. 이를 방지하려면 1.0과 더해서 정수를 실수형으로 형변환시켜야 합니다.

printf 함수를 사용해서 합계를 출력합니다.

```
01  #include <stdio.h>
02
03  int main()
04  {
05      int i;
06      float sum = 0.0;
07
08      for(i = 1; i <= 10; i++)
09          sum = sum + (i / (i+1.0));
10
11      printf("1/2 + 2/3 + ... + 10/11 : %.2f\n", sum);
12
13      return 0;
14  }
```

누적되는 값은 실수형이기 때문에 합계를 저장할 변수 sum을 float형으로 선언합니다.

1부터 10까지 반복하면서 i/(i+1.0)한 결과를 누적합니다.

> **실행결과**

```
1/2 + 2/3 + ... + 10/11 : 7.98
```

해설

- **08~09** : 1부터 10까지 반복하면서 분자(i)에서 분모(i+1.0)를 나눈 결과를 누적합니다. i를 (i+1)로 나눈 결과가 실수형이 되어야 소수 부분이 잘리지 않기 때문에 (i+1.0)으로 형변환시킵니다. 그렇지 않으면 i가 정수형이기 때문에 나누기한 결과도 정수형이 됩니다.
- **11** : 계산 결과를 저장하고 있는 sum의 값을 소수점 이하 2자리까지 출력하기 위해 printf 함수에서 '%.2f' 형식을 지정합니다.

Level Up 5-7 반복문을 사용해서 다음과 같은 모양을 출력하는 프로그램을 작성하세요.

```
*
**
***
****
*****
```

배경 지식

각 행마다 출력되는 '*'의 개수가 다릅니다. 첫 번째 행을 0행이라고 가정한다면, 0행에서는 1개, 1행은 2개, 2행은 3개, 3행은 4개, 4행은 5개 출력합니다. 이를 위해 중첩 for문을 사용하여 0부터 4까지 반복하면서 처리합니다.

- 0부터 4행까지 반복합니다.
- 각 행에서 0부터 행 번호까지 반복하면서 '*'를 출력합니다.

처리 과정

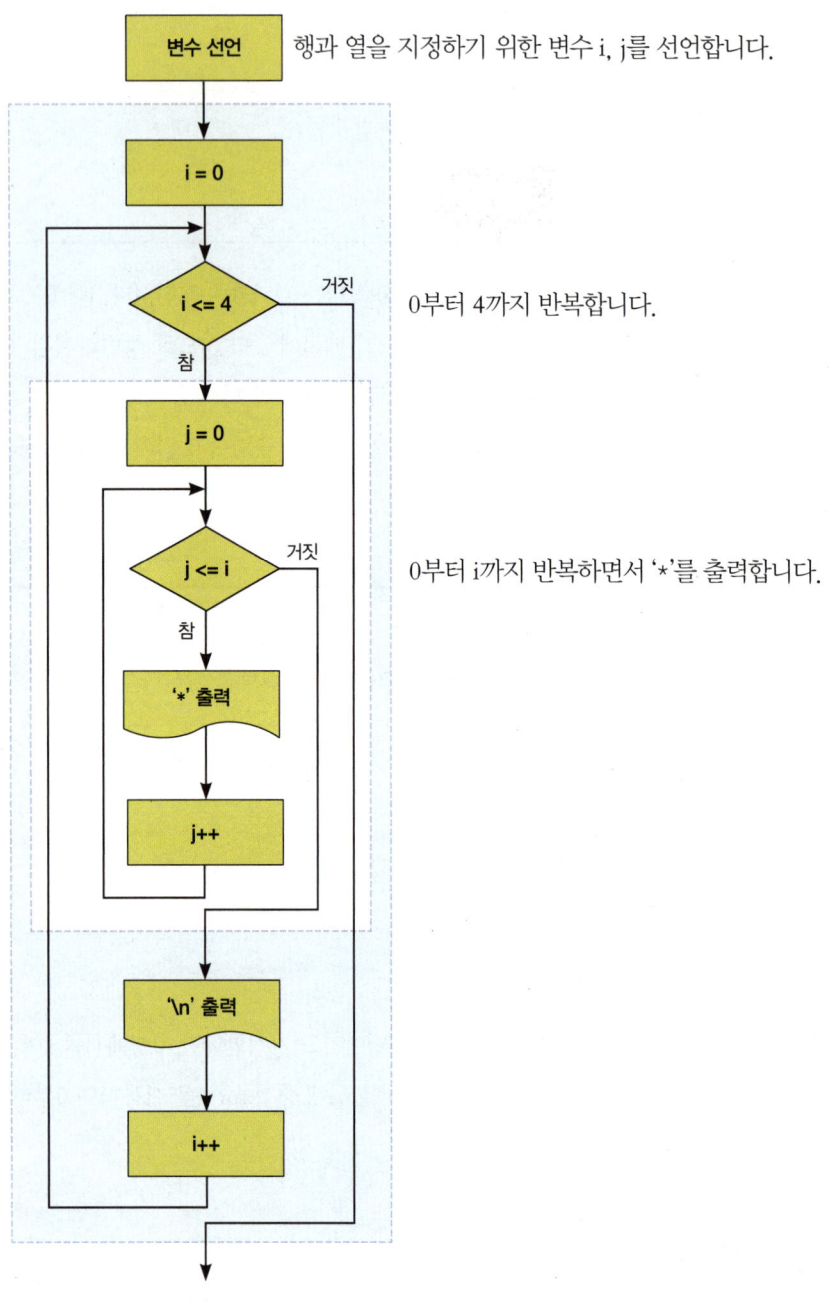

```
01  #include <stdio.h>
02
03  int main()
04  {
05      int i, j;
06
07      for(i = 0; i <= 4; i++) {         0부터 4까지 반복합니다.
08          for(j = 0; j <= i; j++)       0부터 i까지 반복하면서 '*'를 출력합니다.
09              printf("*");
10          printf("\n");                 행이 바뀌면 '\n'를 출력하여 줄바꿈합니다.
11      }
12
13      return 0;
14  }
```

해설

- **07** : 각 행마다 다른 개수의 '*'를 출력해야 됩니다. 이를 위해 행 번호를 0행, 1행, …, 4행까지로 설정해서 처리하기 위해 i를 0부터 4까지 반복합니다.
- **08~09** : 각 행에 출력되는 '*'의 개수만큼 for 블록을 반복 처리합니다. 0행은 1개, 1행은 2개, 2행은 3개, 3행은 4개, 4행은 5개를 출력하기 위해 j를 0부터 행 번호(i)까지 반복해서 '*'를 출력합니다.
- **10** : 한 행을 출력했기 때문에 줄바꿈합니다.

이런 과정을 종합하면 출력되는 '*'의 모양을 다음과 같이 정리할 수 있습니다.

```
0행 : *       → 0부터 0까지 1번 반복해서 '*' 출력
1행 : **      → 0부터 1까지 2번 반복해서 '*' 출력
2행 : ***     → 0부터 2까지 3번 반복해서 '*' 출력
3행 : ****    → 0부터 3까지 4번 반복해서 '*' 출력
4행 : *****   → 0부터 4까지 5번 반복해서 '*' 출력
```

행은 0부터 4까지 반복하고, 각 행마다 0부터 행 번호까지 반복하면서 '*'를 출력합니다. 그리고 한 개의 행이 끝날 때마다 줄바꿈합니다.

Level Up 5-8   키보드로 문자를 입력받아서 2진수로 출력하는 프로그램을 작성하세요.

배경 지식

만약 입력받은 문자가 'A'라면 2진수 01000001을 출력해야 합니다. 이를 위해 다음과 같은 과정으로 처리합니다.

· 문자는 8비트 크기이기 때문에 아래와 같은 두 가지 처리를 7부터 0까지 반복합니다.
· 비트 오른쪽 이동 연산자('>>')를 사용해서 문자를 오른쪽으로 i 비트 이동합니다.
· 이동한 값을 1과 비트 AND 연산('&')해서 가장 오른쪽에 있는 한 개의 비트를 제외한 나머지 7개 비트를 0으로 변환하여 결과를 출력합니다.

처리 과정

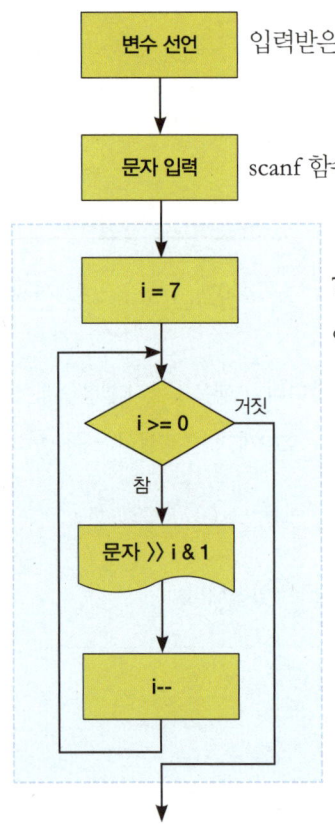

입력받은 문자를 저장할 변수를 선언합니다.

scanf 함수를 사용해서 키보드로 문자를 입력합니다.

7부터 0까지 반복하면서 문자를 i 비트만큼 오른쪽으로 이동하고, 이를 1과 비트 AND 연산한 결과를 출력합니다.

```
01 #include <stdio.h>
02
03 int main()
04 {
05      char ch;
06      int i;
07
08      printf("문자를 입력하세요 : ");
09      scanf("%c", &ch);                        ─── 문자를 입력하여 ch에 저장합니다.
10
11      for(i = 7; i >= 0; i--)                  ─── 7부터 0까지 반복하면서 2진수를 출력합니다.
12          printf("%2d", ch >> i & 1);
13
14      return 0;
15 }
```

실행결과

```
문자를 입력하세요 : A
 0 1 0 0 0 0 0 1
```

해설

· **11~12** : 문자를 2진수로 출력하기 위해 가장 왼쪽에 있는 7번째부터 0번째 비트까지 반복하면서 처리합니다. 이를 위해 7부터 0까지 반복하도록 for문을 구성했고, 문자를 i비트만큼 오른쪽으로 이동 연산('>>'), 이 값을 다시 1과 비트 AND 연산('&')합니다. 만약 입력받은 문자가 'A'라면 아래와 같은 방식으로 처리합니다.

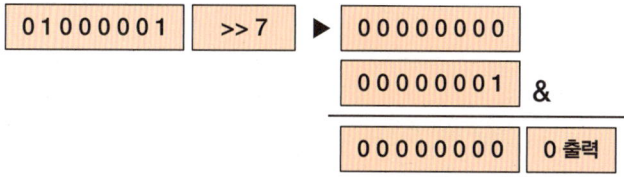

Part 05. 제어문 273

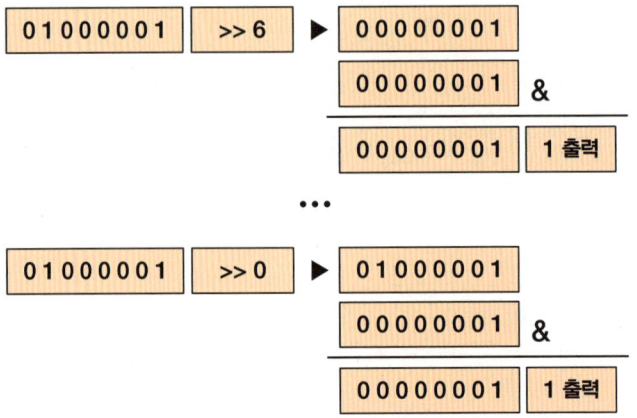

분기문

분기문은 지정된 위치로 제어가 이동하는 명령입니다. 제어 블록을 종료하거나 명령어의 수행 위치를 다른 곳으로 옮길 때 사용합니다. C 언어에서 제공하는 분기문의 종류는 break, continue, goto, return 등이 있습니다.

1 break문

break는 while, do~while, for문 등과 같은 반복문이나 switch문을 탈출하는데 사용합니다. 이때 break에서 가장 가까운 반복 또는 switch 블록을 종료합니다. break의 사용 형식은 그냥 break 명령만 사용하면 되고, 그러면 한 개의 반복문 또는 switch 문을 벗어날 수 있습니다.

사용형식
`break;`

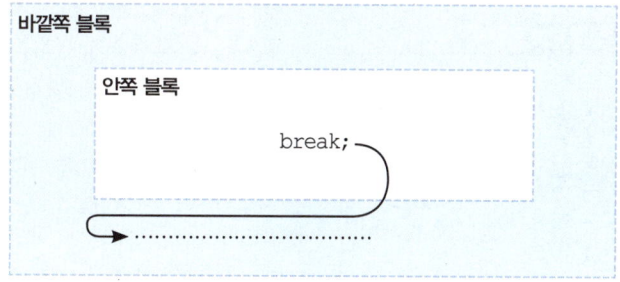

break는 switch, while, do~while, for 블록을 탈출합니다.

break는 가장 인접해 있는 1개의 블록만 탈출합니다.

예제 5-17 break를 사용해서 1부터 5까지 출력하는 프로그램입니다.

```c
01 #include <stdio.h>
02
03 int main()
04 {
05     int i = 1;
06
07     while(1) {
08         if(i > 5)
09             break;
10         else
11             printf("i = %d\n", i);
12         i++;
13     }
14
15     return 0;
16 }
```

> 만약 i가 5보다 크면 while 블록을 종료합니다.

> 만약 i가 5보다 크지 않으면 i의 값을 출력합니다.

실행결과

```
i = 1
i = 2
i = 3
i = 4
i = 5
```

해설

- **05~07** : 1부터 5까지 출력하는 프로그램입니다. i를 1로 초기화하고, while문을 사용해서 i가 5가 될 때까지 반복 처리합니다. 'while(1)'은 조건식이 1이기 때문에 언제나 참이 되어 무한 루프로 처리됩니다. 'while(1)'은 'for(;;)'와 동일합니다.
- **08~11** : while 블록이 무한 루프이기 때문에 if문에서 i가 5보다 크면 break를 사용해서 제어 블록을 종료합니다. 하지만 i가 5보다 크지 않으면 i를 출력합니다.

예제 5-18 1 + 2 + ... + n이 500을 넘을 때까지의 합을 출력하는 프로그램입니다.

```
01  #include <stdio.h>
02
03  main()
04  {
05      int i, sum = 0;
06
07      for(i = 1;; i++) {
08          if(sum > 500)
09              break;
10          else
11              sum = sum + i;
12      }
13      printf("i = %d, sum = %d\n", i-1, sum);
14
15      return 0;
16  }
```

for문에는 조건식이 생략되어 있기 때문에 무한 반복합니다.

sum이 500보다 크면 for 블록을 종료합니다.

실행결과

```
i = 32, sum = 528
```

해설

- **07** : 이 프로그램은 1부터 n까지의 합이 500을 넘을 때, 그 합을 출력합니다. 합이 500을 초과할 때까지 반복하기 때문에 i를 사용해서 for 블록의 종료 조건을 만들 수 없습니다. 그래서 무한 반복하기 위해 for문의 조건식을 생략했습니다.
- **08~11** : 위의 for문에서 조건식을 사용하지 않고 if문으로 종료 조건을 검사합니다. sum이 500보다 크면 break문을 사용해서 for 블록을 탈출합니다. 이렇게 처리한 이유는 단지 break의 사용 방법에 대해 설명하기 위해서입니다. 만약 if문과 break를 사용하지 않고 for문만으로 처리한다면 다음과 같이 수정할 수 있습니다.

```
for(i = 1; sum <= 500; i++) {
    sum = sum + i;
}
```

· 13 : i와 sum의 값을 출력합니다. i는 합이 500을 초과했을 때의 값입니다. 여기서 'i'가 아니라 'i-1'을 출력하는 이유는, for문에서 for 블록을 탈출할 때 for문의 증감식에서 i를 1 증가시킨 후에 조건식을 검사하기 때문입니다. 그래서 i에서 1을 뺀 값을 출력해야 됩니다.

2 continue문

break는 블록을 탈출하는 기능을 수행하지만, continue는 반복문의 블록 끝으로 이동합니다. 사용 방법은 그냥 continue문만 사용하면 됩니다.

사용형식
continue;

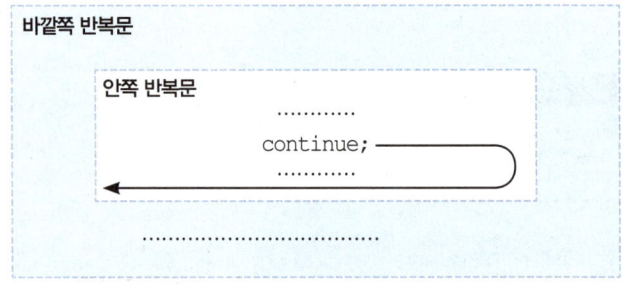

continue문은 현 단계의 반복문 끝으로 이동합니다. 결국 while과 do~while문에서는 해당 블록의 조건식으로 이동하고, for문은 증감식으로 이동하게 됩니다. break는 제어 블록을 종료하는데 사용한다면, continue문은 반복 블록의 내용을 부분적으로 처리하지 않을 때 사용합니다.

> continue문은 반복 블록의 끝으로 이동합니다. 결국 while, do~while문은 조건식으로 이동하고, for문에서는 증감식으로 이동합니다.

예제 5-19 1부터 100까지에서 3의 배수의 합을 출력하는 프로그램입니다.

```
01  #include <stdio.h>
02
03  int main()
04  {
05      int i, sum = 0;
06
07      for(i = 1; i <= 100; i++) {
08          if((i % 3) != 0)
09              continue;
10          else
11              sum = sum + i;
12      }
13
14      printf("1부터 100사이에서 3의 배수의 합 = %d\n", sum);
15
16      return 0;
17  }
```

- 07: 1부터 100까지 반복 처리합니다.
- 08~11: i가 3의 배수인지 검사해서 아니면 for문의 증감식으로 이동하고, 3의 배수면 합을 누적합니다.
- 14: 1부터 100 사이에 있는 3의 배수의 합을 출력합니다.

실행결과

1부터 100사이에서 3의 배수의 합 = 1683

해설

· **08~11** : 3의 배수는 3으로 나눈 나머지가 0인 수입니다. 만약 3으로 나눈 나머지가 0이 아니면 3의 배수가 아니기 때문에 변수 sum에 누적하지 않습니다. 이때 continue문을 사용합니다. if의 조건식이 참이면 continue문에 의해 for 블록의 끝으로 이동합니다. 즉, for문의 증감식 위치로 이동합니다. 이 프로그램을 다음과 같은 방식으로 수정할 수 있습니다.

방법 1

```
for(i = 3; i <= 100; i+=3)
    sum += i;
```

방법 2

```
for(i = 1; i <= 100; i++)
    if((i % 3) == 0)
        sum += i;
```

예제 5-20 키보드로 입력받은 알파벳 대문자의 ASCII 코드를 10진수, 16진수, 8진수로 출력하는 프로그램입니다.

```
01  #include <stdio.h>
02
03  int main()
04  {
05      char ch;
06
07      while((ch = getche()) != '*') {
08          if((ch < 'A') || (ch > 'Z'))
09              continue;
10          else
11              printf("%4c, %4d, %4x, %4o\n", ch, ch, ch, ch);
12      }
13
14      return 0;
15  }
```

- 키보드로 입력한 문자가 '*'가 아니면 while 블록을 반복 처리합니다.
- 변수 ch의 값이 대문자가 아니면 while 블록의 조건식으로 이동합니다.
- ch의 값을 문자, 10진, 16진, 8진수로 출력합니다.

실행결과

```
A    A,   65,   41,   101
B    B,   66,   42,   102
C    C,   67,   43,   103
F    F,   70,   46,   106
```

해설

- **07** : 키보드로 입력받은 문자가 알파벳 대문자일 경우에만 ASCII 코드를 출력하는 프로그램입니다. getche 함수를 사용해서 문자를 입력받고, 입력받은 문자를 변수 ch에 저장합니다. 만약 입력받은 문자가 '*'가 아니면 반복 처리하고, 그렇지 않으면 while 블록을 종료합니다.
- **08~09** : 만약 ch의 값이 대문자면 ASCII 코드를 10진, 16진, 8진수 형태로 출력하고, 아니면 continue문에 의해 while문의 조건식으로 이동합니다. 대문자는 'A'보다 크거나 같고, 'Z'보다는 작거나 같은 범위를 갖기 때문에 조건식 (ch < 'A') || (ch > 'Z')는 대문자가 아닌 경우에 참이 됩니다.

3 goto문

goto문은 지정된 레이블(label)로 무조건 분기하는 명령입니다. 레이블은 일반적인 변수 이름과 같은 식별자 사용 규칙에 맞게 작성하고, 레이블 이름 뒤에 콜론(':')을 붙입니다.

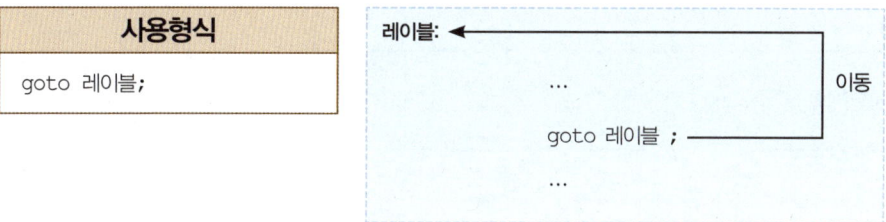

goto문은 강제적으로 무조건 분기하기 때문에 프로그램이 복잡해지는 단점이 있어서 구조적으로 프로그래밍 하는데 장애가 됩니다. 그래서 거의 사용하지 않고 있으며, 사용하지 말 것을 권장합니다.

goto문은 지정된 레이블로 무조건 분기합니다.

goto문을 사용하면 프로그램의 제어 구조가 복잡해지기 때문에 사용하지 않는 것이 좋습니다.

예제 5-21 goto문을 사용해서 1부터 100까지의 합을 구하는 프로그램입니다.

```
01  #include <stdio.h>
02
03  int main()
04  {
05      int cnt = 1, sum = 0;
06
07      while(1) {
08          if(cnt <= 100)          ── cnt의 값이 100보다 작거나 같으면 합을 누적합니다.
09              sum = sum + cnt;
10          else
11              goto print;         ── if문의 조건식이 거짓이면 print 레이블로 무조건 이동합니다.
12          cnt++;
13      }
14      print:
15      printf("1부터 100까지의 합 : %d\n", sum);
16
17      return 0;
18  }
```

실행결과

1부터 100까지의 합 : 5050

해설

- **07** : while(1)이므로 무한 반복합니다.
- **08~12** : 무한 루프를 돌면서 if문의 조건식에 따라서 반복문을 처리합니다. 변수 cnt의 값이 100보다 작거나 같으면 변수 sum에 누적하고, 그렇지 않으면 print 레이블로 분기합니다. print 레이블은 while 블록 바깥에 있기 때문에 goto문을 사용해서 반복문을 탈출하게 됩니다. while 블록을 goto문으로 처리하지 않으면 다음과 같이 수정할 수 있습니다.

```
while(cnt <= 100) {
    sum = sum + cnt;
    cnt++;
}
printf("1부터 100까지의 합 : %d\n", sum);
```

레이블은 책에 레이블을 붙여서 지정된 페이지로 한 번에 옮겨 갈 수 있는 것처럼 프로그램의 특정한 위치를 표시하는 것입니다. 레이블도 식별자의 한 종류이기 때문에 식별자 사용 규칙에 맞게 레이블 이름을 만들고, 레이블 이름 뒤에 콜론(:)을 붙이면 됩니다.

4 return문

return문은 현재 수행 중인 함수를 종료하고 해당 함수를 호출했던 곳으로 복귀하는 명령입니다. return문에 대한 보다 자세한 설명은 9장에서 하기로 하고 여기서는 return문의 형식만 간단히 설명하겠습니다.

return문의 형식

❶ return;
현재 함수를 종료합니다.
❷ return 식;
현재 함수를 종료하면서 식의 값을 호출했던 곳으로 반환합니다.

제어문의 정리

제어문은 프로그램에서 수행되는 명령어의 흐름을 제어하는 명령입니다. 제어 방법에 따라 다음과 같은 세 가지로 구분할 수 있습니다.

제어문 ┬ **선택문** : if~else, switch문
       ├ **반복문** : while, do~while, for문
       └ **분기문** : break, continue, goto, return문

뛰어넘기 **난수를 사용해서 로또 프로그램 작성하기**

로또는 1부터 45까지의 숫자 중에서 6개로 구성됩니다. 임의로 1~45의 숫자를 생성해야 되는데, 이때 난수(random number)를 사용하면 됩니다. C언어는 난수를 생성하는 rand 함수를 제공하는데, 이 함수는 0부터 32,767까지의 숫자를 임의로 만들어줍니다. 하지만 로또는 1부터 45까지의 숫자로만 구성되기 때문에 0~32,767의 숫자를 변환해야 됩니다. 즉, 모든 숫자를 1~45 범위로 만들어야 되는데, 이를 위해 나머지 연산을 사용하면 됩니다.

나머지 연산은 0부터 n-1까지의 숫자를 만들어 내는데, 어떤 수를 10으로 나눈 나머지는 0~9까지의 수를, 20으로 나눈 나머지는 0~19까지의 수를 생성합니다. 이를 활용해서 어떤 수라도 45로 나눈 나머지는 무조건 0부터 44까지로 한정됩니다. 여기에 1을 더하면 1부터 45까지의 숫자가 만들어집니다. 이를 rand 함수를 사용해서 식으로 표현하면 다음과 같습니다.

```
num = rand( ) % 45 + 1;
```

예제 5-22 rand 함수를 사용한 로또 프로그램입니다.

```
01 #include <stdio.h>
02 #include <stdlib.h>
03
04 int main()
05 {
06      int num;
07      int i;
08
09      for(i = 0; i < 6; i++) {
10          num = rand() % 45 + 1;
11          printf("%d ", num);
12      }
13
14      return 0;
15 }
```

실행결과

```
41 3 11 2 8 1
```

해설

- **02** : rand 함수를 사용하기 위해선 stdlib.h를 include 해야 됩니다.
- **09~12** : 로또는 1부터 45까지의 수 6개로 구성되기 때문에 for문을 사용해서 6번 반복하고, rand 함수로 얻어진 난수를 45로 나눈 나머지에 1을 더해서 1~45 범위의 숫자로 변환합니다.

로또는 실행할 때마다 다른 6개의 숫자가 나와야 되는데, 정작 [예제 5-22]를 실행하면 매번 똑같은 숫자가 출력됩니다. 로또 번호가 매회 같다면 문제가 있겠죠. 이를 해결하기 위해 난수를 발생시킬 때 초기값을 부여하는 방법을 사용할 수 있고, srand 함수를 이용합니다.

```
srand(time(NULL));
```

srand 함수는 난수를 생성할 때 초기값을 설정하는 기능을 수행합니다. 함수의 괄호 안에 초기값을 지정하면 되는데, 매번 다른 난수를 발생시키기 위해선 언제나 다른 값을 설정해야 됩니다. time 함수는 1970년 1월 1일 0시 0분 0초를 기준으로 현재까지 경과한 시간을 초로 환산해줍니다. 시간은 계속 흐르기 때문에 time 함수를 호출했을 때의 결과는 매번 달라질 수밖에 없습니다. 이런 특징을 이용해서 srand 함수에 시간을 지정하면 언제나 다른 값으로 초기화됩니다.

예제 5-23 srand 함수를 사용해서 매번 다른 로또 번호를 생성하는 프로그램입니다.

```
01 #include <stdio.h>
02 #include <stdlib.h>
03 #include <time.h>
04
05 int main()
06 {
07     int num;
08     int i;
09
10     srand(time(NULL));
11     for(i = 0; i < 6; i++) {
12         num = rand() % 45 + 1;
```

```
13            printf("%d ", num);
14        }
15
16        return 0;
17  }
```

실행결과

```
6 31 38 8 3 14
```

해설

- **03** : time 함수를 사용하기 위해선 time.h를 include 해야 됩니다.
- **10** : srand 함수를 사용해서 난수 생성을 위한 초기값을 설정합니다. time 함수를 호출할 때마다 매번 다른 값이 만들어지고, 이를 활용하면 프로그램을 실행할 때마다 다른 난수를 발생시킬 수 있습니다.

아직 로또 프로그램이 완성되지 않았습니다. 이 프로그램을 실행하면 매번 다른 난수가 생성되지만 중복된 값이 만들어질 때가 있습니다. 로또는 1부터 45까지의 숫자 6개로 구성되고, 중복값을 허용하지 않기 때문에 이 문제를 해결해야 됩니다. 6개의 난수 중에서 중복값을 제거하는 프로그램은 6장 끝에서 설명하겠습니다.

연습문제

01 다음 중 C 언어에서 사용하는 반복문이 아닌 것은?

① for　　　② switch　　　③ while　　　④ do~while

02 다음 중 break문과 관계가 없는 것은?

① if　　　② for　　　③ switch　　　④ while

03 다음과 같은 while문을 for문으로 올바르게 변환한 것은?

```
cnt = 0;
while(cnt <= 100) {
    sum += cnt;
    cnt++;
}
```

①
```
for(cnt = 0; cnt <= 100; cnt+1)
    sum += cnt;
```

②
```
for(cnt = 0; cnt < 100; cnt+1)
    sum += cnt;
```

③
```
for(cnt = 0; cnt <= 100;)
    sum += cnt;
    cnt++;
```

④
```
for(cnt = 0; cnt <= 100; cnt++)
    sum += cnt;
```

04 switch문의 사용 용도에 대해서 설명하시오.

05 break와 continue문의 용도에 대해 설명하시오.

06 C 언어가 제공하는 제어문의 종류에 대해 설명하시오.

07 while문과 do~while문의 차이점에 대해 설명하시오.

08 while문과 for문이 주로 사용되는 경우를 비교 설명하시오.

01 1부터 100까지에서 짝수의 합을 각각 while, for, do~while문을 이용해서 구하시오.

02 반복문을 사용해서 다음과 같은 결과가 출력되는 프로그램을 작성하시오.

```
        *
       ***
      *****
     *******
    *********
```

03 정수를 두 개 입력 받아서, 그 값을 각각 m과 n이라고 한다면 m부터 n까지의 합을 출력하는 프로그램을 작성하시오.

04 다음과 같은 결과를 출력하는 프로그램을 작성하시오.

```
A
AB
ABC
ABCD
ABCDE
   ...
ABCDEFGHJKLMNOPQRSTUVWXY
ABCDEFGHJKLMNOPQRSTUVWXYZ
```

05 문자를 10번 입력받아서 각각의 문자의 ASCII 코드만큼 '*'를 출력하는 프로그램을 작성하시오.

06 for문을 사용해서 10!을 출력하는 프로그램을 작성하시오.

07 2부터 1000사이의 소수의 합을 출력하는 프로그램을 작성하시오.

08 국어, 영어, 수학 점수를 입력받아서 총점, 평균을 구하고, 평균에 맞는 학점을 출력하는 프로그램을 작성하시오. 단, 평균은 소수점 이하 2자리까지 구하고, 'N'이 입력될 때까지 반복 수행합니다.

09 문자를 입력받아서 2진수를 역순으로 출력하는 프로그램을 작성하시오.

10 정수를 입력받아서 그 정수를 표현하는데 필요한 유효 비트수를 출력하는 프로그램을 작성하시오.

> **예**
>
> 입력 : 18
> 유효 비트 : 5

11 16비트의 부호 없는 정수형 데이터를 오른쪽으로 1비트 이동하면 오른쪽에 있는 비트가 제거됩니다. 이때 제거되는 비트를 왼쪽의 최상위 비트에 채워 넣는 오른쪽 로테이션(right rotation) 프로그램을 작성하시오.

MEMO

PART 06

배열과 포인터

포인터는 메모리의 주소를 저장하기 위한 자료형이고, C 언어의 대표적인 기능입니다. 포인터를 사용하면 메모리에 접근해서 임의의 위치에 있는 데이터를 처리할 수 있기 때문에 하드웨어 제어 및 정밀한 처리가 가능합니다. 하지만 포인터를 잘못 사용하면 심각한 시스템 오류를 발생시킬 수 있다는 점도 유의해야 합니다. C 언어는 배열을 처리할 때 포인터를 이용하기 때문에 배열과 포인터의 관계를 제대로 이해할 필요가 있습니다.

이 장에서는 포인터에 대한 정의와 사용 방법, 배열의 사용 방법 등에 관해 설명합니다. 포인터와 배열의 연관성에 대한 보다 자세한 설명은 7장에서 다룹니다.

포인터

1 포인터란?

모든 데이터는 메모리에 저장되기 때문에 데이터를 참조하기 위해서는 데이터가 저장된 위치, 즉 주소(address)를 지정해야 됩니다. 일반적으로 메모리는 1바이트 단위로 주소가 매겨져 있는데, 메모리의 제일 앞에 있는 첫 번째 바이트 주소는 0이고, 1바이트씩 증가할 때마다 주소가 1씩 증가합니다.

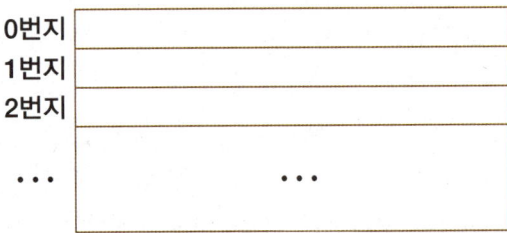

메모리의 주소 지정

프로그램에서 변수를 선언하면 컴파일러는 해당 변수를 메모리에 할당합니다. 다음과 같이 선언한 경우를 살펴보겠습니다.

```
int *pa;
int a = 10;
```

int형 변수 a와 int형 포인터 변수 pa를 선언했고, 컴파일러는 a와 pa를 메모리에 할당합니다. int형 변수의 크기는 4바이트이기 때문에 a와 pa는 메모리에 각각 4바이트를 확보합니다. 만약 변수 pa가 메모리 100번지에 위치하고, a는 104번지에 위치한다면 다음 그림과 같은 구조가 됩니다.

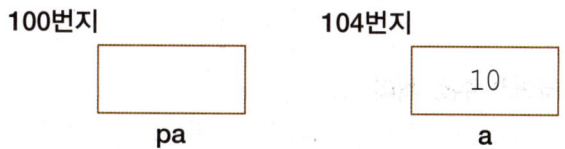

이 상태에서 포인터 변수 pa에 변수 a의 주소를 대입하는 다음과 같은 문장을 수행합니다.

```
pa = &a;
```

주소 연산자 '&'를 사용하여 변수 a의 주소를 pa에 대입합니다.

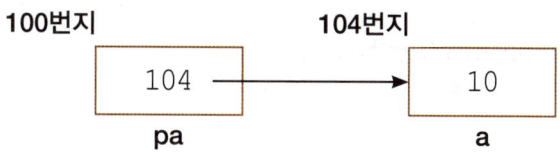

변수 a가 위치한 주소가 104번지이기 때문에 해당 주소를 포인터 변수 pa에 대입합니다. 이처럼 일반적인 데이터가 아닌, 주소를 값으로 저장할 수 있는 것을 포인터라고 합니다. 결국 포인터란 메모리의 주소를 값으로 취하는 자료형입니다.

포인터(pointer)는 메모리의 주소를 저장하는데 사용하는 자료형입니다.

주소 연산자 '&'는 변수가 위치한 메모리의 주소를 알아냅니다.

뛰어넘기 — 컴퓨터에서 주소 처리

컴퓨터는 실행할 프로그램을 주기억장치에 적재(load)하고, 이를 CPU가 처리합니다. 이때 CPU는 명령어와 데이터를 읽어서 CPU 안에 있는 레지스터(register)에 임시로 보관합니다. CPU의 레지스터는 여러 가지 종류가 있고, 명령어와 데이터를 처리하기 위해 다음과 같은 레지스터들이 사용됩니다.

- **PC(Program Counter)** : 주기억장치로부터 읽어올 명령어의 주소를 저장
- **IR(Instruction Register)** : 실제 명령어를 저장
- **MAR(Memory Address Register)** : 처리할 데이터의 주소를 저장
- **MBR(Memory Buffer Register)** : 실제 데이터를 저장

이와 같은 레지스터들은 다음과 같은 순서로 동작합니다.

❶ 주기억장치로부터 명령어 읽어 오기
  IR ← 메모리[PC] : PC가 갖고 있는 주기억장치의 주소로부터 명령어를 읽어서 IR에 저장합니다.

❷ 주기억장치로부터 데이터를 읽어 오기
  MBR ← 메모리[MAR] : MAR이 갖고 있는 주기억장치의 주소로부터 데이터를 읽어서 MBR에 저장합니다.

❸ 명령어의 실행

CPU는 주기억장치에 접근하기 위해 주소를 지정하여 명령어나 데이터를 읽어옵니다. 결국 주기억장치는 주소를 사용해서 저장할 명령어나 데이터의 위치를 구분하고, CPU는 주소를 통해 주기억장치로부터 필요한 정보를 읽어옵니다. 이때 주소 지정에 사용되는 레지스터의 크기는 주기억장치의 용량과 밀접한 연관이 있습니다. 만약 1M(2^{20}) 바이트의 주기억장치를 사용한다면 20비트 크기의 주소가 필요하고, 레지스터의 크기도 20비트가 되어야 합니다.

C 언어에서 사용되는 포인터의 크기가 4 또는 2바이트인 이유도 여기에 있습니다. 만약 포인터가 4바이트라면 4G(2^{32}) 바이트의 공간을 처리할 수 있고, 2바이트라면 64K(2^{16}) 바이트를 처리할 수 있습니다.

2 포인터의 사용 방법

포인터의 선언

포인터는 주소를 처리하기 때문에 일반 변수와 구분해야 합니다. 포인터를 선언하는 방법은 다음과 같습니다.

> **포인터의 선언 방법**
> 자료형 *포인터;

포인터 변수를 선언할 때 일반 변수와 구분하기 위해 변수 이름 앞에 '*'를 붙입니다. 여기서 사용된 '*'는 간접 주소 연산자('*')와는 다른 기능입니다. 포인터를 선언할 때 사용하는 '*'는 단지 포인터라는 표시일 뿐입니다.

 `int a = 10;` → int형 변수 a를 선언하고, 10으로 초기화합니다.
　　`int *pa;`　　→ int형 데이터를 가리키는 포인터 pa를 선언합니다.
　　`pa = &a;`　　→ 변수 a의 주소를 포인터 pa에 대입합니다.

포인터 변수를 선언할 때 변수 앞에 붙이는 '*'는 포인터 변수라는 표시입니다.

포인터 변수의 자료형

포인터 변수에 대해 좀 더 자세하게 살펴보겠습니다.

포인터 변수는 주소를 처리하기 때문에 일반 변수의 자료형과 차이점이 있습니다. 자료형이 포인

터에서 사용될 때 다음과 같은 뜻을 가집니다.

일반 변수	자료형을 사용해서 변수를 선언하면 해당 변수를 메모리에 생성하라는 의미입니다. 이때 자료형은 변수의 크기와 변수가 처리할 데이터의 성격을 지정하는 역할을 합니다.
포인터	포인터 변수를 선언할 때 사용하는 자료형은 포인터 자체의 크기와 성격이 아니고 포인터 변수가 가리키고 있는 주소에 저장된 값의 자료형입니다.

컴퓨터의 메모리는 주소를 사용해서 저장할 데이터의 위치를 지정합니다. 이때 주소의 크기는 시스템마다 다른데, 일반적으로 4바이트(윈도우, Unix, Linux인 경우)이고, 양의 정수만을 사용합니다. 그렇기 때문에 주소를 값으로 취하는 포인터의 크기는 자료형에 상관없이 4바이트입니다. 이런 이유 때문에 포인터의 자료형은 포인터 자체의 크기와 성격을 정하는 것이 아니고 포인터가 가리키고 있는 주소에 보관된 값의 종류가 무엇인지를 나타냅니다. 이렇게 해야만 포인터 변수가 가리키고 있는 주소로부터 데이터를 읽어올 때 어느 정도 크기를 읽어올지를 알 수 있습니다.

```
char *pch;  → ❶
int *pi;    → ❷
double *pd; → ❸
```

❶의 경우, 포인터 변수 pch의 자료형이 char입니다. 이것은 pch 자체의 크기와 성격을 의미하는 것이 아닙니다. 만약 pch가 갖고 있는 주소 값이 100이라면, 그 주소에 저장된 값이 char형이라는 뜻입니다. 포인터의 자료형은 포인터 변수 자체의 크기나 성격과는 상관없습니다.
❷는 pi가 가리키고 있는 주소에 int형 값이 있다는 의미이고, ❸은 pd가 가리키고 있는 주소에 double형 값이 저장되어있다는 의미입니다.

그렇다면 포인터를 이런 방법으로 처리하는 이유는 무엇일까요?
그 이유는 간단합니다. 포인터는 주소를 이용해서 특정한 위치에 있는 값을 간접적인 방법으로 처리하는 역할을 하기 때문입니다. 즉, 포인터를 사용해서 특정 주소로부터 값을 읽어올 때, 그 주소에서 얼마만큼의 데이터를 읽을지 결정해야 하는데 이때 포인터 변수의 자료형이 사용됩니다. ❶은 char로 선언되었기 때문에 지정된 주소로부터 1바이트만 읽어옵니다. ❷는 4바이트, ❸은 8바이트 크기의 데이터를 읽어옵니다. 포인터의 자료형에 대해서 정리하면 다음과 같습니다.

> 포인터 변수의 자료형은 포인터가 가리키고 있는 주소에 저장된 값의 자료형을 뜻합니다.

만약 다음과 같이 처리한다면 어떻게 될까요?

```
int a, *pa;
char b, *pb;

pa = &a;
pb = &a;    ← ❶
pb = pa;    ← ❷
```

❶은 char형 포인터 변수 pb에게 int형 변수 a의 주소를 대입했습니다. 포인터 변수의 자료형과 대입한 변수의 자료형이 일치하지 않기 때문에 포인터 변수 pb를 사용해서 메모리로부터 얼마만큼의 데이터를 읽어야 할지 알 수 없습니다. 이런 경우에는 포인터에 대한 대입 연산이 애매모호하다는 경고 메시지가 출력됩니다.

❷는 서로 다른 자료형의 포인터 변수 간에 대입 연산을 했습니다. C 언어는 포인터 변수를 다른 포인터 변수에 대입할 때 자료형을 엄격히 검사합니다. 그렇기 때문에 서로 다른 자료형의 포인터 변수를 대입하면 컴파일 오류가 발생합니다.

메모리의 주소는 양의 정수만을 4바이트 크기로 사용합니다.

포인터 변수의 자료형은 포인터가 가리키고 있는 주소에 저장된 값의 자료형을 나타냅니다.

포인터 변수는 주소를 값으로 갖기 때문에 포인터의 자료형에 상관없이 모두 동일한 크기입니다.

서로 다른 자료형의 포인터 변수 간에 대입 연산은 컴파일 오류입니다.

예제 6-1 포인터 변수의 크기를 출력하는 프로그램입니다.

```
01  #include <stdio.h>
02
03  int main()
04  {
05      char *pch;
06      int *pi;
07      double *pd;
08
09      printf("pch의 크기 = %d\n", sizeof(pch));
10      printf("pi의 크기 = %d\n", sizeof(pi));
11      printf("pd의 크기 = %d\n", sizeof(pd));
12
13      return 0;
14  }
```

05~07: 포인터 변수 pch, pi, pd를 선언합니다.

09~11: sizeof 연산자를 사용해서 포인터 변수의 크기를 출력합니다.

실행결과

```
pch의 크기 = 4
pi의 크기 = 4
pd의 크기 = 4
```

해설

- **05~07** : 포인터 변수를 선언할 때는 변수 이름 앞에 '*'를 붙여서 일반 변수와 구분합니다. pch, pi, pd는 각각 char, int, double형 포인터 변수입니다.
- **09~11** : 포인터 변수는 주소를 값으로 취하기 때문에 자료형에 상관없이 같은 크기를 갖습니다. pch, pi, pd는 각각 char, int, double형이지만 4바이트 크기의 주소를 값으로 갖는 포인터이므로 전부 같은 크기가 됩니다.

주소 연산자

포인터와 관련된 주소 연산자는 다음과 같은 두 가지를 사용합니다.

연산자	이 름	설 명
&	주소 연산자	지정된 변수의 주소를 구합니다.
*	간접 주소 연산자	포인터가 갖고 있는 주소에 저장되어 있는 값을 구합니다.

'&'와 '*'는 피연산자가 한 개뿐인 단항 연산자입니다. '&'는 지정된 변수의 주소를 구합니다. 보다 자세히 설명하면, 해당 변수가 위치한 곳의 메모리 시작 주소를 구합니다. 변수의 크기가 1바이트를 넘을 수 있기 때문에, 그 변수가 점유하고 있는 메모리 영역은 여러 주소에 걸쳐 있을 수 있습니다. 그렇기 때문에 시작 주소를 구하는 것입니다. 참고로 '&' 연산자는 피연산자로 변수만 사용할 수 있습니다.

'*'는 주소에서만 사용할 수 있고, 대입 연산자의 왼쪽에서 사용되는 경우와 그렇지 않은 경우에 처리 방법이 달라집니다. 다음의 두 가지 경우를 살펴보겠습니다.

```
int a = 10, b, *p;
p = &a;
b = *p;        → ❶
*p = 20;       → ❷
```

int형 변수 a를 10으로 초기화하고, 포인터 변수 p에 a의 주소를 대입했습니다.

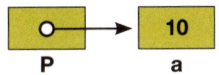

❶은 '*' 연산자를 대입 연산자의 오른쪽에서 사용한 경우입니다. 포인터 변수 p가 가리키고 있는 주소에서 값을 읽어오라는 의미입니다. 즉, p가 갖고 있는 주소인 변수 a로부터 값을 읽어 옵니다. 반면에 ❷는 '*'를 대입 연산자의 왼쪽에서 사용했습니다. 이는 포인터 변수 p가 가리키고 있는 주소에 20을 저장하라는 뜻입니다. 즉, 포인터 변수 p가 갖고 있는 주소인 변수 a에 20을 저장하게 됩니다. 이처럼 '*' 연산자가 사용되는 위치에 따라 다르게 동작하는 것은 일반 변수도 마찬가지입니다.

```
int a = 10, b;
b = a;          → ❶
a = 20;         → ❷
```

❶은 변수 a가 갖고 있는 값을 b에 대입하는 문장입니다. 변수 a는 메모리의 특정 주소에 위치하기 때문에, 결국 변수 a가 위치한 주소로부터 값을 읽어서 변수 b에 대입합니다. 반면에 ❷는 변수 a가 위치한 주소에 20을 대입합니다.

주소 연산자
- & : 지정된 변수가 위치한 메모리의 시작 주소를 구합니다.
- * : 지정된 주소에 저장된 값을 구합니다.

간접 주소 연산자 '*'의 사용
- 대입 연산자의 오른쪽 : 포인터 변수가 가리키고 있는 주소에 저장된 값을 읽어옵니다.
- 대입 연산자의 왼쪽 : 포인터 변수가 가리키고 있는 주소에 값을 저장합니다.

예제 6-2 포인터 변수를 사용해서 간접적인 방법으로 처리하는 프로그램입니다.

```
01  #include <stdio.h>
02
03  int main()
04  {
05      char ch = 'A', *pch;        ── char형 변수 ch와 포인터 변수 pch를 선언합니다.
06      int a = 25, *pa;            ── int형 변수 a와 포인터 변수 pa를 선언합니다.
07
08      pch = &ch;
09      pa = &a;                    ── 포인터 변수 pch와 pa를 초기화합니다.
10
11      printf("&pc = %d, ch = %c\n", &ch, ch);
12      printf("pch = %d, *pch = %c\n", pch, *pch);
13      printf("&a = %d, a = %d\n", &a, a);
14      printf("pa = %d, *pa = %d\n", pa, *pa);
15
16      return 0;
17  }
```

실행결과

```
&pc = 2293431, ch = A
pch = 2293431, *pch = A
&a = 2293424, a = 25
pa = 2293424, *pa = 25
```

해설

- **08~09** : 주소 연산자 '&'를 사용해서 char형 변수 ch와 int형 변수 a의 시작 주소를 포인터 pch와 pa에 각각 대입합니다. 그러면 pch와 pa는 ch와 a의 위치를 가리키게 됩니다.

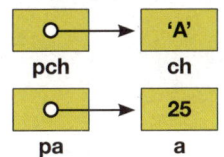

- **11~12** : ch의 시작 주소(&ch)와 ch의 값을 출력합니다. 그리고 pch의 값과 pch가 가리키고 있는 주소에 있는 값(*pch)을 출력합니다. 포인터 변수 pch가 ch의 시작 주소를 갖고 있기 때문에 &ch와 pch의 값은 같습니다. 그리고 *pch는 ch의 값을 의미하기 때문에 *pch와 ch를 출력하면 동일한 값이 출력됩니다.
- **13~14** : &a는 변수 a의 시작 주소이기 때문에 pa가 갖고 있는 값과 같고, *pa는 변수 a에 있는 값을 의미하기 때문에 a의 값과 동일합니다.

포인터 변수가 특정한 변수의 주소를 저장하고 있다면 해당 변수의 값과 포인터 변수에 간접 주소 연산자를 사용한 것은 같은 결과가 됩니다.

3 포인터 사용의 주의 사항

포인터는 일반 변수처럼 사용할 수 있지만 주소를 값으로 취하기 때문에 몇 가지 주의 사항이 있습니다.

사용하기 전에 반드시 초기화해야 합니다.

일반 변수를 초기화하지 않은 상태에서 그냥 사용하면 어떤 값이 보관되어 있는지 알 수 없듯이 포인터도 초기화하지 않으면 알 수 없는 주소를 값으로 갖게 됩니다. 만약 다음과 같이 했다면 어떤 일이 벌어지는지 살펴보겠습니다.

```
int *p;
*p = 10;
```

포인터 변수 p를 초기화하지 않은 상태에서 p가 갖고 있는 주소에 10을 대입했습니다. 이 경우에 p가 갖고 있는 주소가 어떤 값인지 알 수 없기 때문에 10이 어디에 저장될지 예측할 수 없습니다. 만약 p가 갖고 있는 주소값이 시스템에서 중요한 정보가 보관된 메모리 주소라면, 그 곳에 10을 대입하기 때문에 심각한 문제가 발생할 수 있습니다. 이처럼 포인터 변수를 초기화하지 않고 사용하면 어떤 일이 벌어질지 예측할 수 없습니다. 포인터 변수는 사용하기 전에 반드시 다른 변수의 주소로 초기화한 다음에 이용해야 됩니다.

포인터 변수는 주소를 값으로 취하기 때문에 반드시 특정한 메모리 주소를 값으로 지정한 다음에 사용해야 합니다. 그렇지 않으면 문제를 유발할 수 있습니다.

포인터 변수의 자료형을 반드시 지정해야 합니다.

포인터 변수의 자료형은 해당 주소에 저장된 값의 자료형입니다. 간접 주소 연산자('*')를 사용해서 포인터 변수가 가리키고 있는 주소에서 값을 읽을 때, 지정된 시작 주소에서부터 포인터 변수의 자료형 크기만큼 읽어 옵니다. 만약 int형 포인터 변수라면 지정된 주소에서 4바이트 크기의 데이터를 읽어옵니다. 그렇기 때문에 포인터 변수의 자료형을 지정하지 않으면 얼마만큼의 값을 읽어올지 알 수 없어서 처리가 불가능합니다.

일반적으로 포인터 변수를 선언할 때 자료형을 지정하는데, 포인터 변수에 void 형을 사용하는 경우가 있습니다. 포인터 변수에 사용되는 void는 임의의 자료형을 가리키는 것을 의미합니다. 다음의 예를 보겠습니다.

```
#include <stdio.h>

int main()
{
    void *pa;                          // void형 포인터 변수 pa를 선언합니다.
    int a = 20;

    pa = &a;                           // 변수 a의 주소를 pa에 대입합니다.

    printf("*pa = %d\n", *pa);         // pa가 가리키고 있는 주소에 있는 값을
                                       // 출력합니다.
    return 0;
}
```

이 프로그램을 컴파일하면 "Not an allowed type"이라는 오류 메시지가 출력됩니다. 그 원인은 다음과 같습니다.

포인터 변수 pa를 void형으로 선언하고, int형 변수 a의 주소를 대입했습니다. void는 임의의 자료형을 가리킨다는 의미입니다. 포인터 변수의 자료형은 지정된 주소에 있는 값의 자료형을 뜻하는데, 포인터 변수가 void라면 해당 주소에 어떤 자료형이 저장되어 있는지 알 수 없습니다. 그렇기 때문에 void형 포인터 변수를 이용해서 값을 읽어올 때에는 반드시 자료형을 명시해야 합니다. pa가 알고 있는 것은 변수 a의 주소뿐이기 때문에 그것만으로는 얼마만큼의 데이터를 읽어 와야 하는지 알 수 없어서 값을 읽어올 수가 없습니다. 메모리에서 값을 읽어 오기 위해서는 값이 보관된 주소와 읽어올 자료의 길이를 알아야 합니다.

printf 함수에서 pa가 가리키고 있는 주소에서 값을 읽기 위해 주소를 지정했지만 읽어 올 메모리의 크기를 알 수 없으니 오류가 발생하는 것은 당연합니다. void형 포인터 변수를 사용해서 값을 처리하려면 void형을 명시적으로 형변환해야 됩니다. 이를 위해 캐스트 연산자를 사용합니다. 이 프로그램의 마지막에 있는 printf 함수를 올바르게 수정하면 다음과 같습니다.

```
printf("*pa = %d\n", *(int *)pa);
```

*(int *)pa은 캐스트 연산자 (int *)를 사용해서 pa를 int형 포인터로 형변환합니다.

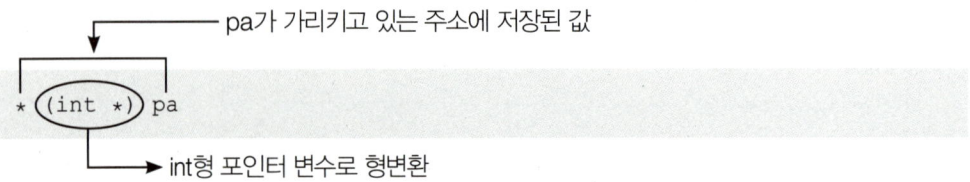

임의의 자료형을 가리키고 있는 void형 포인터 변수를 int형 포인터 변수로 형변환했기 때문에 포인터 변수가 가리키고 있는 메모리에서 4바이트 크기만큼 데이터를 읽어옵니다.

void형 포인터는 임의의 자료형을 가리키는 자료형입니다.

void형 포인터를 사용하는 경우에는 반드시 캐스트 연산자를 사용해서 형변환해야 됩니다.

배열

CHAPTER 02

1 배열의 정의

배열(array)은 동일한 자료형으로 구성된 데이터의 집합입니다. 배열을 처리하기 위해서는 메모리에 연속된 기억 공간이 필요합니다. C 언어에서의 배열은 다음과 같은 세 가지 사항을 명시적으로 정해줘야 됩니다.

배열 요소

배열을 구성하는 각각의 요소들을 배열 요소(array element)라고 부릅니다. 만약 int형으로 구성된 배열이 있다면, 이 배열의 배열 요소는 int형 데이터입니다. 배열을 정의할 때 반드시 배열 요소를 지정해야 됩니다.

배열의 크기

배열은 동일한 자료형이 모여서 만들어지기 때문에 배열 요소의 개수를 지정할 필요가 있습니다. 즉, 몇 개의 배열 요소로 구성되는지를 명시해야 되고, 배열 크기는 양의 정수만 사용할 수 있습니다.

배열 이름

배열은 자료형의 일종이기 때문에 이름을 지정해야 됩니다. 그런데 C 언어에서의 배열 이름은 특이한 점이 있습니다. 배열은 동일한 자료형을 여러 개 묶어 놓았기 때문에 각각의 배열 요소를 대표할 이름이 필요하고, 배열의 시작 위치를 알고 있어야 합니다. 배열명은 해당 배열의 대표 이름임과 동시에 메모리에 연속적으로 배치된 배열의 시작 주소를 뜻합니다. 배열 이름을 배열의 시작 주소로 취급한다는 점을 꼭 기억하세요.

배열을 사용하려면 배열 요소, 배열의 크기, 배열 이름을 지정해야 됩니다.

배열 이름은 해당 배열의 시작 주소입니다.

2 배열의 선언

1,000명 학생의 성적을 처리하기 위해 1,000개의 int형 변수를 선언해서 사용한다고 가정해 보겠습니다.

```
int data0, data1, data2, data3, ..., data999;
```

이처럼 서로 연관성 있는 동일한 성격의 변수들을 선언했을 때, 성적을 입력받거나 합을 구하는 등의 처리를 한다면 불편한 점이 한두 가지가 아닙니다.

```
scanf("%d", &data0);
scanf("%d", &data1);
scanf("%d", &data2);
    ...
scanf("%d", &data999);
sum = data0 + data1 + data2 + ... + data999;
```

변수들을 일일이 지정해서 입력하고, 변수의 개수가 늘어나면 프로그램을 수정하는 일도 만만치 않습니다. 또한 각각을 변수로 선언해서 사용하면 변수 이름을 관리하기도 어렵고, 프로그램이 복잡해집니다. 이처럼 상호 연관성 있는 동일한 자료형을 사용한다면 일반 변수로 선언해서 처리하기보다는 배열을 이용하는 것이 훨씬 효율적입니다.

이런 경우에 다음과 같이 배열을 사용하여 한 개의 이름으로 각각의 변수를 대신할 수 있고, 자료를 보다 효율적으로 처리할 수 있습니다. 배열을 선언하는 방법은 다음과 같습니다.

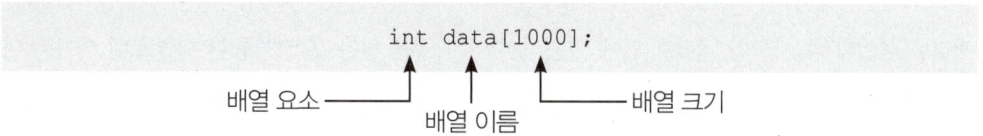

앞에서 1,000개의 서로 다른 변수를 선언한 예를 배열로 처리하면 다음과 같습니다.

```
int data[1000];
```

배열 요소 ── 배열 이름 ── 배열 크기

data라는 이름의 배열은 int형 자료가 1,000개 모여서 만들어집니다. 이렇게 생성된 배열을 사용하기 위해서는 첨자(subscript) 또는 인덱스(index)를 이용합니다. 첨자란 몇 번째 배열 요소인지를 표시하는 인덱스입니다. data 배열은 메모리에 다음과 같은 형태로 배치됩니다.

| data[0] | data[1] | data[2] | data[3] | … | data[999] |

배열은 동일한 자료형을 단일한 이름으로 묶어서 처리할 수 있기 때문에 보다 효율적인 프로그램이 가능해집니다.

배열을 선언할 때 배열의 크기를 지정하기 위해 대괄호([ ])를 사용합니다.

배열을 선언하고 각 배열 요소에 값을 대입하려면 배열 요소의 첨자 또는 인덱스를 지정해서 몇 번째 배열 요소인지를 표시합니다.

배열 크기는 양의 정수만 사용 가능합니다.

(잘못된 예) `int arr[10.5];` → 배열 크기로 실수를 사용할 수 없습니다.

(잘못된 예) `int size =10;`
`int arr[size];` → size는 변수이기 때문에 배열 크기로 사용할 수 없습니다.

C 언어의 배열 첨자는 0부터 시작하고, 각각의 배열 요소들은 일반 변수처럼 사용할 수 있습니다. 만약 3번째 배열 요소에 10을 대입한다면, 다음과 같이 처리합니다.

```
data[3] = 10;
```

배열을 선언할 때 사용한 대괄호 안에 있는 숫자와 배열을 만든 후에 사용한 대괄호의 숫자는 다른 의미입니다.

```
int data[1000];    → 1000은 int형 1000개를 만들라는 배열의 크기를 뜻합니다.
data[3] = 10;      → 3은 data 배열의 3번째 배열 요소를 뜻합니다.
```

배열은 첨자를 사용하기 때문에 유리한 점이 있습니다. 우선 제어문의 반복문을 사용하여 첨자의 증감만으로 손쉽게 배열의 위치를 이동하면서 데이터를 처리할 수 있습니다. 앞에서 변수 1,000개를 선언해서 입력받고 합을 구하는 방법을 배열로 처리한다면 다음과 같이 간단하게 구성할 수 있습니다.

```
int data[1000], sum = 0;

for(i = 0; i < 1000; i++)    → for문을 사용해서 반복적으로 입력받습니다.
    scanf("%d", &data[i]);

for(i = 0; i < 1000; i++)    → for문을 사용해서 합을 구합니다.
    sum = sum + data[i];
```

위의 예를 보면 첨자를 변화시키면서 배열을 손쉽게 처리하고 있다는 것을 알 수 있습니다. 배열은 첨자에 변수를 사용할 수 있기 때문에 첨자로 쓰인 변수의 값을 변경하면서 반복 처리가 가능합니다. 배열은 연관성 있는 데이터를 묶음으로 관리하는 데이터 관리의 효율성과 반복문으로 처리함으로 인한 프로그램의 간결성이라는 장점을 갖고 있습니다.

만약 어떤 학교의 전교생 성적을 처리하기 위해 일반 변수를 사용한다면 변수를 일일이 선언해야 되고, 그 변수의 합과 평균, 평점을 구하기 위해 수많은 변수를 관리해야 됩니다. 생각만 해도 끔

찝찝한 일이 아닐 수 없습니다. 하지만 배열은 이러한 불편함을 말끔히 해결해 줍니다.

C 언어에서 첫 번째 배열 요소 첨자는 0이고, 마지막은 「배열의 크기-1」입니다.

예제 6-3 배열의 합을 구하는 프로그램입니다.

```
01  #include <stdio.h>
02
03  int main()
04  {
05      int data[5], i, sum = 0;         크기가 5인 int형 배열 data를 선언합니다.
06
07      data[0] = 1;
08      data[1] = 3;
09      data[2] = 5;                     data 배열의 각 배열 요소를 초기화합니다.
10      data[3] = 7;
11      data[4] = 9;
12
13      for(i = 0; i < 5; i++)           0부터 4까지 반복하면서 data
14          sum = sum + data[i];         배열의 합을 sum에 누적합니다.
15
16      printf("sum = %d\n", sum);
17
18      return 0;
19  }
```

실행결과

```
sum = 25
```

· **05** : 배열 이름은 data, 배열 요소는 int, 배열의 크기는 5인 배열을 선언합니다.

- **07~11** : data 배열 각각의 배열 요소에 값을 대입합니다. 그 결과 다음과 같은 형태로 값이 저장됩니다.

1	3	5	7	9
data[0]	data[1]	data[2]	data[3]	data[4]

- **13~14** : data 배열에 있는 값의 합을 구합니다. 반복문에서 변수 i를 사용해서 첨자를 0부터 4까지 변화시키며 처리합니다. 이처럼 배열은 첨자에 변수를 사용할 수 있기 때문에 반복문 처리가 가능하고, 프로그램이 간결해지는 장점이 생깁니다.

3 배열의 초기화

배열의 초기화 방법

배열도 변수의 일종이기 때문에 배열을 선언함과 동시에 초기화할 수 있습니다. 그런데 배열은 일반 변수와 달리 여러 개의 데이터가 모여서 구성되기 때문에 초기화하는 방법이 다릅니다. 배열의 초기화는 중괄호 안에 각 배열 요소의 초기값을 콤마로 구분하여 지정합니다.

배열의 초기화
자료형 배열이름[배열의 크기] = {초기값 리스트};

예 int data[5] = {10, 20, 30, 40, 50};

크기가 5인 int형 배열 data를 선언함과 동시에 초기화합니다. 다음과 같은 형태로 메모리에 저장됩니다.

10	20	30	40	50
data[0]	data[1]	data[2]	data[3]	data[4]

만약 배열의 크기보다 초기값의 개수가 적으면 나머지 배열 요소는 0으로 초기화되고, 배열의 크기보다 더 많이 초기화하면 오류가 됩니다.

예 int a[5] = {1, 2, 3};

배열의 크기가 5인데 초기화한 데이터가 3개뿐이기 때문에 나머지 배열 요소는 0으로 초기화됩니다.

1	2	3	0	0
a[0]	a[1]	a[2]	a[3]	a[4]

예 int a[5] = {1, 2, 3, 4, 5, 6};

배열의 크기가 5인데 초기화한 데이터가 6개이기 때문에 배열의 크기를 초과해서 오류가 발생합니다.

만약 배열을 선언함과 동시에 초기화하는 경우에는 배열의 크기를 생략할 수 있습니다. 배열 크기를 생략하면 초기값의 개수만큼 자동으로 배열 크기가 정해집니다.

예 int arr[ ] = {1, 2, 3, 4, 5, 6, 7};

배열 arr은 초기값이 7개이기 때문에 배열 크기는 자동으로 7이 됩니다.

1	2	3	4	5	6	7
arr[0]	arr[1]	arr[2]	arr[3]	arr[4]	arr[5]	arr[6]

배열에 값을 대입하는 방법은 배열을 선언할 때 초기값을 지정하거나, 첨자를 사용해서 각각의 배열 요소에 값을 대입하는 것만 사용 가능합니다.

```
int arr1[3] = {1, 2, 3};
int arr2[3];

arr2 = arr1;              → 오류(배열에 다른 배열을 직접 대입할 수 없습니다.)
arr[2] = {10, 20, 30};    → 오류(배열을 선언한 후에 중괄호를 사용해서 초기화할 수 없습니다.)
```

배열을 선언함과 동시에 초기화할 때는 중괄호를 사용합니다.

배열을 선언함과 동시에 초기화하면 배열의 크기를 생략할 수 있습니다.

배열을 초기화한 개수가 배열 크기보다 크면 오류가 발생하고, 개수가 적으면 나머지는 0으로 초기화됩니다.

C 언어는 배열을 처리할 때 크기를 벗어나는지 유무를 검사하지 않기 때문에 배열의 크기를 초과하여 처리하면 오류가 발생하지 않지만 심각한 문제를 발생시킬 수 있습니다.

예제 6-4 배열을 초기화하여 처리하는 프로그램입니다.

```
01 #include <stdio.h>
02
03 int main()
04 {
05     int arr1[3] = {11, 13, 15};
06     int arr2[3] = {21,};
07     int i;
08
09     for(i = 0; i < 3; i++)
10         printf("arr1[%d] = %d\n", i, arr1[i]);
11     for(i = 0; i < 3; i++)
12         printf("arr2[%d] = %d\n", i, arr2[i]);
13
14     return 0;
15 }
```

크기가 3인 int형 배열 arr1과 arr2를 선언함과 동시에 초기화합니다.

실행결과

```
arr1[0] = 11
arr1[1] = 13
arr1[2] = 15
arr2[0] = 21
arr2[1] = 0
arr2[2] = 0
```

해설

- **05** : 배열 arr1을 선언함과 동시에 초기화합니다. 메모리에 저장된 형태는 다음과 같습니다.

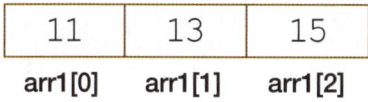

- **06** : 배열 arr2를 선언함과 동시에 초기화합니다. 메모리에 저장된 형태는 다음과 같습니다.

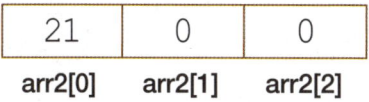

초기값 21 뒤에 콤마(',')를 붙인 이유는, 아직 초기화하지 않은 값이 있다는 표시입니다. 콤마를 사용하지 않아도 상관없지만 프로그램을 이해하는데 도움이 되기 때문에 콤마를 사용하는 것이 바람직합니다.

문자형 배열의 초기화

문자형 배열의 초기화는 일반적인 배열 초기화 방법과 문자열을 사용하는 방법을 이용할 수 있습니다.

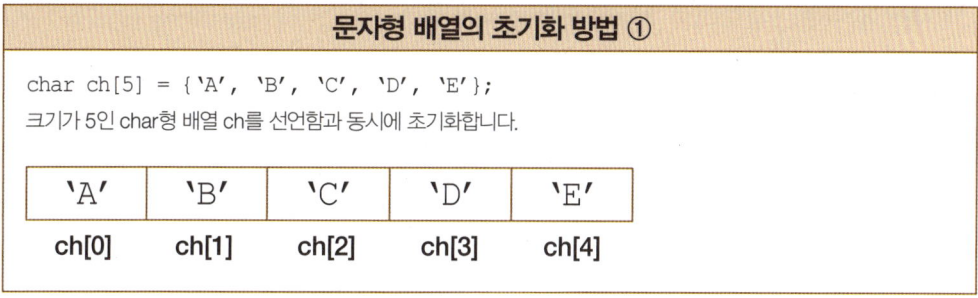

문자형 배열을 초기화하기 위해 중괄호를 사용해서 각각의 배열 요소에 초기값을 지정할 수 있습니다. 하지만 다음과 같이 문자열을 사용하는 초기화 방법도 가능합니다.

문자형 배열의 초기화 방법 ②

```
char ch[6] = "ABCDE";
```
크기가 6인 char형 배열 ch를 선언함과 동시에 초기화합니다.

'A'	'B'	'C'	'D'	'E'	NULL
ch[0]	ch[1]	ch[2]	ch[3]	ch[4]	ch[5]

이와 같이 문자형 배열을 문자열로 초기화하면 배열 ch의 크기는 지정된 문자열의 길이보다 1만큼 커야 됩니다. 그 이유는, 문자열은 끝에 널 문자가 추가되는 관계로 실제 보이는 문자의 개수보다 1 많아야 되기 때문입니다.

배열의 특징을 정리하면 다음과 같습니다.

· 배열의 첨자는 항상 0부터 시작합니다.
· 배열 이름 자체는 그 배열의 시작 주소를 가리키는 포인터 상수입니다.
· 배열을 선언함과 동시에 초기화하면 배열의 크기를 생략할 수 있습니다.
· 초기값이 배열 크기보다 많으면 오류가 발생하고, 배열 크기보다 적으면 그 나머지는 0으로 초기화됩니다.

문자형 배열은 중괄호 또는 문자열을 사용해서 초기화할 수 있습니다.

문자형 배열을 문자열로 초기화하면 널문자로 인해 배열의 크기는 문자의 개수보다 1만큼 커야 합니다.

예제 6-5 문자형 배열을 초기화해서 처리하는 프로그램입니다.

```
01  #include <stdio.h>
02
03  int main()
04  {
05      char ch[] = {'C', 'o', 'm', 'p', 'u', 't', 'e', 'r'};
06      char str[] = "Computer";
07      int i;
08
09      printf("배열 ch의 크기 : %d\n", sizeof(ch));
10      printf("배열 str의 크기 : %d\n", sizeof(str));
11
12      for(i = 0; i < 8; i++)
13          printf("%c", ch[i]);
14      printf("\n");
15      for(i = 0; i < 8; i++)
16          printf("%c", str[i]);
17
18      return 0;
19  }
```

- 05행: char형 배열 ch를 각각의 문자를 사용해서 초기화합니다.
- 06행: char형 배열 str을 문자열로 초기화합니다.
- 09~10행: 배열 ch와 str의 크기를 출력합니다.
- 12~13행: ch 배열의 각 배열 요소들을 출력합니다.
- 15~16행: str 배열의 각 배열 요소들을 출력합니다.

실행결과

```
배열 ch의 크기 : 8
배열 str의 크기 : 9
Computer
Computer
```

해설

· **05~06** : 배열 ch와 str을 선언함과 동시에 초기화했기 때문에 배열의 크기를 생략할 수 있습니다. 배열 ch는 개별적인 문자로 초기화했고, str은 문자열을 이용해서 초기화했습니다. 문자열의 크기는 문자열의 끝을 표시하는 NULL 문자가 포함되기 때문에 실제 문자의 개수보

다 1 큽니다. 배열 ch와 str이 메모리에 저장되는 구조는 다음과 같습니다.

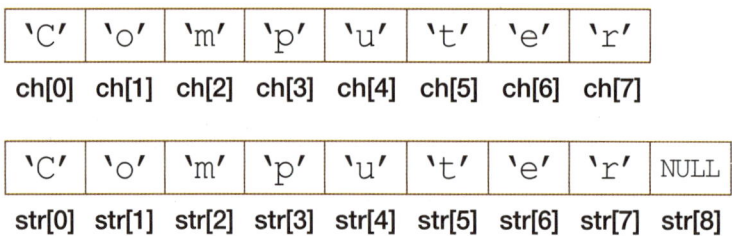

- 09~10 : 배열 ch와 str의 크기를 출력합니다. str은 문자열로 초기화하였기 때문에 배열 ch의 크기보다 1 큽니다.

---

4 다차원 배열

배열을 사용하기 위해서는 배열 이름, 배열 요소 자료형, 배열 크기를 지정해야 됩니다. 배열은 배열의 크기를 지정하는 방법에 따라서 1차원 배열과 다차원 배열로 구분할 수 있습니다. 1차원 배열은 배열의 크기가 1개만 지정되고, 다차원 배열은 2개 이상 지정됩니다. 다차원 배열을 사용하는 방법은 다음과 같습니다.

다차원 배열의 선언 방법
자료형 배열이름 [배열크기] [배열크기] …;

예 int a[3][5];
　　int b[3][5][2];

일반적으로 배열의 크기를 2개 지정하면 2차원 배열, 3개 지정하면 3차원 배열이라고 부릅니다.

배열을 선언할 때 지정하는 배열의 크기 개수가 2개 이상이면 다차원 배열입니다.

2차원 배열

2차원 배열은 배열의 크기를 2개(행과 열의 크기) 지정하는 경우입니다.

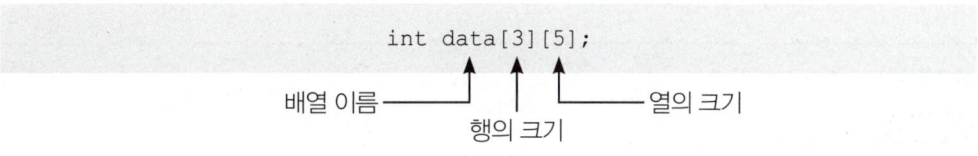

	5열				
3행	data[0][0]	data[0][1]	data[0][2]	data[0][3]	data[0][4]
	data[1][0]	data[1][1]	data[1][2]	data[1][3]	data[1][4]
	data[2][0]	data[2][1]	data[2][2]	data[2][3]	data[2][4]

2차원 배열은 행과 열로 구분해서 배열의 크기를 지정하기 때문에 data 배열은 3행 5열이 됩니다. 다차원 배열은 오른쪽 첨자, 즉 열이 변하면서 메모리에 저장됩니다.

2차원 배열은 행과 열의 크기를 지정합니다.

예제 6-6 2차원 배열을 사용하는 프로그램입니다.

```
01  #include <stdio.h>
02
03  int main()
04  {
05      int a[3][5], i, j, k = 0;           ── 3행 5열 크기의 2차원 배열 a를 선언합니다.
06
07      for(i = 0; i < 3; i++)
08          for(j = 0; j < 5; j++)
09              a[i][j] = k++;              ── 변수 k를 증가시키면서 배열 a의
                                               배열 요소에 값을 대입합니다.
10
11      for(i = 0; i < 3; i++) {
12          for(j = 0; j < 5; j++)
13              printf("%5d", a[i][j]);     ── 배열 a의 각 배열 요소를 출력합니다.
14          printf("\n");
```

```
15
16      return 0;
17 }
```

실행결과

```
0    1    2    3    4
5    6    7    8    9
10   11   12   13   14
```

해설

- **05** : 3행 5열 크기의 2차원 배열 a를 선언합니다. i와 j는 배열의 행과 열 첨자로 사용하기 위한 변수이고, k는 a의 배열 요소에 값을 대입하기 위한 변수입니다.

- **07~09** : 바깥쪽 for문은 행을 변화시키고, 안쪽 for문은 열을 변화시킵니다. 배열 a는 행의 크기가 3이기 때문에 0행부터 2행까지이고, 열의 크기는 5이기 때문에 0열부터 4열까지입니다. 행 값이 고정된 상태에서 열이 변하기 때문에 0번째 행의 0열부터 4열까지 k의 값이 대입되고, 행이 증가하여 1행의 0열부터 4열까지, 2행의 0열부터 4열까지 계속 변하면서 처리됩니다. for 블록을 수행할 때마다 변수 k의 값이 1씩 증가하기 때문에 0부터 14까지의 값이 a의 배열 요소에 대입됩니다. 2차원 배열에 k의 값을 대입한 결과는 다음과 같은 형태로 구성됩니다.

0	1	2	3	4
5	6	7	8	9
10	11	12	13	14

- **11~15** : 배열 a에 저장된 값을 출력합니다. 그냥 일렬로 출력하지 않고 2차원 배열 형태로 출력하기 위해 행과 열을 각각 따로 변화시키면서 처리합니다. 안쪽 for문은 열을 변화시키는 반복문이기 때문에 for문이 끝나면 줄바꿈합니다.

2차원 배열을 처리하기 위해 이중 중첩 반복문을 사용합니다.

2차원 배열을 초기화하는 방법은 1차원 배열과 같이 중괄호를 사용합니다. 1차원 배열도 선언함과 동시에 초기화하면 배열의 크기를 생략할 수 있듯이, 2차원 배열도 배열 크기를 생략할 수 있는데, 행의 크기는 생략할 수 있지만 열의 크기는 생략할 수 없습니다. 2차원 배열을 초기화할 때 각 행을 구분하기 위해 행 단위로 중괄호를 사용하는 것이 바람직합니다.

- int a[3][4] = {1, 2, 3, 4, 5, 6, 7, 8, 9, 10, 11, 12};
  12개의 값으로 3행 4열 크기의 배열 a를 초기화합니다. 하지만 중괄호를 1개만 사용했기 때문에 행의 구분이 안 되어 있습니다. 이런 경우에는 행을 기준으로 4개씩 묶어서 0행, 1행, 2행으로 초기화됩니다. 이와 같이 처리해도 상관없지만 아래와 같이 각 행 단위로 중괄호를 사용해서 구분하는 것이 좋습니다.

- int a[3][4] = {{1, 2, 3, 4}, {5, 6, 7, 8}, {9, 10, 11, 12}};
  배열 a를 초기화할 때 중괄호를 사용해서 행 단위로 구분했습니다.

- int a[][4] = {{1, 2, 3, 4}, {5, 6, 7, 8}, {9, 10, 11, 12}};
  배열 a를 선언함과 동시에 초기화하기 때문에 행의 크기를 생략할 수 있습니다. 그러면 초기화할 때 구분한 행의 개수만큼 배열 a의 크기가 자동으로 정해집니다.

2차원 배열을 초기화할 때 중괄호를 사용해서 행 단위로 구분하는 것이 좋습니다.

예제 6-7 2차원 배열을 초기화하여 사용하는 프로그램입니다.

```
01 #include <stdio.h>
02
03 int main()
04 {
05     int a[3][4] = {{1, 2, 3, 4}, {5, 6, 7, 8}, {9, 10, 11, 12}};
06     int i, j;
07
08     for(i = 0; i < 3; i++) {
09         for(j = 0; j < 4; j++)
```

> 3행 4열 크기의 2차원 배열 a를 선언함과 동시에 초기화합니다.

```
10                printf("%5d", a[i][j]);         2차원 배열 a를 출력합니다.
11            printf("\n");
12        }
13
14        return 0;
15 }
```

실행결과

```
    1    2    3    4
    5    6    7    8
    9   10   11   12
```

해설

· **05** : 2차원 배열 a를 선언함과 동시에 초기화해서 다음과 같이 저장됩니다. 2차원 배열은 이처럼 각 행을 중괄호로 구분해서 초기화하는 것이 바람직한 방법입니다.

행 \ 열	0	1	2	3
0	1	2	3	4
1	5	6	7	8
2	9	10	11	12

뛰어넘기: 2차원 배열의 저장 방법

C 언어는 2차원 배열을 처리하기 위해 행과 열을 구분해서 2차원적인 형태로 메모리에 저장하지 않습니다. 컴퓨터의 기억장치는 실제로는 1차원적인 선형 구조이기 때문에 다차원 배열일지라도 각각의 배열 요소들이 일렬로 늘어선 형태로 기억됩니다. C 언어는 행우선 방식으로 처리되기 때문에 2차원 배열 int a[2][4]는 다음과 같은 1차원적인 형태로 구성됩니다.

| a[0][0] | a[0][1] | a[0][2] | a[0][3] | a[1][0] | a[1][1] | a[1][2] | a[1][3] |

이때 배열 이름 a는 배열 a를 위해 할당된 메모리의 시작 주소를 나타내고, 각 행의 시작 주소는 배열 이름과 행 번호를 이용하여 표시할 수 있습니다.

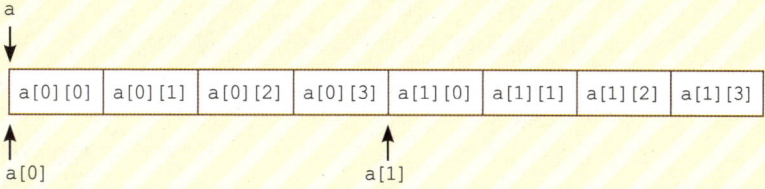

이처럼 a[0], a[1]은 배열 a의 각 행을 가리키는 시작 주소입니다. 결국 다음과 같은 3가지 경우는 모두 같은 주소가 됩니다. 만약 배열 a의 시작주소가 100번지라면, a[0]도 100번 지, &a[0][0]도 100번지입니다. 그렇기 때문에 a[1]은 int형 4개를 건너뛴 116번지입니다.

```
a == a[0] == &a[0][0]
```

2차원 배열뿐만 아니라 3차원 배열도 면, 행, 열의 순서로 구성됩니다. C 언어는 4, 5, 6차원 등과 같이 제한 없이 다차원 배열을 구성할 수 있는데, 이 모든 경우가 메모리에 저장될 때는 일렬로 늘어선 형식으로 구현됩니다.

예제 6-8 2차원 배열에서 각 열의 합을 구해서 출력하는 프로그램입니다.

```c
01  #include <stdio.h>
02
03  int main()
04  {
05      int a[3][4] = {0,};
06      int i, j;
07
08      for(i = 0; i < 2; i++) {
09          printf("%d행의 값 4개를 입력하세요 : ", i);
10          for(j = 0; j < 4; j++)
11              scanf("%d", &a[i][j]);
12      }
13
14      for(i = 0; i < 2; i++)
15          for(j = 0; j < 4; j++)
16              a[2][j] += a[i][j];
17
18      for(i = 0; i < 3; i++) {
19          for(j = 0; j < 4; j++)
20              printf("%5d", a[i][j]);
21          printf("\n");
22      }
23
24      return 0;
25  }
```

- 05: 3행 4열 크기의 2차원 배열 a를 선언함과 동시에 0으로 초기화합니다.
- 11: 키보드로 입력된 데이터를 배열 a에 각 행 단위로 저장합니다.
- 16: 배열 a의 각 열의 합을 구하여 2행에 저장합니다.
- 20: 배열 a의 각 배열 요소를 출력합니다.

실행결과

```
0행의 값 4개를 입력하세요 : 2 4 6 8
1행의 값 4개를 입력하세요 : 10 20 30 40
    2    4    6    8
   10   20   30   40
   12   24   36   48
```

- **05** : 3행 4열 크기의 배열 a를 선언하고, 0으로 초기화합니다. 초기값의 개수가 배열의 크기보다 적으면 나머지는 0으로 초기화되는 특성을 이용해서 배열 a 전체를 0으로 초기화합니다. 이 프로그램은 키보드로 입력한 값을 0행과 1행에 각각 대입하고, 각 열의 합을 2행에 저장합니다. 만약 입력한 값이 아래와 같다면, 2번째 행에 각 열의 합이 다음과 같이 저장됩니다.

0행	2	4	6	8
1행	10	20	30	40
	↓	↓	↓	↓
2행	12	24	36	48

- **08~12** : for문을 0부터 1까지 반복하면서 키보드로부터 입력받은 데이터를 배열 a에 각 행 단위로 저장합니다. 즉, 배열 a의 0행과 1행에 데이터가 차례로 저장됩니다.
- **14~16** : 배열 a의 0행과 1행에 저장되어 있는 데이터를 열 단위로 합계를 구하여 2행에 저장합니다. 이를 위해 행(i)과 열(j)이 변하면서 2행의 해당 열에 합을 누적합니다. 결국 for 블록을 수행하는 과정을 풀어서 쓰면 다음과 같습니다.

```
a[2][0] = a[0][0] + a[1][0]
a[2][1] = a[0][1] + a[1][1]
a[2][2] = a[0][2] + a[1][2]
a[2][3] = a[0][3] + a[1][3]
```

3차원 배열

3차원 배열은 배열의 크기를 3개(면, 행, 열의 크기) 지정하는 경우입니다.

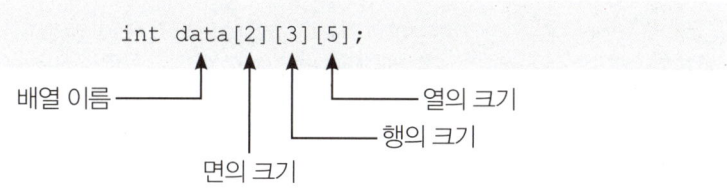

data[0][0][0]	data[0][0][1]	data[0][0][2]	data[0][0][3]	data[0][0][4]
data[0][1][0]	data[0][1][1]	data[0][1][2]	data[0][1][3]	data[0][1][4]
data[0][2][0]	data[0][2][1]	data[0][2][2]	data[0][2][3]	data[0][2][4]
data[1][0][0]	data[1][0][1]	data[1][0][2]	data[1][0][3]	data[1][0][4]
data[1][1][0]	data[1][1][1]	data[1][1][2]	data[1][1][3]	data[1][1][4]
data[1][2][0]	data[1][2][1]	data[1][2][2]	data[1][2][3]	data[1][2][4]

3차원 배열은 면, 행, 열로 구성되기 때문에 첨자도 면, 행, 열을 지정합니다. 기본적이 특징과 처리 방법은 2차원 배열과 비슷합니다.

3차원 배열은 면, 행, 열을 크기를 지정합니다.

예제 6-9 3차원 배열을 사용하는 프로그램입니다.

```
01 #include <stdio.h>
02
03 int main()
04 {
05     int a[2][3][4], i, j, k, val = 0;          ← 2면 3행 4열 크기의 3차원 배열 a를 선언합니다.
06
07     for(i = 0; i < 2; i++)
08         for(j = 0; j < 3; j++)
09             for(k = 0; k < 4; k++)
10                 a[i][j][k] = val++;              ← 3차원 배열 a에 val의 값을 대입합니다.
11
12     for(i = 0; i < 2; i++) {
13         for(j = 0; j < 3; j++) {                 ← 3차원 배열 a의
14             for(k = 0; k < 4; k++)                  각 배열 요소를 출력합니다.
15                 printf("%5d", a[i][j][k]);
16                 printf("\n");
17         }
18         printf("\n");
19     }
```

```
20
21      return 0;
21 }
```

실행결과

```
    0    1    2    3
    4    5    6    7
    8    9   10   11

   12   13   14   15
   16   17   18   19
   20   21   22   23
```

해설

- **05** : 3차원 배열 a를 선언한다. a는 2면 3행 5열 크기의 배열입니다. 변수 i, j, k는 각각 면, 행, 열의 첨자로 사용되고, val은 배열 a의 각각의 배열 요소를 초기화하는데 사용합니다.
- **07~10** : 중첩 for문을 사용해서 3차원 배열 a를 초기화합니다. 가장 바깥쪽 for문은 i가 변하면서 면의 위치를 지정하고, 가운데 for문은 j를 사용해 행의 위치를 지정합니다. 또한 안쪽 for문은 k가 증가하면서 열의 위치를 지정합니다. 이처럼 면, 행, 열이 변하면서 변수 val의 값을 1씩 증가시키면서 배열 a에 대입합니다.

3차원 배열을 처리하기 위해 삼중 중첩 반복문을 사용합니다.

3차원 배열을 초기화하는 방법은 2차원 배열과 비슷합니다. 다만 면이 추가되기 때문에 면과 행을 중괄호로 구분해서 처리합니다.

예 int a[2][2][5] = {{{1, 2, 3, 4, 5}, {6, 7, 8, 9, 10}},
            {{11, 12, 13, 14, 15}, {16, 17, 18, 19, 20}}};

3차원 배열을 초기화할 때 중괄호를 사용해 면과 행을 구분하는 것이 좋습니다.

예제 6-10 3차원 배열을 초기화하여 처리하는 프로그램입니다.

```c
01  #include <stdio.h>
02
03  int main()
04  {
05      int a[2][2][5] = {{{1, 2, 3, 4, 5}, {6, 7, 8, 9, 10}},
06                        {{11, 12, 13, 14, 15}, {16, 17, 18, 19, 20}}};
07      int i, j, k;
08
09      for(i = 0; i < 2; i++) {
10          for(j = 0; j < 2; j++) {
11              for(k = 0; k < 5; k++)
12                  printf("%5d", a[i][j][k]);
13              printf("\n");
14          }
15          printf("\n");
16      }
17
18      return 0;
19  }
```

2면 2행 5열 크기의 3차원 배열 a를 선언과 동시에 초기화합니다.

3차원 배열 a의 각 배열 요소를 출력합니다.

실행결과

```
    1    2    3    4    5
    6    7    8    9   10

   11   12   13   14   15
   16   17   18   19   20
```

해설

- **05~06** : 2면, 2행, 5열 크기의 3차원 배열 a를 선언함과 동시에 초기화하는데, 각 면과 행을 중괄호로 구분해서 초기화합니다.
- **09~16** : i는 면의 위치, j는 행의 위치, k는 열의 위치이고, 각 행 또는 면이 끝날 때마다 줄바꿈하면서 배열 a에 있는 모든 배열 요소의 값을 출력합니다.

Level Up 6-1 for문을 사용해서 2차원 배열에 다음과 같은 값이 저장되도록 하고, 이를 출력하는 프로그램을 작성하세요.

1	0	0
0	1	0
0	0	1

배경 지식

3행 3열 크기의 배열에서 0행 0열, 1행 1열, 2행 2행의 배열 요소만 1이고, 나머지는 0을 대입합니다. 이를 위해 중첩 for문에서 행과 열의 값이 같은 경우에는 1을 대입하고, 아니면 0을 대입합니다.

처리 과정

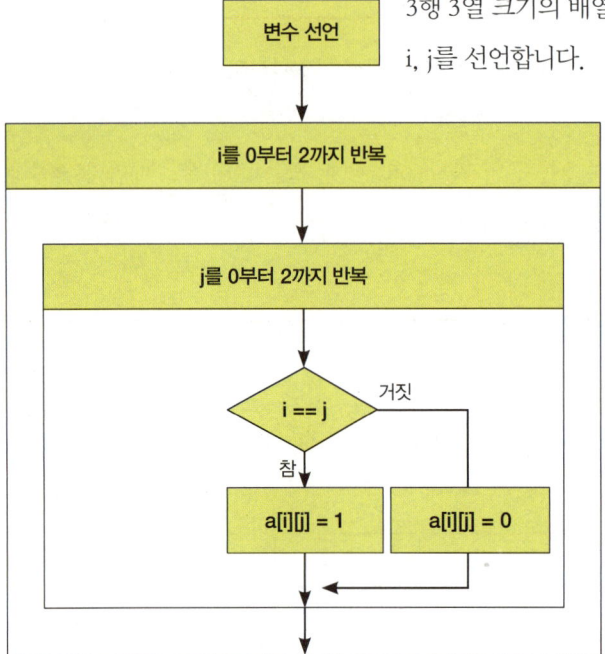

3행 3열 크기의 배열과 행과 열을 지정하기 위한 변수 i, j를 선언합니다.

행과 열을 0부터 2까지 반복하면서 행과 열의 크기가 같으면 1, 아니면 0을 대입합니다.

```
01  #include <stdio.h>
02
03  int main()
04  {
05      int i, j, a[3][3];                          3행 3열 크기의 2차원 배열을 선언합니다.
06
07      for(i = 0; i < 3; i++)                      for문을 사용해 행과 열의 위치를 변경하면서 반복합니다.
08          for(j = 0; j < 3; j++)
09              if(i == j)                          행과 열의 크기가 같으면 1, 아니면 0을 대입합니다.
10                  a[i][j] = 1;
11              else
12                  a[i][j] = 0;
13
14      for(i = 0; i < 3; i++) {
15          for(j = 0; j < 3; j++)
16              printf("%3d", a[i][j]);             for문을 사용해서 각 배열 요소의 값
17          printf("\n");                           을 반복해서 출력합니다.
18      }
```

```
 19
 20     return 0;
 21 }
```

해설

- **05** : 3행 3열 크기의 2차원 배열 a를 선언합니다.
- **07~08** : i는 행의 위치, j는 열의 위치에 사용하고, 행과 열을 각각 0~2까지 반복합니다.
- **09~12** : 2차원 배열에서 대각선 방향은 1이고, 나머지는 0이기 때문에 행과 열의 크기가 같은 경우는 1, 아니면 0을 배열 요소에 대입합니다. 이를 위해 행을 표시하는 i와 열을 표시하는 j가 같은지 비교합니다.

Level Up 6-2   다음과 같은 10개의 정수를 오름차순 정렬하는 프로그램을 작성하세요.

```
int a[10] = {15, 24, 5, 43, 56, 37, 19, 68, 12, 65};
```

배경 지식

데이터를 크기 순서로 정렬하는 방법은 여러 가지가 있습니다. 여기서는 가장 간단한 선택 정렬(selection sort) 방법으로 작성하겠습니다. 선택 정렬 방법으로 오름차순 정렬하는 것은 다음과 같이 처리합니다.

15	24	5	43	56	37	19	68	12	65
a[0]	a[1]	a[2]	a[3]	a[4]	a[5]	a[6]	a[7]	a[8]	a[9]

❶ 0번째 값을 1~9번째 값과 차례로 비교해서 크면 맞교환합니다.

5	24	15	43	56	37	19	68	12	65
a[0]	a[1]	a[2]	a[3]	a[4]	a[5]	a[6]	a[7]	a[8]	a[9]

❷ 1번째 값을 2~9번째 값과 차례로 비교해서 크면 교환합니다.

5	12	24	43	56	37	19	68	15	65
a[0]	a[1]	a[2]	a[3]	a[4]	a[5]	a[6]	a[7]	a[8]	a[9]

❸ 이런 과정을 8번째 값까지 반복 처리하면 다음과 같이 오름차순 정렬됩니다.

5	12	15	19	24	37	43	56	65	68
a[0]	a[1]	a[2]	a[3]	a[4]	a[5]	a[6]	a[7]	a[8]	a[9]

처리 과정

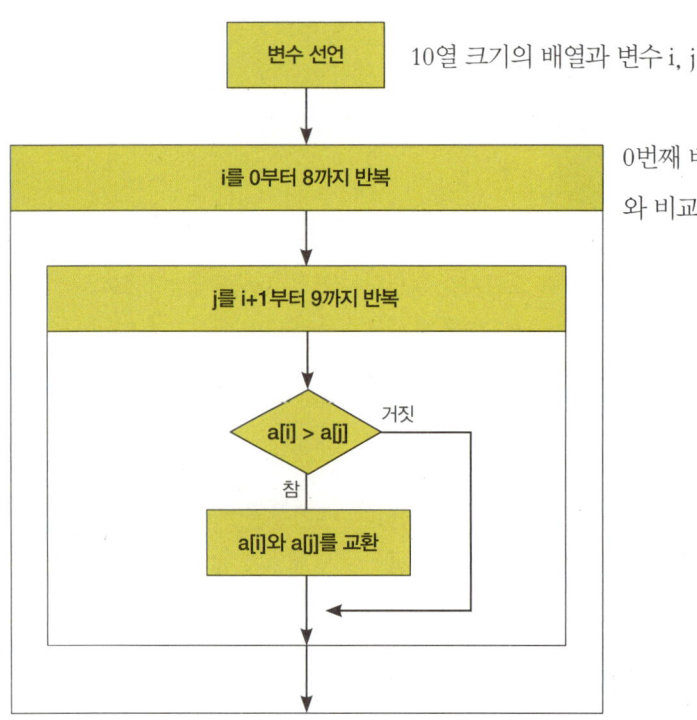

10열 크기의 배열과 변수 i, j, temp를 선언합니다.

0번째 배열 요소부터 나머지 데이터와 비교하면서 크면 교환합니다.

```
01  #include <stdio.h>
02
03  int main()
04  {
05      int i, j, temp;
06      int a[10] = {15, 24, 5, 43, 56, 37, 19, 68, 12, 65};
07
08      for(i = 0; i <= 8; i++)
09          for(j = i+1; j <= 9; j++)
10              if(a[i] > a[j]) {
11                  temp = a[i];
12                  a[i] = a[j];
13                  a[j] = temp;
14              }
15
16      for(i = 0; i < 10; i++)
17          printf("%3d", a[i]);
18
19      return 0;
20  }
```

- 06행: 10열 크기의 배열을 선언함과 동시에 초기화합니다.
- 08행: for문을 사용해서 0번째부터 9번째 데이터를 차례로 비교합니다.
- 10행: i번째가 j번째보다 크면 서로 교환합니다.
- 16행: for문을 반복하면서 배열 요소의 값을 출력합니다.

실행결과

```
  5  12  15  19  24  37  43  56  65  68
```

해설

- **08** : i는 값을 비교하는 기준 위치로 사용합니다. 처음에는 0번째 배열 요소를 기준으로, 그 다음은 1번째, 2번째, … 이렇게 8번째까지 기준 값으로 비교합니다.
- **09** : 0번째가 기준일 때는 1~9번까지 비교하고, 1번째가 기준인 경우에는 2~9까지 비교합니다. i가 비교하는 기준 위치이기 때문에 i+1번째부터 마지막인 9번째까지 비교하기 위해 j를 i+1부터 9까지 반복합니다. 결국 바깥쪽 for문은 0부터 8까지 반복하면서 비교할 기준 위치를 지정하고, 안쪽 for문은 기준 위치 다음부터 마지막 데이터까지 비교할 위치를 정합니다.

· **10~14** : 오름차순 정렬하기 위해 앞의 값(i번째 값)이 뒤의 값(j번째 값)보다 크면 값을 맞교환합니다. 여기서 변수의 값을 맞교환하기 위해 temp 변수를 사용했습니다. 그 이유는 다음과 같습니다. 만약, 맞교환하기 위해 a[i] = a[j]; a[j] = a[i]; 라고 하면 문제가 발생합니다. a[i]에 a[j]를 대입하면 원래 a[i]에 있던 값이 사라지기 때문에 a[j] = a[i]를 수행할 때 원래의 a[i] 값을 대입할 수 없습니다. 그래서 a[i]의 값이 사라지기 전에 a[i]의 값을 변수 temp에 저장한 후에 처리합니다.

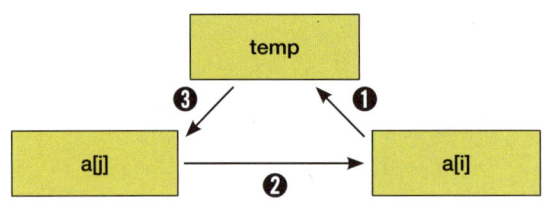

뛰어넘기

중복값을 제거한 로또 프로그램 작성하기

5장 끝 부분에서 난수를 사용한 로또 프로그램을 작성했습니다. 하지만 중복된 난수를 제거하지 못해서 로또 프로그램으로 활용할 수 없습니다. 이제 배열을 배웠으니, 배열을 사용해서 중복값을 제거한 로또 프로그램을 완성하겠습니다.

예제 6-11 중복값을 제거한 로또 프로그램입니다.

```
01 #include <stdio.h>
02 #include <stdlib.h>
03 #include <time.h>
04
05 int main()
06 {
07     int num[6];              // 6개의 로또 번호를 저장하기 위해 배열을 선언합니다.
08     int i, j, temp;
09
10     srand(time(NULL));       // srand 함수를 사용해서 난수 발생을 위한 초기값을 설정합니다.
11     for(i = 0; i < 6; i++) {
12         num[i] = rand() % 45 + 1;   // rand 함수를 사용해서 1부터 45까지의 난수를 발생시킵니다.
13         for(j = 0; j < i; j++)
14             if(num[i] == num[j]) {
15                 i--;
```

```
16                  break;
17              }
18          }
19
20      for(i = 0; i < 5; i++)
21          for(j = i; j < 6; j++)
22              if(num[i] > num[j]) {
23                  temp = num[i];
24                  num[i] = num[j];
25                  num[j] = temp;
26              }
27
28      printf("Lotto : ");
29      for(i = 0; i < 6; i++)
30          printf("%d ", num[i]);
31
32      return 0;
33  }
```

실행결과

```
Lotto : 9 13 25 34 36 42
```

해설

- **12** : 일단 rand 함수로 얻어진 난수를 num 배열의 i번째 위치에 저장합니다.
- **13** : rand 함수로 얻은 난수가 기존의 난수와 중복되는지 여부를 체크하기 위해 num 배열의 0번째 위치부터 i-1번째 위치까지 반복합니다.
- **14~16** : num 배열에 저장된 난수 중에서 같은 값이 있는지 비교합니다. 만약 같은 값이 있으면 12라인에서 num 배열의 i번째 위치에 저장한 난수를 제거하기 위해 i--을 수행하고, break 명령어로 for 블록을 탈출합니다.
- **20~26** : 로또 번호가 저장된 num 배열의 값을 보기 좋게 하기 위해 오름차순 정렬합니다.

연습문제

01 다음 중 배열에 대한 설명으로 가장 올바른 것은?

① 여러 가지 자료형을 복합적으로 사용하는 자료형이다.

② 메모리에 비연속적으로 저장되는 자료형이다.

③ 메모리 주소를 사용해서 다양한 데이터를 처리하는 자료형이다.

④ 동일한 자료형으로 구성된 데이터의 집합이다.

02 다음 중 변수 a의 시작 주소를 나타내기 위한 방법으로 올바른 것은?

① &a   ② *a   ③ a   ④ $a

03 다음 중 포인터 변수에 대한 설명이 잘못된 것은?

① 포인터 변수는 주소를 값으로 취한다.

② 포인터 변수는 자료형에 따라서 다른 크기를 갖는다.

③ 포인터 변수는 주소를 사용해서 다양한 처리를 할 수 있다.

④ 포인터 변수를 사용하기 전에 반드시 초기화해야 한나.

04 a가 포인터 변수일 때 다음 문장은 실질적으로 어떤 일을 하는가?

```
a = &b;
c = *a;
```

① c = b;   ② a = c;   ③ b = a;   ④ a = b;

05 다음의 문장들을 수행한 결과는?

```
char a = 'A';
char *pa;

pa = &a;

printf("%c, %d", *pa, sizeof(pa));
```

① 'A', 1   ② 'A', 4   ③ a, 1   ④ a, 4

06 배열 ch의 크기는 몇 바이트인가?

```
char ch[] = "ABCDE";
```

① 4   ② 5   ③ 6   ④ 알 수 없음

07 int data[3][2] = {3, 4, 5, 6, 7, 8}로 선언하였을 때 data[2][1]의 값은?

① 5   ② 6   ③ 7   ④ 8

08 int형의 크기가 4바이트일 때 다음의 문장들을 수행한 결과는?

```
int a[][4] = {{1, 2, 3, 4}, {5, 6, 7, 8}, {9, 10, 11, 12}};

printf("%d", sizeof(a[1]));
```

① 4   ② 10   ③ 16   ④ 32

09 배열과 포인터의 관계에 대해서 설명하시오.

10 일반 변수의 자료형과 포인터의 자료형을 비교 설명하시오.

11 문자열을 처리하기 위해 배열을 사용하는 방법과 포인터를 사용하는 방법에 대해서 설명하시오.

01 배열을 이용해서 다음과 같이 출력되도록 프로그램의 빈칸을 채우시오.

```
0   0   1
0   1   0
1   0   0
```

```c
#include <stdio.h>

int main()
{
    int a[3][3], i, j;

    for(i = 0; i < 3; i++)
        for(j = 0; j < 3; j++)
            
    
    for(i = 0; i < 3; i++) {
        for(j = 0; j < 3; j++)
            printf("%4d", a[i][j]);
        printf("\n");
    }

    return 0;
}
```

02 만약 배열 a의 시작 주소가 500이라고 가정하면 다음 프로그램의 실행 결과를 적으시오.

```
#include <stdio.h>
int main()
{
    int a[3] = {30, 40, 50};
    int *pa;

    pa = a;
    printf("%d, %d, %d\n", a, pa+2, *(pa+2));

    return 0;
}
```

03 정수를 10개 입력받아서 내림차순으로 정렬하는 프로그램을 작성하시오. 단, 배열을 사용해서 처리합니다.

04 문자열을 입력받아서 대문자는 소문자로, 소문자로 대문자로 변환하는 프로그램을 작성하시오.

05 6개의 정수를 입력받아서 2행 3열의 2차원 배열에 저장하고, 각 열의 합을 1차원 배열에 저장하는 프로그램을 작성하시오.

06 문자열과 특정 문자를 입력 받아서 해당 문자의 개수를 출력하는 프로그램을 작성하시오.

07 정수를 10개 입력받아서 배열에 저장하고, 가장 큰 값을 출력하는 프로그램을 작성하시오.

08 크기가 10인 배열을 만들고, 이 배열에 피보나치 수열의 값 10개를 저장하여 출력하는 프로그램을 작성하시오.

> 피보나치 수열 : $f_1 = 1$, $f_2 = 2$ 일때
> $f_n = f_{n-1} + f_{n-2}$

MEMO

PART 07

포인터 활용

C 언어에서의 포인터는 강력한 기능을 갖고 있습니다. 변수의 이름을 알지 못해도 메모리의 주소를 직접 지정해서 데이터를 처리할 수 있을 뿐만 아니라 임의의 위치에 있는 데이터에도 쉽게 접근할 수 있습니다. 이처럼 포인터는 단순히 일반 변수에 접근하는 것에서 끝나지 않고 포인터로 배열을 대신해서 처리할 수도 있습니다. 배열과 포인터를 같이 설명하는 이유가 여기에 있습니다. 이장에서는 포인터에 대한 보다 자세한 설명과 배열과 포인터의 관계, 포인터의 종류에 대해 설명합니다.

배열과 포인터의 관계

CHAPTER 01

 포인터 연산

포인터 변수는 일반 변수와는 달리 주소를 처리하기 때문에 연산할 때 차이점이 있습니다. 특히 포인터 변수에 대한 연산은 포인터 변수의 자료형과 깊은 관련이 있습니다. 포인터 변수에 값을 더하거나 빼는 연산은 포인터 변수가 가리키고 있는 주소에 있는 자료형의 크기만큼 주소를 증감시킵니다. 다음의 예를 보겠습니다.

```
int *pa, a = 10;
pa = &a;
```

만약 변수 a가 기억된 메모리 주소가 100번지라면 포인터 변수 pa에 저장되는 값은 100이 됩니다.

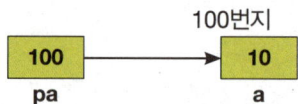

여기서 'pa+1'을 수행한다면 단순히 pa에 1을 더하는, 즉 '100+1'의 의미가 아니고, 포인터 변수 pa의 자료형인 int형의 크기만큼 증가하라는 뜻입니다. int형은 4바이트 크기이기 때문에 결국 'pa+1'은 104가 됩니다. 이것을 좀 더 멋있게 표현하면 다음과 같습니다.

'ptr+i'가 가리키는 주소는 ptr+(i바이트)가 아니라 ptr+(i * sizeof(*ptr))바이트입니다.

다시 풀어서 설명하면, 포인터 변수에 대한 증감 연산은 포인터 변수가 가리키고 있는 주소에 저장된 자료형의 크기만큼 증감합니다. 만약 해당 주소에 float형이 저장되어 있으면 4 증감하고, double형이 저장되어 있으면 8 증감합니다.

포인터에 대한 증감 연산은 포인터 변수의 자료형 크기만큼 증감합니다.

포인터 변수가 특정 주소를 값으로 갖고 있다는 것을 그 주소를 '가리킨다'라고 표현하기도 합니다.

이처럼 포인터 변수에 대한 연산은 메모리에 저장된 데이터를 포인터 변수로 처리하기 위해서입니다. 그렇기 때문에 모든 연산자를 사용할 수 있는 것은 아니고 현재 데이터의 다음 또는 이전 데이터를 처리하는 증감 연산만 가능합니다. 다음은 포인터 변수에서 사용할 수 있는 연산자의 종류입니다.

산술 연산자	+, -, ++, --
주소 연산자	&, *
대입 연산자	=, +=, -=
기타 연산자	sizeof

이런 연산자만 포인터 변수에 사용할 수 있고, 곱하기나 나누기와 같은 연산은 수행하지 못합니다. 다만 포인터 변수끼리는 뺄셈만 사용 가능하고 덧셈은 처리할 수 없습니다.

포인터 변수에 대해서 +, -, ++, --, &, *, =, +=, -=, sizeof 등의 연산자만 사용할 수 있습니다.

포인터 변수끼리는 뺄셈만 사용 가능하고 덧셈을 사용하면 오류가 발생합니다.

예제 7-1 포인터 변수의 연산에 관한 프로그램입니다.

```
01 #include <stdio.h>
02
03 int main()
04 {
05     int a, *pa;            ── int형 변수 a와 포인터 변수 pa를 선언합니다.
06
07     a = 10;
08     pa = &a;               ── 변수 a의 주소를 포인터 변수 pa에 대입합니다.
09
10     printf("a의 값 : %d\n", *pa);
11     printf("a의 주소 : %d\n", pa);
12     printf("pa+1의 주소 : %d\n", pa+1);   ── 포인터 변수 pa에 1을 더한 주소를 출력합니다.
13
14     return 0;
15 }
```

실행결과

```
a의 값 : 10
a의 주소 : 2293432
pa+1의 주소 : 2293436
```

해설

- **08** : 주소 연산자(&)를 사용해서 변수 a의 시작 주소를 포인터 변수 pa에 대입합니다. 만약 a의 시작 주소가 2293432라면 pa에 2293432가 대입됩니다. 변수 a의 주소는 실행 환경에 따라 다른 주소가 지정됩니다.
- **10** : 간접 주소 연산자(*)를 사용해서 포인터 변수 pa가 갖고 있는 주소에 보관된 값을 출력합니다. pa는 2293432 주소를 갖고 있기 때문에 결국 2293432 주소에 보관된 값을 출력합니다.
- **11** : pa의 값을 출력합니다. 포인터 변수는 주소를 값으로 취하기 때문에 2293432 주소를 출력합니다.

· 12 : 포인터 변수에 1을 더합니다. 포인터 변수에 대한 증감 연산은 단순히 지정된 값을 산술 연산하는 것이 아니고 포인터 변수의 자료형 크기만큼 증감합니다. 이 경우에 pa는 int형이기 때문에 4만큼 증가합니다.

변수가 위치한 메모리의 주소는 실행한 환경에 따라서 변경될 수 있습니다.
[예제 7-1]에서 출력된 주소는 고정된 결과가 아닙니다.

포인터 변수에 ++, --와 같은 증감 연산자를 많이 사용합니다. ++와 --는 연산자의 위치에 따라 연산 방법이 달라지기 때문에 주의해서 사용해야 합니다. 특히 단항 연산자인 *와 ++, --는 연산 순서가 오른쪽에서 왼쪽 방향으로 진행되기 때문에 처리 방법을 조심스럽게 살펴봐야 합니다. 다음은 여러 가지 경우에 대한 설명입니다.

예	설 명
*p + 1	p가 가리키고 있는 주소에 저장된 값에 1을 더합니다.
*(p + 1)	p가 갖고 있는 주소에 1을 더한 주소에 있는 값을 구합니다.
*p++	p가 가리키고 있는 주소에 저장된 값을 구하고 p를 1 증가시킵니다.
(*p)++	p가 가리키고 있는 주소에 저장된 값을 구한 다음에 그 값에 1 증가시킵니다.
*++p	p를 1 증가시킨 다음에 해당 주소에 있는 값을 구합니다.
++*p	p가 가리키고 있는 값을 구한 다음에 그 값에 1 증가시킵니다.

포인터 변수에 ++ 또는 --와 *을 동시에 사용하면 오른쪽에서 왼쪽 방향으로 연산을 진행합니다.

포인터 변수에 대한 *p++ 연산은 자주 사용하는 방법으로, p가 가리키고 있는 주소에 저장된 값을 구하고 p를 증가시킵니다.

예제 7-2 포인터 변수에 증감 연산하는 프로그램입니다.

```
01  #include <stdio.h>
02
03  int main()
04  {
05      int a[] = {10, 20, 30};      // int형 배열 a를 선언하고 10, 20, 30으로 초기화합니다.
06      int *pa;                      // int형 포인터 변수 pa를 선언합니다.
07
08      pa = a;                       // int형 배열 a의 시작 주소를 포인터 변수 pa에 대입합니다.
09
10      printf("*pa + 1 : %d\n", *pa+1);
11      printf("*(pa + 1) : %d\n", *(pa+1));
12      printf("*pa++ : %d\n", *pa++);
13      printf("(*pa)++ : %d\n", (*pa)++);
14      printf("*++pa : %d\n", *++pa);
15      printf("++*pa : %d\n", ++*pa);
16
17      return 0;
18  }
```

실행결과

```
*pa + 1 : 11
*(pa + 1) : 20
*p++ : 10
(*pa)++ : 20
*++pa : 30
++*pa : 31
```

해설

· **08** : 배열 이름은 해당 배열의 시작 주소이기 때문에, a를 pa에 대입하면 배열 a의 시작 주소가 pa에 저장됩니다.

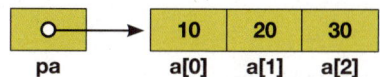

- 10 : *pa는 포인터 변수 pa가 가리키고 있는 주소에 보관된 값을 구하는 연산입니다. 그렇기 때문에 *pa+1은 그 값에 1을 더합니다. 결국 pa는 배열 a의 시작 주소를 가리키고 있기 때문에 *pa는 배열 a의 0번째 배열 요소의 값 10이고, 여기에 1을 더한 11을 출력합니다.
- 11 : (pa+1)을 수행한 다음에 간접 주소 연산자(*)를 처리합니다. pa는 배열 a의 시작 주소를 갖고 있기 때문에 (pa+1)는 배열 a의 1번째 배열 요소의 시작 주소가 되고, 거기에 저장된 값이 20이기 때문에 20을 출력합니다.
- 12 : 단항 연산자의 연산 순서는 오른쪽에서 왼쪽 방향으로 진행되기 때문에 ++가 *보다 먼저 처리됩니다. 결국 *pa++는 *(pa++)과 같은 연산입니다. pa에 대해 후위 증가 연산을 수행한 다음 해당 주소에 있는 값을 출력하기 때문에 pa가 가리키고 있는 주소에서 구한 값 10을 일단 출력하고, pa가 갖고 있는 주소를 1(int형 1개 크기) 증가시킵니다.
- 13 : 12행에서 pa가 1 증가되었기 때문에 배열 a의 1번째 배열 요소 값을 구하고, 그 값을 1 증가시킵니다. 그런데 ++가 변수 뒤에 있기 때문에 나중에 증가돼서 그냥 20을 출력합니다.
- 14 : *++pa는 연산 순서에 의해 *(++pa)와 같습니다. 현재 pa가 가리키고 있는 주소를 1 증가시키고, 그 주소에 보관된 값을 출력합니다. 결국 배열 a의 2번째 배열 요소인 30을 출력합니다.
- 15 : ++*pa는 연산 순서에 따라 ++(*pa)와 같기 때문에 현재 pa가 가리키고 있는 주소에 보관된 값을 구하고, 그 값에 1을 더합니다. 결국 30에 1을 더한 31을 출력합니다.

뛰어넘기 | 포인터 연산 및 주소

포인터에 대한 연산을 통해 보다 효율적으로 데이터를 처리할 수 있습니다. 특히 임의의 주소에 있는 데이터를 포인터로 접근하는 것은 C 언어의 큰 장점 중에 하나입니다. 주로 포인터 연산으로 수행할 수 있는 작업은 다음과 같습니다.

- 특정 주소에 보관된 값을 읽어오기

간접 주소 연산자(*)를 사용하면 메모리에 보관된 값을 구할 수 있습니다. *연산자는 포인터 변수에서만 사용 가능하고, 일반 변수를 사용하지 않고도 포인터 변수만으로 데이터를 읽어올 수 있습니다.

- **포인터 변수에 주소 대입하기**

  포인터 변수를 사용해서 메모리로부터 값을 읽어오기 위해서는 포인터 변수에 주소를 대입해야 됩니다. 이때 주소 연산자(&)를 이용해 특정 변수의 주소를 포인터 변수에 대입합니다.

- **포인터 변수를 사용해서 값을 변경하기**

  포인터 변수가 갖고 있는 특정한 주소에 저장된 값을 포인터 변수로 더하거나 뺄 수 있습니다. '*p+1'과 같은 수식은 포인터 변수가 갖고 있는 주소로부터 값을 구하고, 그 값에 1을 더하라는 의미입니다.

- **포인터 변수로 주소 이동하기**

  포인터 변수에 증감 연산을 수행해서 다음 요소로 이동할 수 있습니다. 'p+1'은 포인터 변수의 자료형 크기만큼 주소를 이동하라는 의미입니다. 이처럼 포인터 변수에 정수를 더하거나 빼서 처리하고자 하는 주소를 이동할 수 있습니다.

- **포인터 변수끼리 연산하기**

  포인터 변수 사이에 뺄셈이나 비교 연산을 수행할 수 있습니다. 포인터 변수끼리 빼기를 하게 되면 두 변수 사이의 차이를 구해서 서로 떨어진 거리를 알 수 있습니다. 만약 int형 포인터 변수 p2에서 p1을 뺀 결과가 4라면 4개의 int형 크기만큼 떨어져 있는 주소를 가리키고 있다는 의미가 됩니다. 또한 서로 다른 포인터 변수가 갖고 있는 주소에 보관된 값의 크기를 비교 연산할 수도 있습니다.

2 포인터로 배열 처리하기

배열을 사용하기 위해서는 배열 이름, 배열 크기, 배열 요소를 지정해야 됩니다. C 언어는 배열 이름을 사용해서 배열의 시작 위치를 표시하기 때문에 배열 이름은 해당 배열의 시작 주소가 됩니다. 이렇게 사용하는 이유는, 배열을 처리할 때 내부적으로 포인터로 변환하기 때문입니다. 다음의 예를 살펴보겠습니다.

```
int a[5] = {1, 2, 3, 4, 5}, *pa;
pa = a;
```

포인터 변수 pa에게 배열 a를 대입하였습니다. a는 배열 이름이기 때문에 해당 배열의 시작 주소 값입니다. 이것을 그림으로 표현하면 다음과 같습니다.

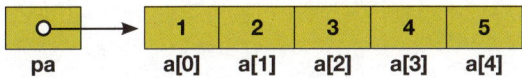

포인터 변수 pa는 배열 a의 시작 주소를 가리키기 때문에 pa는 배열 a의 0번째 배열 요소 주소를, pa+1은 배열 a의 1번째 배열 요소 주소를 가리키는 것과 동일합니다. 즉, 포인터 변수로 배열을 처리할 때 포인터 변수에 1을 더하면 산술적으로 1 증가하는 것이 아니고 다음 배열 요소의 주소로 증가합니다. 만약 이와 같이 처리하지 않는다면 프로그래머는 포인터 변수가 갖고 있는 주소에 보관된 값의 자료형을 기억하고 있다가 다음 데이터의 주소를 더해야 되는 불편함이 발생합니다.

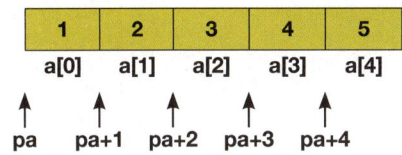

이와 같이 배열 a의 0번째 배열 요소인 a[0]의 시작 주소를 포인터 변수 pa가 갖고 있기 때문에 pa를 사용해서 배열 a를 처리할 수 있습니다. 위의 그림을 좀 더 구체적으로 표현하면 다음과 같습니다.

```
pa   == &a[0]      *pa     == a[0]
pa+1 == &a[1]      *(pa+1) == a[1]
pa+2 == &a[2]      *(pa+2) == a[2]
pa+3 == &a[3]      *(pa+3) == a[3]
pa+4 == &a[4]      *(pa+4) == a[4]
```

이처럼 a[i]와 *(pa+i)는 동일합니다. 다만 a[i]는 배열 형식으로 표현한 것이고, *(pa+i)는 포인터 형식으로 표현한 차이만 있을 뿐입니다. 배열 이름은 해당 배열의 시작 주소, 즉 주소를 나타내는 상수입니다. 그렇기 때문에 첨자 없이 배열 이름만 사용하면 대입 연산자의 왼쪽(좌변값)에 올 수 없습니다.

```
a = 10;
```

위와 같이 배열 이름에 10을 대입하는 문장은 잘못된 것입니다. 배열 이름은 주소 상수이기 때문입니다.

포인터 변수로 배열을 처리하려면 배열 요소와 동일한 자료형을 갖는 포인터 변수를 사용해야 됩니다.

배열 이름은 해당 배열의 시작 주소이기 때문에 배열 이름에 대한 연산은 포인터 연산과 동일하게 동작합니다.

배열 a에 1을 더하면 배열 a의 배열 요소 자료형 크기만큼 증가합니다.

배열 이름은 포인터 상수이기 때문에 대입 연산자의 왼쪽(좌변값)에 올 수 없습니다.

예제 7-3 포인터를 사용해서 배열을 처리하는 프로그램입니다.

```
01  #include <stdio.h>
02
03  int main()
04  {
05      int a[5] = {1, 2, 3, 4, 5}, *pa, i;     // int형 배열 a와 포인터 변수 pa를 선언합니다.
06
07      pa = a;                                  // 배열 a의 시작 주소를 pa에 대입합니다.
08
09      for(i = 0; i < 5; i++)
10          printf("a[%d] = %d, *(pa+%d) = %d\n", i, a[i], i, *(pa+i));
11
12      for(i = 0; i < 5; i++)
13          printf("&a[%d] = %d, pa+%d = %d\n", i, &a[i], i, pa+i);
14
15      return 0;
16  }
```

> **실행결과**

```
a[0] = 1, *(pa+0) = 1
a[1] = 2, *(pa+1) = 2
a[2] = 3, *(pa+2) = 3
a[3] = 4, *(pa+3) = 4
a[4] = 5, *(pa+4) = 5
&a[0] = 2293412, pa+0 = 2293412
&a[1] = 2293416, pa+1 = 2293416
&a[2] = 2293420, pa+2 = 2293420
&a[3] = 2293424, pa+3 = 2293424
&a[4] = 2293428, pa+4 = 2293428
```

해설

- **07** : 배열 이름은 해당 배열의 시작 주소이기 때문에 배열 a의 시작 주소를 포인터 변수 pa에 대입합니다.
- **10** : a[i]와 *(pa+i)는 같은 뜻입니다. 만약 i가 1이라면 a[1]은 *(pa+1)과 같은 값이 됩니다. *(pa+1)를 보다 자세히 분석하면 다음과 같습니다.

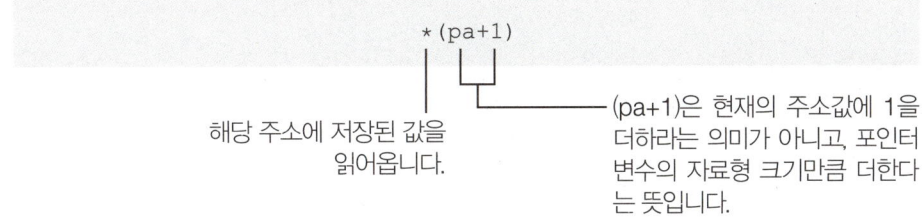

앞에서도 설명했듯이 포인터 변수에 대한 연산은 단순한 산술 연산이 아닙니다. 포인터 변수의 자료형은 자신의 자료형이 아니고, 지정된 주소에 보관된 데이터의 자료형을 뜻합니다. 그렇기 때문에 포인터 변수에 대한 연산은 해당 자료형의 크기만큼 처리합니다. pa의 자료형이 int형이기 때문에 (pa+1)은 현재의 주소에 int형의 크기만큼 더하게 됩니다. 이렇게 하는 이유는 포인터 변수를 사용해서 지정된 메모리에 있는 데이터를 처리할 수 있도록 하기 위해서입니다.

- **13** : 배열 a의 i번째 배열 요소 주소(&a[i])와 'pa+i'는 같은 값입니다. 만약 배열 a의 시작 주소가 2293412라면 메모리에 다음과 같은 형태로 저장됩니다.

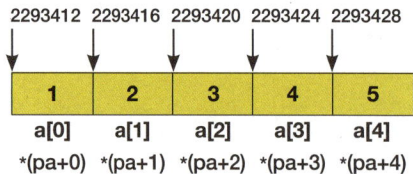

'pa+0'과 'a+0'은 배열 a의 0번째 배열 요소 주소이고, *(pa+0)와 a[0]은 배열 a의 0번째 배열 요소의 값입니다.

C 언어는 배열을 포인터 형식으로 표현할 수 있습니다. a[0]은 배열 형식의 표현이고, *(a+0)은 포인터 형식의 표현입니다.

예제 7-4 포인터를 사용해서 배열 요소의 합을 구하는 프로그램입니다.

```
01 #include <stdio.h>
02
03 int main()
04 {
05     int a[5] = {21, 16, 43, 38, 52}, *pa, i, sum = 0;
06
07     pa = a;
08
09     for(i = 0; i < 5; i++)
10         sum += *pa++;
11
12     printf("배열 요소의 합 : %d\n", sum);
13
14     return 0;
15 }
```

실행결과

배열 요소의 합 : 170

해설

- **09~10** : '*pa++'은 많이 사용하는 포인터 연산 방식입니다. 현재 포인터 변수가 가리키고 있는 주소로부터 값을 읽어오고, 포인터 변수를 1 증가시킵니다. 이처럼 포인터 변수가 갖고 있는 주소값을 다음 주소로 이동하면서 처리하기 때문에 포인터 변수를 사용해서 데이터를 처리할 때 유용하게 쓰입니다. for문을 5번 반복하면서 배열 a에 있는 배열 요소의 합을 sum에 누적합니다.

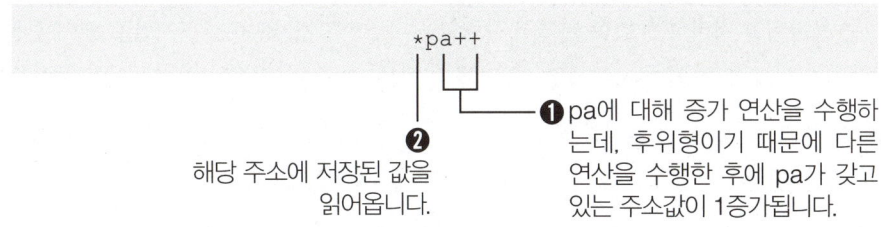

❶ pa에 대해 증가 연산을 수행하는데, 후위형이기 때문에 다른 연산을 수행한 후에 pa가 갖고 있는 주소값이 1증가됩니다.

❷ 해당 주소에 저장된 값을 읽어옵니다.

포인터와 문자열

1 문자열 처리

C 언어는 문자열을 처리하기 위한 별도의 자료형을 제공하지 않습니다. 하지만 C 언어는 문자열을 처리할 수 있는 두 가지 방법이 있습니다. 첫 번째는, 문자형 배열을 사용하는 방법입니다. 이 방법은 6장에서 설명했듯이 배열을 초기화할 때 문자열을 대입해서 처리합니다. 두 번째는, 포인터 변수를 사용하는 방법입니다. 이 두 가지 방법은 문자열을 처리한다는 점에서 동일하지만 실제 처리 방법에는 차이가 있습니다. 다음의 두 가지를 경우를 비교해보겠습니다.

```
char ch[] = "Computer";   → ❶
char *pch = "Computer";   → ❷
```

❶은 문자형 배열을 사용해서 문자열을 처리하는 경우입니다. 문자열을 구성하고 있는 각 문자들을 배열 ch의 배열 요소로 초기화하고, 그 결과 다음과 같은 형태로 저장됩니다.

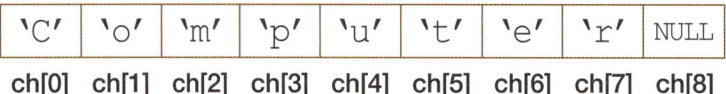

❷는 포인터 변수를 사용해서 문자열을 처리합니다. "Computer"라는 문자열 상수를 포인터 변수 pch에 대입합니다. 여기서 이상한 점이 발견됩니다. 포인터 변수는 주소를 값으로 취하는 변수인데, 어떻게 문자열 상수를 대입할 수 있을까요? 문자열이 포인터 변수에 대입된다면 포인터 변수는 어떤 값을 갖게 될까요? 이러한 의문의 해답은 의외로 간단합니다. C 언어에서 사용하는 문자열은 다음과 같은 중요한 두 가지 특징이 있습니다.

- 문자열의 끝을 표시하기 위해 NULL 문자를 사용합니다.
- 문자열은 상수지만 메모리에 별도로 보관되기 때문에 주소를 가집니다.

문자열의 두 번째 특징 때문에 포인터 변수로 문자열을 처리할 수 있는 겁니다. 문자열은 메모리에 저장되고, 문자열이 보관된 메모리의 주소를 갖습니다. ❷에서 문자열을 포인터 변수에 대입하는 것은 문자열 자체를 대입하는 것이 아니고, 문자열이 보관된 메모리의 주소를 대입하라는 뜻입니다. ❷를 수행한 결과 다음과 같은 형태로 메모리에 저장됩니다.

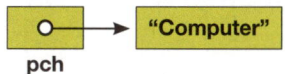

널(NULL)은 ASCII 코드 0에 해당하는 문자입니다. 그렇기 때문에 널 문자를 '\0'으로도 표시합니다.

문자열은 메모리에 저장되기 때문에 주소를 갖고, 문자열의 끝을 표시하기 위해 널 문자를 사용합니다.

배열과 포인터 변수를 사용해서 문자열을 처리하는 방법의 특징을 정리하면 다음과 같습니다.

❶ 배열을 사용하는 경우
- 문자열을 구성하는 각각의 문자가 배열 요소의 값으로 저장됩니다.
- 사용되는 메모리 크기는 배열의 크기와 동일합니다.

❷ 포인터 변수를 사용하는 경우
- 포인터 변수는 문자열이 보관된 주소만을 값으로 가집니다.
- 문자열은 따로 메모리에 저장되기 때문에 포인터 변수의 크기와 문자열의 크기를 합한 공간이 필요합니다.
- 문자열 상수는 별도로 기억 장소에 보관됩니다.

C 언어는 문자열을 char형 배열이나 포인터를 사용해서 처리할 수 있기 때문에 별도로 문자열을 처리하는 자료형을 제공하지 않습니다.

char형 배열로 문자열을 처리하려면 널 문자를 저장하기 위해 문자열의 실제 길이보다 1 커야 됩니다.

예제 7-5 배열과 포인터를 사용해서 문자열을 처리하는 프로그램입니다.

```
01  #include <stdio.h>
02
03  int main()
04  {
05      char ch[] = "Computer";
06      char *str = "Computer";
07      int i;
08
09      for(i = 0; i < 8; i++) {
10          printf("ch[%d] = %c, ", i, ch[i]);
11          printf("*(str+%d) = %c\n", i, *(str+i));
12      }
13
14      return 0;
15  }
```

char형 배열과 포인터를 사용해서 문자열을 처리하기 위해 초기화합니다.

ch의 배열 요소와 포인터 str이 가리키고 있는 주소에 있는 문자를 출력합니다.

실행결과

```
ch[0] = C, *(str+0) = C
ch[1] = o, *(str+1) = o
ch[2] = m, *(str+2) = m
ch[3] = p, *(str+3) = p
ch[4] = u, *(str+4) = u
ch[5] = t, *(str+5) = t
ch[6] = e, *(str+6) = e
ch[7] = r, *(str+7) = r
```

해설

· 05~06 : 배열과 포인터를 사용해서 문자열을 처리합니다. 배열 ch를 사용한 경우에는 9바이트의 공간이 필요하지만 포인터 변수를 사용하면 문자열 9바이트와 포인터 변수를 위한 4바이트가 추가로 소요됩니다. 위와 같이 배열과 포인터를 초기화하면 메모리는 다음과 같은 형식으로 구성됩니다.

❶ 배열을 사용한 경우

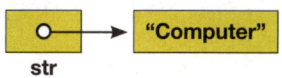

'C'	'o'	'm'	'p'	'u'	't'	'e'	'r'	NULL
ch[0]	ch[1]	ch[2]	ch[3]	ch[4]	ch[5]	ch[6]	ch[7]	ch[8]

❷ 포인터 변수를 사용한 경우

str ○ → "Computer"

· 09 : 문자열에서 널 문자를 제외한 길이가 8이기 때문에 0부터 7까지 반복합니다.
· 10 : for문에서 i를 배열 첨자로 변경하면서 배열 ch의 배열 요소를 출력합니다.
· 11 : 포인터 변수 str이 가리키고 있는 주소로부터 i만큼 떨어진 위치에 있는 값을 출력합니다.

Level Up 7-1 "COMPUTER" 문자열을 사용해서 다음과 같은 모양을 출력하는 프로그램을 작성하세요.

```
R
ER
TER
UTER
PUTER
MPUTER
OMPUTER
COMPUTER
COMPUTER
OMPUTER
MPUTER
PUTER
UTER
TER
ER
R
```

Part 07. 포인터 활용 359

배경 지식

"COMPUTER" 문자열을 char형 포인터 변수에 대입하고, 이 포인터 변수를 사용해서 출력할 위치를 지정합니다. "R"부터 "COMPUTER"까지는 문자열의 뒤쪽부터 주소를 감소시키면서 처리하고, "COMPUTER"부터 "R"까지는 앞쪽부터 주소를 증가시키면서 처리하면 됩니다.

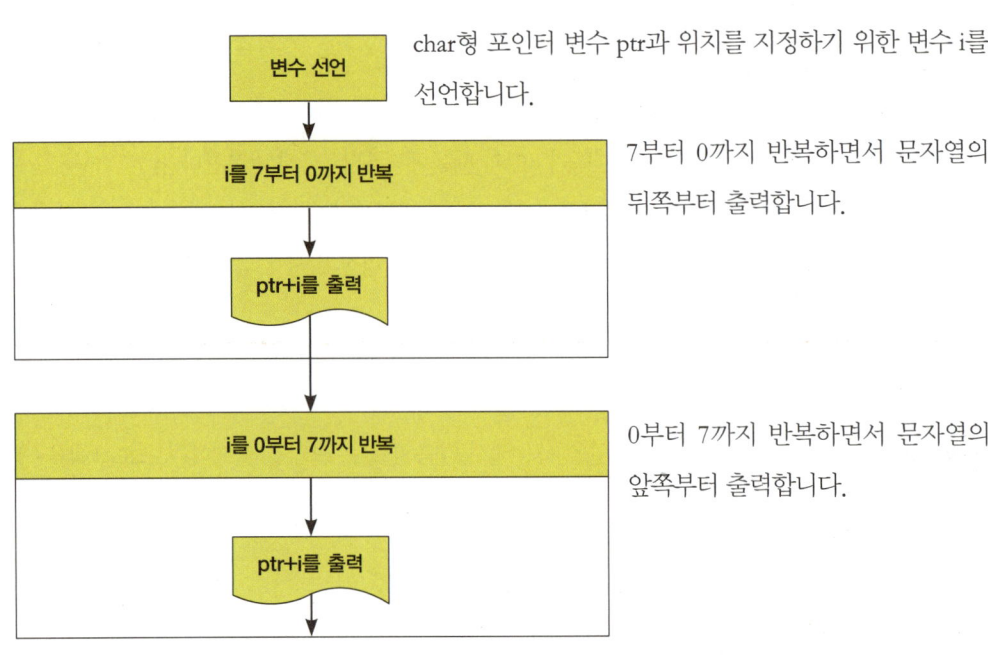

char형 포인터 변수 ptr과 위치를 지정하기 위한 변수 i를 선언합니다.

7부터 0까지 반복하면서 문자열의 뒤쪽부터 출력합니다.

0부터 7까지 반복하면서 문자열의 앞쪽부터 출력합니다.

```
01  #include <stdio.h>
02
03  int main()
04  {
05      char *ptr = "COMPUTER";
06      int i;
07
08      for(i = 7; i >= 0; i--)
09          printf("%s\n", ptr+i);
10
11      for(i = 0 ;i <= 7; i++)
12          printf("%s\n",ptr+i);
13
14      return 0;
15  }
```

05 문자열 "COMPUTER"의 시작 주소를 char형 포인터 변수 ptr에 대입합니다.

08 for문을 사용해서 7부터 0까지 반복하면서 문자열의 뒤쪽부터 차례대로 출력합니다.

11 for문을 사용해서 0부터 7까지 반복하면서 문자열의 앞쪽부터 차례대로 출력합니다.

> **해설**

- **09** : printf 함수에서 문자열을 출력할 때 사용하는 %s는 출력할 문자열이 보관된 주소를 지정합니다. i가 7일 때 ptr+i는 'R'이 저장된 주소입니다. 결국 ptr+i를 %s로 출력하면 'R'부터 널 문자가 나올 때까지 출력합니다. i가 6으로 바뀌면 'E'부터 널 문자가 나올 때까지 출력하기 때문에 R, ER, TER, … COMPUTER 순서로 출력됩니다.
- **12** : i가 0부터 시작되기 때문에 ptr+i를 %s로 출력하면 COMPUTER이 출력되고, i가 1 증가해서 1이 되면 OMPUTER이 출력됩니다. 끝으로 i가 7이 되면 R이 출력됩니다.

2 다차원 배열과 문자열

6장에서도 설명했듯이 다차원 배열이란 배열의 크기가 두 개 이상 지정된 배열입니다. 2차원 배열은 행과 열, 3차원 배열은 면, 행, 열로 지정됩니다. 하지만 엄밀히 말해서 C 언어는 다차원 배열이 존재하지 않습니다. 그 이유는, C 언어는 다차원 배열을 다음과 같이 정의하고 있기 때문입니다.

다차원 배열
배열 요소가 부분 배열인 1차원 배열입니다.

C 언어는 다차원 배열을 배열의 배열로 처리하기 때문에 다차원 배열은 배열 요소가 부분 배열인 1차원 배열입니다.

C 언어에 다차원 배열이 없고, 모든 배열을 1차원 배열로 처리하는 이유는 포인터 때문입니다. 다차원 배열에 대한 정의에서 '배열 요소가 부분 배열'인 '1차원 배열'을 나눠서 다시 설명하겠습니다.

- **배열 요소가 부분 배열** : 배열을 구성하는 배열 요소가 부분 배열입니다. 즉, 배열 요소가 배열인 배열입니다.
- **1차원 배열** : 2차원 배열은 1차원 배열이 배열 요소인 1차원 배열이고, 3차원 배열은 2차원 배열이 배열 요소인 1차원 배열입니다.

여기서 부분 배열이란 다차원 배열을 구성하고 있는 배열 요소를 뜻합니다. 2차원 배열의 부분 배열은 1차원 배열이고, 3차원 배열의 부분 배열은 2차원 배열입니다. 결국 3차원 배열인 경우에는 제 1 부분 배열인 2차원 배열을 배열 요소로 갖고 있으며, 또 다시 제 1 부분 배열인 2차원 배열은 제 2 부분 배열인 1차원 배열을 배열 요소로 갖고 있는 형태가 됩니다.

예

```
int a[3][4];
```
→ 1차원 배열을 부분 배열로 취하고 있는 배열입니다.
→ a[0]은 부모 배열 a의 0번째 부분 배열 이름입니다.
→ 배열 a의 배열 요소는 int[4]이고, 배열 크기는 3입니다.

만약 3행 4열 크기의 int형 배열 a에 1을 더하면 int형 크기만큼 증가하는 것이 아닙니다. 배열 이름은 주소이기 때문에 배열 이름에 대한 연산은 포인터 연산과 동일한 방법으로 동작합니다. 즉, 배열 이름에 1을 더하면 해당 배열의 배열 요소 크기만큼 증가합니다. 앞에서 정의한 배열 a는 int가 배열 요소가 아니고 int형이 4개 있는 1차원 배열이 배열 요소입니다. 결국 'a+1'은 int형 4개 크기 만큼인 16이 증가합니다. 만약 이와 같이 처리하지 않는다면 다차원 배열에 대해 앞에서의 정의는 잘못된 것이 됩니다.

다음의 예제를 실행해 보면 C 언어에서 배열을 어떤 방식으로 처리하는지 알 수 있습니다.

int a[3][4]는 int형 4개짜리 1차원 배열을 배열 요소로 취하는 배열입니다. 그렇기 때문에 'a+1'은 int형 4개 크기만큼 증가한 곳의 주소가 됩니다.

예제 7-6 다차원 배열에서 주소 연산이 어떻게 이뤄지는지 확인해보는 프로그램입니다.

```
01  #include <stdio.h>
02
03  int main()
04  {
05      int a[3][4];                    3행 4열 크기의 int형 배열을 선언합니다.
06
07      printf("배열 a의 주소 : %d\n", a);
08      printf("배열 a+1의 주소 : %d\n", a+1);
```

```
09          printf("배열 a+2의 주소 : %d\n", a+2);
10
11          return 0;
12    }
```

실행결과

```
배열 a의 주소 : 2293392
배열 a+1의 주소 : 2293408
배열 a+2의 주소 : 2293424
```

해설

· **07~09** : 배열 이름은 해당 배열의 시작 주소, 즉 포인터 상수라는 점은 이미 설명했습니다. 그렇기 때문에 배열 이름을 대상으로 증감 연산하는 것은 주소에 대한 증감 연산과 동일하게 동작합니다. a+1은 단순히 값을 1 증가하는 것이 아니라 배열 a의 배열 요소 크기만큼 증가합니다. 배열 a의 배열 요소는 int형이 4개 모여 있는 1차원 배열이기 때문에 a에 1을 더하면 int형 4개 크기 만큼인 16이 증가됩니다. 만약 a의 시작 주소가 2293392라면 메모리 형태는 다음과 같습니다.

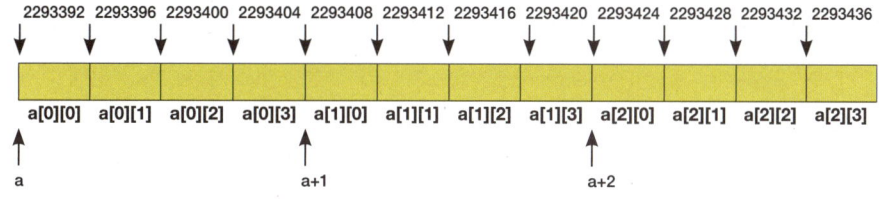

printf 함수에서 a를 출력하면 배열 a의 시작 주소가 출력되고, 'a+1'은 a에 16이 더해진 1번째 배열 요소의 시작 주소, 'a+2'는 a에 32를 더한 2번째 배열 요소의 시작 주소가 출력됩니다.

int a[3][4]에서 a[0]은 배열 a의 0번째 배열 요소이고, a[0] 자체가 배열이기 때문에 주소이기도 합니다.

C 언어는 다차원 배열이 없지만 배열 요소가 부분 배열인 배열을 편의상 다차원 배열이라고 부릅니다. 다차원 배열과 포인터의 관계에 대해 예를 이용해서 살펴보겠습니다.

```
int a[3][2] = {{1, 2}, {3, 4}, {5, 6}};
```

	1	2	3	4	5	6
주소	a[0] 또는 *(a+0)		a[1] 또는 *(a+1)		a[2] 또는 *(a+2)	
값	a[0][0] 또는 *(*(a+0)+0)	a[0][1] 또는 *(*(a+0)+1)	a[1][0] 또는 *(*(a+1)+0)	a[1][1] 또는 *(*(a+1)+1)	a[2][0] 또는 *(*(a+2)+0)	a[2][1] 또는 *(*(a+2)+1)

배열 a는 int형 2개가 3개 모여서 구성됩니다. 즉, int형이 2개 있는 1차원 배열을 배열 요소로 가집니다. a[0]은 배열 a의 0번째 배열 요소이고, a[1]은 1번째 배열 요소, a[2]는 2번째 배열 요소입니다. 그리고 이 배열 요소 자체가 배열이기 때문에 a와 a[0], a+1과 a[1], a+2와 a[2]는 같은 주소 값이 됩니다. 하지만 a와 a[0]은 서로 다른 방식으로 동작합니다. 'a+1'은 배열 a의 배열 요소인 int형 2개 크기만큼 주소가 증가하지만 'a[0]+1'은 배열 요소가 int형이기 때문에 int형 1개 크기만큼만 증가하게 됩니다.

C 언어는 배열을 처리하기 위해 내부적으로 포인터를 사용하기 때문에 모든 배열을 포인터 형태로 표현할 수 있습니다. 다만 대괄호를 사용하는 것이 더욱 친근하고, 쉽기 때문에 배열 표현 방법을 사용하는 것일 뿐입니다. 하지만 필요에 따라서는 포인터 형태의 표현법을 사용할 수도 있습니다.

a는 배열 a의 시작 주소이고, a, a[0], &a[0][0]은 모두 같은 주소 값입니다.

'a+1'은 배열 a의 부분 배열인 int형 2개 크기만큼 증가하지만 'a[0]+1'은 int형 1개 크기만큼만 증가합니다.

만약 int형 3차원 배열인 경우에는 배열과 포인터의 관계가 다음과 같습니다.

```
a[i][j][k] == (((a)[i])[j])[k] == *(*(*(a+i)+j)+k)
```

'*(*(*(a+i)+j)+k)'를 분석해보겠습니다.

- a+i : a의 i번째 제 1 부분 배열의 위치를 가리키는 포인터입니다.
- *(a+i) : a+i가 가리키는 대상인 i번째 제 1 부분 배열 전체를 뜻합니다. 즉, 부분 배열 a[i][0]을 가리키는 포인터입니다.
- *(a+i)+j : a[i][j]를 가리키는 포인터 수식입니다.
- *(*(a+i)+j) : 제 2 부분 배열 a[i][j]입니다.
- *(*(a+i)+j)+k : a[i][j][k]를 가리키는 포인터 수식입니다.
- *(*(*(a+i)+j)+k) : int형 배열 요소 a[i][j][k] 자체를 의미합니다.

a[0]은 *(a+0) 또는 *a와 같은 의미입니다. 또한 a[1]은 *(a+1)과 같은 의미입니다.

예제 7-7 3차원 배열을 포인터 형식으로 처리하는 프로그램입니다.

```
01  #include <stdio.h>
02
03  int main()
04  {
05      int a[2][2][3] = {{{5, 10, 15}, {20, 35, 30}},
06                        {{35, 40, 45}, {50, 55, 60}}};
07      int *pa;
08
09      pa = a[0][0];
10
11      printf("*(a + 0) : %d\n", *(a+0));
12      printf("pa : %d\n", pa);
13      printf("*(a + 1) : %d\n", *(a+1));
14      printf("pa + 1 : %d\n", pa+1);
15
```

2면, 2행 3열 크기의 3차원 배열 a를 선언함과 동시에 초기화합니다.

포인터 변수 pa에 배열 a의 시작 주소를 대입합니다.

```
16      return 0;
17 }
```

실행결과

```
*(a + 0) : 2293388
pa : 2293388
*(a + 1) : 2293412
pa + 1 : 2293392
```

해설

- **09** : a[0][0]은 배열 a의 제 2 부분 배열의 시작 주소입니다. 이것은 배열 a의 시작 주소와 동일한 값이 되고, 다음과 같이 표현할 수도 있습니다.

    pa = *(*(a + 0)+0);

- **11~12** : *(a+0)은 배열 a의 제 1 부분 배열 a[0]을 가리키는 포인터입니다. 그렇기 때문에 *(a+0)과 pa는 동일한 값을 출력합니다.
- **13~14** : 배열 a는 int[2][3]을 배열 요소로 하는 배열입니다. 배열 이름은 해당 배열의 시작 주소(포인터)이기 때문에 배열 이름에 1을 더하면 포인터 연산 방법에 의해 배열 요소의 크기만큼 증가합니다. 만약 배열 a의 시작 주소가 2293388이라면 a+1은 int형 2행 3열의 크기인 24를 더한 2293412가 됩니다. 반면에 포인터 변수 pa는 int형이기 때문에 1을 더하면 int형 1개 크기인 4만큼 증가합니다. 결국 pa+1은 2293392가 됩니다. 이처럼 일반적인 포인터를 사용해서 다차원 배열을 처리하면 문제가 발생할 수 있습니다. 이런 문제를 해결해줄 수 있는 것이 다음에 설명하게 될 배열 포인터입니다.

포인터의 종류

C 언어는 주소를 사용해서 메모리로 직접 접근하여 데이터를 처리하는 방법을 자주 사용합니다. 그렇기 때문에 포인터의 중요성이 남다른데, 이를 위해 여러 가지 종류의 포인터를 제공합니다. 특히 다차원 배열을 처리하기 위한 배열 포인터, 포인터들이 모여 있는 포인터 배열, 포인터 변수를 처리하기 위한 포인터의 포인터, 함수를 처리하는 함수 포인터 등이 있습니다.

1 배열 포인터

포인터 변수를 사용해서 데이터를 처리하기 위해서는 메모리에 저장된 자료형과 동일한 자료형을 갖는 포인터 변수가 필요합니다. 다차원 배열은 배열을 부분 배열로 갖는 1차원 배열이기 때문에 이를 포인터 변수로 처리하려면 해당 배열의 배열 요소를 자료형으로 하는 포인터 변수가 필요합니다. 이때 사용하는 것이 배열 포인터입니다. 다음의 예를 보도록 하겠습니다.

```
int i[5], *pi;
char ch[3], *pch;
double d[6], *pd;

pi = i;
pch = ch;
pd = d;
```

pi는 int형 포인터 변수이고, pch는 문자형 포인터 변수, pd는 double형 포인터 변수입니다. 이러한 포인터 변수를 사용해서 배열을 처리하려면 포인터 변수의 자료형과 배열의 배열 요소 자료형이 일치해야 됩니다. 그래서 int형 배열 i, char형 배열 ch, double형 배열 d의 배열 요소와 동일한 자료형을 갖는 포인터 변수를 사용합니다.

하지만 다차원 배열은 배열이 배열 요소이기 때문에 배열 포인터가 필요합니다. 배열 포인터는 배열을 가리키는 포인터입니다. 즉, 부분 배열을 배열 요소로 갖는 다차원 배열을 처리하는데 사용하는 포인터입니다. 배열 포인터는 배열형 포인터, 즉 배열을 가리키는 포인터로 이해하면 됩니다. 배열 포인터를 사용하는 형식은 다음과 같습니다.

> 자료형 (*포인터 변수)[배열의 크기]...;

```
int a[3][5];
int (*pa)[5];
```

pa = a; → 포인터 변수 pa의 자료형은 int형이 5개 모여 있는 int[5]이고, int[5]를 배열 요소로 하는 배열을 처리하는데 사용합니다.

2차원 배열 a는 int형이 5개 모여 있는 1차원 배열을 배열 요소로 갖는 배열이기 때문에 이와 동일한 자료형을 갖는 포인터가 필요합니다. 그렇기 때문에 이를 처리하는 pa는 int형이 5개 모여 있는 1차원 배열 자료형입니다. 이러한 배열 포인터는 다차원 배열을 1차원 배열처럼 다룰 수 있고, 포인터에 대한 증감 연산을 수행하기 위해 사용합니다.

배열 포인터는 다차원 배열을 처리하기 위한 포인터입니다.

배열 포인터는 배열 자료형을 가리키는 포인터입니다.

예제 7-8   배열 포인터를 사용해서 다차원 배열을 처리하는 프로그램입니다.

```
01 #include <stdio.h>
02
03 int main()
04 {
05     int a[2][4] = {{10, 15, 20, 0}, {30, 25, 40, 0}};
```

2행 4열 크기의 2차원 배열 a를 선언함과 동시에 초기화합니다.

```
06        int (*pa)[4];                       int형이 4개 모여 있는 1차원 배열형
07        int i, j;                            포인터 pa를 선언합니다.
08
09        pa = a;                              2차원 배열 a의 시작 주소를 pa에 대입합니다.
10
11        for(i = 0; i < 2; i++)
12            for(j = 0; j < 3; j++)           배열 포인터 pa를 사용해서 2차원 배
13                pa[i][3] += pa[i][j];        열 a를 처리합니다.
14
15        for(i = 0; i < 2; i++) {
16            for(j = 0; j < 4; j++)           2차원 배열 a의 각 배열 요소를 출력합니다.
17                printf("%5d", a[i][j]);
18            printf("\n");
19
20        }
21        return 0;
22 }
```

실행결과

```
   10   15   20   45
   30   25   40   95
```

해설

- **05** : 이 프로그램은 2차원 배열에 있는 값을 더해서 각 행의 맨 끝 열에 누적합니다. 2행 4열 크기의 배열 a에 초기화되어 있는 값을 각 행의 3번째 열에 누적하기 위해 3열의 값을 0으로 초기화했습니다.

| 10 | 15 | 20 | 0 |
| 30 | 25 | 40 | 0 |

- **06** : 2차원 배열 a의 배열 요소는 int형이 4개 있는 1차원 배열이기 때문에 이를 처리하는 포인터 변수도 같은 자료형이어야 합니다. 이를 위해 int형이 4개 모여 있는 1차원 배열형 포인터 변수 pa를 선언했습니다.

- **09** : 2차원 배열 a의 시작 주소를 배열 포인터 pa에 대입합니다. 만약 pa가 배열 포인터가 아니고 'int *pa;'와 같은 일반 포인터 변수였다면 위의 문장에서 오류가 발생합니다. 즉, 포인터 변수에 대입된 주소에 동일한 자료형이 저장되어 있지 않다는 의미가 됩니다.
- **11~13** : 각 행을 구성하는 데이터의 합을 3열에 누적합니다. 이를 위해 i행 j의 배열 요소를 i행 3행에 누적합니다.

---

int (*pa)[4]는 int형 4개짜리 배열을 가리키는 배열 포인터입니다. 즉, 배열 포인터 pa가 가리키고 있는 주소에는 int형이 4개 모여 있는 배열이 저장되어 있습니다.

2 포인터 배열

C 언어는 배열을 구성하는 배열 요소의 자료형에 제한이 없습니다. int나 char와 같은 기본 자료형뿐만 아니라 배열도 배열 요소로 사용할 수 있습니다. 여기서 한 발 더 나아가 포인터도 배열 요소로 구성할 수 있습니다.

int형 배열은 int가 배열 요소인 배열, chat형 배열은 char이 배열 요소인 배열이듯이, 포인터 배열은 포인터가 배열 요수인 배열입니다. 여러 개의 포인터로 구성된 포인터 배열은 서로 다른 길이의 문자열을 배열 형태로 처리할 때 주로 사용합니다. 포인터 배열을 사용하는 형식은 다음과 같습니다.

> 자료형 *배열이름[배열크기]...;

 예

```
char *str[3] = {"car", "fruit", "classroom"};
```

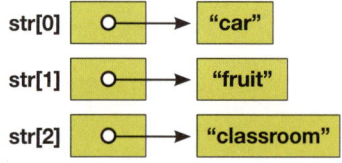

포인터 배열은 포인터가 배열 요소인 배열입니다.

포인터 배열은 서로 다른 길이의 문자열을 처리할 때 주로 사용합니다.

배열 포인터와 포인터 배열의 사용 형식
- 배열 포인터 : 자료형 (*배열이름)[배열크기]...;
- 포인터 배열 : 자료형 *배열이름[배열크기]...;

서로 다른 길이의 문자열을 처리하기 위해 char형 배열을 사용하는 경우와 포인터 배열을 사용하는 경우의 차이점에 대해 설명하겠습니다.

```
char mon1[3][10] = {"January", "February", "March"};
char *mon2[3] = {"January", "February", "March"};
```

위의 두 가지는 몇 가지 점에서 차이가 있습니다.

- 메모리 사용에서 차이가 있습니다.
  char형 2차원 배열인 mon1은 행과 열의 크기가 고정되기 때문에 짧은 길이의 문자열은 배열 요소가 남는 반면에, 포인터 배열인 mon2는 각 문자열이 보관된 메모리의 시작 주소만 배열 요소에 보관합니다.
- 처리 방법에서 차이가 있습니다.
  char형 배열은 어디까지나 배열이기 때문에 char형 데이터를 보관합니다. 하지만 포인터 배열은 문자열의 시작 주소만을 저장하는 포인터 변수로 구성된 배열입니다.

이런 차이점을 그림으로 표현하면 다음과 같습니다.

배열 mon1	'J'	'a'	'n'	'u'	'a'	'r'	'y'	'\0'		
	'F'	'e'	'b'	'r'	'u'	'a'	'r'	'y'	'\0'	
	'M'	'a'	'r'	'c'	'h'	'\0'				

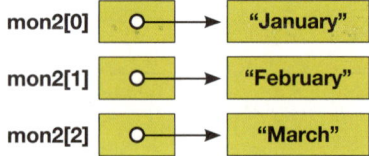

포인터 배열 mon2

이처럼 char형 다차원 배열을 사용해서 서로 다른 길이의 문자열을 처리하면 길이가 짧은 문자열로 인해 사용하지 않는 공간이 발생합니다. 즉, char형 다차원 배열을 사용해서 처리하는 문자열의 길이가 많이 차이나면 메모리의 낭비가 심해지는 반면에 포인터 배열을 사용하면 문자열의 시작 주소만 값으로 취하기 때문에 메모리의 낭비가 없습니다. 다만 문자열의 시작 주소를 저장하기 위한 별도의 포인터 배열 공간이 필요합니다.

포인터 배열로 여러 개의 문자열을 처리하면 메모리의 낭비를 줄일 수 있습니다.

예제 7-9 포인터 배열을 사용해서 서로 다른 길이의 문자열을 처리하는 프로그램입니다.

```
01  #include <stdio.h>
02
03  int main()
04  {
05      char *month[] = {"January", "February", "March", "April", "May",
06                       "June", "July", "August", "September", "October",
07                       "November", "December"};
08      int mon;
09
10      printf("월을 입력하세요 : ");
11      scanf("%d", &mon);
12
13      printf("%d월 : %s\n", mon, month[mon-1]);
14
15      return 0;
16  }
```

서로 다른 길이의 문자열로 포인터 배열 month를 초기화합니다.

키보드로 월을 입력합니다.

키보드로 입력받은 월을 사용해서 포인터 배열 month에 있는 문자열을 출력합니다.

> **실행결과**

월을 입력하세요 : 5
5월 : May

> **해설**

- **05~07** : 키보드로 월을 입력받아서 해당 월을 영문으로 출력하는 프로그램입니다. 각 월의 영문자는 각기 다른 길이로 구성된 문자열이기 때문에 포인터 배열을 사용했습니다.
- **13** : 배열 첨자는 0부터 시작하기 때문에 입력한 월에 해당하는 문자열을 month 배열에서 읽어오기 위해 1을 뺀 값을 첨자로 사용합니다.

3 포인터의 포인터

포인터 배열은 포인터로 구성된 배열입니다. 그렇다면 이러한 배열을 포인터로 처리하기 위해선 어떤 자료형의 포인터가 필요할까요? 포인터로 배열을 처리하려면 배열 요소의 자료형과 동일한 자료형의 포인터가 필요하다는 사실을 이미 설명했으니, 포인터 자료형을 갖는 포인터가 필요하겠죠. 이런 것을 포인터의 포인터라고 합니다. 즉, 포인터의 포인터는 포인터 배열을 포인터로 처리하기 위해서 사용합니다. 포인터의 포인터라는 말에서도 느껴지듯이 포인터 변수가 가리키고 있는 주소에 가면 또 다른 주소가 들어 있고, 이 주소를 이용해서 값을 처리합니다. 결국 메모리에 대한 간접 접근을 두 번해서 실질적인 값에 도달하게 됩니다. 포인터의 포인터는 가리키고 있는 대상이 포인터인 포인터 변수라고 정의할 수 있습니다.

포인터의 포인터를 사용하는 방법은 다음과 같습니다.

```
자료형  **포인터변수;
```

> **예**
>
> ```
> char ch = 'A';     → 문자형 변수 선언
> char *pch;         → 문자형 포인터 변수 선언
> char **ppch;       → 문자형 포인터의 포인터 변수 선언
> char *a[3];        → 문자형 포인터 배열 선언
>
> pch  = &ch;        → 변수 ch의 시작 주소를 포인터 변수 pch에 대입
> ppch = &pch;       → 포인터 변수 pch의 시작 주소를 포인터의 포인터 ppch에 대입
> ppch = a;          → 포인터 배열의 시작 주소를 포인터의 포인터 ppch에 대입
> ```

위의 예에서 사용된 포인터의 포인터 ppch를 좀 더 자세히 분석해보겠습니다.

· ppch : *ppch가 저장되어 있는 주소(포인터 변수 pch가 위치한 곳의 주소)
· *ppch : **ppch가 저장되어 있는 주소(포인터 변수 pch가 갖고있는 변수 ch의 주소)
· **ppch : 지정된 메모리에 저장되어 있는 char형 값(변수 ch의 값)

앞에서 설명했던 다차원 배열에서 *(*(a+0)+0)도 포인터의 포인터 일종입니다. 여기서 0을 빼면 **a가 되는데, 이것이 바로 포인터의 포인터입니다.

포인터의 포인터는 포인터 변수를 포인터로 처리하기 위해 사용합니다.

포인터 배열은 포인터가 배열 요소이기 때문에 이를 포인터 변수로 처리하기 위해서 포인터의 포인터가 필요합니다.

예제 7-10 포인터의 포인터를 사용해서 포인터 배열을 처리하는 프로그램입니다.

```
01 #include <stdio.h>
02
03 int main()
04 {
05     char *month[] = {"January", "February", "March"};
06     char ch = 'A';
07     char *pch, **ppch;
```

- 포인터 배열 month를 선언함과 동시에 초기화합니다.
- 포인터의 포인터 변수 ppch를 선언합니다.

```
08
09       pch = &ch;
10       ppch = &pch;
11       printf("ch : %c, *pch : %c, **ppch : %c\n", ch, *pch, **ppch);
12
13       ppch = month;
14       printf("*(ppch + 0) : %s\n", *(ppch+0));
15       printf("*(ppch + 1) : %s\n", *(ppch+1));
16       printf("*(ppch + 2) : %s\n", *(ppch+2));
17
18       return 0;
19  }
```

실행결과

```
ch : A, *pch : A, **ppch : A
*(ppch + 0) : January
*(ppch + 1) : February
*(ppch + 2) : March
```

해설

· **09~11** : 문자형 변수 ch의 주소를 포인터 변수 pch에 대입하고, pch의 시작 주소를 ppch에 대입합니다. pch 자체가 포인터 변수이기 때문에 pch의 시작 주소를 가리키는 변수는 포인터의 포인터가 되어야 합니다. ch, pch, ppch의 관계를 그림으로 표현하면 다음과 같습니다.

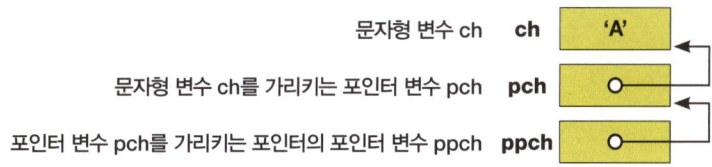

ch의 주소를 pch가 가리키고, pch의 주소를 ppch가 가리키고 있기 때문에 ch, *pch, **ppch의 값은 동일합니다. **ppch는 연산 순서에 따라 괄호로 표시하면 *(*ppch)가 되기 때문에 ppch가 가리키고 있는 주소에서 값을 읽으면 pch의 값을 구하게 되고, 다시 pch가 갖고 있는

주소에 저장된 값을 읽으면 ch가 저장하고 있는 값이 됩니다.
- **13** : 포인터 배열 month의 시작 주소를 포인터의 포인터 ppch에 대입합니다.
- **14~16** : ppch는 포인터 배열 month의 주소를 갖고 있기 때문에 *(ppch+0)은 ppch[0] 또는 month[0]과 같은 의미입니다. 포인터 배열 month의 0번째 배열 요소의 값, 즉 문자열 "January"가 저장되어 있는 곳의 주소입니다. 결국 *(ppch+0), *(ppch+1), *(ppch+2)는 각각의 문자열이 저장되어 있는 주소 값이고, 이곳에 있는 문자열을 출력합니다.

4 void형 포인터

자료형 void는 함수와 포인터 변수에서만 사용할 수 있습니다. 함수에서 사용되는 void는 다음 장에서 설명하기로 하고, 여기서는 포인터에서 사용되는 void형에 대해서만 설명하겠습니다.

void는 말 그대로 비어있다는 뜻이기 때문에 포인터 변수에 사용되면 임의의 대상을 가리키는 포인터를 의미합니다. 임의의 대상을 가리킨다는 뜻은, 포인터 변수가 가리키고 있는 주소에 있는 값의 자료형에 상관없이 처리할 수 있다는 것입니다. 즉, void형 포인터 변수가 가리키고 있는 주소에 어떤 자료형의 데이터가 저장되어 있는지 알 수 없다는 뜻입니다. 그렇다면 자료형도 알 수 없는 데이터를 처리하는 void형 포인터 변수를 사용하는 이유는 무엇일까요? void형 포인터 변수의 사용 용도는 다음과 같습니다.

- 배열 요소의 자료형이 임의인 배열을 처리하기 위해서입니다.
- 임의의 자료형을 한 개의 포인터 변수로 처리하기 위해서입니다.

void형 포인터는 임의의 자료형을 가리키고 있기 때문에 아무런 가치도 없는 것이 아닙니다. 오히려 자료형에 상관없이 모든 자료형의 데이터를 처리할 수 있다는 의미로 파악해야 됩니다. void형 포인터 변수는 자료형에 상관없이 모든 데이터를 처리할 수 있습니다. void형 포인터 변수의 사용 방법은 다음과 같습니다.

```
void *포인터변수;
```

예
```
int x = 10;
void *pv;

pv = &x;
```

void형 포인터는 임의의 자료형을 처리하기 위한, 즉 어떤 자료형도 처리할 수 있는 포인터입니다.

void형 포인터 변수는 임의의 자료형을 처리할 수 있기 때문에 편리한 점이 많습니다.
int형 변수 x의 주소를 void형 포인터 변수 pv에 대입했습니다. pv를 사용해서 변수 x를 처리할 수 있는데, 이때 주의할 점이 있습니다. void형 포인터 변수를 사용해서 해당 주소로부터 값을 읽어 올 때 몇 바이트를 읽어 와야 될지 알 수 없습니다. 그렇기 때문에 반드시 캐스트 연산자를 사용해야 됩니다. 만약 pv가 가리키고 있는 주소에 저장된 값을 출력한다면 다음과 같이 캐스트 연산자를 사용해서 처리할 데이터의 종류를 지정합니다.

```
printf("%d",* (int *) pv);
```
void형 포인터 변수 pv를 int형 포인터로 형변환 합니다.

void형 포인터는 임의의 자료형을 처리하기 때문에 반드시 캐스트 연산자를 사용해서 형변환 합니다.

예제 7-11 void형 포인터를 사용해서 서로 다른 자료형의 변수를 처리하는 프로그램입니다.

```
01 #include <stdio.h>
02
03 int main()
04 {
```

```
05      int a = 10;
06      char b = 'A';
07      void *pv;                                    void형 포인터 변수 pv를 선언합니다.
08
09      pv = &a;
10      printf("*pv : %d\n", *(int *)pv);            void형 포인터 변수 pv를 int
                                                     형 포인터로 형변환합니다.
11
12      pv = &b;
13      printf("*pv : %c\n", *(char *)pv);           void형 포인터 변수 pv를 char형
                                                     포인터로 형변환합니다.
14
15      return 0;
16  }
```

실행결과

```
*pv : 10
*pv : A
```

해설

- **09~10** : void형 포인터는 임의의 자료형을 가리키기 때문에 자료형에 상관없이 처리할 수 있습니다. int형 변수 a의 시작 주소를 void형 포인터 변수 pv에 대입했고, pv를 사용해서 데이터를 처리하려면 캐스트 연산자로 형변환해야 됩니다. 현재 pv가 가리키고 있는 데이터는 int형이기 때문에 int형 포인터로 형변환합니다. '*(int *)pv'는 pv를 int형 포인터로 변환해서 해당 주소에 있는 값을 읽어오는 명령입니다.
- **12~13** : char형 변수 b의 시작 주소를 void형 포인터 변수에 대입합니다. pv는 void형이기 때문에 앞에서 int형을 가리키는 포인터로 사용되었지만 char형을 가리키는 포인터로 다시 사용할 수 있습니다. 이처럼 void형 포인터는 형변환만 하면 어떠한 자료형이라도 처리할 수 있기 때문에 임의의 대상을 가리키는 포인터라고 말합니다.

연습문제

01 포인터 변수에 대한 설명으로 잘못된 것은?

① 포인터는 주소를 처리한다.
② 포인터에 대한 증감 연산은 포인터 변수의 자료형 크기만큼 증감한다.
③ 포인터는 자료형에 따라서 다른 크기를 갖는다.
④ 포인터로 배열을 처리할 때 배열 요소의 자료형과 일치해야 된다.

02 다음과 같이 선언했을 때 *pa+1과 *(pa+1)의 값은 얼마인가?

```
int a[5] = {10, 20, 30, 40, 50};
int pa = a;
```

① 10, 20   ② 11, 20   ③ 20, 30   ④ 21, 30

03 다음과 같이 선언했을 때의 실행 결과로 올바른 것은?

```
int a[5] = {10, 20, 30, 40, 50};
int pa = a;

printf("%d, %d\n", *p++, *++p);
```

① 10, 20   ② 11, 20   ③ 10, 21   ④ 10, 30

04 배열을 포인터로 처리할 수 있는 이유에 대해 설명하시오.

05 포인터에 사용할 수 있는 연산자의 종류와 연산을 제한한 이유에 대해 설명하시오.

06 다차원 배열을 포인터로 처리할 때의 장점에 대해 설명하시오.

07 배열 포인터와 포인터 배열의 사용 용도를 설명하시오.

08 C 언어 내부적으로 다차원 배열을 처리하는 방법에 대해서 설명하시오.

01 숫자, 영문자, 기타 문자를 입력받아서 각각 입력된 문자의 개수를 출력하는 프로그램을 작성하시오. 단 '#'이 입력되면 프로그램을 종료합니다.

02 문자열을 입력받아서 각 문자를 다음과 같은 코드표를 이용하여 암호화하는 프로그램을 작성하시오.

A	B	C	D	E	F	G	H	I	J	K	L	M	N	O	P	Q	R	S	T	U	V	W	X	Y	Z
3	m	5	9	0	q	e	x	8	p	s	4	o	n	2	d	1	z	6	w	a	g	7	k	c	h

03 년, 월, 일을 입력받아서 요일을 출력하는 프로그램을 작성하시오.

04 문자열을 입력받아서 중복되는 문자의 개수를 카운트하여 다음과 같이 압축하는 프로그램을 작성하시오.

```
입력 : AAA33EEEEEK
출력 : 3A235E1K
```

PART 08

함수

C 언어는 함수 기반의 언어입니다. C 프로그램은 한 개 이상의 함수로 구성되고, 프로그램을 구조화시키기 위해서 함수를 사용합니다. 복잡한 문제는 프로그램이 길어질 수 있기 때문에 읽기 어렵고, 꼬일 수 있습니다. 이를 해결하는 방법은 프로그램을 분할하는 것입니다. 이때 함수를 사용해서 프로그램을 기능별로 분할하고, 각각의 함수를 호출하면서 프로그램을 작동시킵니다. C 언어는 자체적으로 제공하는 함수와 사용자가 직접 만들 수 있는 함수가 있습니다. 이장에서는 함수의 정의, 함수의 원형, 매개변수, 순환 함수 등에 대해 설명합니다. C 언어의 필수품, 함수에 대해 확실히 이해하고 넘어가야 합니다.

함수의 정의

1 프로그램과 함수

C 언어는 구조적 프로그래밍 기법으로 프로그램을 작성하기 때문에 명령어들을 기능별로 묶어서 구조화하고, 이들을 각각의 분리된 모듈(module)로 처리합니다. 여기서 모듈이란 특정한 작업을 수행하는 프로그램의 일부분입니다. 즉, 큰 프로그램을 구성하는 독립적인 작은 단위를 뜻하고, 이들이 모여서 프로그램을 구성합니다. 프로그램을 모듈별로 분할하는 것을 모듈화라고 합니다. 프로그램을 기능별로 분할하기 위해 사용하는 방법이 서브루틴(subroutine)입니다. 서브루틴은 메인루틴(main routine)과 대비되는 용어로 메인루틴과 결합하여 특정한 작업을 수행하는 부분이고, 이를 위해 프로시저(procedure) 또는 함수(function)를 사용합니다. 여기서 프로시저와 함수는 거의 비슷합니다. 다만 프로시저는 처리한 결과를 반환할 수 없는 반면에 함수는 반환 기능이 있습니다. 프로그래밍 언어에 따라 각각의 서브루틴들이 주·종 관계로 구성될 수도 있고, 또는 동등한 자격을 갖는 수평적인 구조일 수도 있습니다. C 언어는 모든 서브루틴이 동등한 자격을 갖는 수평적 구조입니다.

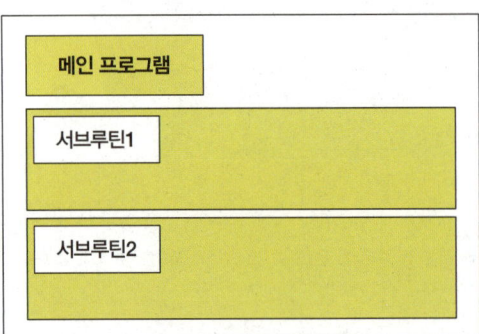

〈서브루틴의 주·종 관계〉

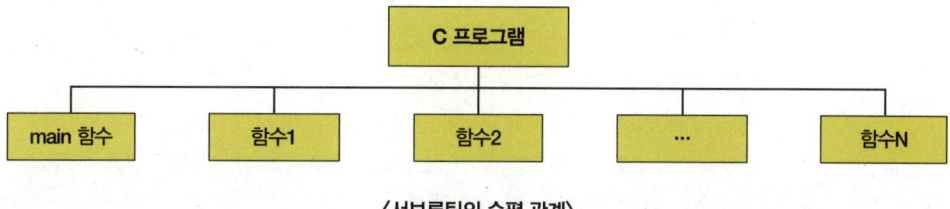

〈서브루틴의 수평 관계〉

모듈은 프로그램에서 특정한 작업을 수행하는 작은 단위입니다.

서브루틴으로 사용하는 프로시저와 함수는 한 가지만 제외하면 동일합니다. 프로시저는 처리한 결과를 반환할 수 없는 반면에 함수는 반환 기능이 있습니다.

C 언어는 프로시저를 만들 수 있는 별도의 명령을 제공하지 않고 함수만으로 프로시저나 함수를 작성할 수 있습니다. 이 부분은 나중에 함수에 대해 보다 자세히 설명할 때 다시 언급하도록 하겠습니다. C 언어의 함수는 각각 수평적 관계이기 때문에 상호 호출이 가능합니다. 즉, C 프로그램은 main 함수가 반드시 필요하지만 main 함수와 다른 함수 사이에 종속 관계가 없습니다. 그렇기 때문에 main 함수에서 다른 함수를 호출할 수 있고, 그 반대도 가능합니다.

뛰어넘기 | 모듈화의 원칙

함수를 사용해서 구조적 프로그래밍을 하려면 프로그램을 기능별로 모듈화 해야 되는데, 그 때 다음과 같은 원칙을 지키는 것이 좋습니다.

- **모듈은 기능별로 완결된 구조를 가져야 합니다.**
프로그램을 모듈화 할 때 기능에 따라 프로그램을 분할합니다. 이때 모듈은 해당 기능을 수행하기 위해 완결성을 가져야 합니다.

- **각 모듈별로 독립성이 보장되어야 합니다.**
기능별로 분화된 모듈은 다른 모듈과의 관계에서 독립적이고, 모듈 내부 명령들 사이는 연관성이 높아야 합니다. 만약 모듈 사이의 독립성이 낮다면 해당 모듈을 재사용하기 어렵고, 모듈화의 의미가 사라지게 됩니다.

- 모듈은 반드시 입구와 출구가 있어야 합니다.
  모듈을 호출해서 사용할 때 해당 모듈의 실행을 위한 입력값이 필요하고, 수행이 완료되면 특정한 출력값을 생성해야 합니다. 이와 같이 모듈을 사용하기 위해서는 해당 모듈의 진입과 완료 지점이 명확하게 표시되어야 합니다.

2 함수란?

함수는 특정한 작업을 처리하도록 설계된 독립적인 프로그램 단위입니다. 함수는 블랙박스와 같아서 해당 함수 안에 어떤 내용이 있는지, 어떤 방식으로 작동하는지에 대해 알 필요가 없습니다. 단지 함수의 기능, 함수에 대한 입력과 출력만 알고 있으면 쉽게 사용할 수 있습니다.

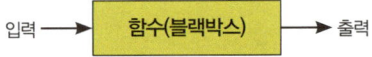

프로그램에서 함수를 사용하는 이유는 다음과 같습니다.

- 반복되는 특정 작업을 함수로 처리해서 코딩량을 줄일 수 있습니다.
- 구조적 프로그래밍 방식으로 모듈화 시키기 때문에 프로그램 작성 및 수정이 쉬워집니다.
- 다른 프로그래머에게 표준 라이브러리를 제공할 수 있습니다.
- 함수의 세세한 부분까지 신경 쓰지 않아도 되기 때문에 프로그램의 전체적인 구조를 설계하는데 집중할 수 있습니다.

C 언어의 함수는 누가 작성했느냐에 따라서 크게 두 가지 종류로 나눌 수 있습니다. 컴파일러 제작 회사가 만들어서 제공하는 라이브러리 함수(library function)와 사용자가 필요에 따라서 직접 만들어서 사용하는 사용자 정의 함수(user defined function)가 있습니다. 라이브러리 함수는 표준 함수 또는 시스템 정의 함수라고도 부릅니다.

함수(function)는 특정한 작업을 수행하도록 설계된 독립적인 단위입니다.

함수의 종류(작성자에 따라)
· 라이브러리 함수 : 컴파일러 제작 회사에서 만들어 놓은 함수
· 사용자 정의 함수 : 사용자가 직접 만든 함수

> **뛰어넘기** **라이브러리(library)**
>
> 소스 프로그램은 여러 개의 파일로 나누어서 별도로 컴파일할 수 있는데, 컴파일된 기계어 코드들을 모아둔 파일을 라이브러리라고 합니다. 프로그램에서 라이브러리를 사용하려면, 마치 함수가 사용자 프로그램에 정의되어 있는 것처럼 간단히 호출만 하면 됩니다. 라이브러리 함수는 기계어 코드로 번역된 형식으로 저장되기 때문에 사용자 프로그램은 라이브러리 파일 또는 라이브러리 함수를 포함하는 파일과 링크되어야 합니다.
> 라이브러리를 다른 파일과 링크하면, 선언된 라이브러리 함수만 실행 파일에 포함되지만, 파일에 함수를 작성해 두고 컴파일해서 두 파일을 링크시키면 불필요한 함수까지 코드로 첨가되는 단점이 있습니다. 그렇기 때문에 라이브러리를 사용하면 디스크 공간과 메모리를 절약하는 효과를 얻을 수 있습니다.

3 함수의 정의

함수를 사용하기 위해선 우선 함수를 정의해야 합니다. 여기서 함수의 정의란 실제로 함수를 작성한다는 뜻입니다. 함수는 머리(head)와 본문(body) 부분으로 구성됩니다. 머리 부분은 함수의 자료형, 함수 이름, 매개변수 등으로 이루어지고, 본문은 실제로 실행되는 명령어들을 중괄호를 이용해서 블록으로 구성합니다.

```
[함수 자료형] 함수이름 (매개변수 리스트) ──── 머리 부분
{
    변수 선언;

    문장들;
    [return;]
}
```
       ─── 본문 부분

함수 이름은 변수 이름을 작성하는 규칙과 동일하고, 같은 이름의 함수를 중복해서 만들 수 없기 때문에 함수의 자료형이나 매개변수가 다르더라도 동일한 이름의 함수가 2개 이상 있으면 안됩니다.

어떠한 형식을 표기할 때 사용하는 대괄호([ ])는 생략 가능하다는 표시입니다.

함수의 정의는 실제 함수를 만드는 것으로 머리와 본문 부분으로 구성됩니다.

C 언어에서는 함수의 자료형이나 매개변수가 다르더라도 같은 이름의 함수를 사용할 수 없습니다. 하지만 C++이나 Java는 함수의 이름이 같더라도 함수의 자료형이나 매개변수가 다르면 다중 정의할 수 있습니다.

함수의 자료형

함수의 자료형은 변수를 만들 때 사용하는 자료형 명령어를 기술합니다. 변수에서 사용되는 자료형은 변수의 성격과 크기를 지정하지만 함수에서는 함수의 반환값(return value)에 대한 자료형입니다.

예

```
int add()        → 함수 add의 반환값이 int형입니다.
double sum()     → 함수 sum의 반환값이 double형입니다.
void print()     → 함수 print의 반환값이 없습니다.
```

함수에서 특정한 값을 반환하기 위해 return 명령어를 사용합니다. return 명령어는 함수를 종료시킴과 동시에 값을 반환할 수 있습니다. 이때 return 명령으로 반환하는 값의 자료형이 바로 함수의 자료형입니다. 함수의 자료형을 생략하면 int형으로 취급하지만 가급적 자료형을 표기하는 게 좋습니다.

return 명령으로 반환하는 값의 자료형과 함수의 자료형이 일치해야 합니다.

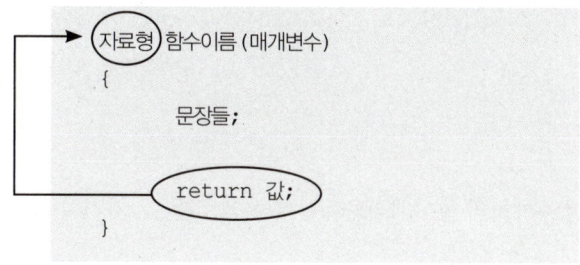

함수의 자료형은 함수가 반환하는 값의 자료형입니다.

함수는 return 명령어를 사용해 값을 반환할 수 있습니다.

매개변수

함수는 호출(call)해야만 실행됩니다. 이때 함수를 호출하는 쪽에서 호출 당하는 쪽으로 특정한 값을 전달하고 싶을 때 사용하는 것이 매개변수(인수, parameter 또는 argument)입니다. 이때 호출하는 쪽(호출 함수, calling function 또는 caller)의 매개변수를 실 매개변수(actual parameter), 호출 당한 쪽(피호출 함수, called function 또는 callee)의 매개변수를 형식 매개변수(formal parameter)라고 합니다. 함수를 정의할 때 사용하는 매개변수 리스트는 실 매개변수가 전달해주는 값을 저장하는데 사용합니다.

```
int main()
{
    int a = 10, b = 20, c;
```

```
        c = add(a, b);            ──── 실 매개변수
        …
}
int add(int x, int y)
{                                 ──── 형식 매개변수
    int z;
    z = x + y;
    …
}
```

함수에서의 형식 매개변수는 다음과 같은 두 가지 방법으로 선언할 수 있습니다.

방법 ❶

```
int add(int x, int y)
{
    int z;
    z = x + y;
    …
}
```

방법 ❷

```
int add(x, y)
int x, y;
{
    int z;
    z = x + y;
    …
}
```

방법 ❶은 ANSI C 표준 방법으로 현대적 형식(modern form)이라 하고, **방법 ❷**는 고전적 형식(classic form)이라고 부릅니다. 방법 ❶에서 'add(int x, y)'와 같은 형식으로 기술하면 안되고, 각각의 형식 매개변수에 대한 자료형을 일일이 지정해야 합니다. 방법 ❷는 예전에 사용하던 방법으로 요즘에는 거의 사용되지 않는 방식입니다. 다만 ANSI C에서는 과거 프로그램과의 호환성을 위해 방법 ❷를 허용하고 있습니다.

매개변수는 함수를 호출하면서 특정한 값을 전달할 때 사용합니다.

매개변수의 종류
· 실 매개변수 : 함수를 호출하는 쪽(호출 함수, calling function 또는 Caller)의 매개변수
· 형식 매개변수 : 함수를 호출당한 쪽(피호출 함수, called function 또는 Callee)의 매개변수

매개변수(parameter)와 전달인자(argument)

매개변수와 전달인자라는 용어를 거의 대부분 혼용해서 사용합니다. 하지만 1999년에 C 언어 표준을 제정(C99)할 때 이 두 가지를 구분하기로 결정했습니다.
함수에서 사용하는 실 매개변수는 변수만이 아니라 상수도 사용할 수 있기 때문에 전달인자(argument)로, 형식 매개변수는 매개변수(parameter)로 규정했습니다. 즉, 전달인자는 값이고, 매개변수는 변수를 뜻합니다. 하지만 아직도 실 매개변수(actual parameter)와 실 전달인자(actual argument), 형식 매개변수(formal parameter)와 형식 전달인자(formal argument)를 구분하지 않고 있으며, 편의상 실 매개변수, 형식 매개변수라는 용어를 많이 사용합니다.

함수의 본문

함수의 본문은 중괄호로 둘러싼 블록으로 구성합니다. 본문에는 다양한 변수와 명령어를 사용해서 해당 함수의 기능을 수행합니다. 만약 처리 결과를 반환한다면 return 명령을 사용합니다.

예제 8-1 함수를 사용하여 두 개의 값을 더하는 프로그램입니다.

```
01 #include <stdio.h>
02
03 int add(int x, int y);
04
05 int main()
06 {
```

```
07      int a = 10, b = 20, c;
08
09      c = add(a, b);                          add 함수를 호출하고, 결과
10                                              값을 c에 대입합니다.
11      printf("%d + %d = %d\n", a, b, c);
12
13      return 0;
14 }
15
16 int add(int x, int y)
17 {
18      int z;
19
20      z = x + y;                              add 함수를 정의합니다.
21
22      return z;
23 }
```

실행결과

```
10 + 20 = 30
```

해설

- **03** : add 함수의 원형(prototype)을 선언합니다. 함수를 사용하기 전에 해당 함수에 대한 정보를 컴파일러에게 제공해야 되는데, 이에 대한 설명은 잠시 후에 자세히 하겠습니다.
- **09** : add 함수를 호출하면서 실 매개변수 a, b를 add 함수에 전달합니다. add 함수는 a와 b를 더한 결과를 반환하는데, 그 값을 c에 대입합니다. 함수는 호출을 통해서만 실행되고, a와 b의 값을 전달합니다.
- **16~23** : add 함수를 정의합니다. 14라인이 add 함수의 머리 부분이고, 함수의 자료형, 함수 이름, 매개변수를 표시합니다. 여기서 함수의 자료형은 int형인데, add 함수에서 반환하는 결과 값의 자료형이 int형이라는 뜻입니다. 그리고 int형 형식 매개변수 2개를 갖고 있습니다. 함수를 호출할 때 전달된 실 매개변수 a, b의 값 10과 20이 형식 매개변수 x, y에 대입됩니다. x와 y를 더한 값을 z에 대입하고, 그 값을 return문으로 반환합니다.

함수의 사용

함수의 선언

ANSI C 표준에 따르면, 모든 함수는 사용하기 전에 선언해야 합니다. 함수를 선언하는 목적은 함수를 사용하기 전에 컴파일러에게 필요한 정보를 제공하기 위해서입니다. 함수 선언은 함수의 자료형, 함수 이름, 매개변수 리스트 등을 기술하고, 컴파일러는 이 정보를 사용해서 해당 함수를 처리합니다. 이처럼 함수를 선언할 때 사용하는 정보를 함수 원형(function prototype)이라고 합니다.

함수 원형
[함수 자료형] 함수이름(매개변수 리스트);

- **함수 자료형** : 함수가 반환하는 데이터의 자료형입니다. int인 경우에는 생략할 수 있지만 명시적으로 표기하는게 좋습니다.
- **매개변수 리스트** : 함수를 호출하면서 전달할 데이터입니다.

함수를 정의할 때 함수의 머리 부분에는 세미콜론(';')을 붙이지 않지만 함수의 선언에 사용하는 함수 원형 뒤에는 반드시 세미콜론이 뒤에 붙어야 됩니다. 함수 원형은 매개변수의 개수와 자료형, 반환되는 값의 자료형을 컴파일러에게 알려주는 역할을 합니다.

예

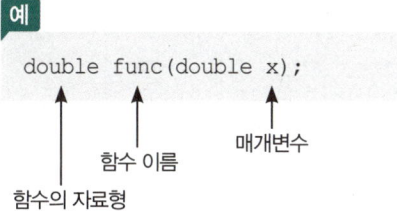

컴파일러에게 1개의 double형 매개변수와 반환값이 double형인 함수 func에 대한 정보를 제공합니다.

뛰어넘기 | 함수 선언에 대해서

함수를 선언할 때 함수의 원형을 사용합니다. 만약 함수를 선언하지 않고 함수를 호출하면 컴파일러는 사용하고자 하는 함수에 대한 아무런 정보도 갖고 있지 않기 때문에 오류 또는 경고가 발생할 수 있습니다.

함수를 선언하는 이유는 호출할 함수의 자료형과 이름, 매개변수의 자료형을 컴파일러에게 알려주기 위해서입니다. 다만, 컴파일러는 매개변수의 이름은 상관하지 않기 때문에 다음과 같은 선언은 같은 형식으로 취급합니다.

예
```
double add(double x, double y);
```

예
```
double add(double, double);
```

그동안 printf나 scanf와 같은 라이브러리 함수를 사용할 때 프로그램 앞부분에 "#include <stdio.h>"라고 기술한 것은 함수 선언 때문이었습니다. stdio.h 파일 안에는 printf와 scanf 함수에 대한 함수 원형이 다음과 같이 포함되어 있습니다.

```
int printf(const char * __format, ...);
int scanf(const char * __format, ...);
```

이처럼 함수를 호출하기 전에 함수의 원형을 사용해서 매개변수의 개수와 자료형, 함수의 자료형에 대한 정보를 컴파일러에게 제공합니다.

2 함수의 사용

함수를 사용하기 위해서는 함수의 선언, 함수의 정의, 함수의 호출이 필요합니다. 함수의 선언은 앞에서도 설명했듯이 컴파일러에게 함수에 대한 정보(함수의 자료형과 매개변수 정보)를 제공하기 위해서이고, 함수의 정의는 실제로 함수를 만드는 것입니다. 하지만 함수는 호출하지 않으면 전혀 실행되지 않습니다. 그동안 어떤 데이터를 출력할 때 printf 함수를 사용했는데, 이와 같이 하는 것을 함수의 호출이라고 합니다. 함수는 호출을 통해서만 실행됩니다.

```
float add(float a, float b);  ──────────────── 함수 선언

int main()
{
    …
    add(x, y);  ──────────────── 함수 호출
    …
}

float add(float a, float b)  ┐
{                             ├──── 함수 정의
    …                         │
}                             ┘
```

만약 함수 정의가 함수 호출보다 먼저 나오면 함수를 선언하지 않아도 상관없습니다. 그 이유는, C 컴파일러는 프로그램의 1행부터 차례대로 번역하는데, 함수 정의 부분이 호출보다 먼저 기술되어 있으면 해당 함수에 대한 자료형과 매개변수에 관한 정보를 알 수 있기 때문입니다. 함수를 미리 정의하고 호출해도 상관없지만, 함수 선언이 앞부분에 나오는 것이 바람직합니다. 함수를 사용하기 전에 함수를 미리 선언함으로써 프로그램에 대한 전체적인 구조를 쉽게 파악할 수 있고, 오류가 발생했을 때 쉽게 수정할 수 있기 때문입니다.

함수를 호출하는 형식은 다음과 같습니다.

> 함수 이름(매개변수 또는 식);

함수를 사용하기 위해 다음과 같은 세 가지가 필요합니다.
- 함수의 선언
- 함수의 호출
- 함수의 정의

예제 8-2 2개의 실수를 입력받아서 합을 반환하는 함수를 작성한 프로그램입니다.

```
01 #include <stdio.h>
02
03 float add(float x, float y);       ── float형 매개변수가 2개 있고, float형 데이터
04                                        를 반환하는 add 함수를 선언합니다.
05 int main()
06 {
07     float a, b, c;
08
09     printf("두 개의 실수를 입력하세요 : ");
10     scanf("%f%f", &a, &b);
11
12     c = add(a, b);
13
14     printf("%.2f + %.2f = %.2f\n", a, b, c);
15
16     return 0;
17 }
18
19 float add(float x, float y)        ── float형 함수 add를 정의합니다.
20 {
21     float z;
22
23     z = x + y;
24
25     return z;                       ── float형 변수 z를 반환합니다. 반환하는 z의
26 }                                       자료형과 add 함수의 자료형이 일치합니다.
```

실행결과

```
두 개의 실수를 입력하세요 : 10.5 12.3
10.50 + 12.30 = 22.80
```

해설

- **03** : float형 매개변수가 2개이고, float형 값을 반환하는 add 함수를 선언합니다. 이처럼 함수를 정의하기 전에 함수를 호출하려면 해당 함수에 대한 정보를 컴파일러에게 제공해야 됩니다. 그래서 함수의 원형을 사용해서 선언합니다. 함수의 원형에는 매개변수 이름은 생략할 수 있기 때문에 다음과 같이 기술해도 상관없습니다.

```
float add(float, float);
```

- **10~12** : 두 개의 실수를 입력받고, 그 값을 a와 b에 저장합니다. 그리고 add 함수를 호출할 때 a, b를 매개변수로 전달합니다. add 함수는 두 개의 매개변수를 더한 결과를 반환하고, 그 값을 c에 대입합니다.
- **19** : add 함수의 머리 부분입니다. 12라인에서 add 함수를 호출할 때 전달하는 a와 b의 값을 형식 매개변수 x와 y가 받아옵니다.
- **25** : return 명령어를 사용해서 변수 z의 값을 반환합니다. 그러면 12라인에 있는 변수 c에게 반환값이 대입됩니다.

뛰어넘기 — 함수를 호출하기 전에 함수를 정의하는 경우

[예제 8-2]처럼 함수 선언→함수 호출→함수 정의 순서로 사용하는 것이 바람직하지만 함수를 먼저 정의해서 처리할 수도 있습니다. 컴파일러는 프로그램의 앞부분부터 순차적으로 번역하지만 프로그램의 실행은 main 함수의 위치에 상관없이 main 함수부터 시작하기 때문에 main 함수가 반드시 맨 앞에 나오지 않아도 상관없습니다. 결국 함수를 호출하기 전에 함수를 정의하면 이 부분이 함수 선언을 대신하는 것입니다.

[예제 8-2]를 함수의 정의 부분이 호출보다 먼저 나오게 수정하면 다음과 같습니다.

예제 8-3 함수의 정의 부분을 앞에 기술한 프로그램입니다.

```c
01  #include <stdio.h>
02
03  float add(float x, float y)       // float형 매개변수가 2개 있고, float형 데이터를 반환하는 add 함수를 정의합니다.
04  {
05      float z;
06
07      z = x + y;
08
09      return z;
10  }
11
12  int main()
13  {
14      float a, b, c;
15
16      printf("두 개의 실수를 입력하세요 : ");
17      scanf("%f%f", &a, &b);
18
19      c = add(a, b);                 // add 함수를 호출하면서 매개변수 a와 b를 전달하고, 반환값을 c에 대입합니다.
20
21      printf("%.2f + %.2f = %.2f\n", a, b, c);
22
23      return 0;
24  }
```

해설

float형 함수 add를 호출하기 전에 먼저 정의했습니다. 이런 경우에는 함수를 선언하지 않아도 상관없습니다. 함수 선언은 호출할 함수에 대한 정보를 컴파일러에게 제공하기 위해서인데, 함수를 정의한 머리 부분에 필요한 정보가 포함되어 있기 때문입니다. 하지만 이와 같이 프로그래밍 하는 것은 전체적인 프로그램 구조 파악과 오류 검출이 어렵기 때문에 권하지 않는 방법입니다.

함수를 정의하는 부분이 함수 호출보다 앞에 있으면 함수 원형을 사용해 함수를 선언하는 것과 동일한 효과를 가집니다.

예제 8-4 함수를 사용해서 절대값을 구하는 프로그램입니다.

```
01  #include <stdio.h>
02
03  int abs(int x);
04
05  int main()
06  {
07      int a, b;
08
09      printf("정수를 입력하세요 : ");
10      scanf("%d", &a);
11
12      b = abs(a);
13
14      printf("%d의 절대값 : %d\n", a, b);
15
16      return 0;
```

함수 원형을 사용해서 함수를 선언합니다. abs 함수는 int형 매개변수가 1개 있고, int형 데이터를 반환한다는 정보를 컴파일러에게 제공합니다.

abs 함수를 호출하면서 매개변수 a를 전달하고, 반환값을 b에 대입합니다.

```
17  }
18
19  int abs(int x)
20  {
21      if(x >= 0)
22          return x;
23      else
24          return -x;
25  }
```

int형 abs 함수를 정의합니다.

만약 x가 0보다 작으면 부호를 양수로 변환한 값을 반환합니다.

실행결과

```
정수를 입력하세요:-25
-25의 절대값: 25
```

해설

- **03** : int형 매개변수가 1개 있고, int형 데이터를 반환하는 abs 함수를 선언합니다. 함수를 선언할 때는 뒤에 반드시 세미콜론이 있어야 합니다. 함수 선언시 함수의 자료형이 int인 경우에는 int를 생략할 수 있고, 함수 선언에서는 매개변수 이름도 생략 가능합니다. 다음과 같이 선언해도 상관없습니다.

  ```
  abd(int x);    또는
  int add(int);  또는
  add(int);
  ```

- **12** : abs 함수에 매개변수 a의 값을 전달합니다. abs 함수는 절대값을 구해서 그 결과를 반환하고, 그것을 b에 대입합니다.

- **21~24** : abs 함수에서 절대값을 구하기 위해서 if~else를 사용합니다. x의 값이 0보다 작은 경우(음수인 경우)에만 양수로 전환하면 되기 때문에 else 부분에서 음수 부호('-')를 붙여 처리합니다. 절대값을 구하기 위해 if문을 다음과 같이 조건 연산자로 바꿀 수 있습니다.

  ```
  return ((x >= 0) ? x : -x);
  ```

Level Up 8-1 2개의 정수를 매개변수로 전달받아서 최대값을 반환하는 함수를 작성하세요.

배경 지식

2개의 정수를 매개변수로 전달받아서 최대값을 반환하는 함수의 원형을 다음과 같이 지정합니다.

```
int max(int x, int y);
```

처리 과정

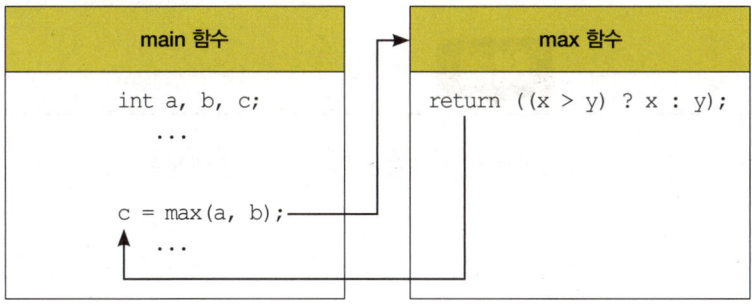

```
01  #include <stdio.h>
02
03  int max(int x, int y);        int형 매개변수가 2개 있고, int형 데이
04                                터를 반환하는 max 함수를 선언합니다.
05  int main()
06  {
07      int a, b, c;
08
09      printf("두 개의 정수를 입력하세요 : ");
10      scanf("%d%d", &a, &b);
11
12      c = max(a, b);            max 함수를 호출하면서 a와 b를 매개변
13                                수로 전달하고, 반환값을 c에 대입합니다.
14      printf("최대값 : %d\n", c);
15
16      return 0;
17  }
18
19  int max(int x, int y)
```

```
20  {
21      return ((x > y) ? x : y);         x와 y 중에 큰 값을 반환합니다.
22  }
```

실행결과

```
두 개의 정수를 입력하세요 : 35  27
최대값 : 35
```

해설

- **03** : max 함수의 원형을 선언합니다. max 함수는 int형을 반환하고, int형 매개변수 2개를 사용합니다.
- **12** : max 함수를 호출합니다. max 함수는 실 매개변수 a, b의 값을 전달받아서 최대값을 구한 다음에, 그 결과를 c에 대입합니다.
- **21** : x가 y보다 크면 x를, 아니면 y를 반환합니다.

매개변수 전달 방법

1 매개변수

함수는 특정한 기능을 수행하는 독립적인 모듈이기 때문에 함수 상호간에 정보를 교환할 수 있는 방법이 필요합니다. 함수를 호출할 때 호출받은 곳으로 정보를 전달하는 수단이 매개변수이고, 호출받은 쪽에서 호출한 쪽으로 정보를 반환하는 수단이 return 명령입니다.

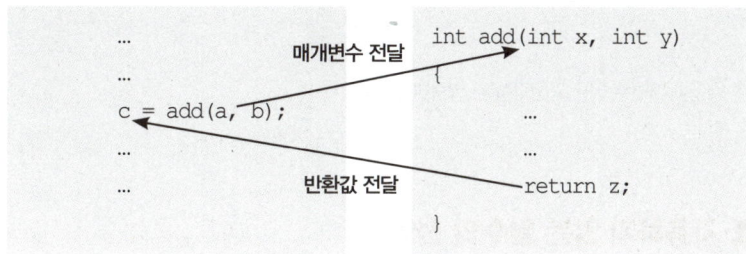

매개변수는 함수를 호출할 때 정보를 전달하기 위한 수단으로 사용됩니다. 정보를 전달하기 위해서는 값을 전달하는 쪽과 값을 받는 쪽이 필요하고, 이것에 따라 매개변수를 두 가지로 구분합니다.

· 실 매개변수(actual parameter) : 함수를 호출하는 쪽의 매개변수
· 형식 매개변수(formal parameter): 함수를 호출받은 쪽의 매개변수

실 매개변수와 형식 매개변수는 개수와 자료형이 일치해야 하지만 변수 이름은 같거나 달라도 상관없습니다.

매개변수를 사용하는 함수의 선언

만약 특정 문자를 n번 출력하는 함수를 이용한다면 다음과 같이 함수 원형을 선언합니다.

```
void printChar(char ch, int n);
```

함수 선언은 함수의 자료형, 매개변수의 개수와 자료형에 대한 정보를 제공하는 역할을 하기 때문에 형식 매개변수 ch와 n은 형식상의 이름에 불과합니다. 결국 다음과 같이 매개변수 이름을 생략할 수 있습니다.

```
void printChar(char, int);
```

함수를 선언할 때는 매개변수 이름을 생략할 수 있습니다.

매개변수를 사용하지 않는 함수의 선언

함수에서 매개변수는 필수사항이 아니기 때문에 매개변수를 사용하지 않을 수도 있습니다. 만약 매개변수가 없는 함수를 사용한다면, 함수를 선언할 때 어떻게 표기해야 할까요? 그냥 다음과 같이 괄호 안에 아무런 내용도 표기하지 않으면 됩니다.

```
void printChar();
```

이와 같이 괄호 안에 아무런 매개변수도 표기하지 않으면 C 컴파일러는 매개변수가 없는 것으로 취급하게 됩니다. 하지만 ANSI C에서는 매개변수를 사용하지 않는다는 것을 명확하게 표시하기 위해 괄호 안에 void 명령어를 사용하도록 규정하고 있습니다. 매개변수가 없는 경우에는 다음과 같이 표기하는 것이 올바른 방법입니다. 앞으로 나올 프로그램에서 매개변수가 없는 경우에는 괄호 안에 void 명령어를 사용하겠습니다.

```
void printChar(void);
```

함수의 괄호 안에 void라는 명령어를 사용해서 매개변수가 없음을 나타냅니다.

매개변수가 없는 경우에는 함수의 괄호 안에 void를 사용해서 표시합니다.

매개변수를 사용하는 함수의 정의

앞에서 설명한 printChar 함수를 정의한다고 가정하면 이 함수의 머리 부분은 다음과 같이 기술합니다.

```
void printChar(char ch, int n)
```

함수 정의에서의 형식 매개변수 ch와 n은 함수 선언할 때와는 달리 변수 이름을 생략할 수 없습니다. 또한 함수를 선언할 때 사용한 형식 매개변수 이름과 달라도 상관없습니다.

함수 선언에 기술된 매개변수 이름은 명목상이기 때문에 함수 정의에 있는 매개변수의 이름과 달라도 상관없습니다.

● **매개변수를 사용하는 함수의 호출**

함수를 호출할 때 실 매개변수를 사용하여 형식 매개변수에 값을 전달합니다.

```
printChar('A', 10);
```

'A'와 10은 printChar 함수에 있는 형식 매개변수 ch와 n에 각각 전달됩니다. 즉, 'A'는 ch에 대입되고, 10은 n에 대입됩니다. 실 매개변수는 상수나 변수가 올 수 있고, 어떤 수식이 와도 상관없습니다.

2 매개변수 전달 방법

함수를 호출하는 쪽의 실 매개변수를 호출 받는 쪽의 형식 매개변수에게 전달하는 방법은 '값에 의한 호출(call by value)'과 '참조에 의한 호출(call by reference)' 방법을 사용합니다.

값에 의한 호출(call by value)

함수를 호출할 때 실 매개변수의 값을 형식 매개변수에 전달하는 방법입니다. 즉, 실 매개변수가 갖고 있는 값만 형식 매개변수에 전달합니다. 이를 위해 형식 매개변수는 실 매개변수의 값을 저장하기 위한 별도의 기억 공간이 필요합니다. 실 매개변수와 형식 매개변수는 서로 다른 기억 공간을 사용하기 때문에 함수에서 형식 매개변수의 값이 변경되더라도 실 매개변수와는 아무런 상관이 없습니다. C 언어에서는 이 방법을 사용해서 매개변수를 전달합니다.

참조에 의한 호출(call by reference)

실 매개변수와 형식 매개변수가 동일한 기억 공간을 사용하는 방법입니다. 여기서 참조(reference)란, 변수의 이름은 다르지만 같은 기억 공간을 공유하는 것을 뜻합니다. 그렇기 때문에 실 매개변수와 형식 매개변수는 같은 변수로 취급되고, 형식 매개변수의 값이 변경되면 실 매개변수도 바뀝니다. 하지만 C 언어는 '값에 의한 호출' 방법만을 지원하기 때문에 형식 매개변수와 실 매개변수의 일치를 꾀할 수 없습니다. 이런 문제를 해결하기 위해 C 언어는 포인터를 사용해서 '참조에 의한 호출' 방법의 효과를 낼 수 있습니다.

매개변수 전달 방법
- 값에 의한 호출(call by value) : 실 매개변수의 값을 형식 매개변수에 전달합니다.
- 참조의 의한 호출(call by reference) : 실 매개변수와 형식 매개변수가 동일한 변수로 취급됩니다.

3 값에 의한 호출(call by value)

값에 의한 호출은 C 언어에서 사용하는 방법으로, 실 매개변수의 값만 형식 매개변수에 전달됩니다. 그렇기 때문에 호출된 함수는 단지 형식 매개변수만 조작할 수 있을 뿐이고, 실 매개변수에 직접 접근할 수 없습니다. 그리고 형식 매개변수에 해당하는 기억 장소가 별도로 유지됩니다. 즉, 실 매개변수와 형식 매개변수는 서로 다른 변수로 취급됩니다.

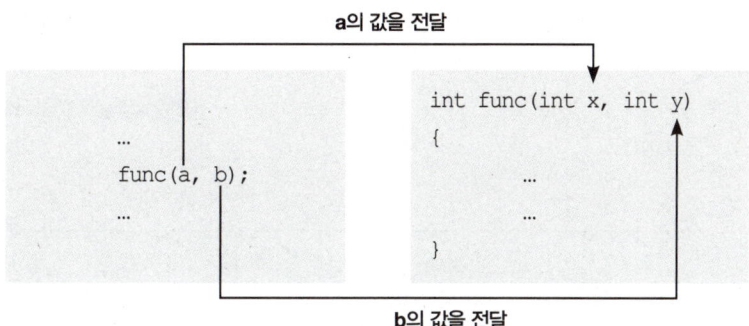

C 언어는 값에 의한 호출 방법으로 매개변수를 전달합니다.

값에 의한 호출 방법에서는 실 매개변수와 형식 매개변수가 서로 다른 변수로 취급됩니다.

예제 8-5 값에 의한 호출 방법으로 매개변수를 전달하는 프로그램입니다.

```
01  #include <stdio.h>
02
03  void swap(int x, int y);         int형 매개변수가 2개 있는 void형
04                                    swap 함수를 선언합니다.
05  int main(void)
06  {
07      int a = 5, b = 10;
08
09      printf("swap 함수 호출 이전 : a = %d, b = %d\n", a, b);
10
```

```
11      swap(a, b);
12
13      printf("swap 함수 호출 이후 : a = %d, b = %d\n", a, b);
14
15      return 0;
16 }
17
18 void swap(int x, int y)
19 {
20      int temp;
21
22      temp = x;
23      x = y;
24      y = temp;
25 }
```

> swap 함수를 호출하면서 a와 b를 매개변수로 전달합니다.

> 변수 x와 y의 값을 서로 교환합니다.

실행결과

```
swap 함수 호출 이전:a = 5, b = 10
swap 함수 호출 이후:a = 5, b = 10
```

해설

우선 이 프로그램이 동작하는 전체적인 구조를 살펴보겠습니다.

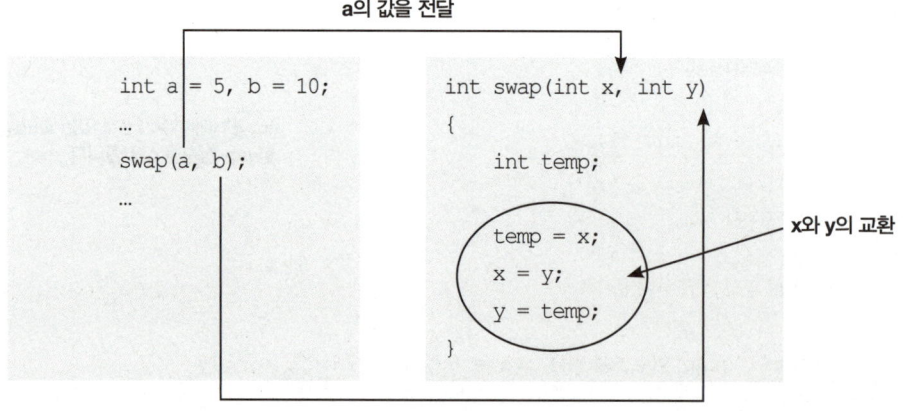

main 함수는 swap 함수를 호출하면서 실 매개변수 a와 b의 값 5, 10을 전달합니다. swap 함수는 a와 b의 값을 형식 매개변수 x, y에 저장하고, x와 y의 값을 서로 교환합니다. 우선 두 개의 변수 사이에 값을 교환하는 방법에 대해 설명하겠습니다.

```
x = 5;
y = 10;
```

x와 y의 값을 각각 교환해서 x, y의 값이 10, 5로 변경되게 하려면 다음과 같이 하면 어떻게 될까요?

```
x = y;
y = x;
```

y의 값을 x에 대입하면 x는 원래의 값인 5를 잃어버리고, 새로운 값인 10을 저장하게 됩니다. 이번에는 x의 값을 y에 대입하면 x는 원래 갖고 있던 5를 잃어버렸기 때문에 y는 여전히 10이 됩니다. 이와 같이 엉뚱한 결과가 나오지 않게 하려면 x의 값을 다른 곳에 저장한 후에 y의 값을 대입하면 됩니다.

```
temp = x;    → x의 값을 temp에 보관합니다.
x = y;       → y의 값을 x에 대입합니다.
y = temp;    → x의 값을 보관하고 있는 temp를 y에 대입합니다.
```

두 변수 사이에 값을 교환하는 방법을 설명했으니, 다시 프로그램을 분석해보겠습니다.

swap 함수를 호출하면서 전달한 매개변수 a와 b의 값을 x와 y가 각각 저장합니다. 그리고 x, y의 값을 서로 교환합니다. 그렇다면 실 매개변수인 원래의 a, b의 값도 교환되었을까요?

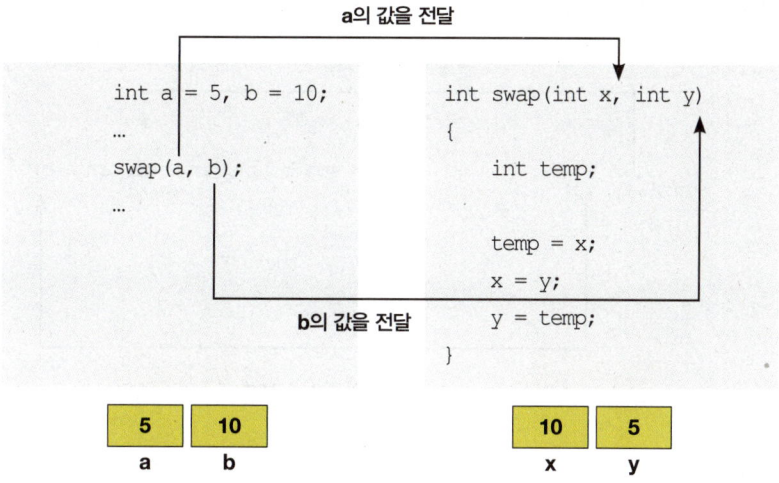

C 언어는 값에 의한 호출 방법을 사용하기 때문에 main 함수에 있는 변수 a, b는 swap 함수에 있는 x, y와 완전히 다른 변수입니다. 즉, 값에 의한 호출 방식으로 매개변수를 전달하면 형식 매개변수 x, y의 값이 변하더라도 실 매개변수 a, b와는 아무런 상관이 없습니다. a, b는 x, y와 서로 다른 기억 공간을 사용하는 별개의 변수이기 때문입니다.

값에 의한 호출에서는 실 매개변수의 값만 형식 매개변수로 전달되기 때문에 실 매개변수와 형식 매개변수는 서로 다른 변수로 취급됩니다. 결국, 형식 매개변수의 값이 변경되더라도 실 매개변수에는 아무런 영향이 없습니다.

4 참조에 의한 호출(call by reference)

앞에서 설명한 [예제 8-5]의 swap 함수에서 변경된 형식 매개변수 x, y의 값을 main 함수에 있는 실 매개변수에도 적용하려면 어떻게 해야 될까요? 지금까지 배운 지식을 동원하면, return 명령어를 사용하면 된다는 느낌이 들 겁니다. 그런데 아쉽게도 retuen 명령어는 한 개의 값만 반환할 수 있기 때문에 서로 교환된 두 개의 값을 반환할 수 없습니다. C 언어는 이런 문제를 해결하기 위해서 포인터를 사용합니다.

실 매개변수 a, b의 주소를 호출받은 함수의 형식 매개변수에게 전달하는 방식을 사용합니다. 그러면 형식 매개변수는 실 매개변수의 주소를 알고 있기 때문에, 이를 이용해서 실 매개변수의 값을 변경할 수 있습니다. 원래 '참조에 의한 호출' 방식은 실 매개변수와 형식 매개변수가 동일한 기억 공간을 사용하는 같은 변수이기 때문에 형식 매개변수의 값이 변경되면 실 매개변수의 값도 자동으로 바뀝니다. 하지만 C 언어는 이러한 참조에 의한 호출 방법을 지원하지 않기 때문에 포인터를 사용해서 참조에 의한 호출 효과를 낼 수 있습니다.

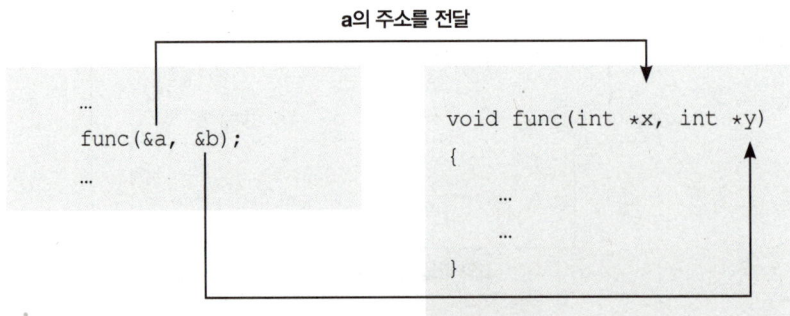

참조에 의한 호출에서는 형식 매개변수가 새로 만들어지는 것이 아니라 실 매개변수와 동일한 공간을 사용합니다. C 언어는 이 방법을 지원하지 않지만 포인터를 이용하면 참조에 의한 호출 방법의 효과를 얻을 수 있습니다.

예제 8-6 참조에 의한 호출 방법으로 매개변수를 전달하는 프로그램입니다.

```c
01 #include <stdio.h>
02
03 void swap(int *x, int *y);        // 매개변수로 int형 포인터가 2개 있는 void형 swap 함수를 선언합니다.
04
05 int main(void)
06 {
07     int a = 5, b = 10;
08
09     printf("swap 함수 호출 이전 : a = %d, b = %d\n", a, b);
10
11     swap(&a, &b);                  // swap 함수를 호출하면서 a와 b의 주소를 전달합니다.
12
13     printf("swap 함수 호출 이후 : a = %d, b = %d\n", a, b);
14
15     return 0;
16 }
17
18 void swap(int *x, int *y)
19 {
20     int temp;
21
22     temp = *x;
23     *x = *y;                       // 간접 주소 연산자(*)를 사용해 x와 y의 값을 서로 교환합니다.
24     *y = temp;
25 }
```

실행결과

```
swap 함수 호출 이전 : a = 5, b = 10
swap 함수 호출 이후 : a = 10, b = 5
```

해설

앞에서 설명한 값에 의한 호출 방식과는 달리 주소 연산자(&)를 사용해서 실 매개변수의 주소를 전달하고 있습니다. 이 프로그램의 전체적인 구조는 다음과 같습니다.

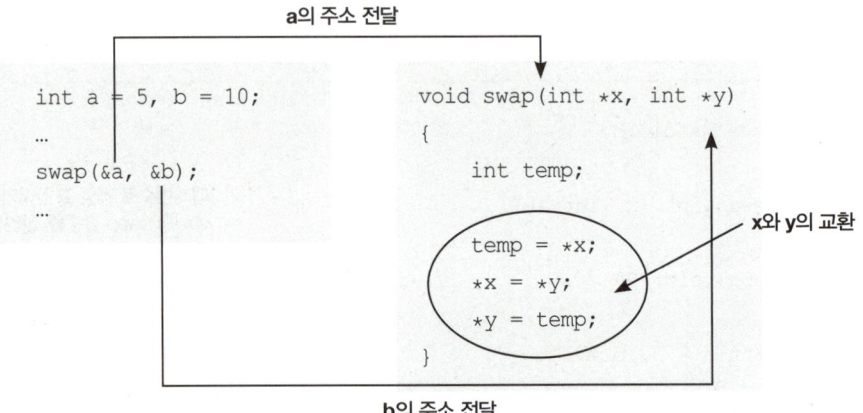

- **11** : swap 함수를 호출하면서 실 매개변수 a, b의 주소를 전달합니다. 그래서 swap 함수의 형식 매개변수 x, y는 주소를 값으로 취할 수 있는 포인터 변수를 사용했습니다.
- **18** : swap 함수는 주소를 값으로 갖는 포인터 변수 x, y를 형식 매개변수로 사용합니다.
- **22~24** :

```
temp = *x;      → ❶
*x = *y;        → ❷
*y = temp;      → ❸
```

포인터 변수 x가 갖고 있는 주소에 저장된 값을 변수 temp에 대입(❶)하고, 포인터 변수 y가 갖고 있는 주소에 저장된 값을 x가 가리키고 있는 주소에 대입(❷)합니다. 마지막으로 temp에 있는 값을 포인터 변수 y가 가리키고 있는 주소에 대입(❸)합니다. 이 과정을 그림으로 표현하면 다음과 같습니다.

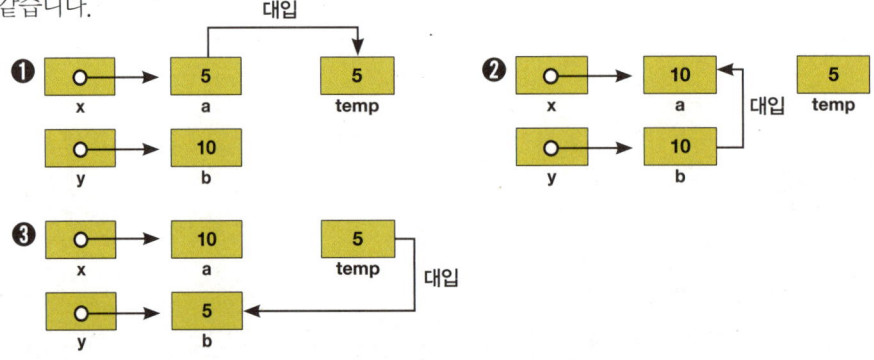

함수에서 값을 반환하는 방법

CHAPTER 04

1 return 명령

함수는 매개변수로 전달된 값을 이용해서 특정한 작업을 수행하고, 그 결과를 반환할 수 있습니다. 함수가 동작하는 과정은 다음과 같습니다.

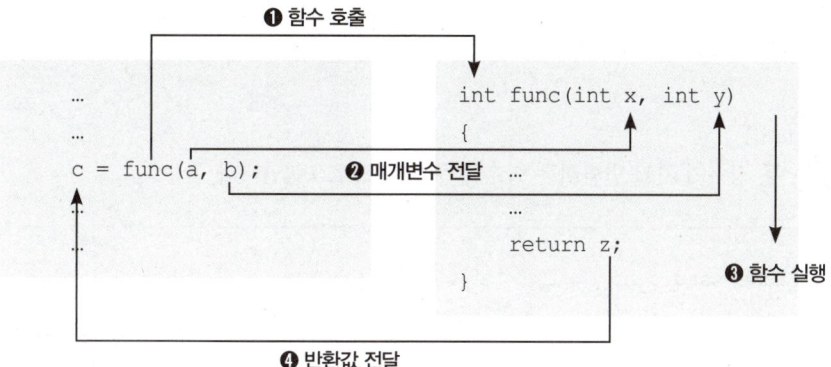

❶ **함수 호출** : 함수는 호출을 통해서 실행되기 때문에 실행할 함수를 호출합니다. 함수를 호출하면 프로그램 실행이 호출된 함수 쪽으로 넘어갑니다.
❷ **매개변수 전달** : 함수 실행에 필요한 실 매개변수를 해당 함수의 형식 매개변수에게 전달합니다.
❸ **함수 실행** : 호출받은 함수는 해당 함수의 본문을 실행합니다.
❹ **반환값 전달** : 함수가 작업을 수행한 결과를 호출했던 곳으로 반환합니다.

return 명령은 함수의 종료와 반환값을 전달하는 두 가지 기능을 수행합니다. 반환값의 유무에 따라 다음과 같은 두 가지 사용 형식이 있습니다.

- **형식❶** : 반환값이 없는 경우
  return;
- **형식❷** : 반환값이 있는 경우
  return (값);

return 명령어 뒤에 아무런 값도 나오지 않으면 함수를 종료해서 호출했던 것으로 돌아가고, 뒤에 값이 나오면 호출했던 곳으로 값을 반환합니다. 이때 1개의 값만 반환할 수 있다는 점에 주의해야 합니다.

피호출 함수에서 값을 반환하려면 return 명령을 사용합니다.

return 명령은 1개의 값만 반환할 수 있습니다.

예제 8-7 두 정수의 차를 반환하는 함수로 구성된 프로그램입니다.

```
01 #include <stdio.h>
02
03 int differ(int x, int y);   ── int형 매개변수 2개를 갖는 int형 함수 differ를 선언합니다.
04
05 int main(void)
06 {
07     int a, b, c;
08
09     printf("2개의 정수를 입력하세요 : ");
10     scanf("%d%d", &a, &b);
11
12     c = differ(a, b);   ── a와 b를 매개변수로 전달하고, 그 차이를 반환하여 c에 대입합니다.
13
14     printf("%d와 %d의 차 : %d\n", a, b, c);
15
16     return 0;
17 }
18
19 int differ(int x, int y)
20 {
```

```
21        if(x > y)
22                return (x - y);
23        else
24                return (y - x);
25 }
```
x와 y의 차이를 구하여 반환합니다.

실행결과

```
2개의 정수를 입력하세요 : 15 32
15와 32의 차 : 17
```

해설

- **12** : differ 함수를 호출하면서 실 매개변수 a와 b의 값을 전달합니다. differ 함수는 a와 b의 차를 반환하기 때문에 그 값은 변수 c에 대입됩니다.
- **21~24** : 실 매개변수 a, b를 전달받은 형식 매개변수 x, y의 크기를 비교해서, x가 y보다 크면 x에서 y를 뺀 차를 반환하고, 아니면 y에서 x를 뺀 차를 반환합니다.

뛰어넘기 참조에 의한 호출 방법 사용하기(예제 8-8)

[예제 8-7]을 return 명령에 의한 반환이 아니라 참조에 의한 호출 방법으로 수정할 수 있습니다. 이를 위해 두 정수의 차를 저장할 변수의 주소를 매개변수로 전달하고, 이 변수에 값을 저장하면 됩니다.

```
01 #include <stdio.h>
02
03 void differ(int x, int y, int *diff);
04
05 int main(void)
```
int형 포인터 변수가 1개 추가된 differ 함수를 선언합니다.

Part 08. 함수 **415**

```
06  {
07      int a, b, c;
08
09      printf("2개의 정수를 입력하세요 : ");
10      scanf("%d%d", &a, &b);
11
12      differ(a, b, &c);
13
14      printf("%d와 %d의 차 : %d\n", a, b, c);
15
16      return 0;
17  }
18
19  void differ(int x, int y, int *diff)
20  {
21      if( x > y )
22          *diff = x - y;
23      else
24          *diff = y - x;
25  }
```

> differ 함수를 호출하면서 변수 c의 주소를 전달합니다.

해설

- **03** : int형 2개와 int형 포인터 1개로 구성된 매개변수를 갖는 함수 differ를 선언합니다. 이 함수는 아무런 반환값도 없기 때문에 void로 선언합니다.
- **12** : differ 함수를 호출하면서 변수 a, b의 값과 c의 주소를 매개변수로 전달합니다. differ 함수의 3번째 형식 매개변수는 주소를 값으로 취하는 포인터이어야 합니다.
- **21~24** : 형식 매개변수 diff는 실 매개변수 c의 주소를 전달받기 때문에 포인터 변수로 선언합니다. 'x > y' 조건이 참이면 'x-y'를, 거짓이면 'y-x'를 diff 변수가 가리키고 있는 주소에 저장합니다. 포인터 변수 diff가 가리키고 있는 주소에 변수 c가 있기 때문에 c에 저장되는 결과가 됩니다. 이처럼 함수에서 값을 반환하지 않고 포인터를 사용해서 처리할 수도 있습니다.

2 함수의 자료형

함수는 반환값의 자료형에 따라서 함수의 자료형이 정해집니다. 만약 함수의 자료형을 생략하면 int형으로 간주합니다.

함수가 float형 데이터를 반환한다면 그 함수의 자료형은 float형이 되어야 합니다. 즉, return 명령으로 반환하는 값의 자료형이 함수의 자료형입니다. 만약 반환하는 값의 자료형과 함수의 자료형이 일치하지 않으면 함수의 자료형으로 형변환됩니다.

return 명령으로 반환하는 값과 함수의 자료형이 일치하지 않으면 함수의 자료형으로 형변환됩니다.

예제 8-9 함수의 반환값을 형변환하는 프로그램입니다.

```
01 #include <stdio.h>
02
03 int add(float a, float b);        ── float형 매개변수 2개를 갖는
04                                      add 함수를 선언합니다.
05 int main(void)
06 {
07     float x, y, z;
08
09     printf("2개의 실수를 입력하세요 : ");
10     scanf("%f%f", &x, &y);
11
12     z = add(x, y);                ── add 함수를 호출합니다.
13     printf("%.2f + %.2f = %.2f\n",x, y, z);
14
15     return 0;
16 }
17
18 int add(float a, float b)
19 {
20     return (a + b);               ── a와 b를 더한 값을 반환합니다.
21 }
```

> **실행결과**

```
2개의 실수를 입력하세요 : 12.3 6.4
12.30 + 6.40 = 18.00
```

해설

- **03** : float형 매개변수 2개를 갖는 add 함수를 선언합니다.
- **12** : add 함수를 호출하면서 실 매개변수 x, y를 전달하고, 반환값을 z에 저장합니다.
- **18~21** : add 함수를 정의합니다. 이 함수는 float형 매개변수 a, b를 더한 결과를 반환합니다. 하지만 add 함수의 자료형이 int형이기 때문에 실수형 값을 더한 결과는 int로 형변환되어 반환됩니다. 만약 a가 12.3이고 y가 6.4라면 두 값을 더한 결과는 18.7이 되지만, add 함수가 int형이기 때문에 18.7을 int형으로 형변환한 18이 반환됩니다. 결국 반환하는 값의 자료형보다 함수의 자료형을 우선합니다.

Level Up 8-2 키보드로 정수 2개(m, n)를 입력받아서 m부터 n까지의 합을 반환하는 함수를 작성하세요.

배경 지식

키보드로 정수 2개를 입력받아서 m과 n에 저장하고, 이를 매개변수로 전달합니다. m부터 n까지의 합을 구하는 함수의 원형을 다음과 같이 지정합니다.

```
int sum(int m, int n);
```

처리 과정

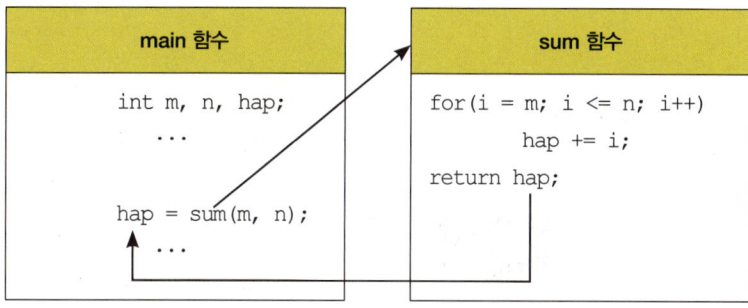

```
01 #include <stdio.h>
02
03 int sum(int m, int n);       ── int형 매개변수 2개를 갖고, m부터 n까지
04                                  의 합을 반환하는 sum 함수를 선언합니다.
05 int main(void)
06 {
07     int m, n, hap;
08
09     printf("두 개의 정수를 입력하세요 : ");
10     scanf("%d%d", &m, &n);
11
12     hap = sum(m, n);          ── m과 n을 sum 함수에 전달하고, m부터 n
13                                  까지의 합을 hap에 대입합니다.
14     printf("%d부터 %d까지의 합 : %d\n",m, n, hap);
15
16     return 0;
17 }
18
19 int sum(int m, int n)
20 {
21     int i, hap = 0;
22
23     for(i = m; i <= n; i++)   ── m부터 n까지 반복하면서 합을 구합니다.
24         hap = hap + i;
25
26     return hap;
27 }
```

> **실행결과**

두 개의 정수를 입력하세요 : 1 10
1부터 10까지의 합 : 55

해설

- **03** : int형 매개변수 2개를 갖고, m부터 n까지의 합을 구해서 반환하는 sum 함수를 선언합니다.
- **12** : sum 함수를 호출하면서 m과 n을 매개변수로 전달합니다. sum 함수는 m부터 n까지의 합을 반환하고, 그 값을 hap에 대입합니다.

Level Up 8-3 키보드로 정수 2개 입력(x, n)받아서 x의 n승을 구하는 함수를 작성하세요.

배경 지식

키보드로 정수 2개를 입력(x와 n)받고, 이를 매개변수로 전달합니다. x의 n승을 구하는 함수의 원형을 다음과 같이 지정합니다.

```
int power(int x, int n);
```

처리 과정

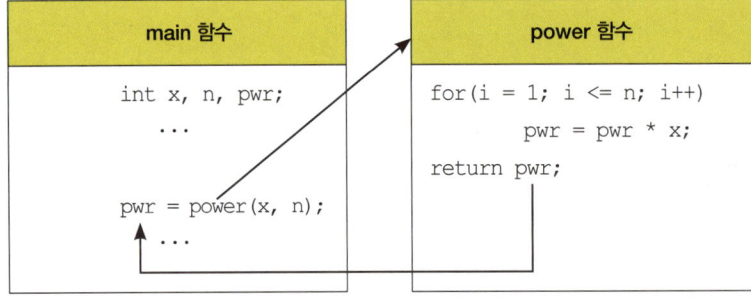

```
01  #include <stdio.h>
02
03  int power(int x, int n);                    int형 매개변수 2개를 갖고, x의 n승을
                                                반환하는 power 함수를 선언합니다.
04
05  int main(void)
06  {
07      int x, n, pwr;
08
09      printf("x와 n을 입력하세요 : ");
10      scanf("%d%d", &x, &n);
11
12      pwr = power(x, n);                      x의 n승을 반환하는 power 함수를 호출
                                                하고, 반환값을 pwr에 대입합니다.
13
14      printf("%d의 %d승 : %ld\n", x, n, pwr);
15
16      return 0;
17  }
18
19  int power(int x, int n)
20  {
21      int i, pwr = 1;
22
23      for(i = 1; i <= n; i++)                 1부터 n까지 반복하면서
24          pwr = pwr * x;                       x의 n승을 구합니다.
25
26      return pwr;
27  }
```

해설

- **03** : int형 매개변수 2개를 갖고, x의 n승을 반환하는 power 함수를 선언합니다.
- **12** : x와 n을 매개변수로 전달하는 power 함수를 호출하고, 반환값을 pwr에 저장합니다.
- **19~27** : x^n을 구하는 power 함수를 정의합니다. x^n을 구하기 위해 1부터 n까지 반복하면서 x를 계속 곱하고, 그 결과를 반환합니다.

3 void형 함수

함수는 호출한 쪽과 호출받은 쪽 사이에서 서로 값을 전달하기 위해 매개변수와 반환값을 사용합니다. 함수를 호출할 때는 매개변수를 통해 전달하고, 호출받은 함수가 처리 결과를 돌려주기 위해 return 명령어를 사용합니다. 하지만 필요에 따라 매개변수 또는 반환값을 사용하지 않을 수 있습니다. 만약 반환값이 없는 함수를 정의한다면, 함수의 자료형을 void로 지정해야 합니다. 즉, void형 함수는 반환값이 없는 함수입니다. 함수의 앞부분에서 설명했듯이 반환값이 없는 서브루틴을 프로시저라고 했는데, void형 함수가 이에 해당합니다. C 언어는 프로시저와 함수를 모두 함수만으로 처리할 수 있습니다. void형 함수를 선언하는 방법은 다음과 같습니다.

- 매개변수가 없는 경우
  ```
  void func(void);
  ```
- 매개변수가 있는 경우
  ```
  void func(매개변수 리스트);
  ```

void형 함수는 반환값이 없기 때문에 수식에서 사용하면 안됩니다. 만약 다음과 같이 수식에서 사용한다면 오류가 발생합니다.

```
void func(int a, int b);
    ...
a = func(5, 10);      → 오류 발생 (void형 함수는 반환값이 없기 때문에 대입 연산자를 사용해서 a에 값을
                                  대입할 수 없습니다.)
```

void형 함수는 반환값이 없는 함수입니다.

void형 함수를 프로시저라고 부릅니다.

예제 8-10 키보드로 문자(ch)와 정수(n)를 입력받아서 문자를 n번 출력하는 프로그램입니다.

```
01 #include <stdio.h>
02
03 void chPrint(char ch, int n);
04
05 int main(void)
06 {
07     char ch;
08     int n;
09
10     printf("문자와 정수를 입력하세요 : ");
11     scanf("%c%d", &ch, &n);
12
13     chPrint(ch, n);
14
15     return 0;
16 }
17
18 void chPrint(char ch, int n)
19 {
20     int i;
21
22     for(i = 1; i <= n; i++)
23         printf("%c", ch);
24 }
```

13행: chPrint 함수를 호출하면서 ch와 n을 매개변수로 전달합니다.

22~23행: 1부터 n까지 반복하면서 변수 ch에 저장된 문자를 n번 출력합니다.

실행결과

```
문자와 정수를 입력하세요 : A 10
AAAAAAAAAA
```

해설

- **05** : main 함수는 어떠한 값도 반환하지 않기 때문에 void형으로 정의합니다.
- **18~26** : chPrint 함수는 반환값이 없기 때문에 void형으로 정의했고, 1부터 n까지 반복하면서 변수 ch에 저장된 문자를 출력합니다.

4 main 함수의 자료형과 매개변수

main 함수는 C 언어에서 프로그램의 시작 위치입니다. 그동안 매개변수 없이 main 함수를 사용했지만 main 함수도 매개변수를 지정할 수 있습니다. main 함수에 매개변수를 전달하는 것은 명령 프롬프트에서 프로그램을 실행할 때 명령행 인자(command line argument)를 통해서 합니다. 명령행 인자란 MS-DOS와 Unix와 같이 명령행 환경에서 프로그램을 실행할 때 매개변수를 전달하는 방식입니다. 윈도우에서도 명령 프롬프트 상에서 프로그램을 실행할 때 명령행 인자를 사용할 수 있습니다. 원래 main 함수의 원형은 다음과 같습니다.

```
int main(int argc, char *argv[]);
```

- **argc** : 명령 프롬프트에서 입력한 명령행 인자의 개수
- **argv** : 각각의 명령행 인자를 가리킬 포인터 배열

만약 명령 프롬프트에서 copy 명령을 사용했을 경우에 명령행 인자는 다음과 같습니다.

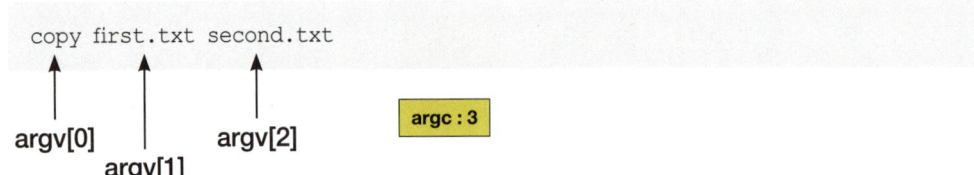

C 언어는 명령행 인자를 전혀 사용하지 않거나, 2개를 사용할 수 있습니다. 명령 프롬프트에서 입력한 명령행 인자는 각각을 공백이나 탭으로 구분합니다. 관례적으로 첫 번째 인자는 인자의 개수(argument count)라는 의미로 argc로 부르고, 두 번째 인자는 포인터 배열을 사용해서 명령행 인자들의 값(argument value)이라는 의미로 argv라고 합니다.

main 함수의 자료형은 int와 void를 사용할 수 있습니다. 하지만 C 언어 국제 표준은 int형으로 정했기 때문에 int형으로 사용하는 것이 바람직합니다. 그렇기 때문에 main 함수에서 return 명령어를 사용하여 int형 값을 반환해야 됩니다. 주로 0이나 1을 반환하는데, 0은 정상적으로 종료되었을 때, 1은 오류가 있을 때 사용합니다. 앞으로는 main 함수를 아래와 같은 [**형식❶**] 또는 [**형식❷**]를 사용하세요.

형식❶
| ```
int main(int)
{
    ...
    return 0;
}
``` |

형식❷
| ```
int main(int argc, char *argv[])
{
    ...
    return 0;
}
``` |

예제 8-11 main 함수의 명령행 인자를 처리하는 프로그램입니다.

```
01 #include <stdio.h>
02
03 int main(int argc, char *argv[])      main 함수에 매개변수를 지정하였습니다.
04 {
05     int i;
06
07     printf("명령행 인자의 개수 : %d\n", argc);
08
09     for(i = 0; i < argc; i++)
10         printf("argv[%d] : %s\n", i, argv[i]);
11
12     return 0;
13 }
```

해설

- **03** : main 함수에서 명령행 인자를 처리하기 위해 2개의 매개변수를 지정합니다.
- **07** : argc는 명령행 인자의 개수를 저장하고 있습니다. 만약 명령 프롬프트에서 명령행 인자를 입력하지 않으면 1이 됩니다. 명령행 인자로 one, two, three를 입력했다면 argc는 4가 됩니다.
- **09~10** : 입력한 명령행 인자의 개수만큼 반복하면서 명령행 인자를 출력합니다. 명령 프롬프트에서 명령행 인자를 다음과 같이 입력했다고 가정하겠습니다.

```
예제8-11 one two three
```

예제8-11은 프로그램 이름이고 one, two, three가 바로 명령행 인자입니다. 명령행 인자의 개수는 3개이지만 C 언어는 실행되는 프로그램까지 명령행 인자로 취급하기 때문에 argc는 4가 됩니다. main 함수의 매개변수로 사용된 argv는 다음과 같은 값을 갖게 됩니다.

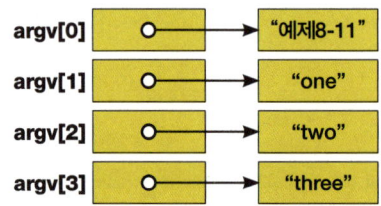

[실행 방법 ❶] 명령 프롬프트에서 실행하기

01 윈도우의 [시작] 메뉴에서 [명령 프롬프트]를 실행합니다.

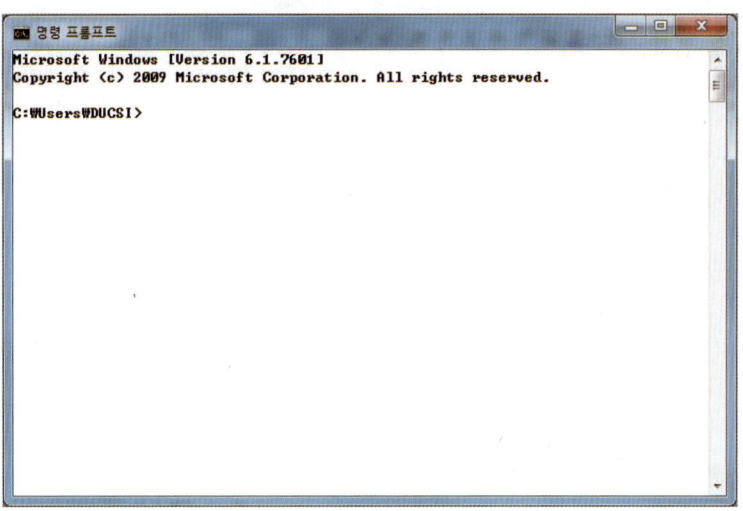

02 C 프로그램의 실행 파일이 저장된 폴더로 이동합니다. 만약 C 드라이브의 'C 언어예제' 폴더라면 명령 프롬프트에서 다음의 명령을 입력합니다. cd는 Change Directory의 약자로 폴더 위치를 이동하라는 명령입니다.

· cd \C 언어예제

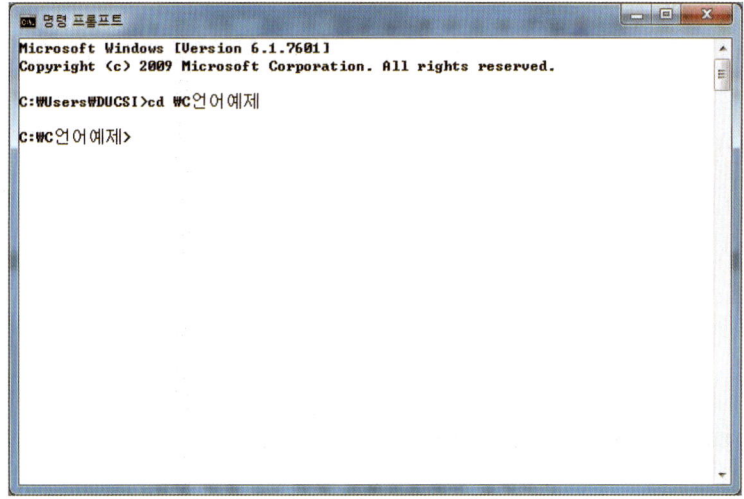

03 명령 프롬프트에서 아래와 같이 입력해서 프로그램을 실행합니다.

· 예제8-11 one two three

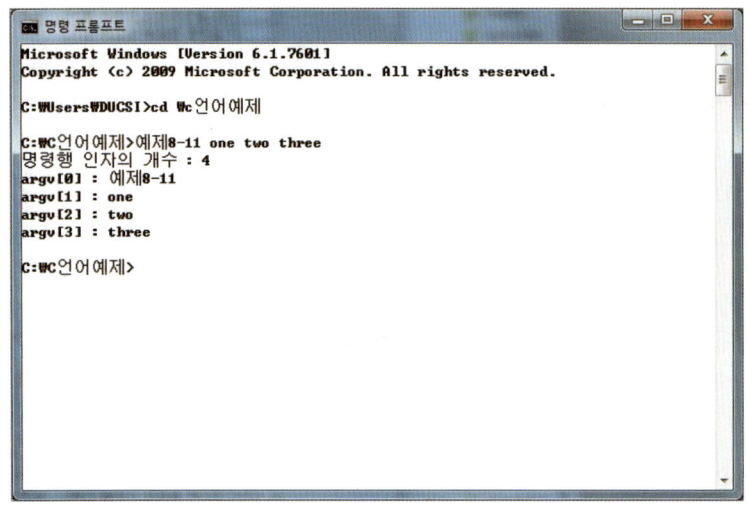

[실행 방법 ❷] Visual Studio 2017에서 실행하기

01 Visual Studio 2017을 실행해서 프로젝트와 C++ 소스 파일을 생성하고, 프로그램을 입력합니다. 명령행 인자를 입력하기 위해 [프로젝트] 메뉴에서 프로젝트 속성을 선택합니다. 여기서는 프로젝트 이름을 MainArgument로 설정했기 때문에 [MainArgument 속성]을 클릭합니다.

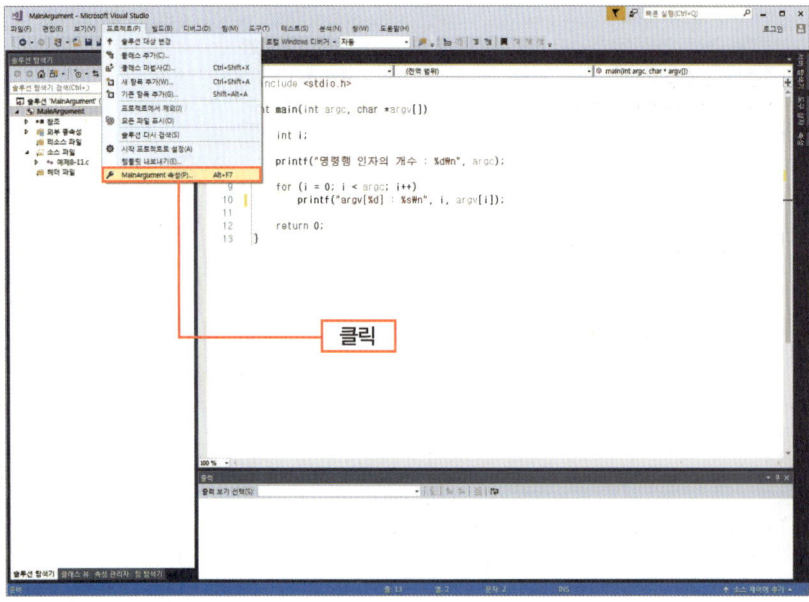

02 프로젝트 속성 페이지의 왼쪽에 있는 '디버깅'을 선택하고, 오른쪽에 있는 '명령 인수'에 명령행 인자를 입력하고 [확인] 버튼을 클릭합니다. 여기서는 one two three를 입력하도록 하겠습니다.

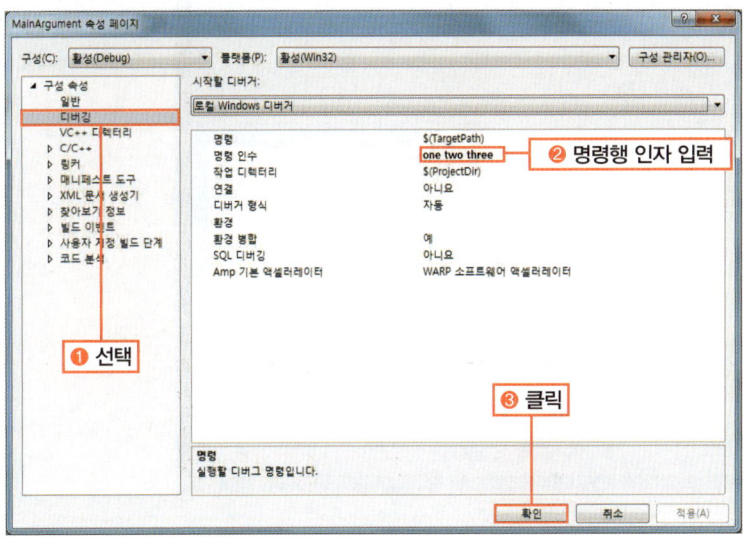

03 [빌드] 메뉴에서 [솔루션 빌드]를 선택합니다.

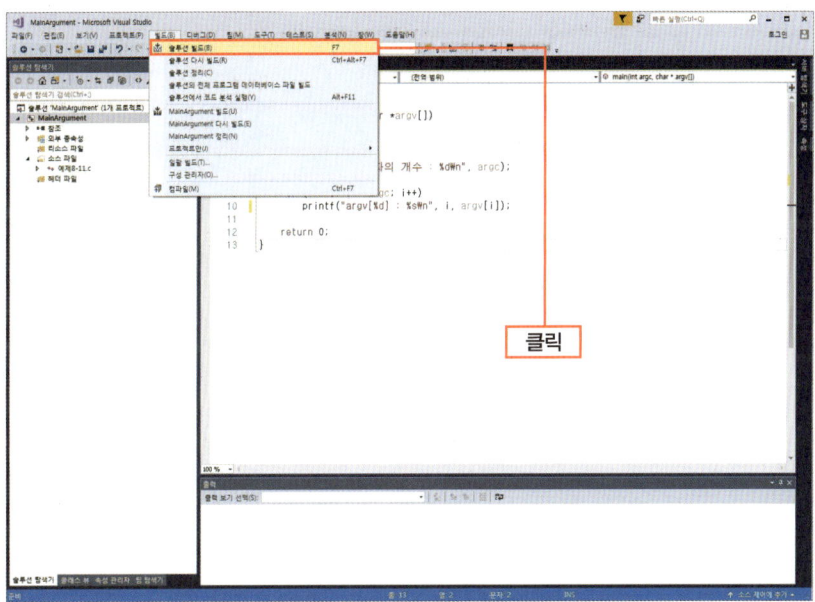

04 오류가 없으면 [디버그] 메뉴에서 [디버그하지 않고 시작]을 선택합니다.

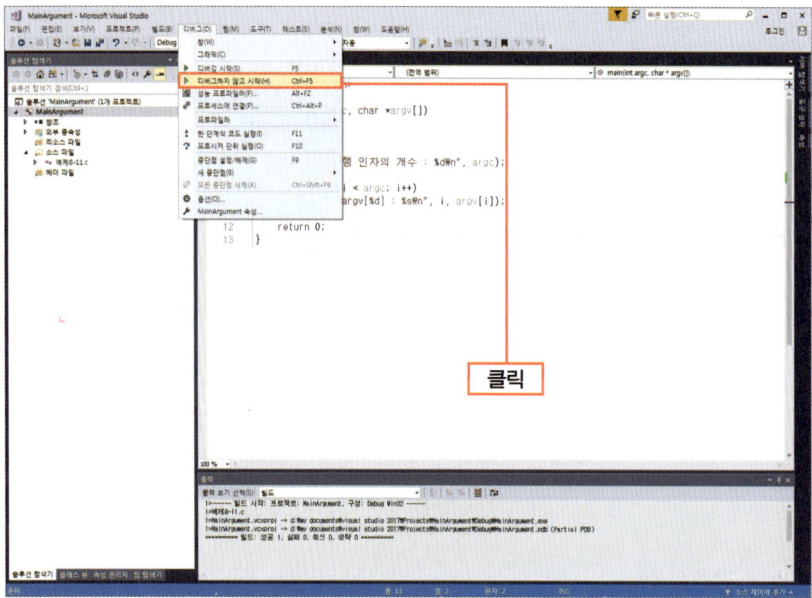

클릭

05 명령행 인자를 처리한 결과가 출력됩니다.

```
명령행 인자의 개수 : 4
argv[0] : d:\my documents\visual studio 2017\Projects\MainArgument\Debug\MainArgument.exe
argv[1] : one
argv[2] : two
argv[3] : three
계속하려면 아무 키나 누르십시오 . . .
```

[실행 방법 ❸] Dev C++에서 실행하기

01 Dev C++를 실행해서 소스 파일을 생성하고, 프로그램을 입력합니다. 명령행 인자를 입력하기 위해 [실행] 메뉴에서 '매개변수들'을 선택합니다.

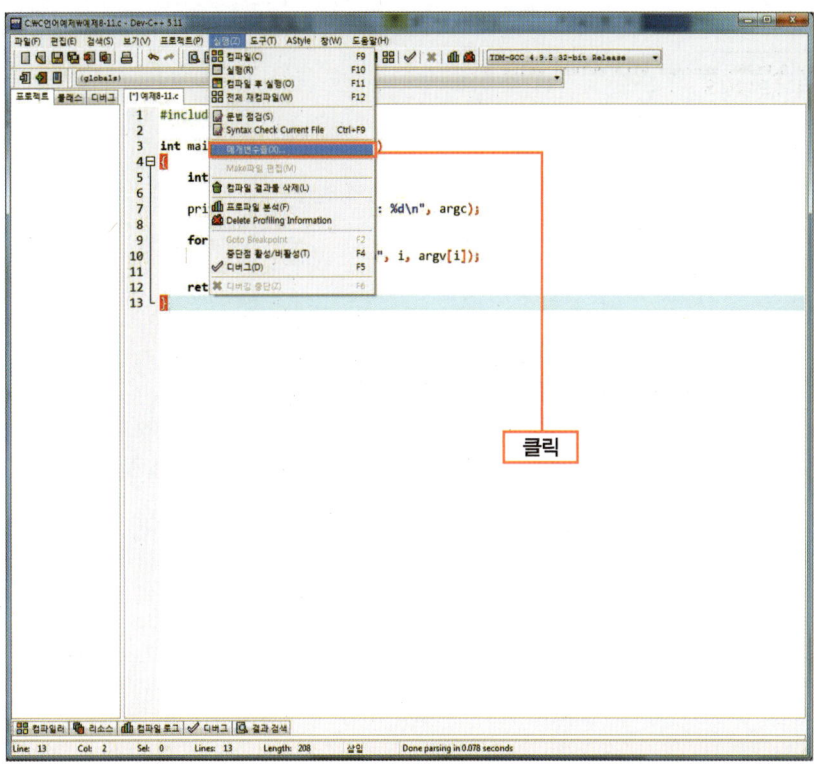

02 매개변수들 창에서 '프로그램에 전달할 매개변수들'에 명령행 인자를 입력하고 [확인] 버튼을 클릭합니다. 여기서는 one two three를 입력하도록 하겠습니다.

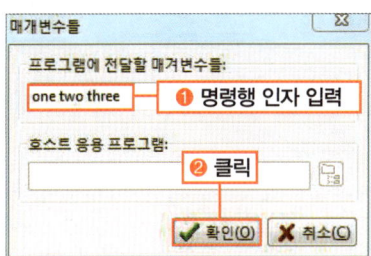

03 컴파일 하고, 실행하면 아래와 같이 실행한 결과가 나옵니다.

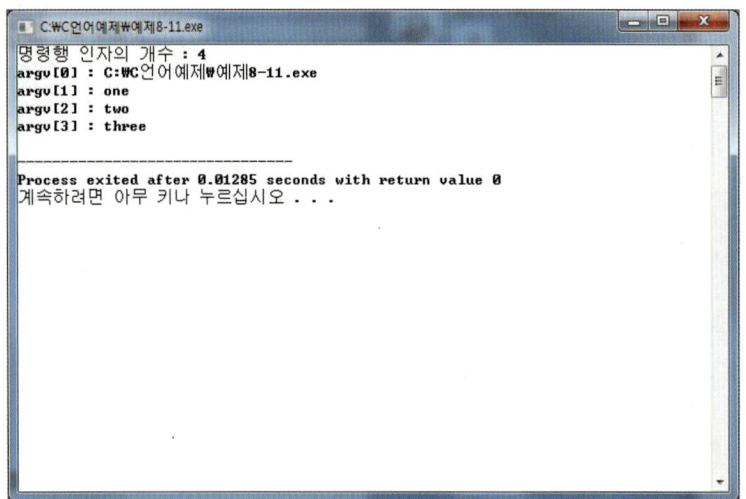

순환 함수

CHAPTER 05

1 순환 함수란?

일반적으로 프로그램에서는 서로 다른 함수끼리 호출하면서 동작합니다. 이처럼 본인이 아닌 다른 함수를 호출해서 작동하는 함수를 반복 함수(iterative function)라고 부릅니다. 하지만 자기 자신을 다시 호출하는 함수를 작성할 수도 있습니다. 이처럼 본인이 스스로를 다시 호출하는 함수를 순환 함수(recursive function)라고 하는데, 되부름 함수, 재귀 호출 함수라고도 부릅니다. 여기서 순환이란 함수 수행 중에 자기 자신을 다시 호출(recursive call)하는 것을 의미합니다.

C 언어의 함수들은 수평적인 관계이기 때문에 다른 함수 호출뿐만 아니라 자신까지도 호출할 수 있습니다. 심지어는 프로그램의 시작 지점을 의미하는 main 함수를 호출할 수 있으며, main 함수가 자신을 다시 호출할 수도 있습니다.

다른 함수에서 main 함수를 호출하는 경우

```
int main()
{
    …
    sub();
    …
}
sub()
{
    …
    main();
    …
}
```

sub 함수 호출
main 함수 호출

sub 함수에서 자신을 호출하는 순환 함수

```
sub()
{
    …
    sub();
    …
}
```
sub 함수 호출

main 함수에서 자신을 호출하는 순환 함수

```
int main()
{
    …
    main();
    …
}
```
main 함수 호출

함수가 자신을 다시 호출하면 해당 함수가 반복 실행되기 때문에 무한정 반복되는 무한 루프가 발생할 수 있습니다. 그래서 순환 함수를 작성하려면 해당 함수의 반복 호출을 중지시킬 수 있는 탈출 조건이 반드시 필요합니다.

일반적으로 순환 함수를 사용하면 프로그램이 간결해지는 장점이 있습니다. 일정한 규칙을 갖고 반복적으로 처리되는 작업은 순환 함수를 사용함으로써 보다 쉽게 표현할 수 있습니다. 팩토리얼(factorial)을 구하는 프로그램이 순환 함수의 가장 대표적인 예입니다.

순환 함수(recursive function)는 자기 자신을 호출하는 함수입니다.

순환 함수는 되부름 함수 또는 재귀 호출 함수라고도 부릅니다.

C 언어는 함수 간에 수평적 관계이기 때문에 다른 함수에서 main 함수를 호출할 수도 있습니다. 또한 main 함수 자체를 순환 함수로 정의할 수도 있습니다.

예제 8-12 순환 함수를 사용해서 팩토리얼을 구하는 프로그램입니다.

```
01 #include <stdio.h>
02
03 int fact(int n);       ── int형 매개변수를 받아서 n!을 반환
                              하는 fact 함수를 선언합니다.
04
05 int main(void)
06 {
07     int n, result;
08
09     printf("정수를 입력하세요 : ");
10     scanf("%d", &n);
11
12     result = fact(n);   ── n을 매개변수로 전달하는 fact 함수를 호출
                              하고, 반환 결과를 result에 저장합니다.
13     printf("%d! = %ld\n", n, result);
14
15     return 0;
16 }
17
18 int fact(int n)
19 {
20     if(n <= 1)
21         return 1;
22     else
23         return (n * fact(n-1));
24 }
```

실행결과

정수를 입력하세요 : 5
5! = 120

해설

- **18~24** : 팩토리얼을 구하기 위해 순환 함수를 사용해서 처리합니다.

n!을 계산하는 방법은 다음과 같습니다.

```
1 * 2 * 3 * ... * (n-1) * n
```

이 식을 다음과 같이 변환할 수 있습니다.

```
(n-1)! * n
```

또 (n-1)!은 (n-2)! * (n-1), (n-2)!은 (n-3)! * (n-2), ...
이런 식으로 반복하면 n!을 구할 수 있습니다. 이 과정을 fact 함수를 사용해서 설명하면 다음과 같습니다.

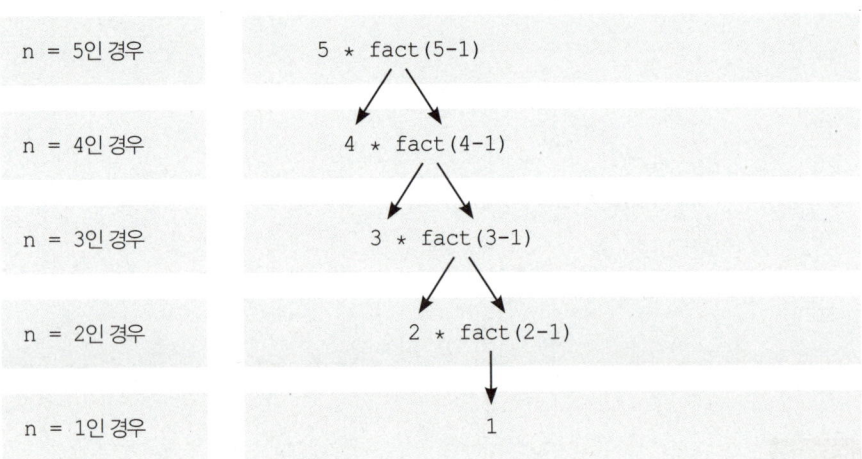

순환 함수는 무한 루프가 될 수 있기 때문에 반드시 탈출 조건이 필요합니다. fact 함수의 탈출 조건은 n이 1 이하인 경우입니다. 즉, n이 1 이하면 상수 1을 반환하고, 순환을 멈춥니다.
fact 순환 함수를 일반적인 반복 함수로 처리하려면 fact 함수를 다음과 같이 수정할 수 있습니다.

```
int fact(int n)
{
    int i, res = 1;

    for(i = 1; i <= n; i++)
        res = res * i;
        return res;
}
```

순환 함수는 자신을 호출하기 때문에 무한 루프에 빠질 수 있습니다. 이를 방지하기 위해 순환 구조를 탈출할 수 있는 조건이 반드시 필요합니다.

2 순환 함수의 특징

순환 함수는 일정한 규칙을 갖고 동일한 유형의 작업을 반복 처리하는 경우에 사용하면 편리하지만 스택(stack)이라는 메모리 공간을 많이 사용하는 단점이 있습니다. 일반적인 함수를 호출하는 과정을 좀 더 세밀하게 살펴보겠습니다.

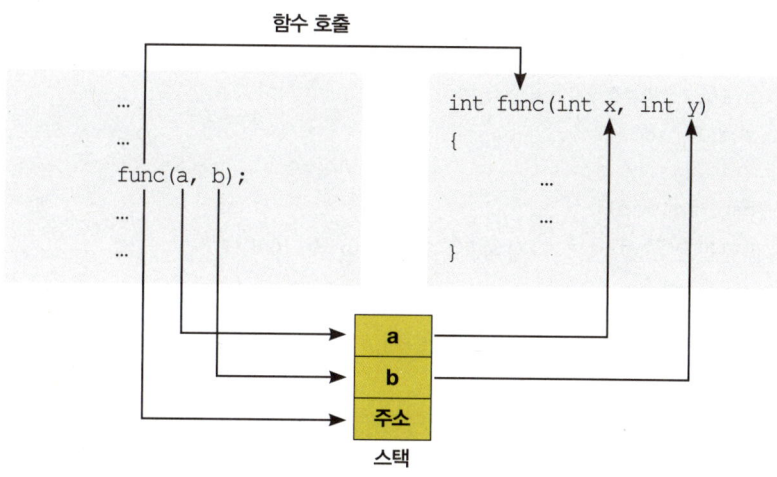

- 함수를 호출하면 호출받은 함수를 처리하고 원래 위치로 돌아오기 위한 주소와 매개변수 값을 스택에 보관합니다.
- 호출받은 함수는 스택에 있는 실 매개변수의 값을 꺼내서 형식 매개변수에 대입합니다.
- 호출받은 함수를 처리하고, 실행이 끝나면 스택에 보관된 주소를 꺼내서 원래의 위치로 돌아옵니다.

함수는 이와 같은 과정으로 처리되는데, 순환 함수는 자신을 계속 호출하기 때문에 돌아올 주소와 매개변수를 스택에 보관하는 일이 빈번해집니다. 그래서 스택 공간이 많이 필요하게 되며 스택에 정보를 저장하고, 꺼내는데 많은 시간이 소요됩니다. 또한 순환 함수를 지나치게 많이 호출하면 스택 공간이 넘치는 오버플로우(overflow)가 발생할 수도 있습니다.

순환 함수는 일반적인 함수에 비해 함수 호출 횟수가 많기 때문에 메모리를 많이 사용합니다.

예제 8-13 순환 함수를 사용해서 1부터 n까지의 합을 구하는 프로그램입니다.

```
01 #include <stdio.h>
02
03 int sum(int n);
04
05 int main(void)
06 {
07     int n, hap;
08
09     printf("정수를 입력하세요 : ");
10     scanf("%d", &n);
11
12     hap = sum(n);
13     printf("1 + 2 + ... + %d = %d\n", n, hap);
14
15     return 0;
16 }
17
18 int sum(int n)
19 {
```

```
20      if(n == 1)
21          return 1;
22      else
23          return (n + sum(n-1));
24 }
```
n을 1씩 감소하면서 순환 함수 sum을 호출합니다.

실행결과

```
정수를 입력하세요 : 10
1 + 2 + ... + 10 = 55
```

해설

1부터 n까지의 합을 구하는 과정은 다음과 같습니다.

```
1 + 2 + 3 + ... + (n-1) + n
```

이 식을 다음과 같이 변환할 수 있습니다.

```
(n-1) 까지의 합 + n
```

또 (n-1)까지의 합은 (n-2)까지의 합 + (n-1), (n-2)까지의 합은 (n-3) + (n-2), …
이런 식으로 반복하면 1부터 n까지의 합을 구할 수 있습니다.

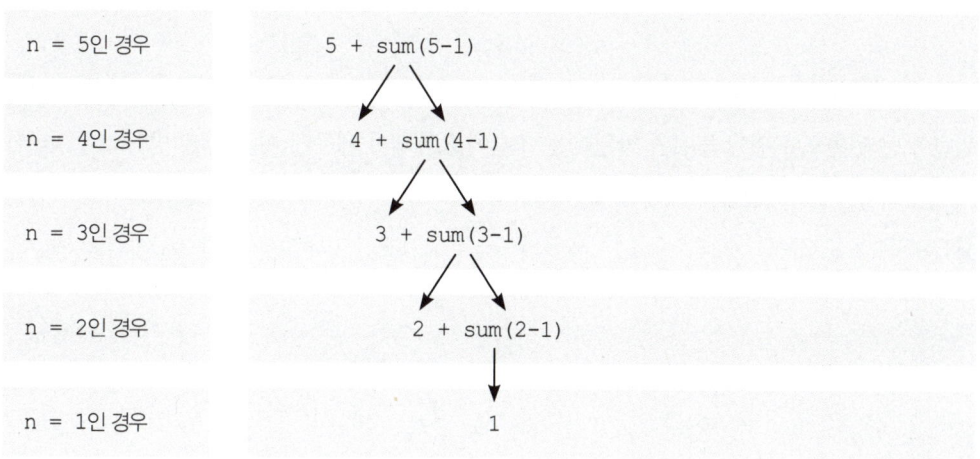

n = 5인 경우	5 + sum(5-1)
n = 4인 경우	4 + sum(4-1)
n = 3인 경우	3 + sum(3-1)
n = 2인 경우	2 + sum(2-1)
n = 1인 경우	1

함수 sum은 1부터 n까지의 합을 구하기 위해서 순환 기법을 사용합니다. sum 함수의 탈출 조건은 n이 1 이하인 경우입니다.

3 순환 함수를 사용한 하노이 타워 문제

순환 함수를 설명하기 위해 하노이 타워(Hanoi tower) 문제를 많이 인용합니다. 이 문제를 일반적인 반복 함수로 해결하려면 엄청 복잡하지만 순환 함수로는 간단하게 구현할 수 있기 때문입니다. 하노이 타워 문제는 다음과 같습니다.

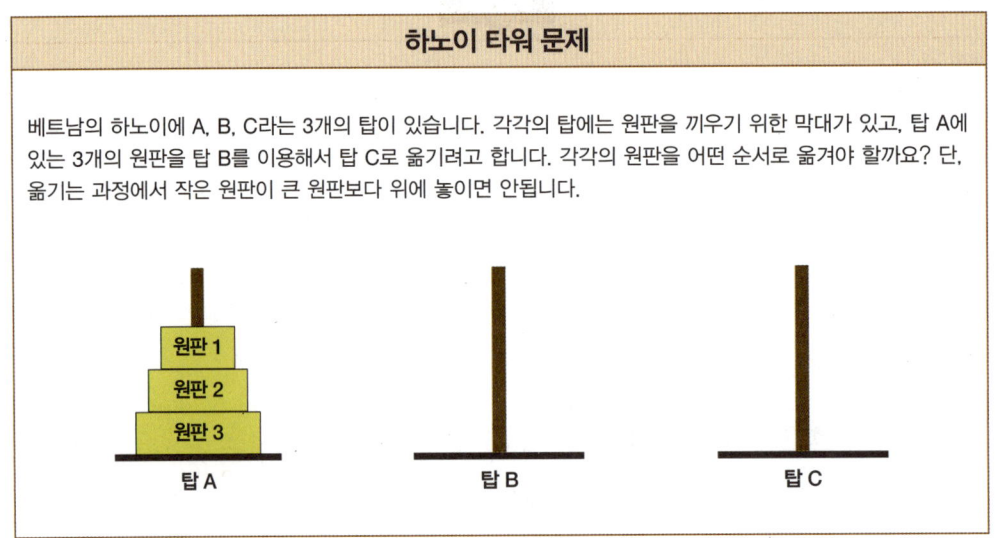

하노이 타워 문제

베트남의 하노이에 A, B, C라는 3개의 탑이 있습니다. 각각의 탑에는 원판을 끼우기 위한 막대가 있고, 탑 A에 있는 3개의 원판을 탑 B를 이용해서 탑 C로 옮기려고 합니다. 각각의 원판을 어떤 순서로 옮겨야 할까요? 단, 옮기는 과정에서 작은 원판이 큰 원판보다 위에 놓이면 안됩니다.

탑 A에 있는 3개의 원판을 탑 C로 옮겨야 되는데, 원판 1→원판 2→원판 3 순서로 옮기면 '작은 원판이 큰 원판보다 위에 놓이면 안된다'는 조건에 위배되기 때문에 이와 같은 방식으로 처리하면 안됩니다. 이를 해결하기 위해 탑 B를 이용합니다. 원판이 옮겨지는 과정을 기술하면 다음과 같습니다.

원판 1을 탑 A에서 C로 이동
원판 2를 탑 A에서 B로 이동
원판 1을 탑 C에서 B로 이동
원판 3을 탑 A에서 C로 이동
원판 1을 탑 B에서 A로 이동
원판 2를 탑 B에서 C로 이동
원판 1을 탑 A에서 C로 이동

실제로 이와 같은 순서에 따라 옮겨보세요. 제한 조건을 위배하지 않으면서 원판이 탑 A에서 C로 옮겨진 것을 확인할 수 있습니다. 그런데 이렇게 복잡한 문제를 어떻게 프로그램으로 작성할까요? 하노이 타워의 원리는 앞에서 설명한 팩토리얼을 구하는 것과 비슷합니다.

❶ (n-1)개의 원판을 탑 A에서 탑 B로 옮깁니다.
❷ n번째 원판을 탑 A에서 탑 C로 옮깁니다.
❸ 탑 B에 있는 (n-1)개의 원판을 탑 C로 옮깁니다.

이러한 원리를 그대로 순환 함수로 작성합니다. 다음의 프로그램(예제 8-14)을 실행해 보세요. disc 변수는 원판의 개수이기 때문에 이 값을 변경하면 원판의 개수를 조절할 수 있습니다.

예제 8-14

```
01 #include <stdio.h>
02
03 void hanoi(int n, char a, char b, char c);
04
05 int main(void)
06 {
07     int disc = 3;
08
09     printf("Hanoi Tower problem\n");
10     hanoi(disc, 'A', 'B', 'C');
11
12     return 0;
13 }
14
```

```
15 void hanoi(int n, char a, char b , char c)
16 {
17      if(n > 0) {
18          hanoi(n-1, a, c, b);
19          printf("원판 %d : 탑 %c에서 탑 %c로 이동\n", n, a, c);
20          hanoi(n-1, b, a, c);
21      }
22 }
```

n이 0보다 크지 않을 때까지 hanoi 순환 함수를 계속 호출합니다.

실행결과

```
Hanoi Tower problem
원판 1 : 탑 A에서 탑 C로 이동
원판 2 : 탑 A에서 탑 B로 이동
원판 1 : 탑 C에서 탑 B로 이동
원판 3 : 탑 A에서 탑 C로 이동
원판 1 : 탑 B에서 탑 A로 이동
원판 2 : 탑 B에서 탑 C로 이동
원판 1 : 탑 A에서 탑 C로 이동
```

해설

- **07** : disc 변수는 탑에 있는 원판의 개수입니다. 현재는 disc의 값이 3이지만 이 값을 5로 하면 원판이 5개일 때의 결과를 확인할 수 있습니다.
- **10** : hanoi 함수를 호출합니다. 각 매개변수의 의미는, disc 변수에 있는 원판들을 탑 A에서 탑 B를 거쳐서 탑 C로 옮기라는 뜻입니다.
- **17** : 순환 함수는 자신을 호출하기 때문에 무한 루프가 발생할 수 있습니다. n이 0보다 큰 경우만 반복해서 호출하고, 0 이하면 순환을 멈춥니다.
- **18** : hanoi 함수를 순환 호출합니다. n-1개의 원판을 탑 A에서 탑 C를 거쳐서 탑 B로 옮기라는 의미입니다.
- **19** : 현재의 원판을 탑 A에서 탑 C로 옮겼다는 사항을 출력합니다.
- **20** : hanoi 함수를 순환 호출합니다. n-1개의 원판을 탑 B에서 탑 A를 거쳐서 탑 C로 옮기라

는 의미입니다. 18~20 라인의 처리 방식을 논리적으로 정리하면 다음과 같습니다.

❶ (n-1)개의 원판을 탑 A에서 탑 C를 거쳐서 탑 B로 옮깁니다(18라인).
❷ n번째 원판을 탑 A에서 탑 C로 옮깁니다(19라인).
❸ ❶에서 옮겨진 탑 B에 있는 (n-1)개의 원판을 탑 A를 거쳐서 탑 C로 옮깁니다(20라인).

뛰어넘기 : 함수 포인터

일반적으로 포인터는 변수의 주소를 이용해서 간접적인 방법으로 데이터를 처리합니다. 그런데 C 언어는 함수 이름 자체가 해당 함수의 시작 주소로 취급되기 때문에 변수뿐만 아니라 함수에 대해서도 포인터를 사용할 수 있습니다. 포인터 변수에 배열 이름을 대입해서 해당 배열을 처리할 수 있듯이 함수 이름을 포인터 변수에 대입해서 해당 함수를 호출할 수 있습니다. 이 때 사용하는 포인터를 함수 포인터라고 합니다.

함수 포인터의 사용 목적은 함수의 자료형과 매개변수가 일치하는 여러 개의 함수를 1개의 함수 포인터로 호출하거나 함수를 또 다른 함수의 매개변수로 전달하기 위해서입니다. 함수 포인터의 선언 방법은 다음과 같습니다.

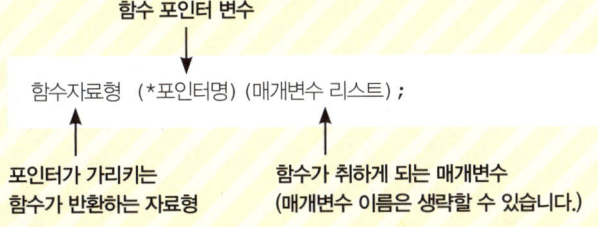

예

```
char (*srt)(char *arr);     srt는 char형 포인터를 매개변수로 취하고, char형 값을
                            반환하는 함수를 가리키는 함수 포인터입니다.

 srt = sort;                sort는 함수 이름이고, 이를 함수 포인터에 대입합니다.
 ......
 srt(arr);                  함수 포인터를 사용해서 sort 함수를 호출합니다. 이 문
                            장은 다음과 같이 기술한 것과 동일한 동작을 합니다.
                            sort(arr)  또는  (*srt)(arr)
```

참고로 다음과 같은 두 개의 문장을 비교해보겠습니다.

```
char *func();            → ❶
char (*pFunc)();         → ❷
```

❶은 char형 포인터를 반환하는 함수의 선언이고, ❷는 매개변수 없이 char형을 반환하는 함수를 가리키는 함수 포인터입니다.

예제 8-15 함수 포인터를 사용해서 서로 다른 두 개의 함수를 호출하는 프로그램입니다.

```
01 #include <stdio.h>
02
03 int add(int a, int b);
04 int mul(int a, int b);
05
06 int main(void)
07 {
08     int (*func)(int a, int b);
09     int x;
10
11     func = add;
12     x = func(10, 20);
13     printf("10 + 20 = %d\n", x);
14
15     func = mul;
16     x = func(10, 20);
17     printf("10 * 20 = %d\n", x);
18
19     return 0;
20 }
21
22 int add(int a, int b)
23 {
24     return (a + b);
25 }
26
```

08: int형 매개변수 2개와 int형을 반환하는 함수를 가리키는 함수 포인터 func을 선언합니다.

11~12: add함수의 시작 주소를 함수 포인터 func에 대입하고, 이를 사용해서 add 함수를 호출합니다.

15~16: mul함수의 시작 주소를 함수 포인터 func에 대입하고, 이를 사용해서 mul 함수를 호출합니다.

```
27 int mul(int a, int b)
28 {
29     return (a * b);
30 }
```

실행결과

```
10 + 20 = 30
10 * 20 = 200
```

해설

· **08** : func은 int형 매개변수 2개를 사용해서 int형 값을 반환하는 함수를 가리키는 함수 포인터입니다.

· **11~12** : 함수 이름 자체는 해당 함수의 주소이기 때문에 add 함수의 시작 주소를 함수 포인터 func에 대입합니다. 그리고 함수 포인터 func를 사용해서 add 함수를 호출합니다. func은 add 함수의 시작 주소를 가리키고 있기 때문에 add 함수를 호출할 수 있습니다. 12라인을 다음과 같이 기술할 수도 있습니다.

```
x = (*func)(10, 20);
```

· **15~16** : mul 함수의 시작 주소를 함수 포인터 func에 대입하고, func을 사용해서 mul 함수를 호출합니다.

연습문제

01 함수의 장점이 아닌 것은?

① 코딩량을 줄일 수 있다.
② 프로그램 작성 및 수정이 쉽다.
③ 프로그램의 부분적인 설계에 집중할 수 있다.
④ 표준 라이브러리를 제공할 수 있다.

02 함수 원형에 반드시 기술하지 않아도 되는 것은?

① 매개변수 이름
② 함수 이름
③ 함수의 자료형
④ 매개변수의 자료형

03 함수의 자료형에 대한 설명이 올바른 것은?

① 함수의 크기이다.
② 매개변수의 자료형이다.
③ 함수가 메모리에 저장되는 성격과 크기를 나타낸다.
④ 함수가 반환하는 값의 자료형이다.

04 반환값이 없는 함수의 자료형은 무엇인가?

① int   ② void   ③ char   ④ 자료형 생략

05 다음 중 함수의 원형으로 적합하지 않은 것은?

① int sub(int, int);
② int func(a, b);
③ char *add(int a, int b);
④ sub(int a, int b);

06 포인터를 사용하면 어떤 매개변수 전달 방법의 효과를 얻을 수 있나?

① Call by reference ② Call by name
③ Call by value ④ Copy & Restore

07 함수의 자료형과 변수의 자료형을 비교 설명하시오.

08 매개변수 전달 방법에서 Call by value와 Call by reference에 대해 설명하시오.

09 함수 원형을 사용하는 이유에 대해 설명하시오.

10 순환 함수의 장단점을 설명하시오.

실습문제

01 원의 반지름을 입력받아서 원의 넓이를 출력하는 프로그램을 작성하시오. 단, 반지름을 매개변수로 받아서 원의 넓이를 반환하는 함수를 사용해서 처리하시오.

02 국어, 영어, 수학 점수를 입력받아서 평균을 출력하는 프로그램을 작성하시오. 단, 국어, 영어, 수학 점수를 매개변수로 받아서 평균을 반환하는 함수를 사용해서 처리하고, 평균은 소수점 2자리까지 출력합니다.

03 정수를 입력받아서 정수의 값만큼 별표('*')를 출력하는 프로그램을 작성하시오. 단, 정수를 매개변수로 받아서 정수의 값만큼 별표를 출력하는 함수를 사용해서 처리하시오.

04 1부터 100까지의 합을 출력하는 프로그램을 작성하시오. 단, 1부터 100까지의 합을 반환하는 함수를 사용해서 처리하시오.

05 1부터 100까지에서 3의 배수를 제외한 수의 합을 출력하는 프로그램을 작성하시오. 단, 매개변수와 반환값 없이 함수에서 결과를 출력하게 처리하시오.

06 $1^2 + 2^2 + 3^2 + \cdots + 10^2$ 의 계산 결과를 출력하는 프로그램을 작성하시오. 단, 계산 결과를 반환하는 함수를 사용해서 처리하시오.

07 두 개의 정수를 입력(m, n)받아서 n이 m의 배수인지 여부를 출력하는 프로그램을 작성하시오. 단, 두 개의 정수를 매개변수로 받아서 n이 m의 배수이면 1을 반환하고, 그렇지 않으면 0을 반환하는 함수를 사용해서 처리하시오.

08 부호 없는 정수를 2진수로 표현할 때 1로 되어 있는 비트의 수를 출력하는 프로그램을 작성하시오. 단, 부호 없는 정수를 매개변수로 받아서 1의 개수를 반환하는 함수를 사용해서 처리하시오.

09 정수 5개를 입력받아서 배열에 저장하고 합을 출력하는 프로그램을 작성하시오. 단, 배열을 매개변수로 받아서 합을 반환하는 함수를 사용해서 처리하시오.

PART 09

표준 입출력과 문자열 함수

C 언어는 다양한 라이브러리 함수를 제공합니다. 특이한 점은 입출력을 위한 C 언어 자체 명령어를 제공하지 않고 함수로 처리합니다. 그 중에서 scanf나 printf와 같은 키보드 입력이나 화면 출력과 같은 표준 입출력 함수를 다양하게 제공하고 있습니다. 또한 문자열 처리를 위해 풍부한 함수들을 지원합니다. 이장에서는 표준 입출력과 문자열 처리에 사용되는 함수들에 대해 설명합니다.

표준 입출력 함수

1 표준 입출력 함수

표준 입출력이란?

프로그램은 외부 장치와 데이터를 주고받으면서 동작합니다. 입력은 프로그램 외부로부터 데이터를 받아들이는 것이고, 출력은 프로그램 외부로 데이터를 내보내는 작업입니다. 이를 위해 대부분의 프로그래밍 언어들은 입출력을 위한 명령어를 제공합니다. 하지만 C 언어는 별도의 입출력 명령어를 만들지 않은 대신에, 입출력 처리를 위해 함수를 사용합니다.

입출력 작업은 입출력 장치에 따라 표준 입출력과 파일 입출력으로 구분할 수 있습니다. 표준 입출력(standard input output)은 키보드 입력, 모니터 출력을 뜻하고, 파일 입출력(file input output)은 파일을 대상으로 입출력하는 작업입니다. 이 장에서는 표준 입출력에 대해서만 설명합니다.

C 언어에서 제공하는 모든 입출력 함수들은 프로그램이 입출력 장치들과 연결될 수 있도록 지원하고, 이를 스트림(stream)이라는 방법으로 처리합니다. 스트림은 입출력 장치와 프로그램 사이에 데이터가 흘러가는 것을 뜻하고, 물리적 장치를 논리적 장치로 연결할 수 있도록 해줍니다. 스트림에 대해서는 13장의 파일 입출력 부분에서 자세히 설명합니다.

입출력 방법
- **표준 입출력**: 키보드 입력, 모니터 출력입니다.
- **파일 입출력**: 파일을 대상으로 입출력합니다.

C 언어는 입출력 작업을 위해 물리적인 입출력 장치를 논리적으로 사용할 수 있도록 스트림이라는 방법으로 처리합니다.

표준 입출력 함수의 종류

이미 앞에서 표준 입출력 함수 중에서 입출력 형식을 지정할 수 있는 서식 입출력 함수(scanf와 printf)에 대해 설명했습니다. 여기서는 그 동안 설명하지 않은 다른 표준 입출력 함수의 사용 방법에 대해서 설명하겠습니다. C 언어에서 제공하는 표준 입출력 함수의 종류는 다음과 같습니다.

함수의 유형	입출력	단일 문자	문자열	서식
버퍼형 입출력 함수	입력	getchar()	gets()	scanf()
	출력	putchar()	puts()	printf()
직접 입출력 함수	입력	getch() getche()	cgets()	cscanf()
	출력	putch()	cputs()	cprintf()

버퍼형 입출력 함수는 입출력 자료를 버퍼(buffer)에 보관하고 처리하는 반면에 직접 입출력 함수는 버퍼를 사용하지 않습니다. 그리고 직접 입출력 함수는 출력시 '\n'을 CR/LF로 변환하지 않습니다. 참고로 CR(Carriage Return)은 커서를 1열로 이동시키는 문자이고, LF(Line Feed)는 커서를 다음 줄로 이동시킵니다. 그 동안 사용해 온 '\n'은 LF 문자에 해당합니다. 엄밀히 말하면 키보드의 Enter↵ 기능은 CR과 LF를 조합한 결과입니다. printf 함수에서 '\n' 문자를 출력하면 커서가 다음 줄의 1열로 이동하는데, 그 이유는 '\n'을 CR과 LF 문자로 변환시키기 때문입니다. 직접 입출력 함수에서 엔터 기능을 수행하려면 CR을 의미하는 '\r'과 LF 문자 '\n'을 출력해야 합니다.

버퍼(buffer)는 데이터를 보관하기 위한 임시 기억 공간입니다.

표준 입출력 함수는 버퍼형과 직접형이 있습니다.
- **버퍼형** : 입출력 데이터를 버퍼에 임시로 저장하여 처리합니다.
- **직접형** : 버퍼를 사용하지 않고 직접 데이터를 입출력합니다.

2 단일 문자 출력 함수

putch 함수	
함수 원형	`int putch(int c);`
반환값	출력한 문자를 다시 반환합니다. 만약 오류가 발생하면 EOF(End Of File)를 반환합니다.
설명	매개변수로 지정된 c의 값을 출력합니다. 이 함수를 사용하기 위해서는 프로그램에 '#include〈conio.h〉'를 기술해야 됩니다.

putchar 함수	
함수 원형	`int putchar(int c);`
반환값	출력한 문자를 반환합니다. 만약 오류가 발생하면 EOF(End Of File)를 반환합니다.
설명	매개변수로 지정된 c의 값을 출력합니다. 이 함수는 stdio.h 파일에서 #define putchar(c) putc((c), stdout)로 정의하고 있는 매크로 함수입니다. 그렇기 때문에 이 함수를 사용하기 위해서는 '#include <stdio.h>'를 기술해야 됩니다.

매크로(macro)는 반복되는 작업을 심볼(sysbol)로 정의해 놓았다가 컴파일할 때 치환하는 방식입니다. 매크로 함수(macro function)는 일반 함수와 달리 선행처리 단계에서 치환됩니다. 자세한 사항은 12장에서 설명합니다.

putch와 putchar은 한 개의 문자를 출력하는 함수입니다.

3 단일 문자 입력 함수

getch와 getche 함수	
함수 원형	`int getch(int);` `int getche(int);`
반환값	키보드로 입력받은 문자를 반환합니다.
설명	getch 함수는 입력한 문자가 화면에 표시되지 않는 반면에 getche 함수는 입력한 문자가 화면에 출력됩니다. 이러한 것을 에코 기능이라고 부릅니다. getche 함수의 끝에 있는 e는 echo의 약자입니다. 이 함수를 사용하기 위해서는 프로그램에 '#include〈conio.h〉'를 기술해야 됩니다.

getchar 함수	
함수 원형	`int getchar(int);`
반환값	키보드로 입력받은 문자를 반환합니다.
설명	getch와 getche 함수의 입력값 범위는 ASCII 코드 0~255이고, getchar 함수는 -1~255입니다. EOF 값인 Ctrl+Z를 입력하면 getch와 getche 함수는 ASCII 코드 0x1a를 반환하지만, getchar은 -1을 반환합니다. getchar 함수는 stdio.h에서 '#define getchar() getc(stdin)'로 정의되어 있는 매크로 함수이기 때문에 반드시 '#include <stdio.h>'를 기술해야 됩니다.

getch, getche, getchar은 한 개의 문자를 입력받는 함수입니다.

입력받은 문자가 화면에 표시되는 것을 에코(echo)라고 합니다. getch는 에코 기능이 없고, getche는 에코 기능이 있습니다.

4 문자열 출력 함수

puts 함수	
함수 원형	`int puts(char *s);`
반환값	성공하면 양의 정수를 반환하고, 오류가 발생하면 EOF를 반환합니다.
설명	매개변수로 지정된 문자열 s를 출력하고 자동으로 줄 바꿈 합니다. 버퍼에 있는 문자열에서 널 문자가 나올 때까지 화면에 출력합니다. 문자열에서 널 문자를 만나면 자동으로 '\n'이 출력됩니다. 이 함수를 사용하기 위해서는 '#include <stdio.h>'를 기술해야 됩니다.

cputs 함수	
함수 원형	`int cputs(char *s);`
반환값	마지막으로 출력한 문자를 반환합니다.
설명	매개변수로 지정된 문자열 s를 출력하는데, puts 함수와 달리 자동 줄 바꿈 하지 않습니다. 직접 출력 함수이기 때문에 '\n'을 '\r'과 '\n'으로 자동 변환하지 않습니다. 이 함수를 사용하기 위해서는 프로그램에 '#include <conio.h>'를 기술해야 됩니다.

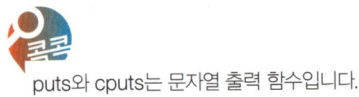
puts와 cputs는 문자열 출력 함수입니다.

5 문자열 입력 함수

gets 함수	
함수 원형	`char *gets(char *s);`
반환값	입력받은 문자열을 반환합니다. 만약 오류가 발생하면 널 문자를 반환합니다.
설명	Enter↵가 입력될 때까지의 문자열을 입력받습니다. Enter↵가 입력되면 그 위치에 자동으로 널 값을 저장합니다. scanf 함수는 공백 문자가 오면 입력의 끝으로 간주하는 반면에, gets 함수는 문자열 중간에 공백 문자를 사용할 수 있습니다. 이 함수를 사용하기 위해서는 '#include <stdio.h>'를 기술해야 됩니다.

cgets 함수	
함수 원형	`char *cgets(char *s);`
반환값	s[2]의 주소를 반환합니다. 만약 오류가 발생하면 반환값이 없습니다.
설명	사용하기 전에 먼저 문자 배열을 사용해서 문자열의 최대 길이를 지정해야 하는데, 문자 배열은 문자열의 최대 길이에 3을 더한 크기여야 합니다. 3을 더하는 이유는, s[0]에는 입력받을 문자열의 최대 길이, s[1]에는 입력받은 문자열의 실제 길이, 그리고 문자열 마지막에 널 문자가 저장되기 때문입니다. s[0]에는 널 문자를 포함하기 때문에 최대 길이에 1을 더한 값을 지정합니다. 결국 입력받은 문자열은 s[2]부터 저장됩니다. 이 함수를 사용하기 위해서는 프로그램에 '#include <conio.h>'를 기술해야 됩니다.

gets와 cgets는 문자열 입력 함수입니다.

예제 9-1 putchar과 puts 함수를 사용해서 ASCII 코드를 문자로 출력하는 프로그램입니다.

```
01 #include <stdio.h>
02
03 int main(void)
04 {
```

```
05      int i = 32;
06
07      while(i < 127)  {            ─── putchar 함수를 사용해서 i를 문자로 출력합니다.
08          putchar(i);
09          if((i % 10) == 1)
10              puts("");            ─── 한 줄에 10개의 문자를 출력하면 줄바꿈 합니다.
11          i++;
12      }
13
14      return 0;
15  }
```

실행결과

```
 !"#$%&'()
*+,-./0123
456789:;<=
>?@ABCDEFG
HIJKLMNOPQ
RSTUVWXYZ[
\]^_`abcde
fghijklmno
pqrstuvwxy
z{|}~
```

해설

- **07~08** : ASCII 코드 32부터 126까지 출력합니다. putchar 함수는 매개변수로 지정된 값을 문자로 출력합니다.
- **09~10** : i를 10으로 나눈 나머지가 1이면 puts 함수를 사용해서 ""를 출력합니다. 나머지가 1일 때 줄 바꿈을 하는 이유는, 32부터 출력을 시작하기 때문에 한 줄에 10개씩 출력하려면 나머지가 1일 때마다 줄 바꿈 해야 됩니다. puts 함수는 문자열을 출력한 다음에 자동으로 줄 바꿈 하기 때문에 아무런 문자를 출력하지 않아도 자동 줄 바꿈 합니다.

puts 함수는 문자열을 출력하고 자동으로 줄 바꿈 합니다.

예제 9-2 getch 함수를 이용해서 입력받은 문자를 ASCII 코드로 출력하는 프로그램입니다.

```
01  #include <stdio.h>
02  #include <conio.h>
03
04  int main(void)
05  {
06      int ch;
07
08      printf("문자를 입력하세요\n");
09      ch = getch();
10
11      while(ch != '\r')   {           Enter↲가 입력될 때까지 문자를 입력받습니다.
12          printf("%d\n", ch);
13          ch = getch();
14      }
15
16      return 0;
17  }
```

실행결과

문자를 입력하세요

97
65
49

해설

- **09** : getch 함수를 이용해서 키보드로부터 1개의 문자를 입력받습니다. getch 함수는 에코 기능이 없기 때문에 입력한 문자가 화면에 표시되지 않습니다.
- **11~14** : 입력받은 문자가 Enter↵가 아니면 반복 수행합니다. 입력받은 값을 '\r'와 비교하는 이유는 getch 함수가 버퍼를 사용하지 않는 직접 입출력 방식으로 처리하기 때문에 Enter↵를 입력하면 CR('\r')과 LF('\n')를 묶어서 처리하지 않고 CR만 반환하기 때문입니다.

> getch 함수는 입력받은 문자가 화면에 표시되지 않기 때문에 아무런 키나 입력하면 다른 작업으로 이동하고자 할 때 사용하면 편리합니다. 예를 들면, "Press any key to continue"라는 메시지를 출력하고, 키보드로 입력하면 작업이 전환되도록 할 때 getch 함수로 처리하면 됩니다.

예제 9-3 키보드로 입력받은 문자에 1을 더한 문자를 출력하는 프로그램입니다.

```
01  #include <conio.h>
02
03  int main(void)
04  {
05      int ch;
06
07      while(1) {
08          ch = getch();
09          if(ch == '\r')
10              break;
11          else
12              putch(ch+1);
13      }
14
15      return 0;
16  }
```

- getch 함수를 사용해 키보드로부터 문자를 입력받습니다. getch 함수는 에코가 없기 때문에 입력한 문자가 화면에 표시되지 않습니다.
- 엔터가 입력되면 while 블록을 탈출합니다.
- 입력받은 문자에 1을 더한 문자를 출력합니다.

실행결과

2B45

해설

· **09~12** : 만약 8라인에서 1, A, 3, 4를 입력했으면 2, B, 4, 5가 출력됩니다. getch 함수는 입력 값이 표시되지 않기 때문에 출력 결과만 화면에 나옵니다. 입력받은 문자가 Enter↵면 break 명령으로 while 블록을 탈출하고, 그렇지 않다면 입력받은 문자에 1을 더한 문자를 출력합니다.

예제 9-4 문자열 입출력 함수 gets와 scanf를 비교하는 프로그램입니다.

```
01  #include <stdio.h>
02
03  int main(void)
04  {
05      char name[20];            문자열을 저장하기 위한 char형 배열을 선언합니다.
06
07      printf("이름을 입력하세요 : ");
08      gets(name);               gets 함수를 이용해서 문자열을 입력받습니다.
09      puts(name);
10
11      printf("이름을 입력하세요 : ");
12      scanf("%s", name);        scanf 함수를 이용해서 문자열을 입력받습니다.
13      puts(name);
14
15      return 0;
16  }
```

실행결과

이름을 입력하세요 : 홍 길동
홍 길동
이름을 입력하세요 : 홍 길동
홍

해설

- **08** : gets 함수를 이용해서 문자열을 입력받습니다. gets 함수는 공백 문자도 입력받을 수 있기 때문에 문자열 중간에 공백 문자를 입력해도 처리 가능합니다. 이 함수는 [Enter↵]가 입력되면 입력이 종료된 것으로 간주합니다.
- **12** : scanf 함수를 이용해서 문자열을 입력받습니다. scanf 함수는 문자열 중간에 공백 문자가 입력되면 입력이 종료된 것으로 간주하기 때문에 공백 문자를 저장할 수 없습니다.

scanf 함수가 문자열을 처리할 때 [Tab], [Space Bar], [Enter↵]는 입력을 종료하는 구분 문자로 사용됩니다. 그렇기 때문에 문자열 중간에 있는 공백 문자를 저장할 수 없습니다.

공백 문자를 포함한 문자열을 처리하려면 gets 함수를 사용해야 됩니다.

문자열 함수

1 문자열 함수의 종류

앞에서도 설명했듯이 C 언어는 문자열을 처리하기 위해 배열이나 포인터를 사용합니다. 하지만 문자열은 자주 사용하기 때문에 단순히 배열이나 포인터만으로는 문자열을 처리하는데 어려움이 있습니다. 이를 해결하기 위해서 C 언어는 다양한 문자열 관련 함수들을 제공합니다.

C 언어는 문자열 관련 라이브러리 함수를 제공하기 위해 stdlib.h 또는 string.h 파일을 사용하고, 문자열 관련 함수를 사용하기 위해서는 반드시 '#include <stdlib.h>' 또는 '#include <string.h>'를 프로그램 앞에 삽입해야 됩니다.

문자열 관련 함수를 사용하려면 stdlib.h 또는 string.h를 include해야 됩니다.

문자열 변환 함수

문자열을 정수나 실수로 변환하는 함수를 제공합니다. atoi, atol, atof 함수는 stdlib.h 파일에 함수 원형이 선언되어 있기 때문에 이 함수들을 사용하려면 프로그램에 '#include <stdio.h>'를 기술해야 합니다.

atoi 함수	
함수 원형	`int atoi(const char *s);`
반환값	정수형으로 변환된 값을 반환합니다. 만약 문자열을 정수로 변환할 수 없으면 0을 반환합니다.
설명	매개변수로 지정된 문자열을 정수형으로 변환합니다.

atol 함수	
함수 원형	`long atol(const char *s);`
반환값	long형 정수로 변환된 값을 반환합니다. 만약 문자열을 long형 정수로 변환할 수 없으면 0을 반환합니다.
설명	매개변수로 지정된 문자열을 long형 정수로 변환합니다.

atof 함수	
함수 원형	`double atof(const char *s);`
반환값	실수형으로 변환된 값을 반환합니다. 만약 문자열을 실수로 변환할 수 없으면 0을 반환합니다.
설명	매개변수로 지정된 문자열을 실수형으로 변환합니다.

매개변수에 const 명령어가 사용된 이유는 포인터 변수 s가 가리키고 있는 주소에 보관된 문자열을 변경할 수 없도록 하기 위해서입니다. 즉, 매개변수로 전달된 문자열이 수정되지 않도록 보호하는 역할을 합니다. 문자열 관련 함수의 매개변수에 const 명령이 사용되면 값을 보호하는 것이고, 그렇지 않으면 문자열 자체가 변경됩니다.

문자열을 숫자로 변환하기 위해 atoi, atol, atof 등의 함수를 사용합니다.

뛰어넘기

포인터와 함께 사용하는 const 명령

const 명령을 단순한 변수에 사용하면 상수로 변환하는 기능을 수행합니다. 하지만 포인터에 사용할 경우에는 복잡해집니다. 포인터 자체를 변하지 않은 값으로 만들 수도 있고, 아니면 포인터가 가리키고 있는 값을 상수로 만들 수도 있기 때문입니다. const 명령을 포인터에 사용하는 형식은 다음과 같은 세 가지 경우가 있습니다.

값을 상수로 변환하기

포인터가 가리키고 있는 값을 상수로 변환하는 기능입니다. 이를 위한 사용 형식은 다음과 같습니다.

형식

```
const 자료형 *포인터변수;    또는
자료형 const *포인터변수;
```

예

```
const char *str;
```

→ str이 가리키고 있는 주소에 보관된 값을 상수로 변환합니다. 하지만 str 자체는 변경할 수 있습니다.

포인터를 상수로 변환하기

포인터 자체를 변경할 수 없는 상수로 지정할 수 있습니다.

형식

```
자료형 *const 포인터변수;
```

예

```
char *const str;
```

→ 포인터 변수 str이 갖고 있는 주소 자체를 변경할 수 없습니다. 즉, str은 항상 같은 주소를 가리켜야 됩니다. 하지만 str이 가리키고 있는 주소에 있는 값은 변경할 수 있습니다.

포인터와 값을 상수로 변환하기

포인터 자체와 가리키고 있는 값을 전부 상수로 지정할 수 있습니다.

형식

const 자료형 *const 포인터변수;

예

const char *const str;

→ 포인터 변수 str이 갖고 있는 주소와 그 주소에 저장된 값을 변경할 수 없습니다.

const 명령을 포인터와 결합하는 경우는 주로 함수의 형식 매개변수로 사용할 때입니다. 매개변수로 전달받은 포인터 변수 자체를 변경하지 못하게 하거나, 포인터 변수가 가리키고 있는 주소에 보관된 값을 변경하지 못하도록 할 때 사용합니다.

예제 9-5 문자열을 정수, 실수로 변환하는 프로그램입니다.

```
01  #include <stdio.h>
02  #include <stdlib.h>        atoi와 atof 함수를 사용하기 위해
                                stdlib.h 파일을 include합니다.
03
04  int main(void)
05  {
06      char *str;
07      int ai;
08      double af;
09
10      str = "12345";
11      ai = atoi(str);        문자열 "12345"를 정수형으로 변
12      printf("%d\n", ai);    환하여 ai에 대입합니다.
13
14      str = "123.45";
15      af = atof(str);        문자열 "123.45"를 실수형으로 변
16      printf("%f\n", af);    환하여 af에 대입합니다.
17
```

```
18      return 0;
19 }
```

실행결과

```
12345
123.450000
```

해설

- **02** : atoi, atof 함수를 사용하기 위해서 이 함수들의 원형을 선언한 stdlib.h 파일을 include 합니다.

- **11** : atoi 함수는 매개변수로 지정된 문자열을 정수형으로 변환합니다. 만약 문자열을 정수형으로 변환하기 적당하지 않으면 0을 반환합니다.

    예

    "-123.45" → -123을 반환
    "A12345"   → 0을 반환
    "123A45"   → 123을 반환

- **15** : atof 함수는 매개변수로 지정된 문자열을 실수형으로 변환합니다. 실수형으로 변환할 수 있는 문자열은 지수와 부동소수점 형식 모두 가능합니다.

    예

    "-123.45"   → -123.45를 반환
    "12.345E1" → 123.45를 반환
    "A123.45"   → 0을 반환
    "123.4A5"   → 123.4를 반환

문자열 관련 함수

C 언어는 풍부한 문자열 관련 함수를 제공합니다. 문자열의 길이, 문자열 복사, 문자열 결합, 문자열 비교 등과 같은 함수를 이용하면 문자열을 보다 쉽게 처리할 수 있습니다. 여기서 설명하는 문자열 관련 함수들은 string.h 파일에 함수 원형이 선언되어 있기 때문에 이 파일을 include해야 됩니다.

strlen 함수	
함수 원형	`int strlen(const char * s);`
반환값	매개변수로 지정된 문자열의 길이(널 문자는 제외)를 반환합니다.
설명	문자열의 길이를 구하는데 사용합니다.

strcpy 함수	
함수 원형	`char *strcpy(char *dest, const char *src);`
반환값	문자열을 복사하고 dest가 가리키고 있는 주소를 반환합니다.
설명	매개변수 src가 가리키고 있는 문자열을 dest가 가리키는 주소에 복사합니다.

strncpy 함수	
함수 원형	`char *strncpy(char *dest, const char *src, int n);`
반환값	문자열을 복사하고 dest가 가리키고 있는 주소를 반환합니다.
설명	매개변수 src가 가리키고 있는 문자열에서 n개의 문자만 dest가 가리키는 주소에 복사합니다.

· strlen 함수 : 문자열의 길이를 반환합니다.
· strcpy 함수 : 문자열을 복사합니다.
· strncpy : 문자열에서 n개의 문자열만 복사합니다.

예제 9-6 문자열을 복사하고, 문자열의 길이를 출력하는 프로그램입니다.

```
01  #include <stdio.h>
02  #include <string.h>         strlen과 strcpy 함수를 사용하기 위해
                                string.h 파일을 include합니다.
03
04  int main(void)
05  {
06      char *src = "C Language";
07      char dest[20];
08
09      strcpy(dest, src);              src에 있는 문자열을 dest로
                                        복사합니다.
10      printf("src : %s, dest : %s\n", src, dest);
11      printf("dest의 길이 : %d\n", strlen(dest));   dest로 지정된 문자열의 길
                                                      이를 출력합니다.
12
13      return 0;
14  }
```

실행결과

```
src : C Language, dest : C Language
dest의 길이 : 10
```

해설

- **02** : strcpy, strlen 함수를 사용하기 위해서 이 함수들의 원형을 선언한 string.h 파일을 include 합니다.
- **09** : src가 가리키고 있는 문자열을 dest의 위치에 복사합니다. strcpy 함수는 문자열의 내용을 복사하기 때문에 dest와 src의 주소는 서로 다릅니다.
- **11** : dest가 가리키고 있는 문자열의 길이를 구합니다. 이때 널 문자는 길이에서 제외됩니다.

strcmp 함수	
함수 원형	`int strcmp(const char *s1, const char *s2);`
반환값	문자열 s1과 s2의 크기를 비교해서 s1이 크면 양수, 작으면 음수, 같으면 0을 반환합니다.
설명	s1과 s2가 가리키고 있는 문자열의 크기를 비교합니다. 각각의 문자열에서 첫 번째 문자가 다를 때까지 또는 문자열의 끝에 도달할 때까지 계속 비교하는데, 비교하는 기준은 ASCII 코드 입니다.

strncmp 함수	
함수 원형	`int strncmp(const char *s1, const char *s2, int n);`
반환값	strcmp 함수와 동일합니다.
설명	지정된 문자열에서 n개의 문자열만 비교한다는 점만 제외하면 strcmp 함수와 동일한 처리를 합니다.

stricmp 함수	
함수 원형	`int stricmp(const char *s1, const char *s2);`
반환값	strcmp 함수와 동일합니다.
설명	대소문자를 구별하지 않고 비교하는 점만 제외하면 strcmp 함수와 동일합니다.

- strcmp 함수 : 문자열의 크기를 비교합니다.
- strncmp 함수 : 문자열에서 n개의 문자열만 비교합니다.
- stricmp 함수 : 문자열에서 대소문자를 구별하지 않고 비교합니다.

예제 9-7 문자열의 크기를 비교하는 프로그램입니다.

```
01 #include <stdio.h>
02 #include <string.h>
03
04 int main(void)
05 {
06     char *str1 = "C Language";
```

```
07        char str2[20];
08
09        printf("C Language를 입력하세요 : ");
10        gets(str2);
11
12        if(strcmp(str1, str2) == 0)
13            printf("str1과 str2는 같습니다.\n");
14        else
15            printf("str1과 str2는 같지 않습니다.\n");
16
17        return 0;
17   }
```

입력한 문자열과 크기가 같은지 비교합니다.

실행결과

C Language를 입력하세요 : C Language
str1과 str2는 같습니다.

해설

· **12** : strcmp 함수는 두 개의 문자열의 크기를 비교해서 str1이 크면 양수, 작으면 음수, 같으면 0을 반환합니다. 이 함수는 문자열의 대소문자를 구분하지만, stricmp 함수를 사용하면 대소문자 구분 없이 크기를 비교할 수 있습니다.

strcmp 함수는 문자열의 크기를 비교하기 위해 자주 사용합니다. 두 개의 문자열이 같으면 0, 첫 번째 문자열이 크면 양수, 아니면 음수를 반환합니다.

예제 9-8 문자열을 오름차순 정렬하는 프로그램입니다.

```
01 #include <stdio.h>
02 #include <string.h>
03
04 void strSort(char *str[]);          문자열을 정렬하는 strSort 함수를 선언
                                       합니다.
05
06 int main(void)
07 {
08     int i;
09     char *str[] = {"one", "two", "three", "four", "five"};
10
11     printf("Before sorting : ");
12     for(i = 0; i < 5; i++)
13         printf("%s ", str[i]);
14
15     strSort(str);
16
17     printf("\nAfter sorting : ");
18     for(i = 0; i < 5; i++)
19         printf("%s ", str[i]);
20
21     return 0;
22 }
23
24 void strSort(char *str[])
25 {
26     char *temp;
27     int i, j;
28
29     for(i = 0; i < 4; i++)
30         for(j = i+1; j < 5; j++)
31             if(strcmp(str[i], str[j]) > 0) {     문자열의 크기를 비교하여 str[i]가 크
32                 temp = str[i];                   면 양수를 반환하여 조건은 참이 됩니
33                 str[i] = str[j];                 다. 이런 경우에는 문자열을 서로 교
34                 str[j] = temp;                   환합니다.
35             }
36 }
```

> **실행결과**

```
Before sorting : one two three four five
After sorting : five four one three two
```

- **09** : 포인터 배열을 사용해서 여러 개의 문자열을 지정합니다.
- **15** : strSort 함수를 호출하면서 여러 개의 문자열의 주소를 갖고 있는 포인터 배열 str을 매개변수로 전달합니다.
- **29~35** : 5개의 문자열을 오름차순 정렬하기 위해 중첩 반복문을 사용합니다. 31라인에서 strcmp 함수로 문자열의 크기를 비교해서 반환값이 양수(i번째 문자열 큰 경우)면 i번째와 j번째 문자열을 교환합니다.

strcat 함수	
함수 원형	char *strcat(char *dest, const char *src);
반환값	문자열을 결합하고 dest가 가리키고 있는 주소를 반환합니다.
설명	dest가 가리키고 있는 문자열의 끝에 src가 가리키고 있는 문자열을 결합합니다. 이 함수를 실행하면 문자열의 길이가 strlen(dest)+strlen(src)이 됩니다.

strncat 함수	
함수 원형	char *strncat(char *dest, const char *src, int n);
반환값	문자열을 결합하고 dest가 가리키고 있는 주소를 반환합니다.
설명	dest가 가리키고 있는 문자열의 끝에 src가 가리키고 있는 문자열에서 n개의 문자만 결합합니다. 이 함수를 실행하면 문자열의 길이가 strlen(dest)+n이 됩니다.

strchr 함수	
함수 원형	char *strchr(const char *s, char c);
반환값	문자열 s에서 문자 c가 발견된 첫 번째 위치(주소)를 반환합니다. 만약 발견하지 못하면 널을 반환합니다.
설명	매개변수로 지정된 문자열에서 특정한 문자가 있는 첫 번째 위치를 알아냅니다.

strrchr 함수	
함수 원형	char *strrchr(const char *s, char c);
반환값	문자열 s에서 문자 c가 발견된 마지막 위치(주소)를 반환합니다. 만약 발견하지 못하면 널을 반환합니다.
설명	매개변수로 지정된 문자열에서 특정한 문자가 있는 마지막 위치를 알아냅니다.

strstr 함수	
함수 원형	char *strstr(const char *s1, const char *s2);
반환값	문자열 s1에서 문자열 s2가 발견된 위치(주소)를 반환합니다. 만약 발견하지 못하면 널을 반환합니다.
설명	매개변수로 지정된 문자열에서 특정한 문자열이 있는 위치를 알아냅니다.

· strcat 함수 : 두 개의 문자열을 결합합니다.
· strncat 함수 : n개의 문자열만 결합합니다.
· strchr 함수 : 문자열에서 특정 문자가 발견되는 첫 번째 위치를 검사합니다.
· strrchr 함수 : 문자열에서 특정 문자가 발견되는 마지막 위치를 검사합니다.
· strstr 함수 : 문자열에서 특정 문자열의 위치를 검사합니다.

예제 9-9 문자열에 포함된 문자와 문자열을 검색하는 프로그램입니다.

```
01 #include <stdio.h>
02 #include <string.h>
03
04 int main(void)
05 {
06     char *str = "this is a book";
```

```
07
08        printf("str1에서 s가 발견된 첫 번째 위치 : %s\n", strchr(str, 's'));
09        printf("str1에서 s가 발견된 마지막 위치 : %s\n", strrchr(str, 's'));
10        printf("str1에서 is가 발견된 위치 : %s\n", strstr(str, "is"));
11
12        return 0;
13   }
```

실행결과

```
str에서 s가 발견된 첫 번째 위치 : s is a book
str에서 s가 발견된 마지막 위치 : s a book
str에서 is가 발견된 위치 : is is a book
```

해설

- **08** : strchr 함수는 str이 가리키고 있는 문자열에서 문자 's'가 첫 번째로 발견된 주소를 반환합니다. 's'가 발견된 위치부터 문자열을 출력합니다.
- **09** : strrchr은 문자열에서 특정 문자가 마지막으로 발견된 주소를 반환합니다.
- **10** : strstr 함수는 str1이 가리키고 있는 문자열에서 문자열 "is"가 발견된 주소를 반환하기 때문에 그 위치부터 문자열을 출력합니다.

strrev 함수	
함수 원형	char *strrev(char *s);
반환값	역순으로 변환된 문자열의 주소를 반환합니다.
설명	매개변수로 지정된 문자열을 역순으로 변환합니다.

strlwr 함수	
함수 원형	char *strlwr(char *s);
반환값	소문자로 변환된 문자열 s의 주소를 반환합니다.
설명	문자열에서 대문자를 소문자로 변환합니다. 대문자 이외에 문자들은 변환하지 않습니다.

strupr 함수	
함수 원형	char *strupr(char *s);
반환값	대문자로 변환된 문자열 s의 주소를 반환합니다.
설명	문자열에서 소문자를 대문자로 변환합니다. 문자열에서 소문자 이외의 문자들은 변환하지 않습니다.

· strrev 함수 : 문자열을 역순으로 변환합니다.
· strlwr 함수 : 문자열을 소문자로 변환합니다.
· strupr 함수 : 문자열을 대문자로 변환합니다.

예제 9-10 문자열을 대소문자로 변환, 역순으로 변환하는 프로그램입니다.

```
01 #include <stdio.h>
02 #include <string.h>
03
04 int main(void)
05 {
06     char str[] = "C Language";
07
08     printf("str을 소문자로 변환 : %s\n", strlwr(str));
09     printf("str을 대문자로 변환 : %s\n", strupr(str));
10     printf("str을 역순으로 변환 : %s\n", strrev(str));
11
12     return 0;
13 }
```

실행결과

```
str을 소문자로 변환 : c language
str을 대문자로 변환 : C LANGUAGE
str을 역순으로 변환 : EGAUGNAL C
```

해설

- **08** : strlwr 함수는 str이 가리키고 있는 문자열을 소문자로 변환하고, 해당 문자열의 주소를 반환합니다.
- **09** : strupr은 str이 가리키고 있는 문자열을 대문자로 변환하고, 해당 문자열의 주소를 반환합니다.
- **10** : strrev 함수는 str이 가리키고 있는 문자열을 역순으로 변환합니다. 앞에서 strupr 함수로 인해 문자열이 대문자로 변환되었기 때문에 이것을 역순으로 변경합니다.

strtok 함수	
함수 원형	`char *strtok(char *s1, const char *s2);`
반환값	문자열 s1에서 발견된 토큰의 주소를 반환합니다. 만약 더 이상의 토큰이 없으면 널 포인터를 반환합니다.
설명	s2는 문자열 s1에 있는 문자열을 토큰으로 분리하는데 사용하는 분리 문자열입니다. strtok 함수를 첫 번째 호출하면 문자열 s1에서 토큰으로 분리된 첫 번째 문자열의 주소가 반환되고, 계속 호출할 때마다 토큰으로 분리된 문자열이 반환됩니다.

strtok 함수는 문자열을 지정된 분리 문자를 사용해서 토큰으로 분할합니다.

예제 9-11 문자열에서 ","를 분리 문자열로 사용하여 토큰으로 분리하는 프로그램입니다.

```c
01 #include <stdio.h>
02 #include <string.h>
03
04 int main(void)
05 {
06     char str[] = "one,two,three,four,five";
07     char *tok;
08
09     tok = strtok(str, ",");
10     while(tok != NULL) {
11         printf("token : %s\n", tok);
12         tok = strtok(NULL, ",");
13     }
14
15     return 0;
16 }
```

문자열 str을 분리 문자열 ","를 사용해서 토큰으로 분리시킵니다.

더 이상 분리시킬 문자열이 없을 때까지 반복합니다.

실행결과

```
token : one
token : two
token : three
token : four
token : five
```

해설

- **09** : str이 가리키고 있는 문자열에서 ","를 분리 문자열로 사용하여 토큰으로 분리시킵니다.
- **10~13** : strtok 함수는 더 이상 토큰으로 분리시킬 문자열이 없으면 널 포인터를 반환하기 때문에 while문을 사용해서 NULL까지 반복합니다. strtok 함수를 사용할 때 주의할 점은 첫 번째 호출할 때는 토큰으로 분리시킬 문자열을 지정했지만, 두 번째 호출할 때는 문자열을 지정하면 안됩니다. 그래서 12 라인에서 strtok(NULL, ",")로 기술한 겁니다.

참고로, NULL은 studio.h 파일에 '\0'로 정의된 매크로 상수입니다.

2 문자열 관련 함수 작성하기

앞에서 설명한 문자열 관련 라이브러리 함수들을 직접 제작할 수 있습니다. 그동안 공부한 포인터와 배열, 함수 등을 이용해서 atoi, strlen, strcpy, strrev 함수들을 직접 만들어 보겠습니다.

atoi 함수 작성하기

C 언어의 라이브러리 함수인 atoi는 문자열을 정수로 변환합니다.

예제 9-12 문자열을 입력받아서 정수로 변환하는 프로그램입니다.

```
01  #include <stdio.h>
02
03  int atoi(char *s);           ← 문자열을 매개변수로 받아서 정수형으로 변환하는 atoi 함수를 선언합니다.
04
05  int main(void)
06  {
07      char str[100];
08
09      printf("문자열을 입력하세요 : ");
10      gets(str);
11      printf("정수 : %d\n", atoi(str));    ← 문자열을 키보드로부터 입력받고, 그것을 atoi 함수의 매개변수로 전달합니다.
12
13      return 0;
14  }
15
16  int atoi(char *s)
17  {
18      int i, n, sign;
19
```

```
20      for(i = 0; s[i] == ' ' || s[i] == '\n' || s[i] == '\t'; i++);
21
22      sign = 1;
23      if(s[i] == '+' || s[i] == '-')
24          sign = (s[i++] == '+')? 1 : -1;
25
26      for(n = 0; s[i] >= '0' && s[i] <= '9'; i++)
27          n = 10 * n + s[i] - '0';
28
29      return (sign * n);
30 }
```

> 문자열에서 유효한 값이 있는 곳의 위치를 알아냅니다.
> 부호를 처리합니다.
> 문자열을 정수로 변환합니다.

실행결과

```
문자열을 입력하세요 : -1234
정수 : -1234
```

해설

- **20** : 문자열에서 유효 값의 위치를 찾기 위한 for문입니다. 만약 문자열이 " -1234"였다면, "-1234" 앞에 붙어 있는 2개의 공백 문자는 필요 없기 때문에 이것을 버리고 유효 문자가 있는 시작 위치를 알아내야 합니다. 만약 문자열의 i번째 위치에 공백 문자(' '), 엔터(\n), 탭(\t) 등의 문자가 있으면 이를 무시하기 위해 빈 문장(';')을 수행하고 i를 증가합니다. 만약 유효 문자 앞에 공백 문자가 2개 있다면 i는 2가 됩니다.

  C 언어는 문장의 끝에 세미콜론을 붙이는데, 아무 내용도 없이 세미콜론만 있는 것도 문장이고, 이를 공문(empty statement)이라고 합니다. for문 뒤에 세미콜론(;)이 있는 건, for의 조건이 참일 때 아무 내용도 처리하지 않고 계속 반복하기 위해서입니다.

- **22~24** : sign은 부호를 처리하기 위한 변수이고, 초기값으로 양수 1을 대입했습니다. 입력받은 문자열에 '+' 부호가 있다면 변수 sign에 1을 대입하고, '-' 부호인 경우에는 -1을 대입합니다.

- **26~27** : 문자열의 i번째 위치부터 '0'~'9'까지의 문자들을 대상으로 정수형으로 변환합니다. s[i]-'0'은 문자를 숫자로 바꾸는 연산입니다. 문자 '1'은 ASCII 코드로 49이기 때문에 이를 숫

자 1로 변환하려면 48을 빼야하는데, 문자 '0'의 ASCII 코드가 48이기 때문에 '0'을 뺀 것입니다. 만약 문자열이 " −1234"이고 i가 3이라면 다음과 같은 과정으로 변합니다.

i	s[i]	n	설 명
3	'1'	1	10 * 0 + '1' - '0'
4	'2'	12	10 * 1 + '2' - '0'
5	'3'	123	10 * 12 + '3' - '0'
6	'4'	1234	10 * 123 + '4' - '0'

· **29** : 문자열을 정수로 변환한 결과를 보관하고 있는 n에 sign을 곱해서 부호를 확정합니다. 변수 sign은 앞에서 구한 부호를 저장하고 있습니다.

키보드로 입력받은 '0'에서 '9' 사이의 문자를 숫자 0~9로 변환하려면 '0'을 빼면 됩니다.

strlen 함수 작성하기

예제 9-13 문자열의 길이를 구하는 프로그램입니다.

```
01  #include <stdio.h>
02
03  int strlen(char *s);
04
05  int main(void)
06  {
07      char s[100];
08
09      printf("문자열을 입력하세요 : ");
10      gets(s);
11      printf("문자열의 길이 : %d\n", strlen(s));
12
13      return 0;
14  }
15
```

```
16  int strlen(char *s)
17  {
18      int n;
19
20      for(n = 0; s[n] != '\0'; n++);     ─── 문자열에서 널 문자가 나올
21                                              때까지 반복합니다.
22      return n;
23  }
```

실행결과

문자열을 입력하세요 : C Language
문자열의 길이 : 10

해설

· **20** : 문자열은 끝에 널 문자가 있기 때문에 문자열의 길이를 구하기 위해 널 문자가 나올 때까지 n을 증가합니다.

문자열의 길이를 구하는 방법은 문자열에서 널 문자가 나올 때까지 문자의 개수를 카운트하면 됩니다.

strcpy 함수 작성하기

예제 9-14 문자열을 복사하는 프로그램입니다.

```
01 #include <stdio.h>
02
03 void strcpy(char *dest, char *src);
04
05 int main(void)
06 {
07     char src[100], dest[100];
08
09     printf("문자열을 입력하세요 : ");
10     gets(src);
11
12     strcpy(dest, src);
13
14     printf("원본 문자열 : %s\n복사 문자열 : %s\n", src, dest);
15
16     return 0;
16 }
18
19 void strcpy(char *dest, char *src)
20 {
21     int  i;
22
23     for(i = 0; src[i] != '\0'; i++)
24         dest[i] = src[i];
25
26     dest[i] = '\0';
27 }
```

문자열 src를 dest로 복사합니다.

실행결과

문자열을 입력하세요 : C Language
원본 문자열 : C Language
복사 문자열 : C Language

> ## 해설

- **23~24** : src가 가리키고 있는 문자열을 dest가 가리키는 위치에 복사합니다. src의 i번째에 있는 문자를 dest의 i번째에 대입합니다.
- **26** : 문자열 복사가 끝나면 dest의 i번째 위치(문자열의 끝)에 널 문자를 추가합니다.

문자열 복사는 포인터 변수가 가리키고 있는 주소에 있는 값을 다른 주소에 대입하는 작업입니다.

strrev 함수 작성하기

예제 9-15 문자열을 역순으로 변환하는 프로그램입니다.

```
01 #include <stdio.h>
02
03 char *strrev(char *dest, char *string);
04 int strlen(char *s);
05
06 int main(void)
07 {
08     char src[100], dest[100];
09
10     printf("문자열을 입력하세요 : ");
11     gets(src);
12     printf("역순으로 변환된 문자열 : %s\n", strrev(dest, src));
13
14     return 0;
15 }
16
17 char *strrev(char *dest, char *src)
18 {
19     int i, j, len;
20
```

> strlen은 [예제 9-13]에서 작성한 함수입니다.

```
21        len = strlen(src);
22
23        for(i = len-1, j = 0; i >= 0; i--, j++)
24            dest[j] = src[i];
25
26        dest[j] = '\0';
27
28        return dest;
29  }
30
31  int strlen(char *s)
32  {
33        int n;
34
35        for(n = 0; s[n] != '\0'; n++);
36
37        return n;
38  }
```

> 문자열을 역순으로 변환하기 위해 문자열 src의 뒤쪽부터 dest의 앞쪽에 대입합니다.

실행결과

문자열을 입력하세요 : C Language
역순으로 변환된 문자열 : egaugnaL C

해설

· **23~26** : 문자열을 역순으로 변환하는 처리는 문자열 복사와 비슷합니다. 다만 src가 가리키고 있는 문자열의 뒤쪽부터 시작해서 dest는 앞쪽에 대입하는 점만 다릅니다. 이처럼 문자열을 역순으로 복사한 다음에 dest의 끝부분에 널 문자를 추가하여 문자열을 완성합니다.

src가 가리키고 있는 문자열의 끝 위치를 알기 위해 strlen 함수를 이용해서 문자열의 길이를 구하고, 거기에 1을 뺀 위치가 끝 위치입니다. i는 src의 마지막 위치부터 역순으로 이동하고, j는 src에 있는 문자들을 하나씩 dest에 저장하기 위한 첨자로 사용합니다.

연습문제

01 다음 중 버퍼형 입력 함수가 아닌 것은?

① getchar ② gets ③ getch ④ scanf

02 다음 중 문자열을 정수형으로 변환하는 라이브러리 함수는?

① atof ② ftoa ③ itoa ④ atoi

03 표준 입출력 함수에 대해 설명하시오.

04 키보드로부터 문자열을 입력받기 위해 gets 함수를 사용하면 scanf 함수에 비해 어떠한 장점이 있는지 설명하시오.

실습문제

01 키보드로 입력받은 문자열의 길이만큼 '*'를 출력하는 프로그램을 작성하시오.

02 두 개의 문자열을 입력받아서 크기를 비교하는 프로그램을 작성하시오.

03 문자열과 특정 문자를 입력받아서 해당 문자가 문자열의 몇 번째에 위치하는지 구하시오.

04 문자열을 키보드로 입력받아서 오른쪽 끝에 있는 3개의 문자열만 출력하는 프로그램을 작성하시오.

05 문자열을 입력받아서 단어 단위로 끊어서 출력하는 프로그램을 작성하시오. 단, 단어를 추출하는 함수를 직접 작성하고, 단어는 공백 문자, 개행 문자, 탭 문자 등으로 구분된다고 가정합니다.

```
문자열 입력 : This is a book
단어 단위 출력
This
is
a
book
```

PART 10

기억 클래스

프로그램에서 데이터를 처리하기 위해 변수를 사용합니다. 지금까지는 처리할 데이터의 성격과 크기에 따라 변수를 정의하였습니다. 하지만 데이터의 용도에 맞는 유효 범위나 유효 기간을 지정할 수 없었습니다. 기억 클래스 (storage class)는 변수의 유효 범위와 유효 기간을 지정하는 방법을 제공합니다. 어떤 변수는 일정한 블록에서 유효하게 지정할 수 있고, 또 어떤 변수는 모든 영역에서 사용할 수 있도록 할 수 있습니다. 또한 변수가 메모리에 생존하는 기간을 각기 다르게 설정할 수도 있습니다. 이번 장에서는 이처럼 변수의 유효 범위와 유효 기간을 지정하는 방법에 대해 설명합니다.

메모리 할당 방법

CHAPTER 01

C 언어는 메모리를 관리하기 위해 정적 할당과 동적 할당을 선택해서 사용할 수 있습니다. 그 이유는, 변수의 용도에 따라 변수의 유효 범위와 유효 기간을 다르게 지정함으로써 메모리를 보다 효율적으로 관리하기 위해서입니다.

1 동적 할당(dynamic allocation)

컴퓨터 분야에서 『동적』이라는 단어는 "프로그램 실행 중에…"라는 의미가 담겨 있습니다. 그렇기 때문에 동적 할당은 "프로그램 실행 중에 메모리를 할당한다"는 뜻이 됩니다. 즉, 프로그램 실행 중에 필요하면 메모리를 사용하고, 필요 없으면 사용하던 메모리 공간을 취소하는 방법입니다. 이런 식으로 메모리를 관리하면 필요에 의해 사용하기 때문에 메모리를 보다 효율적으로 관리할 수 있습니다. 하지만 용도가 끝나면 사용하던 메모리 공간을 반납하기 때문에 프로그램이 종료될 때까지 데이터를 유지하지 못하는 단점이 생깁니다.

동적 할당으로 지정된 변수는 컴파일할 때 변수 할당을 위한 명령어를 번역만 해놓고 실제 주소 할당은 실행할 때 이루어집니다. 그리고 동적 할당된 변수의 유효 범위는 일정한 지역(블록)으로 한정되고, 이를 벗어나면 자동으로 소멸됩니다.

동적 할당을 위해 주로 스택을 사용하는데, 스택은 가장 마지막에 입력된 데이터가 가장 먼저 출력되는 LIFO(Last In First Out) 구조로 되어 있습니다. 그리고 데이터의 입출력이 한쪽에서만 이루어지는 형태입니다. 일반적으로 스택에 데이터를 저장하는 입력을 푸시(push), 데이터를 출력하는 작업을 팝(pop)이라고 합니다.

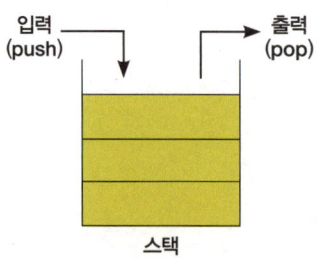

메모리 할당 방법에 따라 변수의 유효 기간이 달라집니다.

동적 할당은 프로그램 실행 중에 메모리를 할당하는 방법입니다.

2 정적 할당(static allocation)

컴퓨터 분야에서 『정적』이라는 단어는 "컴파일할 때…"라는 의미를 갖고 있기 때문에, 정적 할당은 "컴파일할 때 메모리를 할당한다"는 뜻이 됩니다. 즉 프로그램을 시작할 때부터 데이터를 처리하기 위한 메모리 공간을 미리 확보하고, 이 공간은 프로그램이 끝날 때까지 취소하지 않고 유지됩니다. 그렇게 하면 프로그램 종료까지 데이터가 사라지지 않고 보존되는 효과가 있습니다. 하지만 메모리를 계속적으로 점유하고 있기 때문에 메모리 관리 측면에서는 비효율성을 초래합니다. 좀 더 자세히 설명하면 다음과 같습니다.

정적 영역을 사용하는 변수는 컴파일할 때 주소를 확보하고, 프로그램을 실행할 때는 변수를 위한 주소 확보가 이루어지지 않습니다. 그렇기 때문에 실행하는 도중에 변수를 위한 주소 할당 시간이 발생하지 않는 장점이 있습니다. 또한 프로그램이 종료할 때까지 메모리에 존재하기 때문에 값을 계속 유지할 수 있습니다. 하지만 메모리를 계속 유지하기 때문에 많은 공간이 필요하다는 단점이 있습니다.

다음 예제는 동적 할당과 정적 할당이 서로 다른 주소를 사용하고 있음을 보여줍니다.

정적 할당은 프로그램을 컴파일할 때 메모리를 미리 확보하는 방법입니다.

예제 10-1 메모리 운영 방식에 관한 프로그램입니다.

```
01 #include <stdio.h>
02
03 int main(void)
04 {
05     int a, b, c;
06     static int x, y, z;
07
08     printf("a, b, c의주소 : %u, %u, %u\n", &a, &b, &c);
09     printf("x, y, z의주소 : %u, %u, %u\n", &x, &y, &z);
10
11     return 0;
12 }
```

실행결과

a, b, c의주소 : 1245008, 1245004, 1245000
x, y, z의주소 : 4244624, 4244628, 4244632

해설

- **05** : 변수를 선언할 때 자료형 앞에 아무런 명령어도 나오지 않으면 동적 할당합니다. a, b, c는 스택 공간에 배치되어 주소가 높은 쪽에서 낮은 쪽으로 할당됩니다.
- **06** : 변수의 자료형 앞에 static 명령이 붙으면 정적 할당하게 됩니다. 정적 할당은 일반적인 메모리를 사용하고, 주소가 낮은 쪽에서 높은 쪽으로 할당됩니다.
- **08~09** : 동적 할당은 스택을 사용하는 반면에 정적 할당은 일반적인 메모리를 사용합니다. 즉, 서로 다른 영역을 이용하기 때문에 주소가 비연속적으로 배치됩니다. 출력 결과를 보면 스택을 사용하는 a, b, c는 높은 번지에서 낮은 번지 순서로 주소가 할당되는 반면에, 일반적인 메모리를 사용하는 x, y, z는 낮은 번지에서 높은 번지로 할당되는 것을 알 수 있습니다. printf 함수에서 %u는 부호 없는 10진 정수로 출력합니다.

기억 클래스

1 기억 클래스

기억 클래스(storage class)는 기억장치에 어떤 방법으로 데이터를 저장할 것인지를 결정합니다. 데이터를 처리하기 위해서 사용되는 기억장치는 CPU에 있는 레지스터와 주기억장치로 구분할 수 있습니다. 그리고 변수를 선언할 때 주기억장치의 어느 위치에 배치할 것인가를 지정하는 것이 바로 기억 클래스입니다. 결국 기억 클래스는 변수를 어떠한 기억 장소에 할당할 것인지를 결정합니다.

레지스터는 CPU가 주기억장치에 있는 데이터를 처리하기 위해 임시로 사용하는 공간으로 대부분의 데이터는 주기억장치를 사용해서 처리됩니다. 주기억장치는 일반적인 메모리 영역과 스택으로 분리하여 자료를 저장합니다. 기억 클래스는 변수를 위한 주소 할당 방법을 결정하는 것으로, CPU의 레지스터, 일반적인 메모리, 스택 중에서 어디에 할당하느냐에 따라 해당 변수에 대한 유효 범위와 유효 기간이 달라집니다.

변수를 생성할 때 사용하는 자료형(char, int, float, double 등)은 처리할 데이터의 성격과 크기를 지정하는데 반해서, 기억 클래스는 자료의 유효 범위(scope)와 유효 기간(life time)을 결정합니다. C 언어에서 제공하는 기억 클래스의 종류와 각각 사용되는 명령어는 다음과 같고, 이 명령어들을 기억 클래스 지정자(storage class specifier)라고 합니다.

- 자동 변수 : auto
- 레지스터 변수 : register
- 정적 변수 : static
- 외부 변수 : extern

변수를 선언할 때 기억 클래스를 사용하는 방법은 자료형 앞에 기억 클래스 지정자를 붙이기만 하면 됩니다.

> **기억 클래스 사용 방법**
>
> 기억클래스 자료형 변수이름;

기억 클래스는 변수의 유효 범위와 유효 기간을 설정합니다.
- **유효 범위** : 변수를 사용할 수 있는 범위
- **유효 기간** : 변수가 메모리에 생존하는 기간

변수의 유효 범위를 스코프(scope)라고 하고, 유효 범위 규칙을 스코프 룰(scope rule)이라고 합니다.

기억 클래스 지정자의 종류
- 자동 변수 : auto
- 레지스터 변수 : register
- 정적 변수 : static
- 외부 변수 : extern

2 기억 클래스의 종류

기억 클래스는 변수의 유효 범위와 유효 기간을 결정합니다. 변수의 유효 기간은 메모리의 할당 방식에 따라서 달라집니다. 정적 할당된 변수들의 유효 기간은 프로그램 시작부터 종료 때까지이고, 동적 할당된 변수들은 변수가 선언된 블록이 끝나면 자동으로 사라집니다.
C 언어는 동적 할당을 위해 자동 변수와 레지스터 변수를 제공하고, 정적 할당에는 정적 변수와 외부 변수를 지원합니다.

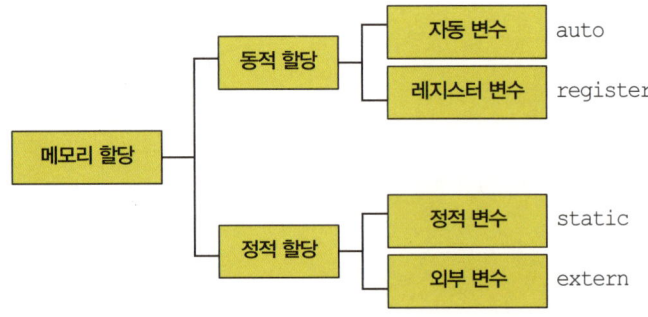

또한 변수의 유효 범위는 변수가 선언된 위치에 따라서 구분됩니다. 블록 내부에서 선언된 변수(지역 변수)의 유효 범위는 해당 블록 내부로 한정되는데 반해서, 블록 밖에서 선언된 변수(전역 변수)는 선언된 이후부터 전체에 걸쳐서 사용할 수 있습니다. 변수의 유효 범위에 따라 변수의 종류를 구분하면 다음과 같습니다.

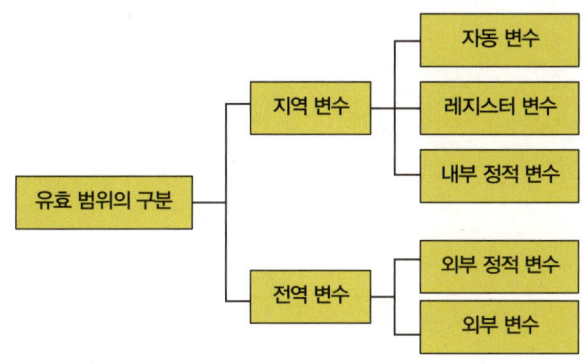

블록(block)은 중괄호로 둘러싼 영역을 뜻하고, 함수도 블록으로 간주됩니다.

이처럼 다양한 종류의 기억 클래스를 제공하는 이유는, 변수의 사용 목적에 따라 메모리를 보다 효율적으로 관리하기 위해서입니다. 변수를 특정한 블록 내부에서만 이용할거라면 지역 변수를 사용하고, 변수를 넓은 영역에서 사용한다면 전역 변수를 활용합니다. 또한 변수를 일시적으로만 사용한다면 동적 할당하고, 그렇지 않고 변수의 값을 계속 유지할 필요가 있으면 정적 할당합니다. 이처럼 변수의 용도에 따라 적절한 기억 클래스를 지정하면 메모리의 효율성이 증가합니다. 기억 클래스의 종류를 유효 범위와 유효 기간으로 구분해서 정리하면 다음과 같습니다.

종 류	명령어	기억장소	유효 범위	유효 기간
자동 변수	auto	스택	블록 내부	블록 내부
레지스터 변수	register	레지스터	블록 내부	블록 내부
내부 정적 변수	static	메모리	블록 내부	프로그램 종료
외부 정적 변수	static	메모리	변수가 선언된 이후부터 프로그램 전체	프로그램 종료
외부 변수	extern	메모리	외부 파일을 포함한 프로그램 전체	프로그램 종료

변수의 유효 범위와 유효 기간에 따른 분류
· 유효 범위 : 지역 변수(local variable), 전역 변수(global variable)
· 유효 기간 : 동적 할당(dynamic allocation), 정적 할당(static allocation)

기억 클래스를 사용하는 목적은 메모리를 효율적으로 관리하기 위해서입니다.

3 자동 변수

자동 변수(automatic variable)는 함수나 블록 내부에서 선언된 변수입니다. 유효 범위와 유효 기간은 변수가 선언된 블록 내부이고, 변수가 선언된 블록을 벗어나면 해당 변수는 스택에서 제거됩니다. 자동 변수는 변수를 선언할 때 auto라는 기억 클래스 지정자를 사용하는데, 가장 많이 사용하는 방식이라서 일반적으로 생략합니다. 그동안 사용했던 변수들이 전부 자동 변수였습니다.

자동 변수의 사용 방법

auto 자료형 변수이름;

예

```
int main(void)
{
    auto int x, y, z;
    …
}
```

이와 같이 main 함수 내부에서 선언된 변수 x, y, z는 자동 변수이고, 유효 범위와 유효 기간은 main 함수 내부로 한정됩니다. 자동 변수는 동적 할당 방식으로 주소를 확보하기 때문에 실행 중에 변수가 생성되고, 블록을 빠져나오면 스택에서 사라집니다. 자동 변수는 자동으로 초기화(initialization)되지 않기 때문에 초기화하지 않으면 쓰레기 값이 저장됩니다.

자동 변수는 기억 클래스 지정자 auto를 사용합니다.

자동 변수는 선언된 블록 내부에서만 사용이 국한되는 지역 변수이고, 동적 할당 방식으로 처리되기 때문에 블록을 벗어나면 소멸됩니다.

자동 변수는 초기화하지 않으면 초기값이 지정되지 않습니다.

아래 프로그램은 변수의 유효 범위가 잘못된 프로그램입니다.

```
01  #include <stdio.h>
02
03  int main(void)
04  {
05      int a = 10;
06
07      printf("a = %d\n", a);
08
09      {
10          int b = 20;
11
12          printf("a = %d\n", a);
13          printf("b = %d\n", b);
14      }
15      printf("b = %d\n", b);
16
17      return 0;
18  }
```

자동 변수 b는 안쪽 블록에서만 사용 가능합니다.

자동 변수 b는 안쪽 블록을 벗어났기 때문에 사용할 수 없습니다.

이 프로그램을 컴파일하면 다음과 같은 오류 메시지가 출력됩니다.

```
Undefined symbol 'b'
```

변수 b는 main 함수 안에 있는 안쪽 블록(09~14라인)에서 선언된 자동 변수이기 때문에 유효 기간과 유효 범위가 변수가 선언된 블록 내부로 국한됩니다. 변수 b는 해당 블록이 끝나자마자 스택에서 제거되기 때문에 블록 밖에서는 사용할 수 없습니다. 변수 b는 오류 메시지처럼 블록 밖에서는 정의되어 있지 않은, 즉 선언되지 않은 변수입니다.

만약 서로 다른 블록에 같은 이름의 변수가 존재한다면 어떤 일이 벌어질까요? 아무런 문제가 없습니다. 변수가 서로 다른 블록에 있으면 유효 범위와 유효 기간이 다르기 때문에 서로 다른 변수로 취급됩니다.

```
{
    int a;
    ...
    {
        int a;
        ...
    }
}
```
안쪽 블록의 유효 범위
바깥 블록의 유효 범위

서로 다른 블록에서 선언된 같은 이름의 자동 변수는 서로 다른 변수로 취급됩니다.

예제 10-2 자동 변수의 유효 범위에 대한 프로그램입니다.

```
01 #include <stdio.h>
02
03 int main(void)
04 {
05     int a = 10;
06     {
07         int a = 20;
08         printf("안쪽 블록의 a = %d\n", a);
09     }
10     printf("바깥쪽 블록의 a = %d\n", a);
11
12     return 0;
13 }
```
안쪽 블록에 있는 변수 a의 유효 범위
바깥 블록에 있는 변수 a의 유효 범위

> **실행결과**

안쪽 블록의 a = 20
바깥쪽 블록의 a = 10

해설

· **06~09** : 서로 다른 블록에 있는 동일한 이름의 변수를 사용할 때, 언제든지 가장 최근에 선언된 변수에 우선권이 있습니다. 그렇기 때문에 a를 출력하면 20이 나옵니다. 자동 변수는 지역 변수입니다. 지역 변수의 유효 범위는 변수가 선언된 이후부터 블록의 끝까지이기 때문에 바깥 블록에 선언된 변수는 안쪽 블록에서도 사용할 수 있습니다. 하지만 안쪽 블록에 선언된 변수는 해당 블록이 끝나자마자 사라지기 때문에 바깥에서 사용할 수 없습니다. 결국 블록 안에서 선언된 변수는 블록이 끝나자마자 할당된 메모리 공간이 해제되어 사라지기 때문에 블록 밖에서는 사용할 수 없습니다.

자동 변수의 유효 범위는 선언된 블록 내부로 국한되고, 서로 다른 블록에 같은 이름의 자동 변수가 선언되어 있다면 가장 최근에 선언된 변수를 사용하게 됩니다.

예제 10-3 자동 변수의 유효 범위에 대한 프로그램입니다.

```
01 #include <stdio.h>
02
03 void func();
04
05 int main()
06 {
07     int a = 10;        // main 함수에서 자동 변수 a를
08                        // 선언합니다.
09     printf("main 함수에서 a = %d\n", a);
10
```

```
11      func();
12
13      return 0;
14 }
15
16 void func(void)
17 {
18      int a = 20;
19
20      printf("func 함수에서 a = %d\n", a);
21 }
```

func 함수에서 자동 변수 a를 선언합니다.

실행결과

```
main 함수에서 a = 10
func 함수에서 a = 20
```

해설

두 개 이상의 함수로 구성된 프로그램에서도 자동 변수의 유효 범위, 유효 기간은 그대로 적용됩니다. main 함수에서 선언된 변수 a와 func 함수에서 선언된 변수 a는 서로 다른 블록에서 선언되었기 때문에 이름만 같을 뿐 서로 다른 변수입니다. 소위 동명이인입니다. 함수는 특정한 기능을 수행하는 독립적인 단위이기 때문에, 함수의 독립성을 유지하기 위해서는 가급적 지역 변수를 사용해서 데이터의 안정성을 높이는 것이 좋습니다.

함수의 형식 매개변수는 자동 변수입니다.

함수에서 선언된 변수는 자동 변수이기 때문에 서로 다른 함수에 있는 변수의 이름이 같아도 다른 변수로 취급됩니다.

예제 10-4 자동 변수의 초기화와 유효 기간에 관한 프로그램입니다.

```
01 #include <stdio.h>
02
03 void func(void);
04
05 int main(void)
06 {
07     int a;                          ─ 자동 변수 a를 선언합니다.
08
09     printf("a = %d\n", a);          ─ 자동 변수 a를 초기화하지 않은
10                                       상태에서 출력합니다.
11     func();                         ─ func 함수를 연속해서 두 번 호
12     func();                           출합니다.
13
14     return 0;
15 }
16
17 void func(void)
18 {
19     int x = 10;
20
21     printf("x = %d\n", x);          ─ 자동 변수 x를 출력하고, 1 증가
22     x++;                              합니다.
23 }
```

실행결과

```
a = 121
x = 10
x = 10
```

해설

- **07~09** : 자동 변수는 자동으로 초기화되지 않기 때문에 프로그램에서 초기화하지 않으면 알 수 없는 값(쓰레기 값)이 저장됩니다. 그렇기 때문에 자동 변수를 사용하기 전에 반드시 초기화해야 합니다. 초기화하지 않은 자동 변수 a의 값을 출력하면 알 수 없는 값이 표시됩니다.
- **11~12** : func 함수를 연속해서 두 번 호출합니다. func 함수에는 자동 변수 x가 10으로 초기화되어 있고, 이 값을 출력합니다. 그리고 1 증가시킵니다. 하지만 func 함수가 종료되면 자동 변수인 x는 사라지기 때문에 main 함수에서 func 함수를 다시 호출할 때마다 func 함수에 있는 변수 x가 새로 생성됩니다. 이로 인해 x를 1 증가시켜도 그 값을 유지하지 못하고 매번 x를 새로 만들게 되어 항상 10을 출력합니다.

함수에서 선언된 자동 변수는 함수가 끝나면 소멸되기 때문에 함수가 호출될 때마다 매번 변수가 새롭게 생성됩니다.

4 레지스터 변수

레지스터 변수(register variable)의 특징은 자동 변수와 동일합니다. 다만 기억 장소가 스택이 아닌 CPU의 레지스터를 사용한다는 점만 다릅니다. 레지스터 변수를 선언하기 위해서 기억 클래스 지정자 register를 사용합니다.

레지스터 변수의 사용 방법

register 자료형 변수이름;

예
```
register int a, b, c;
```

레지스터 변수는 CPU의 레지스터를 사용하고, 기억 클래스 지정자 register를 사용합니다.

레지스터는 메모리보다 속도가 빠르기 때문에 반복문에서 반복 횟수를 카운트하는 변수로 사용하면 프로그램 성능을 높일 수 있습니다. 하지만 레지스터 변수를 사용하는데 다음과 같은 몇 가지 제약 사항이 있습니다.

제약사항 01 레지스터 변수는 정수형과 문자형으로만 사용할 수 있습니다. 일반적으로 레지스터는 정수형만 처리할 수 있도록 구성되어 있기 때문에 부동 소수점(실수)을 처리하는데 사용할 수 없습니다.

예
```
register int a;     → 사용 가능합니다.
register b;         → int형 레지스터 변수는 int를 생략할 수 있습니다.
register char c;    → 사용 가능합니다.
register float d:   → 사용할 수 없습니다.
```

제약사항 02 레지스터 변수로 사용할 수 있는 변수의 개수에 제한이 있습니다. 시스템마다 조금씩 다르지만 일반적으로 3개 정도의 변수까지만 레지스터 변수로 선언할 수 있습니다. 만약 개수를 초과하면 나머지 변수들은 자동 변수로 할당됩니다. 실제로는 레지스터 변수로 선언했다 하더라도 시스템 상황에 따라 반드시 레지스터에 배치되지 않을 수도 있습니다.

예
```
register int a, b, c, d;
```
→ 레지스터 변수로 선언된 변수가 3개를 초과했기 때문에 a, b, c는 레지스터 변수로 사용되지만 d는 자동 변수로 선언됩니다. 레지스터 변수로 사용할 수 있는 개수를 초과하면 나머지는 자동 변수로 지정됩니다.

제약사항 03 레지스터 변수는 주소 연산자(&)를 사용할 수 없습니다. 레지스터 변수는 메모리에 위치하는 것이 아니라 CPU의 레지스터를 사용하기 때문에 주소를 갖지 않습니다. 레지스터 변수로 지정했지만 개수를 초과하여 자동 변수로 만들어지는 경우라도 주소 연산자를 사용할 수 없습니다.

```
register int a = 10;
int *pa = &a;  → 레지스터 변수는 주소 연산자를 사용할 수 없습니다.
```

레지스터 변수는 일반 변수보다 처리 속도가 빠르기 때문에 루프 제어에 사용하면 효율적입니다.

레지스터 변수의 제약 사항
- 정수형이나 문자형으로만 사용할 수 있습니다.
- 개수에 제한이 있습니다.
- 주소 연산을 할 수 없습니다.

예제 10-5 레지스터 변수를 사용하는 프로그램입니다.

```
01 #include <stdio.h>
02
03 int main(void)
04 {
05      register int a, b, c;              ─ 레지스터 변수 a, b, c를 선언합
06                                            니다.
07      a = 10;
08      b = 20;
09      c = 30;
10
11      printf("a= %d, b = %d, c = %d\n", a, b, c);
12      printf("레지스터 변수의 크기 : %d\n", sizeof(a));
13
14      return 0;
15 }
```

실행결과

```
a= 10, b = 20, c = 30
레지스터 변수의 크기 : 4
```

해설

- **05** : int형 레지스터 변수 a, b, c를 선언합니다. 이 선언문에서 int를 생략하고 다음과 같이 사용할 수도 있습니다.

  register a, b, c;

- **12** : 레지스터 변수의 크기를 출력합니다. 레지스터 변수는 int형 크기와 같은 4바이트입니다.

CPU의 레지스터 크기는 해당 컴퓨터의 1워드 크기와 동일합니다. MS-DOS 환경에서는 2바이트, 윈도우, Unix, Linux에서는 4바이트 크기입니다.

레지스터 변수는 지역 변수로만 사용할 수 있습니다.

5 정적 변수

정적 변수(static variable)는 일반적인 메모리를 사용하기 때문에 프로그램이 종료될 때까지 생존합니다. 변수가 선언되는 위치에 따라서 내부 정적 변수(internal static variable)와 외부 정적 변수(external static variable)로 구분합니다.

내부 정적 변수는 함수나 블록 내부에서 선언되고, 외부 정적 변수는 함수 외부에서 선언됩니다. 이 두 가지의 유효 기간은 같지만 유효 범위는 다릅니다. 내부 정적 변수의 유효 범위는 해당 블록에 국한되는데 반해서, 외부 정적 변수는 선언된 이후의 모든 함수에서 사용할 수 있습니다. 정적 변수를 생성할 때 사용하는 기억 클래스 지정자는 static입니다.

자동 변수는 초기화하지 않으면 자동으로 초기화되지 않는데 반해서, 정적 변수는 초기화하지 않으면 자료형에 따라서 아래와 같이 자동 초기화됩니다.

자료형	초기값	자료형	초기값	자료형	초기값
문자형	'\0'	정수형	0	실수형	0.0

정적 변수의 기억 클래스 지정자는 static입니다.

정적 변수의 유효 기간은 프로그램이 시작할 때부터 프로그램이 종료될 때까지입니다.

정적 변수의 종류
- 내부 정적 변수 : 블록 내부에서 선언된 지역 변수
- 외부 정적 변수 : 블록 바깥에서 선언된 전역 변수

예제 10-6 정적 변수의 유효 기간에 관한 프로그램입니다.

```
01 #include <stdio.h>
02
03 void func(void);
04
05 int main(void)
06 {
07     func();
08     func();                        func 함수를 연속해서 3번 호출
09     func();                        합니다.
10
11     return 0;
12 }
13
14 void func(void)
15 {
16     static int x;                  내부 정적 변수 x를 선언합니다.
17                                    func 함수 내부에서만 사용 가능
18     printf("x = %d\n", x);         합니다.
19     x++;
20 }
```

실행결과

```
x = 0
x = 1
x = 2
```

해설

- **16~19** : main 함수의 7~9 라인에서 func 함수를 3번 호출합니다. func 함수에는 내부 정적 변수 x가 선언되어 있고 별도로 초기화하지 않았습니다. 정적 변수는 초기화하지 않으면 0으로 자동 초기화되기 때문에 func 함수를 첫 번째 호출했을 때는 0을 출력하고 x를 1 증가시킵니다. x는 내부 정적 변수이기 때문에 유효 범위가 func 함수로 국한되지만 유효 기간은 프로그램이 종료될 때까지입니다.

func 함수를 두 번째 호출했을 때는 x에 1이 증가한 1을 출력하고, 또 다시 1 증가시킵니다. 세 번째 호출하면 2를 출력하고 1 증가시킵니다. 이처럼 정적 변수는 한 번 선언되면 더 이상 생성되지 않고 값을 계속 유지하는 특성이 있습니다.

내부 정적 변수는 유효 범위가 블록 내부로 국한되지만 블록을 벗어나도 소멸되지 않고 값을 유지합니다.

예제 10-7 내부·외부 정적 변수의 유효 범위에 관한 프로그램입니다.

```
01  #include <stdio.h>
02
03  void sum(int i);
04
05  static int tot = 10;
06
07  int main(void)
08  {
09      int i;
```

외부 정적 변수 tot를 선언하고 10으로 초기화합니다. tot가 선언된 이후부터 사용 가능합니다.

```
10
11      for(i = 0; i <= 2; i++)
12              sum(i);
13
14      return 0;
15 }
16
17 void sum(int i)
18 {
19      static int hap;
20
21      hap += i;
22      tot += i;
23
24      printf("내부 정적 변수 hap : %d\n", hap);
25      printf("외부 정적 변수 tot : %d\n", tot);
26 }
```

sum 함수를 0부터 2까지 반복하면서 3번 호출합니다.

내부 정적 변수 hap을 선언합니다.

실행결과

```
내부 정적 변수 hap : 0
외부 정적 변수 tot : 10
내부 정적 변수 hap : 1
외부 정적 변수 tot : 11
내부 정적 변수 hap : 3
외부 정적 변수 tot : 13
```

해설

- **05** : 외부 정적 변수 tot를 선언하고, 10으로 초기화합니다. 외부 정적 변수의 유효 범위는 변수가 선언된 이후부터 그 아래에 있는 모든 부분에서 사용할 수 있습니다.
- **19~22** : sum 함수에서는 내부 정적 변수 hap을 선언하고, 아무런 값도 초기화되지 않았기 때문에 자동 0으로 초기화됩니다. 내부 정적 변수 hap과 외부 정적 변수 tot를 i의 값으로 누적합니다. sum 내부에서 변수 tot를 선언하지 않았지만, tot는 외부 정적 변수이기 때문에 사용 가능합니다.

외부 정적 변수는 전역 변수의 일종이기 때문에 변수가 선언된 이후부터 사용 가능합니다.

아래의 예제는 컴파일 오류가 발생합니다.

```c
01  #include <stdio.h>
02
03  void sub1(void);
04  void sub2(void);
05
06  static int a = 10;
07
08  int main(void)
09  {
10      sub1();
11      sub2();
12
13      return 0;
14  }
15  void sub1(void)
16  {
17      printf("a = %d\n", a);
18      printf("b = %d\n", b);
19  }
20
21  static int b = 20;
22
23  void sub2(void)
24  {
25      printf("a = %d\n", a);
26      printf("b = %d\n", b);
27  }
```

- 외부 정적 변수 a를 선언하고 10으로 초기화합니다.
- sub1과 sub2 함수를 호출합니다.
- 외부 정적 변수 a를 출력합니다.
- 외부 정적 변수 b는 아직 선언되어 있지 않기 때문에 오류가 발생합니다.
- 외부 정적 변수의 유효 범위는 변수가 선언된 이후부터이기 때문에 sub1 함수에서는 변수 b를 사용할 수 없습니다.
- 외부 정적 변수 a와 b를 출력합니다.

외부 정적 변수의 유효 범위는 변수가 선언된 위치부터 해당 파일의 끝까지입니다. 그렇기 때문에 외부 정적 변수가 선언되기 이전에는 사용할 수 없습니다. sub1 함수에서 변수 b를 참조(18라인)하고 있기 때문에 "Undefined symbol b"라는 오류 메시지가 출력됩니다.

Part 10. 기억 클래스 **507**

외부 정적 변수는 전역 변수이지만 변수가 선언되기 전에는 사용이 불가능합니다.

6 외부 변수

외부 변수(external variable)는 기억 클래스 지정자를 사용하지 않고 함수 밖에서 선언된 변수를 뜻합니다. 이 변수는 정적 변수와 마찬가지로 프로그램이 종료될 때까지 유효 기간이 설정되지만 유효 범위가 다릅니다. 외부 정적 변수는 해당 변수가 선언된 파일 내에서만 사용 가능한 반면에, 외부 변수는 여러 개의 파일로 분할해서 작성한 프로그램 전체에서 사용 가능합니다. 결국 외부 변수는 함수 밖에서 선언되고, 모든 함수에서 사용 가능한 변수이기 때문에 기억 클래스 중에서 가장 넓은 범위로 사용할 수 있는 변수에 해당합니다.

외부 변수는 다른 파일에서도 참조할 수 있을 정도로 가장 넓은 범위에서 통용되기 때문에 파일 간에 데이터를 공유할 수 있는 장점이 있습니다. 하지만 외부 변수를 지나치게 많이 사용하면 외부 변수의 값이 변경된 위치를 파악하기 어려워서 프로그램을 이해하기 쉽지 않고, 복잡해지는 문제가 발생합니다. 가능하면 데이터의 공유가 꼭 필요한 경우에만 외부 변수를 사용하는 것이 좋습니다.

정의된 외부 변수를 특정한 함수에서 사용하기 위해서는 extern 지정자로 선언해야 합니다. 그러나 외부 변수가 이미 정의되어 있다면 이를 생략할 수 있습니다. 참고로 extern 지정자는 외부 변수를 만드는 것이 아니라 정의된 외부 변수를 참조하겠다는 의미에 불과합니다. 그렇기 때문에 extern 문장에서 외부 변수를 초기화할 수 없습니다.

```
int a;

void func()
{
    extern int a;      ← 앞에서 외부 변수 a가 선언되어 있
    extern int b;         기 때문에 이 문장을 생략하고 직접
    ...                   사용할 수 있습니다.
}                      ← 외부 변수 b가 뒤쪽에서 선언되었기
int b;                    때문에 이 문장을 생략하면 안됩니다.
...
```

C 언어는 소스 파일을 여러 개의 파일로 분할해서 프로그래밍할 수 있습니다. 이때 각각의 소스 파일은 별도로 컴파일하게 되고, 다른 파일에서 선언된 외부 변수를 참조할 수 있습니다. 이처럼 다른 파일에 선언된 외부 변수를 참조(referencing)하려고 한다면 extern이라는 기억 클래스 지정자를 사용해야 합니다.

외부 변수의 참조(referencing)란 이미 정의되어 있는 외부 변수를 사용하겠다고 컴파일러에게 알려주는 작업입니다.

만약 a.c와 b.c라는 2개의 소스 파일이 있고, a.c 파일에 있는 외부 변수 a를 b.c 파일에서 참조하려고 할 때 extern 명령어를 사용해야 합니다. extern 명령어는 다른 파일에 있는 외부 변수의 참조만이 아니라 동일한 파일에 있는 외부 변수를 참조할 때에도 사용합니다. extern 명령어의 의미는, 컴파일러에게 변수를 새로 만들지 않고 외부 변수를 참조한다는 표시를 하는 것입니다. 만약 b.c 파일에서 extern 지정자를 붙이지 않았다면 자동 변수가 생성됩니다.

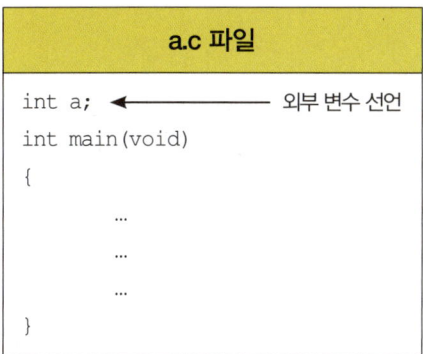
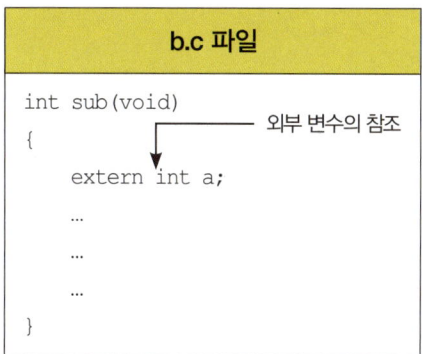

외부 변수는 블록 밖에서 선언되고, 모든 함수에서 참조할 수 있습니다.

외부 정적 변수는 선언된 파일 내에서만 사용 가능하지만 외부 변수는 다른 파일에서도 참조할 수 있습니다.

외부 변수를 다른 파일에서 참조하려면 extern 지정자를 사용해야 합니다.

extern 문장에서는 외부 변수를 초기화할 수 없습니다.

외부 변수는 서로 다른 파일 사이에 데이터를 공유할 필요가 있는 경우에만 사용하는 것이 좋습니다. 외부 변수의 지나친 사용은 프로그램을 복잡하게 만들 수 있습니다.

예제 10-8 extern 지정자를 사용해 외부 변수를 참조하는 프로그램입니다.

```
01 #include <stdio.h>
02
03 void sub(void);
04
05 int a = 10;
06
07 int main(void)
08 {
09     a += 5;
10     printf("a = %d\n", a);      // 외부 변수 a에 5를 더하고, 그 결과를 출력합니다.
11
12     sub();
13     printf("a = %d\n", a);
14
15     return 0;
16 }
17
18 void sub(void)
19 {
20     extern int a;               // 외부 변수 a를 참조하기 위해 extern 지정자를 붙였습니다.
21     a += 20;
22 }
```

실행결과

```
a = 15
a = 35
```

해설

- **05** : 외부 변수 a를 선언하고 10으로 초기화하였습니다. 외부 변수는 해당 변수를 선언한 파일을 포함해서 다른 파일에서도 참조할 수 있습니다.
- **09** : 외부 변수가 선언된 같은 파일에서 외부 변수를 참조하려면 변수의 선언 없이 그냥 사용하면 됩니다. 외부 변수 a에 5를 더하면 a에 15가 저장됩니다.
- **20** : 외부 변수를 참조하기 위해서 extern 명령어를 사용하였습니다. 외부 변수가 선언된 파일 내에서는 extern 지정자를 사용하지 않고 그냥 참조해도 되기 때문에 여기서는 이 문장을 생략해도 상관없습니다. 만약 extern 지정자만 생략하고 'int a;'라고만 한다면 a는 자동 변수로 생성됩니다.

다른 파일에 선언된 외부 변수를 참조하기 위해 extern 지정자를 사용하고, 만약 이를 생략하면 자동 변수로 처리됩니다.

예제 10-9 자동 변수와 외부 변수에 관한 프로그램입니다.

```
01 #include <stdio.h>
02
03 void sub(void);
04
05 int i = 100;                        외부 변수 i를 선언하고, 100으로 초기화하였습니다.
06
07 int main(void)
08 {
09     int i = 10;                     자동 변수 i를 선언하고, 10으로 초기화하였습니다.
10
11     i += 5;
12     sub();
13     printf("i = %d\n", i);          자동 변수 i를 출력합니다.
14
15     return 0;
16 }
```

```
17
18  void sub(void)
19  {
20      extern int i;
21      i += 10;
22  }
```

extern 지정자를 사용해 외부 변수 i를 참조하고, 10을 더합니다.

실행결과

```
i = 15
```

해설

· **11** : 서로 다른 위치에서 선언된 변수의 이름이 같으면 가장 최근에 선언된 변수에 우선권이 있습니다. 외부 변수와 자동 변수의 이름이 같은 경우에 자동 변수가 선언된 블록 내에서는 자동 변수에게 우선권이 있습니다. 그렇기 때문에 i에 5를 더하고 i를 출력하면 15가 표시됩니다.

뛰어넘기 : 자동 변수와 외부 변수의 차이점

자동 변수와 외부 변수를 선언하는 방법은 블록 내부에 있느냐, 아니냐 하는 차이만 있습니다. 이것 이외에는 별다른 기억 클래스 지정자를 사용하지 않기 때문에 차이점이 없습니다(자동 변수는 auto라는 기억 클래스 지정자를 사용하지만 일반적으로 생략하기 때문에 외부 변수와 구분되지 않습니다).
다음은 자동 변수와 외부 변수의 차이점에 대한 설명입니다.

① 변수 선언의 위치
- 자동 변수는 함수 내부에서 선언합니다.
- 외부 변수는 함수 외부의 아무 위치에서나 선언합니다.

② 변수의 유효 범위
- 자동 변수는 정의(선언)된 함수 내부에서만 사용 가능합니다.
- 외부 변수는 프로그램 전체의 어디에서나 사용 가능합니다.

③ 변수의 유효 기간
- 자동 변수는 해당 함수가 실행되는 동안에만 존재합니다.
- 외부 변수는 프로그램이 종료할 때까지 존재합니다.

④ 변수를 정의할 때 초기값이 주어진 경우
- 자동 변수는 함수가 실행될 때마다 매번 새로 만들어지고, 매번 초기화합니다.
- 외부 변수는 프로그램 시작할 때 단 한번만 초기화합니다.

⑤ 초기값을 지정하지 않은 경우
- 자동 변수는 자동 초기화되지 않기 때문에 쓰레기 값을 가집니다.
- 외부 변수는 정적 할당이기 때문에 0으로 자동 초기화됩니다.

⑥ 저장되는 장소
- 자동 변수는 동적인 스택에서 생성, 저장, 소멸합니다.
- 외부 변수는 스택과는 다른 별도의 데이터 영역에 저장합니다.

> **뛰어넘기** 지금까지 설명한 기억 클래스를 정리하면 다음과 같습니다.

기억 클래스	지정자	유효 범위	유효 기간	기억 장소	초기화
자동 변수	auto	지역적	일시적	스택	하지 않음
레지스터 변수	register	지역적	일시적	레지스터	하지 않음
내부 정적 변수	static	지역적	영구적	메모리	0으로 초기화
외부 정적 변수	static	전역적	영구적	메모리	0으로 초기화
외부 변수	extern	전역적	영구적	메모리	0으로 초기화

예제 10-10 외부 변수의 유효 범위에 관한 프로그램입니다.

```
01  #include <stdio.h>
02
03  void sub1(void);
04  void sub2(void);
05
06  int a = 10;                         ── 외부 변수 a를 선언하고, 10으로 초기화하였습니다.
07
08  int main(void)
09  {
10      extern int b;                   ── extern 지정자를 사용해 외부 변수 b를 참조합니다.
11      sub1();
12      printf("a = %d\n", a);
13
14      sub2();
15      printf("b = %d\n", b);
16
17      return 0;
18  }
19
20  int b = 5;                          ── 외부 변수 b를 선언하고, 5로 초기화합니다.
21
22  void sub1(void)
23  {
24      a += 20;
25  }
26
27  void sub2(void)
28  {
29      b += 30;
30  }
```

실행결과

```
a = 30
b = 35
```

해설

- **10** : 외부 변수 b는 main 함수 아래(20라인)에서 선언했기 때문에 main 함수에서 그냥 사용할 수 없습니다. main 함수에서 b를 참조하기 위해서는 extern 명령어를 사용해야 합니다. 이처럼 참조하려고 하는 외부 변수가 참조보다 늦게 선언되면 반드시 extern을 사용해야 합니다.

외부 변수가 선언되기 이전에 참조하려면 extern 지정자를 사용해야 합니다.

예제 10-11-1 다른 파일에 선언된 외부 변수를 참조하는 프로그램입니다.

```
01 #include <stdio.h>
02
03 void sub1(void);                    ← 다른 파일에 있는 sub2 함수의
04 void sub2(int a);                      원형을 선언합니다.
05                                     ← 외부 변수 ext를 선언하고 10으
06 int ext = 10;                           로 초기화합니다.
07 static int sta = 50;                ← 외부 정적 변수 sta를 선언하고
08                                       50으로 초기화합니다.
09 int main(void)
10 {                                   ← 외부 변수 ext에 5를 더합니다.
11     ext += 5;
12     printf("main : ext = %d, sta = %d\n", ext, sta);
13     sub1();                         ← 외부 변수 ext : 15
14                                        외부 정적 변수 sta : 50을 출력
15     return 0;                          합니다.
16 }
17
18 void sub1(void)
19 {
20     sta = sta + 100;                ← 외부 정적 변수 sta에 100을 더
21                                       합니다.
22     printf("sub1 : ext = %d, sta = %d\n", ext, sta);
23     sub2(100);                      ← 외부 변수 ext : 15
24 }                                      외부 정적 변수 sta : 150을 출
                                          력합니다.
```

예제 10-11-2

```
01  #include <stdio.h>
02
03  extern int ext;                                    10-11-1.c 파일에 있는 외부 변
                                                       수 ext를 사용하기 위해 extern
04                                                     지정자를 사용합니다.
05  void sub2(int x)
06  {
07      ext += 120;                                    외부 변수 ext에 120을 더합니다.
08
09      printf("sub2 : ext = %d, x = %d\n", ext, x);   외부 변수 ext : 135
10  }                                                  자동 변수 x : 100을 출력합니다.
```

실행결과

```
main : ext = 15, sta = 50
sub1 : ext = 15, sta = 150
sub2 : ext = 135, x = 100
```

서로 다른 2개의 파일로 구성된 프로그램을 1개의 실행 파일로 작성하는 방법은 컴파일러마다 약간씩 다릅니다. 여기서는 Visual Studio 2017과 Dev C++에서 사용하는 방법에 대해 설명합니다. 외부 변수를 사용하는 예제10-11-1과 예제10-11-2를 컴파일해서 실행하는 방법은 다음과 같습니다.

Visual Studio 2017을 사용하는 경우

Visual Studio 2017은 여러 개의 파일로 분리된 프로그램을 처리하기 위해 보다 향상된 기능의 프로젝트를 사용합니다. 프로젝트는 여러 개의 파일을 묶어서 한 개의 실행 파일로 만들어주는 역할을 합니다. 사용 방법은 다음과 같습니다.

01 Visual Studio 2017을 실행합니다. 새로운 프로젝트를 만들기 위해 메뉴에서 [파일]→[새로 만들기]→[프로젝트]를 선택합니다.

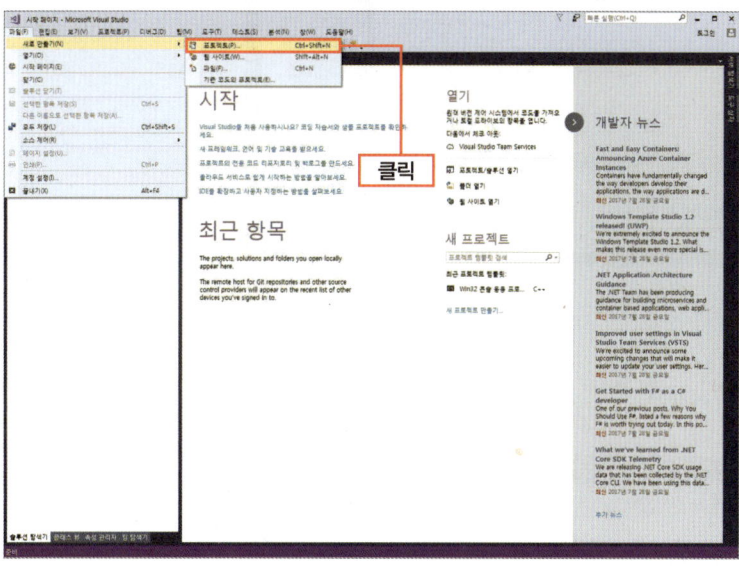

02 새 프로젝트 창에서 프로젝트 유형, 이름, 저장 위치 등을 지정합니다. 프로젝트 유형은 'Win32 콘솔 응용 프로그램'을 선택하고, 이름과 위치는 기본값으로 설정해도 됩니다.

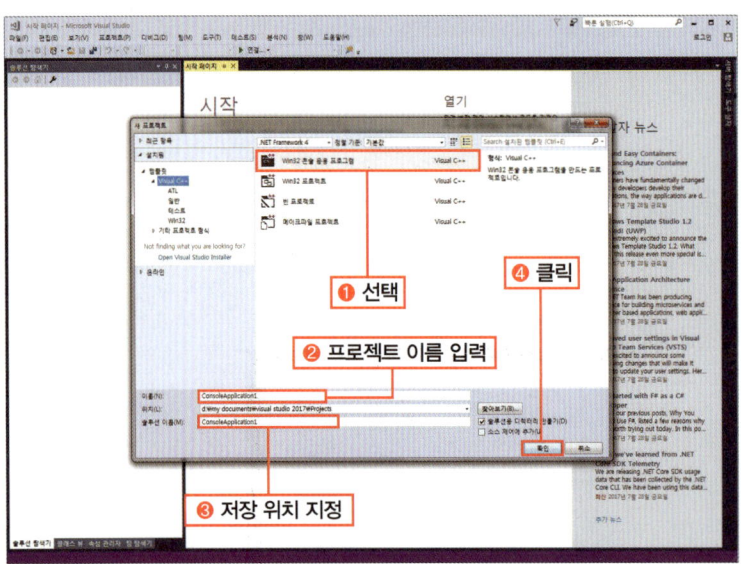

03 Win32 콘솔 응용 프로그램 마법사에서 [다음] 버튼을 클릭합니다.

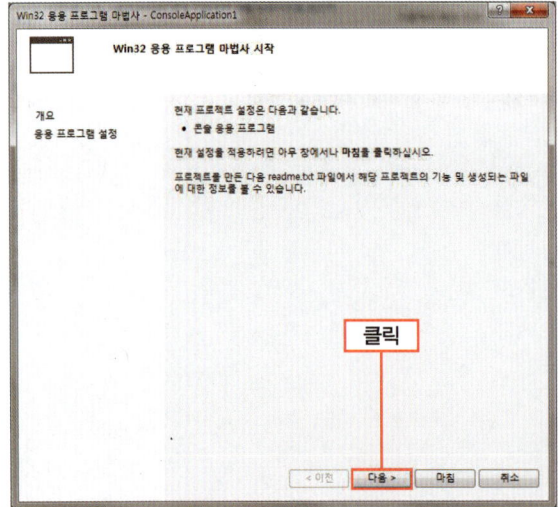

04 '콘솔 응용 프로그램', '빈 프로젝트'를 선택하고 [마침] 버튼을 클릭합니다.

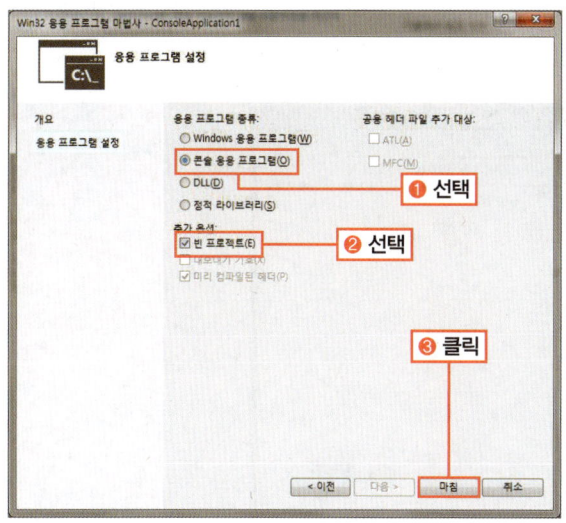

05 Win32 콘솔 응용 프로그램 마법사를 마치면 프로젝트가 생성되어 화면 왼쪽에 솔루션 탐색기 창이 나옵니다. 프로젝트에 소스 파일을 추가하기 위해 메뉴에서 [프로젝트]→[새 항목 추가]를 선택합니다. 또는 솔루션 탐색기 창의 '소스 파일'에서 마우스 오른쪽 버튼을 클릭하여 [추가]→[새 항목]을 선택해도 됩니다.

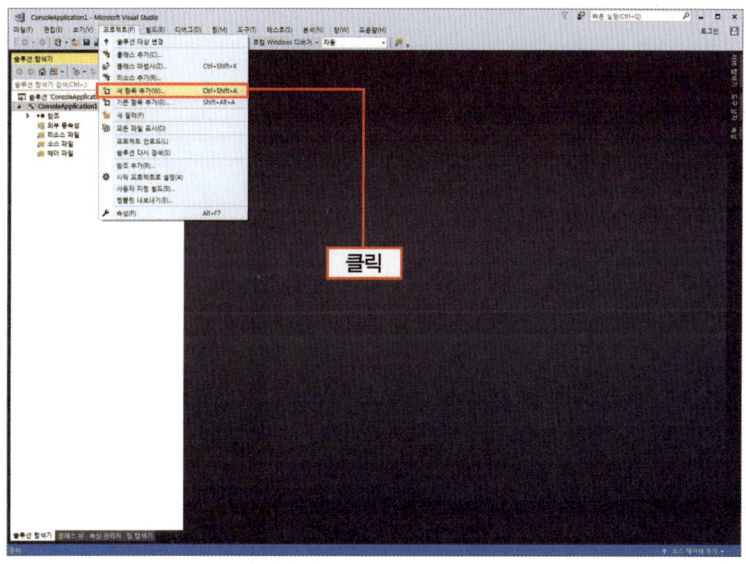

Part 10. 기억 클래스 **519**

06 새 항목 추가 창에서 'C++ 파일'을 선택하고, 파일 이름에 '예제10-11-1.c'를 입력하고 [추가] 버튼을 클릭하세요. 파일 확장자를 '.c'로 하지 않으면 자동으로 C++ 확장자인 '.cpp'가 됩니다.

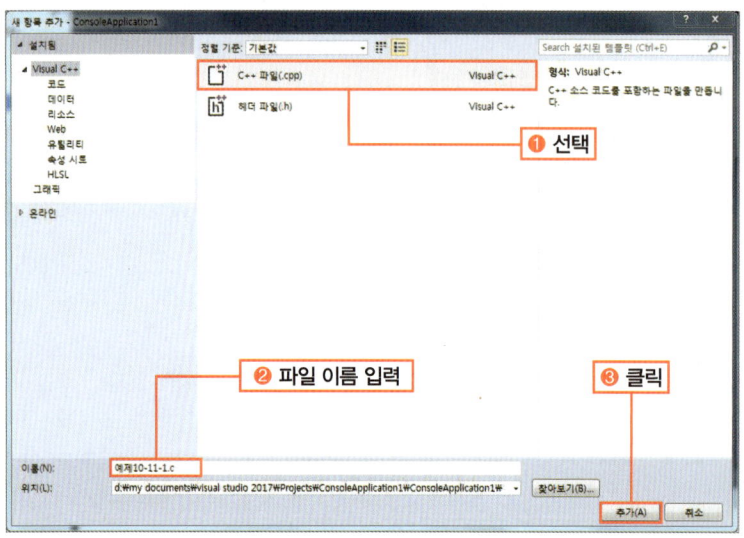

07 소스 코드 입력 창에 앞에 첫 번째 소스 파일(예제10-11-1)을 입력하세요. 두 번째 파일을 만들기 위해 솔루션 탐색기 창의 '소스 파일'에서 마우스 오른쪽 버튼을 클릭하여 [추가]→[새 항목]을 선택하세요.

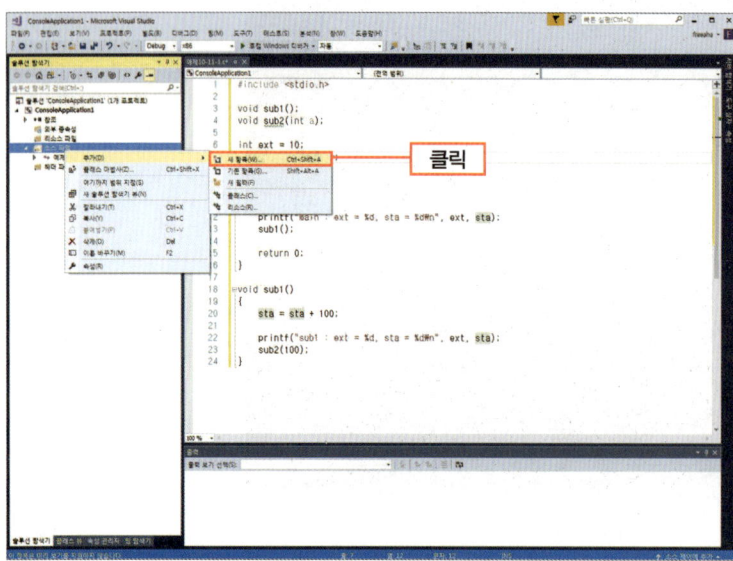

08 새 항목 추가 창에서 'C++ 파일'을 선택하고, 파일 이름에 '예제10-11-2.c'를 입력하고 [추가] 버튼을 클릭하세요. 그리고 소스 코드 입력 창에 두 번째 소스 파일(예제10-11-2)을 입력하세요.

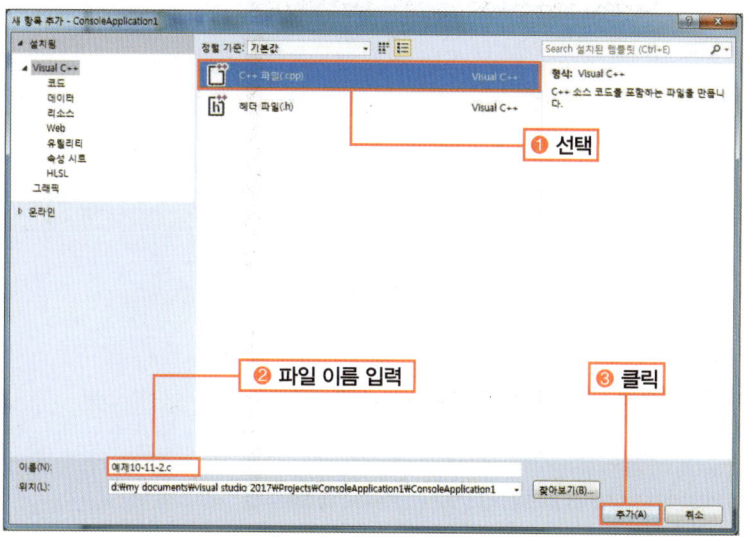

09 이제 프로젝트를 완성했으니 컴파일 하기 위해 메뉴에서 [빌드]→[솔루션 빌드]를 선택합니다. 컴파일러가 자동으로 2개의 파일을 컴파일하고 링크해서 1개의 실행 파일을 만듭니다.

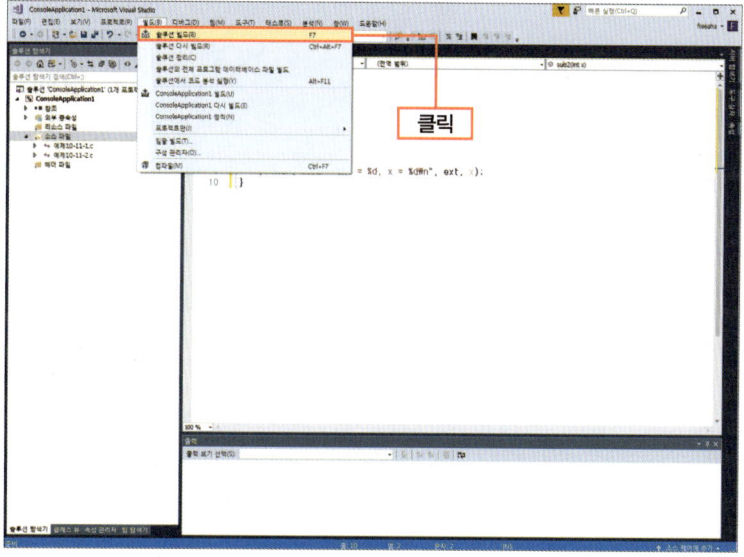

10 컴파일이 완료되었으니 실행하기 위해 메뉴에서 [디버그]→[디버그하지 않고 시작]을 선택합니다.

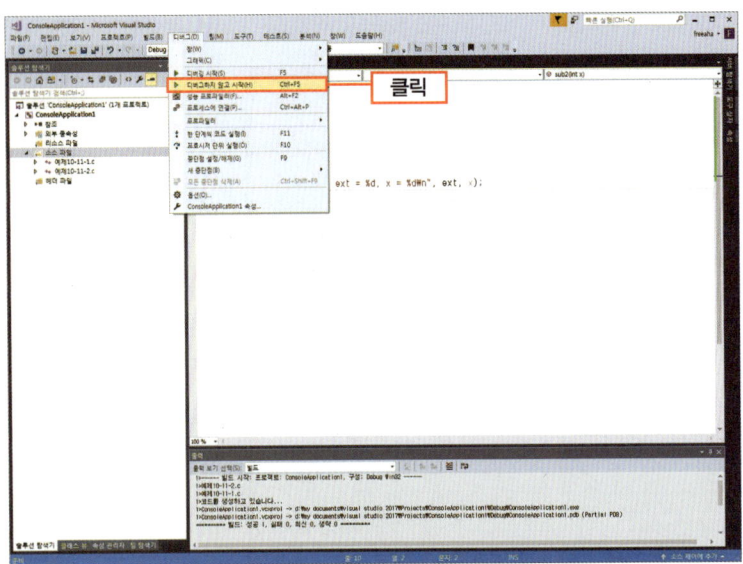

11 프로그램이 실행되어 다음과 같은 결과가 출력됩니다.

Dev C++을 사용하는 경우

Dev C++는 2개 이상의 소스 파일로 구성된 프로그램을 1개의 실행 파일로 생성하기 위해 프로젝트를 이용합니다.

01 메뉴에서 [파일]→[새로 만들기]→[프로젝트]를 선택합니다.

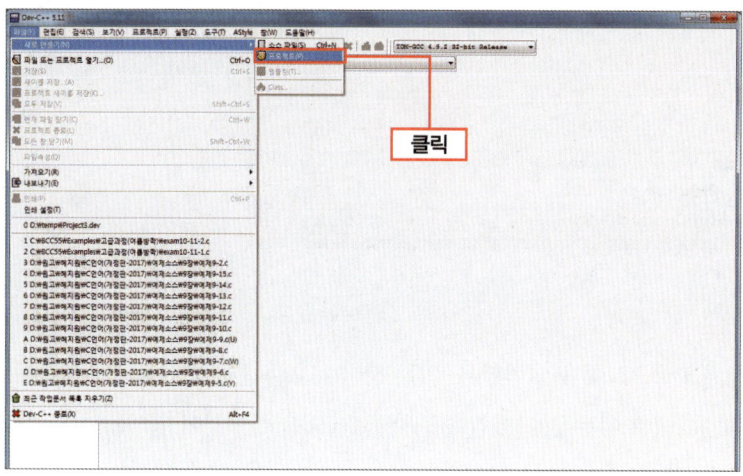

02 새로운 프로젝트 창에서 'Console Application'을 선택하고, 프로젝트 이름을 입력한 후 [확인] 버튼을 클릭합니다.

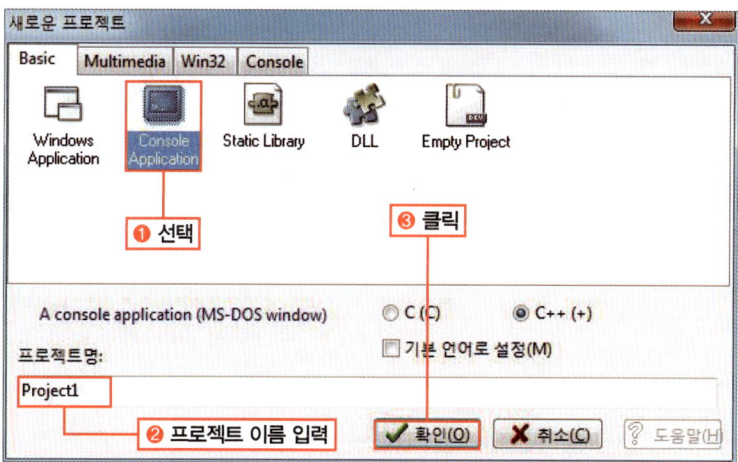

03 새로 만들 프로젝트를 저장할 위치를 묻는데, 원하는 폴더로 이동해서 [저장] 버튼을 클릭합니다.

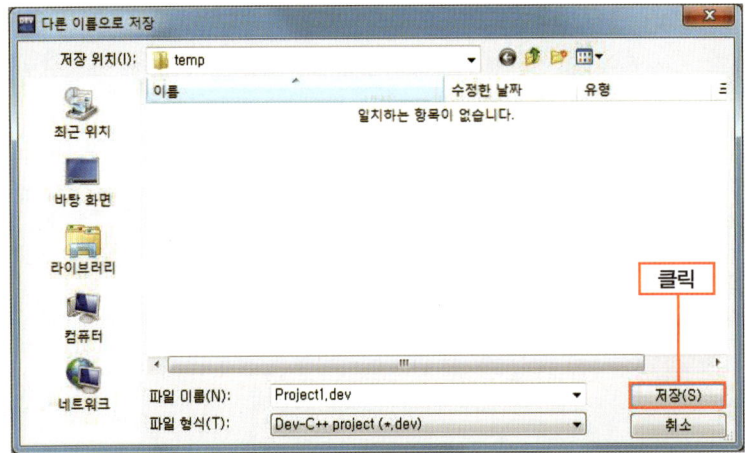

04 프로젝트가 만들어지고 프로그램을 입력할 수 있는 창이 나오는데, 여기에 앞의 '예제10-11-1'을 입력합니다. 그리고 메뉴에서 [파일]→[새이름 저장]을 선택하여 원하는 이름으로 변경합니다. 여기서는 '예제10-11-1'로 하겠습니다.

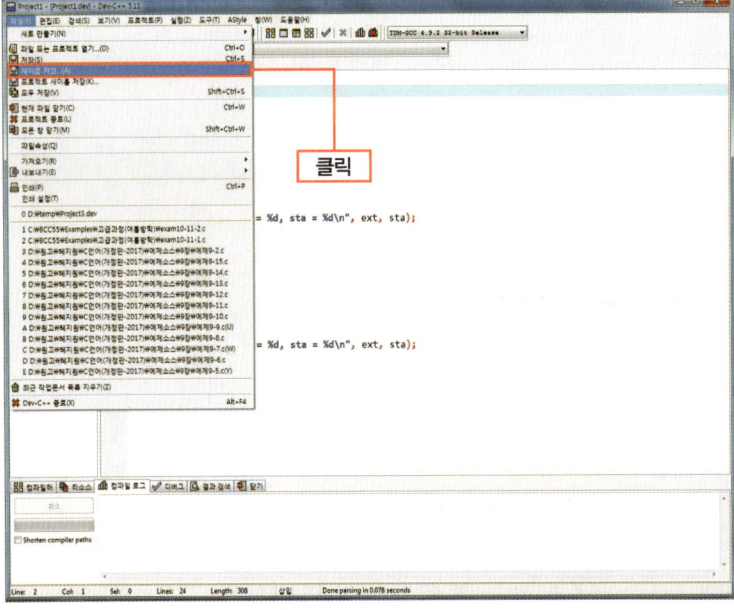

05 두 번째 파일을 만들기 위해 메뉴에서 [파일]→[새로 만들기]→[소스 파일]을 선택합니다.

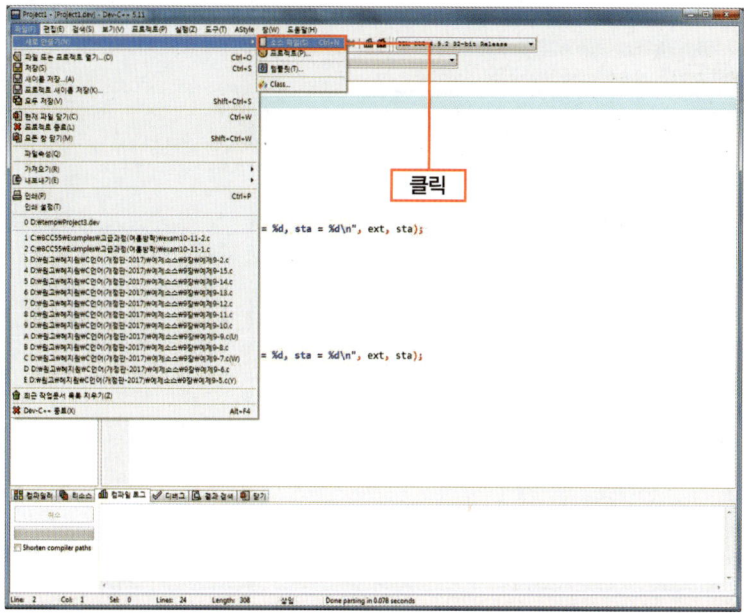

06 '현재 프로젝트에 새로운 유닛을 추가하겠습니까?'라는 메시지가 나오는데, 지금 작성하고 있는 프로젝트에 소스 파일을 추가할거니 [Yes] 버튼을 클릭합니다.

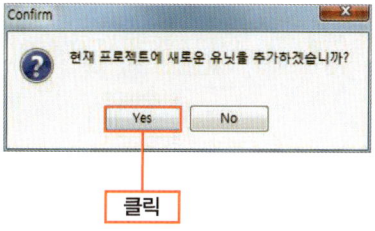

07 앞의 두 번째 소스 파일(예제 10-11-2)을 입력하고 메뉴에서 [파일]→[새이름 저장]을 선택하여 원하는 이름으로 변경합니다. 여기서는 '예제10-11-2'로 하겠습니다.

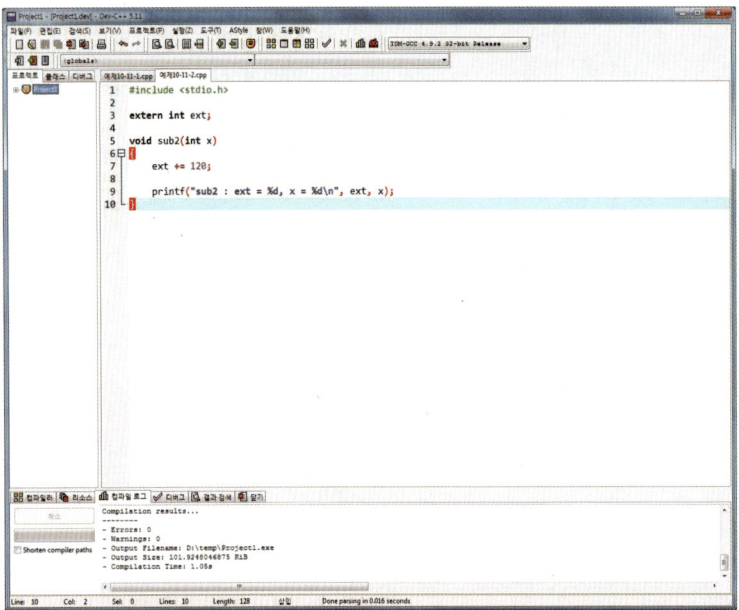

08 이제 프로젝트를 완성했으니 컴파일과 실행 아이콘을 클릭해서 실행하면 두 개의 프로그램이 결합돼서 실행됩니다.

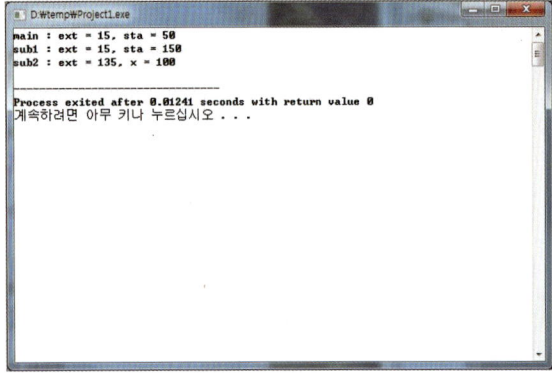

> **콕콕**
> Visual Studio 2017과 Dev C++을 사용해서 여러 개의 소스 파일을 작성하여 1개의 실행 파일로 통합하는 경우, 프로젝트 안에 소스 파일을 계속 추가하면 됩니다. 하지만 main 함수는 1개만 있어야 됩니다.

메모리의 동적 할당

CHAPTER 03

1 C 언어의 메모리 관리

컴퓨터는 명령어와 데이터를 처리하기 위해 별도의 메모리 공간을 사용합니다. 일반적으로 명령어는 코드 영역(코드 세그먼트)에 할당되고, 데이터는 데이터 영역(데이터 세그먼트)에 할당됩니다. 이처럼 코드와 데이터를 분리하는 이유는 CPU에서 메모리에 있는 명령어와 데이터를 보다 효율적으로 관리하기 위해서입니다. 만약 명령어와 데이터가 섞여 있다면 메모리에 저장된 내용이 명령어인지 데이터인지를 구분하기 위한 별도의 처리 방법이 필요하기 때문입니다.

C 언어에서 사용하는 메모리 공간은 다음과 같습니다.

코드 영역(code area)	프로그램의 명령어, 함수 등이 저장됩니다.
데이터 영역(data area)	프로그램에서 사용되는 외부 변수, 정적 변수를 할당합니다.
스택 영역(stack area)	자동 변수, 매개 변수, 함수 호출에 필요한 정보의 저장 공간으로 사용합니다. 함수가 종료되면 자동으로 할당된 공간이 소멸됩니다.
힙 영역(heap area)	프로그램 실행 중에 필요한 메모리 공간을 확보할 때 사용합니다. 여기서 설명할 동적 할당할 때 사용하는 메모리 공간입니다.

이와 같이 메모리 영역을 분리해서 처리하는데, 프로그램 실행 중에 특정한 크기의 공간을 할당받을 수 있습니다. 배열을 사용하면 일정한 크기의 메모리를 할당받을 수 있지만, 배열은 미리 크기를 정해야 하기 때문에 프로그램 실행 중에 필요한 크기를 할당하기 어렵습니다. 이러한 문제점을 해결하기 위해 동적 할당하는 함수를 사용해서 메모리를 관리합니다. C 언어는 메모리의 동적 할당을 위해 malloc, calloc, realloc, free 등의 함수를 제공합니다.

이와 같은 함수를 사용해서 동적 할당하면 힙(heap)이라는 특수한 영역을 사용하게 됩니다. 힙은 프로그램에서 자유롭게 할당, 해제할 수 있는 데이터 영역입니다. 스택은 높은 주소에서 낮은 주소로 할당되고, 블록 내부에서 생성된 변수를 처리하기 위해 사용하지만 힙은 일반적인 데이터 영역과 동일하면서도 할당과 해제가 자유로운 메모리 공간입니다.

2 동적 할당 함수

C 언어는 동적 할당과 관련된 다양한 함수들을 제공합니다. 그 중에서 가장 많이 사용하는 함수는 다음과 같습니다.

함수	malloc 함수
함수 원형	void *malloc(int size);
반환값	메모리 확보에 성공하면 할당된 메모리의 시작 주소를 반환하고, 실패하면 NULL을 반환합니다.
설명	지정된 size만큼 메모리를 할당합니다. malloc 함수의 자료형이 void형 포인터인 이유는, 할당된 공간을 임의의 자료형으로 사용하기 위해서입니다. 그렇기 때문에 동적 할당된 메모리를 사용하려면 반드시 캐스트 연산자를 사용해서 형변환 해야 됩니다.

함수	calloc 함수
함수 원형	void *calloc(int count, int size);
반환값	메모리 확보에 성공하면 할당된 메모리의 시작 주소를 반환하고, 실패하면 NULL을 반환합니다.
설명	지정된 size의 크기를 count 개수만큼 메모리를 할당합니다. malloc 함수와의 차이는 할당된 메모리를 0으로 초기화해준다는 점입니다.

함수	realloc 함수
함수 원형	void *realloc(void *block, int size);
반환값	block이 가리키고 있는 메모리를 size로 변경하고, 해당 영역의 주소를 반환합니다. 만약 size가 0이거나 메모리를 다시 확보할 수 없으면 NULL을 반환합니다.
설명	block이 가리키는 이미 확보한 메모리를 size 크기로 재조정(확대 또는 축소)합니다.

함수	free 함수
함수 원형	void free(void *block);
설명	malloc 또는 calloc 함수에 의해 할당된 메모리를 해제합니다. 매개변수 block은 해제할 메모리 블록의 시작 주소입니다.

예제 10-12 malloc 함수를 이용해서 동적 할당하는 프로그램입니다.

```
01  #include <stdio.h>
02  #include <alloc.h>
03
04  int main(void)
05  {
06      char *str;
07
08      str = (char *)malloc(100);
09
10      printf("문자열을 입력하세요 : ");
11      gets(str);
12
13      printf("%s\n", str);
14
15      free(str);
16
17      return 0;
18  }
```

- malloc와 free 함수의 원형은 alloc.h 파일에 선언되어 있습니다.
- 100바이트 크기의 메모리를 할당하고, 그 시작 주소를 str에 대입합니다.
- str이 가리키고 있는 메모리 공간을 해제합니다.

실행결과

```
문자열을 입력하세요 : C Language
C Language
```

해설

- **06~08** : 문자형 포인터 변수 str을 선언합니다. 그리고 malloc 함수를 사용해서 100바이트 크기의 메모리를 할당받고, 할당받은 메모리의 시작 주소를 포인터 변수 str에 반환합니다. malloc 함수를 사용하면서 (char *)와 같이 char형 포인터로 형변환한 이유는, malloc 함수의 자료형이 void형 포인터이기 때문입니다.
- **15** : 포인터 변수 str이 가리키고 있는 주소의 공간을 해제합니다.

malloc는 메모리 할당, free는 메모리 해제 함수입니다.

calloc 함수는 할당된 공간을 0으로 초기화시켜줍니다.

예제 10-13 입력받는 값을 계속 저장하기 위해 realloc 함수를 이용해서 동적 할당하는 메모리의 크기를 재조정(확대)하는 프로그램입니다.

```
01 #include <stdio.h>
02 #include <alloc.h>
03
04 int main()
05 {
06     int, i = 0, j, *std;
07
08     std = (int *)malloc(sizeof(int));
09
10     printf("점수를 입력하세요.\n");
11     while(1) {
12         scanf("%d", &std[i]);
13         if(std[i] < 0)
14             break;
15         std = (int *)realloc(std, sizeof(int)*(i+2));
16         i++;
17     }
18
19     for(j = 0; j < i; j++)
20         printf("%d\n", std[j]);
21
22     free(std);
23
24     return 0;
25 }
```

무한 반복하면서 정수를 입력받아서 동적 할당한 공간에 저장합니다. 음수가 입력되면 while 블록을 종료합니다.

실행결과

점수를 입력하세요
90
85
95
-1
90
85
95

해설

- **08** : int형 1개 크기(4바이트)의 공간을 동적 할당합니다.
- **10~17** : 음수가 입력될 때까지 무한 반복하면서 정수를 입력받아서 동적 할당한 공간에 저장합니다.
- **15** : 08라인에서 정수 1개를 저장할 만큼의 메모리만 할당했기 때문에 정수가 계속 입력되면 추가 공간이 필요합니다. realloc 함수를 사용해서 이미 동적 할당된 공간의 크기를 재조정합니다. 동적 할당한 공간은 배열처럼 사용할 수 있습니다.

연습문제

01 다음 중 기억 클래스와 관계없는 것은?

① auto　　　　② unsigned　　　　③ static　　　　④ register

02 다음 중 외부 변수와 관련된 명령은?

① extern　　　　② static　　　　③ auto　　　　④ register

03 자동 변수가 사용하는 메모리 영역은 무엇인가?

① 보조 주소　　　　② 큐　　　　③ 정적 영역　　　　④ 스택

04 다음 중 변수의 유효 범위가 제한적이지만 프로그램이 끝날 때까지 메모리에 존재하는 문장은 무엇인가?

① static int a;　　　　② int a;　　　　③ register int a;　　　　④ auto int a;

05 초기화하지 않으면 알 수 없는 쓰레기 값을 갖는 변수는?

① 내부 정적 변수　　　　② 외부 정적 변수　　　　③ 자동 변수　　　　④ 외부 변수

06 메모리가 아닌 CPU를 사용하는 변수는?

① 자동 변수　　　　② 정적 변수　　　　③ 레지스터 변수　　　　④ 외부 변수

07 외부 변수를 위한 extern 명령의 기능에 대해 설명하시오.

08 외부 변수와 외부 정적 변수의 차이점에 대해서 설명하시오.

09 레지스터 변수의 특징에 대해서 설명하시오.

10 변수의 유효 범위와 유효 기간에 따른 기억 클래스의 종류를 설명하시오.

01 다음 프로그램의 출력 결과는?

```c
#include <stdio.h>

int a = 10, b = 20;
int add(int);

int main(void)
{
    int hap;

    hap = add();

    printf("%d + %d : %d\n", a, b, hap);

    return 0;
}

int add(int)
{
    return (a+b);
}
```

02 다음 프로그램의 출력 결과는?

```c
#include <stdio.h>

int count(int n);

int main(void)
{
    int i = 0;

    i = count(i);
```

```
        i = count(i);
        i = count(i);

        printf("함수의 호출 횟수 :    %d\n", i);

        return 0;
}

int count(int n)
{
        return (n+1);
}
```

03 1부터 n까지의 합을 구하는 함수를 작성하고, 이 함수를 이용해서 1~10, 11~20, …, 91~100의 합을 출력하는 프로그램을 작성하시오. 단, n은 정적 변수로 처리합니다.

04 레지스터 변수를 사용해서 1부터 100까지의 합을 구하는 프로그램을 작성하시오.

05 정적 변수를 사용해서 함수가 호출된 횟수를 구하는 프로그램을 작성하시오. 해당 함수는 3번만 호출하는 것으로 가정합니다.

PART 11

구조체

C 언어는 다양한 자료형을 제공합니다. 처리할 데이터의 크기와 성격에 따라 char, int, short, long, float, double 등의 기본형을 사용할 수 있습니다. 또한 동일한 자료형의 묶음인 배열이나 주소를 처리하기 위한 포인터도 있습니다. 하지만 자료형의 범주를 보다 넓게 확장할 필요가 있습니다. 학생의 성적을 관리하기 위해 학번, 이름, 성적 등과 같은 서로 다른 자료형을 하나로 묶어서 처리할 수는 없을까? C 언어는 이와 같이 서로 다른 자료형을 묶음으로 표현할 수 있는데, 이것이 바로 구조체입니다. 이장에서는 구조체, 공용체, 비트필드 등에 관해 설명합니다. 이제부터는 자료형을 직접 만들어서 사용할 수 있습니다.

구조체의 이해

CHAPTER 01

1 구조체란?

C 언어가 제공하는 자료형은 기본형과 유도형이 있습니다. 기본형은 가장 작은 단위의 자료형으로 모든 자료형의 기본이 됩니다. 반면에 유도형은 기본형을 이용해서 새롭게 만든 것으로 서로 다른 크기와 성격을 가진 새로운 자료형을 뜻합니다. 유도형 중에서 가장 대표적인 자료형은 배열(array)과 구조체(structure)입니다. 이미 앞에서 설명한 배열은 동일한 자료형의 집합인 반면에, 구조체는 서로 다른 자료형의 집합입니다.

프로그램에서 배열을 사용하는 이유는 상호 연관성 있는 동일한 자료형의 데이터를 단일한 이름으로 처리하기 위해서입니다. 이렇게 하면 프로그램의 효율성과 유연성이 좋아집니다. 다음과 같은 성적 처리 예를 보도록 하겠습니다.

예
```
char name[20];
int kor, eng, mat, tot;
float avg;
```

이름과 국어, 영어, 수학 점수, 그리고 총점과 평균을 처리하기 위한 변수를 선언했습니다. 이처럼 서로 연관성 있는 자료를 별도의 변수가 아니라 다음과 같은 배열로 처리하면 데이터를 보다 효율적으로 관리할 수 있게 됩니다.

예
```
char name[20];
int jumsu[4];
float avg;
```

국어, 영어, 수학, 총점을 jumsu라는 배열로 선언함으로써 C 언어에서 제공하고 있는 다양한 제어문을 사용할 수 있게 됩니다. 만약 총점을 구하기 위해 다음과 같이 for문으로 처리하면 보다 편리하게 작성할 수 있습니다.

```
for(i = 0; i < 3; i++)
    jumsu[3] = jumsu[3] + jumsu[i];
```

이처럼 배열을 사용하면 연관성 있는 데이터를 단일한 배열 변수로 처리할 수 있기 때문에 효율적인 프로그래밍이 가능해집니다. 하지만 위의 성적 처리 예에서는 배열만으로 한계가 있습니다. 만약 여러 사람의 성적을 처리하는 경우에 위와 같은 배열만으로는 비효율적입니다. 학생 10명의 성적을 처리하기 위해서 다음과 같이 2차원 배열을 사용할 수 있습니다.

```
char name[10][20];
int jumsu[10][4];
float avg[10];
```

학생의 이름, 점수, 평균을 각각의 배열로 처리하지만 이들 상호간의 연관성을 표현할 수 없습니다. 만약 이름, 점수, 평균을 단일한 자료형으로 묶을 수 있다면 보다 효율적인 처리가 가능해집니다. name, jumsu, avg는 서로 다른 자료형이기 때문에 배열로 통합시킬 수는 없고, 이때 구조체를 사용합니다. 즉, 구조체는 연관성 있는 서로 다른 자료형을 단일한 변수로 묶어서 처리할 수 있는 방법입니다. 배열과 구조체의 뜻을 다시 정리하면 다음과 같습니다.

예

- **배열** : 동일한 자료형의 집합
- **구조체** : 서로 다른 자료형의 집합

구조체를 사용하면 연관성 있는 데이터들을 묶어서 표현할 수 있어 편리합니다.

구조체는 여러 가지 종류의 자료형이 묶여서 통합된 변수를 생성합니다. 일반적으로 이렇게 생성되는 데이터를 레코드라고 합니다. 보다 확장해서 다음과 같은 학생 관리를 위한 데이터를 살펴보도록 하겠습니다.

이름	주소	전화번호	학년	국어	영어	수학
문자열	문자열	문자열	정수	정수	정수	정수

학생 정보를 7개의 데이터로 구성할 때, 각각의 데이터를 필드(field)라 부르고, 7개의 필드로 구성된 전체를 레코드(record)라고 합니다. 이처럼 연관성 있는 필드로 구성된 이질적인 자료의 집합을 처리하기 위해 구조체를 사용합니다.

구조체는 레코드와 같은 형태를 표현하기에 적합합니다.

2 구조체 선언 및 정의

구조체는 사용자가 직접 새로운 자료형을 만드는 자료형이기 때문에 일반적인 변수 사용과는 차이가 있습니다. 구조체 변수를 사용하기 위해 우선 구조체 형틀(template)을 선언하고, 이를 이용해서 구조체 변수를 정의합니다.

구조체를 사용하려면 우선 구조체 형틀을 선언하고, 이를 이용해서 구조체 변수를 정의합니다.

구조체 선언
구조체 선언이란 구조체의 모양을 만드는 작업으로 struct라는 명령어를 사용합니다. 구조체 선언은 다음과 같은 형식으로 합니다.

구조체 선언의 형식

```
struct 태그 {
    필드1;
    필드2;
      ...
    필드n;
};
```

이렇게 선언된 내용은 구조체 형틀을 만드는 것입니다. 태그(tag)는 선언된 구조체의 이름(구조체 형틀 이름)에 해당하고, 필드들은 구조체를 구성하는 항목(또는 멤버)입니다. 구조체 멤버는 중괄호로 둘러싸야 하고, 닫는 중괄호 끝에 구조체 선언의 끝을 표시하는 세미콜론(;)이 나와야 합니다. 구조체를 구성하고 있는 여러 가지 멤버들은 메모리에 연속해서 저장됩니다. 구조체를 선언하는 예를 들면 다음과 같습니다.

```
struct student {
    int number;
    char name[20];
    int kor;
    int eng;
    int mat;
};
```

이 구조체는 태그가 student이고, number, name, kor, eng, mat 등의 멤버로 구성되어 있습니다. 이와 같이 선언된 구조체는 새로운 자료형을 만들었다고 생각하면 됩니다. 즉, int, char와 같은 자료형을 사용자가 직접 만든 것입니다. 그렇기 때문에 구조체 선언만으로 당장 구조체를 사용할 수 있는 것은 아닙니다. 구조체를 사용하려면 구조체 형틀을 이용해서 구조체 변수를 정의해야 합니다.

구조체 선언은 구조체의 형틀을 만드는 작업으로 struct 명령을 사용합니다.

구조체를 선언할 때 기술하는 태그는 구조체의 형틀 이름이고, 멤버는 구조체의 구성 요소입니다.

구조체 변수의 정의

구조체를 선언했으면 다음과 같은 방법으로 구조체 변수를 정의합니다.

> **구조체 변수의 정의**
>
> struct 태그 구조체변수;

 예

```
struct student s1;
```
→ 새로운 자료형에 해당하는 student 구조체형 변수 s1을 정의하면 다음과 같이 메모리에 할당됩니다.

| int number | char name[20] | ... | int kor | int eng | int mat |

이와 같이 구조체 변수를 정의함으로써 비로소 구조체를 사용할 수 있습니다. 구조체 선언은 새로운 자료형의 생성이고, 구조체 변수 정의는 해당 구조체를 메모리에서 사용하기 위한 방법입니다. 일반적으로 구조체의 선언은 main 함수 밖에서 합니다. 그 이유는, 선언된 구조체를 어디에서나 사용할 수 있도록 하는 것이 바람직하기 때문입니다. 만약 구조체를 특정한 함수 안에서 선언한다면, 해당 구조체 변수를 그 함수 내에서만 정의할 수 있기 때문에 구조체 형틀의 사용 범위가 좁아지는 문제가 발생합니다.

구조체 변수 정의 방법
   struct 구조체태그 변수이름;

구조체에 대한 내용을 정리하면 다음과 같습니다.

장점	서로 연관된 다른 자료형의 데이터들을 묶어서 하나의 단위로 취급할 수 있습니다.
특징	• 태그는 구조체 형틀을 대표하는 구조체 형틀 이름입니다. • 구조체 태그는 중복될 수 없습니다. • 구조체 멤버들은 기억 클래스를 기술하지 않습니다. • 구조체 형틀 자체는 어떤 변수나 배열 등을 실제로 메모리에 만드는 것이 아니라, 구조체를 설계하는 지침만을 컴파일러에게 알려줍니다. • 구조체 변수의 기억 클래스는 구조체 형틀이 선언되어 있는 위치하고는 전혀 관계가 없습니다. • '.', '&', '=' 연산자나 sizeof의 피연산자, 함수의 매개변수와 반환값으로 사용될 때 외에는 구조체 전체 단위로 이루어지는 연산은 허용되지 않습니다.

뛰어넘기 | 구조체를 선언하는 또 다른 방법

구조체를 선언하는 형식은 여러 가지가 있습니다.

• **새로운 방법 ①**

구조체 선언과 변수의 정의를 동시에 할 수 있습니다.

새로운 방법 ①
```
struct 태그 {
    필드1;
    필드2;
    …
    필드n;
} 구조체변수;
```

예
```
struct student {
    int number;
    char name[20];
    int kor;
    int eng;
    int mat;
} s1;
```

• **새로운 방법 ②**

구조체 선언과 변수의 정의를 동시에 하면 태그를 생략할 수 있습니다. 이렇게 선언하면 태그가 없기 때문에 구조체 변수를 또 다시 만들 수 없습니다. 결국 이 방법은 구조체 변수를 한번만 만들 때 사용합니다.

새로운 방법 ②
```
struct {
    필드1;
    필드2;
    …
    필드n;
} 구조체변수;
```

예
```
struct {
    int number;
    char name[20];
    int kor;
    int eng;
    int mat;
} s1;
```

• **새로운 방법 ③**

구조체를 선언할 때 typedef 명령을 사용하면 편리합니다. typedef는 자료형의 이름을 다른 것으로 변경할 때 사용하는 명령입니다.

typedef 명령어를 사용하는 형식은 아래와 같습니다.

typedef 기존자료형 변경자료형;

예
```
typedef int integer;
integer a;
```

typedef 명령으로 자료형 int를 integer로 변경합니다. 그러면 변수를 만들 때 int 대신에 integer를 사용할 수 있습니다. 결국, integer로 정의한 변수 a는 int a와 같은 의미가 됩니다. 이렇듯 typedef는 자료형의 이름을 다른 이름으로 변경할 수 있기 때문에 구조체를 선언할 때 많이 활용합니다.

새로운 방법 ③
```
typedef struct {
    필드1;
    필드2;
    ...
    필드n;
} 새로운 자료형;
```

예
```
typedef struct {
    int number;
    char name[20];
    int kor;
    int eng;
} STUDY;
```

이와 같이 선언된 구조체는 STUDY라는 이름으로 사용할 수 있습니다. 구조체 변수의 정의는 다음과 같이 합니다.

```
STUDY s1;
```

typedef는 사용자가 자료형의 이름을 변경할 때 사용하는 명령입니다.
사용 형식 : typedef 기존자료형 변경자료형;

구조체의 사용

CHAPTER 02

1 구조체 멤버에 대한 접근

구조체는 서로 연관된 데이터들을 묶어서 하나의 단위로 취급하는 자료형입니다. 1개의 구조체는 여러 개의 멤버들로 구성되기 때문에 구조체 멤버에 접근하여 데이터를 처리해야 합니다. 이를 위해 구조체 변수와 구조체 멤버를 결합하기 위한 방법이 필요합니다. 이때 구조체 연산자인 '.'을 사용하여 구조체 변수와 멤버를 연결합니다.

> 구조체변수.멤버

구조체 변수는 구조체 형틀을 사용해서 정의된 변수이고, 멤버는 구조체를 구성하고 있는 멤버를 의미합니다.

 예

```
struct student {
    int number;
    char name[20];         ← student 구조체를 선언합니다.
    int kor;
    int eng;
    int mat;
};

struct student s;          ← student 구조체 변수 s를 정의합니다.

s.number = 1234;
s.kor = 100;
s.eng = 90;                ← 구조체 연산자 '.'를 사용해 구조체 멤버에 접근합니다.
s.mat = 95;
```

Part 11. 구조체   545

구조체 변수는 일반 변수와 동일하게 취급되기 때문에 구조체 형틀을 이용하여 구조체 배열과 구조체 포인터 등을 정의할 수 있습니다. 이에 대한 사항은 뒤에서 자세히 설명하겠습니다.

예

```
struct student stud[10];    ← 구조체 배열
struct student *ps;         ← 구조체 포인터
```

구조체 변수를 구성하고 있는 멤버에 접근하기 위해 구조체 연산자(.)를 사용합니다.
예) s.kor = 100;

예제 11-1 구조체 선언 및 구조체 변수 정의에 관한 프로그램입니다.

```
01  #include <stdio.h>
02
03  struct student {                          student 구조체를 선언합니다.
04      char name[20];
05      int kor;
06      int eng;
07      int mat;
08  };
09
10  int main(void)
11  {
12      struct student s;                     student 구조체 변수 s를 정의
13      int tot;                              합니다.
14      float avg;
15
16      printf("이름을 입력하세요 : ");
17      scanf("%s", s.name);                  키보드로부터 입력받은 값을 구조
18      printf("국어, 영어, 수학 점수를 입력하세요 : ");  체 변수 s의 멤버에 저장합니다.
19      scanf("%d%d%d", &s.kor, &s.eng, &s.mat);
20
21      printf("이름 : %s\n", s.name);
22      printf("국어 : %d\n", s.kor);         구조체 변수 s의 멤버들의 값을
23      printf("영어 : %d\n", s.eng);         출력합니다.
24      printf("수학 : %d\n", s.mat);
25      tot = s.kor + s.eng + s.mat;
```

```
26          avg = tot / 3.0;
27          printf("총점 : %d\n", tot);
28          printf("평균 : %.2f\n", avg);
29
30          return 0;
31    }
```

실행결과

```
이름을 입력하세요 : 홍길동
국어, 영어, 수학 점수를 입력하세요 : 100 95 95
이름 : 홍길동
국어 : 100
영어 : 95
수학 : 95
총점 : 290
평균 : 96.67
```

- **03~08** : student 구조체를 선언합니다. 구조체 태그는 student이고 4개의 멤버로 구성되어 있습니다.
- **12** : student 구조체 변수 s를 정의합니다. s는 다음과 같이 구성됩니다.

- **16~25** : 구조체 변수를 구성하는 멤버들은 일반 변수와 똑같이 취급됩니다. 다만, 구조체 변수와 멤버들을 구조체 연산자('.')를 사용해서 연결하는 것만 다릅니다.

2 구조체 변수의 초기화

구조체 변수의 초기화 방법

구조체 변수의 초기화는 배열의 초기화와 마찬가지로 중괄호를 사용합니다. 단지 다른 점은 각각의 초기값에 대응하는 구조체 멤버의 자료형과 서로 일치해야 되고, 배열형 멤버의 배열 크기는 절대로 생략할 수 없다는 것뿐입니다(배열은 선언하면서 초기화하면 배열의 크기를 생략할 수 있지만, 배열이 구조체 멤버로 사용되면 초기화하는 것과 무관하게 배열의 크기를 지정해야 됩니다). 배열과 마찬가지로 초기값의 개수가 멤버의 개수보다 적으면 나머지는 0으로 초기화되고, 많으면 오류가 발생합니다.

예
```
struct gotoXY {
    int x, y;
} wx = {1, 2};
```

예
```
struct   study {
    char name[20];
    int  kor;
    int  eng;
};
struct study hong = {"Hong", 100, 90};
```

구조체 변수의 초기화는 배열과 마찬가지로 중괄호를 사용하여 멤버 단위로 값을 지정해야 합니다.

예제 11-2 구조체 변수를 초기화하여 처리하는 프로그램입니다.

```
01 #include <stdio.h>
02
03 struct person {
04     char name[20];
05     char sex;
06     int age;
```

person 구조체를 선언합니다.

```
07 };
08
09 int main(void)
10 {
11     struct person p1 = {"Hong", 'm', 35};
12     struct person p2 = {"Lee", 'f', 23};
13
14     printf("%20s %6s %6s\n", "이름", "성별", "나이");
15     printf("%20s %6c %6d\n", p1.name, p1.sex, p1.age);
16     printf("%20s %6c %6d\n", p2.name, p2.sex, p2.age);
17
18     return 0;
19 }
```

> person 구조체 변수 p1과 p2를 정의하고 초기화합니다.

실행결과

```
이름      성별      나이
Hong      m         35
Lee       f         23
```

해설

· **03~07** : 다음과 같은 3개의 멤버로 구성된 person 구조체를 선언합니다.

이름	성별	나이
char name[20]	char sex	int age

· **11~12** : person 구조체 변수 p1, p2를 정의하고 초기화합니다. 구조체 변수를 초기화할 때는 중괄호를 사용해서 각 멤버의 자료형과 동일한 값을 사용해야 됩니다.

변수	name	sex	age
p1	"Hong"	'm'	35
p2	"Lee"	'f'	23

구조체 변수의 복사

구조체는 여러 개의 멤버들로 구성되어 있기 때문에 구조체 연산자('.')를 사용해서 멤버에 접근할 수 있고, 멤버 단위로 데이터를 처리합니다. 하지만 동일한 구조체 자료형을 갖는 구조체 변수끼리는 대입 연산자('=')를 사용하여 값을 복사할 수 있습니다.

동일한 구조체형 변수끼리는 대입 연산자('=')를 사용해서 값을 복사할 수 있습니다. 구조체형이 다르면 구성하고 있는 멤버들이 다르기 때문에 대입 연사자로 값을 복사할 수 없습니다.

예제 11-3 같은 구조체형 변수끼리 대입하는 프로그램입니다.

```c
01  #include <stdio.h>
02
03  struct person {                    // person 구조체를 선언합니다.
04      char name[20];
05      char sex;
06      int age;
07  };
08
09  int main(void)                     // person 구조체 변수 p1과 p2를 선언합니다.
10  {
11      struct person p1, p2 = {"Hong", 'm', 35};
12
13      p1 = p2;                       // 구조체 변수 p2를 p1에 대입합니다. p2에 있는 모든 멤버의 값이 p1의 멤버에 대입됩니다.
14      printf("%20s %6s %6s\n", "이름", "성별", "나이");
15      printf("%20s %6c %6d\n", p1.name, p1.sex, p1.age);
16      printf("%20s %6c %6d\n", p2.name, p2.sex, p2.age);
17
18      return 0;
19  }
```

실행결과

```
이름     성별    나이
Hong     m      35
Hong     m      35
```

3 구조체 배열과 포인터

구조체 변수도 일반 변수와 마찬가지로 배열과 포인터를 사용할 수 있고, 사용 방법도 동일합니다.

구조체 배열
구조체 배열을 선언하는 방법은 다음과 같습니다.

> **구조체 배열의 정의**
>
> struct 태그 구조체배열[배열의 크기];

예
```
struct study student[3];
```
→ 크기가 3인 study 구조체 배열 student를 선언합니다. student[0], student[1], student[2] 각각은 구조체입니다.

구조체 배열을 정의하고, 각 배열 요소의 멤버에 접근하는 방법은 일반적인 구조체 변수와 마찬가지로 구조체 연산자('.')를 사용합니다.

예
```
student[0].kor = 100;
```
→ 구조체 배열 student의 0번째 배열 요소에 있는 kor 멤버에 100을 대입합니다.

예
```
student.kor[0] = 100;
```
→ kor가 아니라 student가 배열이기 때문에 이와 같이 기술하면 틀립니다.

또한 구조체 배열을 선언하면서 동시에 초기화할 수 있는데, 그 방법은 다차원 배열을 초기화하는 방법과 비슷합니다. 구조체 배열의 배열 요소 단위로 중괄호({ })를 사용합니다.

예

```
struct study {
    char name[20];
    int  kor;
    int  eng;
    int  mat;
};
```

각각의 배열 요소 단위로 중괄호({ })를 사용해 분리하여 초기화합니다.

```
struct study student[3] = {
    {"Hong", 100, 90, 95},
    {"Lee", 80, 85, 90},
    {"Kim", 90, 100, 80}
};
```

> 각각의 배열 요소 단위로 중괄호({ })를 사용해 분리하여 초기화합니다.

구조체는 일반 변수와 마찬가지로 배열과 포인터를 사용할 수 있습니다.

구조체 배열을 초기화하려면 각 배열 요소 단위로 중괄호를 이용해 각각을 분리하여 처리해야 합니다.

예제 11-4 구조체 배열을 처리하는 프로그램입니다.

```
01 #include <stdio.h>
02
03 struct goods {                    ──── goods 구조체를 선언합니다.
04     char name[20];
05     int price;
06     int su;
07     int tot;
08 };
09
10 int main(void)
11 {
12     struct goods g[3];            ──── 크기가 3인 goods 구조체 배열
13     int i;                             g를 정의합니다.
14
```

```
15          for(i = 0; i < 3; i++) {
16              printf("상품명, 가격, 수량을 입력하세요 : ");
17              scanf("%s%d%d", g[i].name, &g[i].price, &g[i].su);
18          }
19
20          for(i = 0; i < 3; i++)
21              g[i].tot = g[i].price * g[i].su;
22
23          for(i = 0; i < 3; i++)
24              printf("%20s %6d %6d %8d\n", g[i].name, g[i].price,
25                                            g[i].su, g[i].tot);
26
27          return 0;
28      }
```

> 키보드로 상품명, 가격, 수량을 입력받아서 구조체 배열 g의 멤버에 저장합니다.

> 구조체 배열 g에 있는 각각의 멤버를 출력합니다.

실행결과

```
상품명, 가격, 수량을 입력하세요 : 볼펜 250 10
상품명, 가격, 수량을 입력하세요 : 노트 1500 5
상품명, 가격, 수량을 입력하세요 : 연필 200 20
                  볼펜      250      10     2500
                  노트     1500       5     7500
                  연필      200      20     4000
```

해설

- **03~08** : 구조체 goods의 형틀을 선언합니다.

상품명	가격	수량	금액
char name[20]	int price	int su	int tot

- **12** : 크기가 3인 goods 구조체 배열을 선언합니다.
- **15~21** : 키보드로 상품명, 가격, 수량을 입력받고, 이를 goods 구조체 배열 g의 각각의 멤버에 저장합니다. 그리고 가격과 수량을 곱해서 금액을 구합니다. 입력받은 값에 따라 메모리에 저장된 형태는 다음과 같습니다.

	상품명	가격	수량	금액
g[0]	볼펜	250	10	2500
g[1]	노트	1500	5	7500
g[2]	연필	200	20	4000

구조체 포인터

구조체 포인터는 구조체를 가리키는 포인터입니다. 이는 일반적인 포인터와 사용 방법이 비슷합니다.

예

```
struct gotoXY {
    int x, y;
};
struct gotoXY wx, *pwx;
                  └── 구조체 포인터 변수
pwx = &wx; ← 구조체 변수 wx의 시작 주소를 구조체 포인터 변수 pwx에 대입합니다.
```

구조체 포인터 변수를 이용해서 구조체 멤버 x와 y를 참조하려면 다음과 같이 합니다.

```
(*pwx).x
```

위와 같은 표현에서 연산자의 우선 순위 때문에 괄호를 생략하면 안됩니다. 만약 괄호를 생략하고 *pwx.x라고 표기하면 *(pwx.x)으로 해석되어 오류가 발생합니다. 그런데 매번 괄호를 사용하는 것은 불편하기 때문에 C 언어는 구조체 포인터 연산자 '->'를 제공합니다.

'->' 연산자의 왼쪽에 올 수 있는 것은 구조체 포인터 변수 또는 수식이어야 합니다.
구조체 관련된 연산자를 정리하면 다음과 같습니다.

연산자	기능
.	구조체 변수를 사용해서 구조체 멤버에 접근합니다.
->	구조체 포인터 변수가 가리키고 있는 구조체 변수의 멤버에 접근합니다.

구조체 포인터 변수로 구조체 멤버에 접근할 때 구조체 포인터 연산자('->')를 사용합니다.

예제 11-5 구조체 포인터를 사용해서 구조체 변수에 접근하는 프로그램입니다.

```
01 #include <stdio.h>
02
03 struct goods {                          goods 구조체를 선언합니다.
04     char name[20];
05     int price;
06     int su;
07 };
08
09 int main(void)
10 {                                       goods 구조체 변수 g를 선언하
11     struct goods g = {"볼펜", 250, 10}; 고 초기화합니다.
12     struct goods *pg;                   goods 구조체형 포인터 pg를
13                                         선언합니다.
14     pg = &g;                            구조체 변수 g의 주소를 구조체
15                                         포인터 변수 pg에 대입합니다.
16     printf("%s, %d, %d, %d\n", g.name, g.price, g.su, g.price*g.su);
17     printf("%s, %d, %d, %d\n", (*pg).name, (*pg).price,
18                                 (*pg).su, (*pg).price*(*pg).su);
19     printf("%s, %d, %d, %d\n", pg->name, pg->price,
20                                 pg->su, pg->price*pg->su);
21
22     return 0;
23 }
```

> 실행결과

```
볼펜, 250, 10, 2500
볼펜, 250, 10, 2500
볼펜, 250, 10, 2500
```

> 해설

- **11~14** : goods 구조체 변수 g를 선언하고 초기화합니다. 그리고 구조체 포인터 변수 pg에게 구조체 변수 g의 시작 주소를 대입합니다. 그러면 아래와 같이 됩니다.

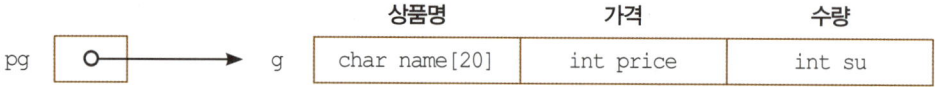

- **19~20** : '->' 연산자를 사용해서 구조체 포인터 변수의 구조체 멤버에 접근합니다. pg->name은 구조체 포인터 변수 pg가 가리키고 있는 곳의 name 멤버의 값을 뜻합니다. 이는 (*pg).name과 같은 의미입니다.

pg->name은 (*pg).name과 같은 의미입니다.

4 중첩된 구조체

구조체를 구성하는 멤버의 자료형에는 제한이 없습니다. 기본형을 포함해서 배열과 포인터를 사용할 수 있고, 심지어는 또 다른 구조체를 멤버로 포함할 수 있습니다. 이처럼 어떤 구조체가 또 다른 구조체를 멤버로 갖고 있는 것을 '중첩된 구조체(nested structure)'라고 합니다.

예

```
struct gotoXY {
    int x, y;
};

struct where {
    struct gotoXY wx;
    struct gotoXY wy;
};
```

where 구조체는 gotoXY 구조체 변수를 멤버로 갖고 있습니다. 이처럼 또 다른 구조체를 멤버로 사용하는 구조체를 중첩된 구조체라고 합니다. 만약 다음과 같이 where 구조체 변수를 생성했다면 멤버에 어떻게 접근할까요?

```
struct where whereXY;
```

where 구조체 변수 whereXY의 형태는 다음과 같습니다.

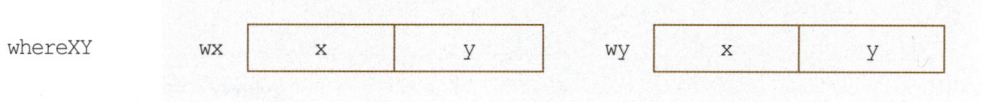

구조체 변수 whereXY의 멤버는 wx와 wy가 있는데, 이들 또한 구조체 변수이기 때문에 구조체 연산자('.')를 2번 사용해서 접근해야 합니다.

```
whereXY.wx.x = 10;
whereXY.wx.y = 20;
whereXY.wy.x = 10;
whereXY.wy.y = 20;
```
구조체 변수 whereXY에 있는 wx 멤버의 x 멤버에 10을 대입합니다.

C 언어는 중첩된 구조체를 지원하지만 아래와 같이 자기 자신을 중첩시킬 수는 없습니다. 자신을 중첩시키면 무한정 반복되는 구조가 되기 때문입니다.

예
```
struct where {
    int x, y;
    struct where wherex;
};
```
where 구조체의 멤버로 동일한 구조체형 변수를 사용할 수 없습니다.

중첩된 구조체에서 구조체 멤버에 접근하려면 구조체 연산자('.')를 2번 사용해야 합니다.

C 언어는 중첩된 구조체를 지원하지만 구조체 멤버로 자신과 동일한 구조체 변수를 사용할 수는 없습니다.

예제 11-6 중첩된 구조체를 사용하는 프로그램입니다.

```
01 #include <stdio.h>
02
03 struct gotoXY {
04     int x, y;
05 };
06
07 struct where {
08     struct gotoXY wx;
09     struct gotoXY wy;
10 };
11
12 int main(void)
13 {
14     struct where whereXY;
```

gotoXY 구조체를 선언합니다.

gotoXY 구조체를 멤버로 포함하고 있는 where 구조체를 선언합니다.

where 구조체 변수 whereXY를 정의합니다.

```
15
16         printf("첫 번째 x, y좌표를 입력하세요 : ");
17         scanf("%d%d", &whereXY.wx.x, &whereXY.wx.y);
18         printf("두 번째 x, y좌표를 입력하세요 : ");
19         scanf("%d%d", &whereXY.wy.x, &whereXY.wy.y);
20
21         printf("첫 번째 x, y좌표 : %d, %d\n", whereXY.wx.x, whereXY.wx.y);
22         printf("두 번째 x, y좌표 : %d, %d\n", whereXY.wy.x, whereXY.wy.y);
23
24         return 0;
25 }
```

실행결과

첫 번째 x, y좌표를 입력하세요 : 10 20
두 번째 x, y좌표를 입력하세요 : 30 40
첫 번째 x, y좌표 : 10, 20
두 번째 x, y좌표 : 30, 40

해설

- **07~10** : gotoXY 구조체 변수 wx, wy를 멤버로 갖는 where 구조체를 선언합니다. where는 또 다른 구조체를 멤버로 갖는 중첩된 구조체입니다.
- **14~19** : 중첩된 구조체 where형 변수 whereXY를 정의하고, 키보드로 각 멤버의 값을 입력받습니다. 중첩된 구조체를 사용할 때는 구조체 연산자 '.'를 중복해서 사용합니다.

5 구조체를 매개변수로 사용하는 함수

구조체 변수를 매개변수로 사용하기
일반 변수와 마찬가지로 구조체 변수를 함수의 매개변수 또는 함수의 반환값으로 사용할 수 있습니다.

> **예**
> struct gotoXY func(struct gotoXY where)

이처럼 구조체를 매개변수 또는 반환값으로 사용하면 연관 있는 여러 개의 데이터를 하나로 묶어서 처리할 수 있기 때문에 효율적입니다.

구조체를 매개변수로 사용하면 연관성 있는 여러 개의 데이터를 하나로 묶어서 처리할 수 있기 때문에 편리합니다.

예제 11-7 구조체 변수를 매개변수로 사용하는 프로그램

```
01  #include <stdio.h>
02
03  struct gotoXY addXY(struct gotoXY where);
04
05  struct gotoXY {
06      int x, y;
07  };
08
09  int main()
10  {
11      struct gotoXY where = {10, 20};
12
13      where = addXY(where);
14      printf("x좌표 : %d\n", where.x);
15      printf("y좌표 : %d\n", where.y);
16
17      return 0;
18  }
```

gotoXY 구조체를 매개변수로 전달받아서 gotoXY 구조체를 반환하는 addXY 함수를 선언합니다.

gotoXY 구조체 변수 where를 매개변수로 전달하고, 결과를 where에 대입합니다.

```
19
20  struct gotoXY addXY(struct gotoXY where)
21  {
22      where.x = where.x + 5;
23      where.y = where.y + 10;
24
25      return where;
26  }
```

> gotoXY 구조체 변수를 매개변수로 전달받기 위해 형식 매개변수 where를 선언합니다.

> gotoXY 구조체 변수 where를 반환합니다.

실행결과

```
x좌표 : 15
y좌표 : 30
```

해설

- **13** : addXY 함수에 구조체 변수 where를 매개변수로 전달하고, 동일한 자료형을 반환받아 where에 대입합니다.
- **20** : addXY 함수는 gotoXY 구조체를 매개변수로 받아서 gotoXY 구조체를 반환합니다. 이처럼 구조체를 매개변수나 반환값으로 사용하면 여러 개의 데이터를 묶음으로 처리할 수 있기 때문에 편리한 점도 있지만 구조체의 크기가 크다면 매개변수와 반환값을 주고받는데 많은 메모리와 시간이 소요될 수 있다는 단점도 있습니다.

구조체를 함수의 매개변수나 반환값으로 사용하면 여러 개의 데이터를 묶음으로 처리할 수 있다는 장점이 있지만, 구조체의 크기가 크면 시간과 메모리 공간이 많이 소요되는 단점이 있습니다.

구조체 배열을 매개변수로 사용하기

구조체는 여러 개의 멤버로 구성되어 있는 큰 크기의 자료형이기 때문에 구조체를 매개변수로 사용하면 처리 속도의 저하와 메모리의 낭비를 초래할 수 있습니다. 이런 단점은 구조체 포인터를 매개변수나 반환값으로 사용하는 함수를 만들어서 해결할 수 있습니다.

> **예**
>
> struct gotoXY *func(struct gotoXY *where)
> -> gotoXY 구조체 포인터를 매개변수로 받아서 gotoXY 구조체 포인터를 반환하는 함수입니다.

> **예**
>
> ```
> struct study {
>     char name[20];                        study 구조체를 선언합니다.
>     int jumsu;
> };
> struct study student[10];                 크기가 10인 study 구조체 배열
>                                           student를 정의합니다.
>         ...
> dispStudy(student);                       구조체 배열 student를 함수의
>         ...                               매개변수로 전달합니다.
> void dispStudy(struct study *p)
> {                                         구조체 배열을 처리하기 위해 구
>                                           조체 포인터를 형식 매개변수로
>         ...                               지정합니다.
> }
> ```

구조체 배열을 매개변수로 처리하려면 구조체 포인터가 필요합니다.

예제 11-8 구조체 배열을 매개변수로 전달하는 프로그램입니다.

```
01 #include <stdio.h>
02 #include <string.h>
03
04 void dispStudy(struct study *s);
05
06 struct study {                            study 구조체를 선언합니다.
07     char name[20];
08     int jumsu;
09 };
10
11 int main(void)
12 {
13     struct study student[3];              study 구조체 배열 student를
                                             정의합니다.
14
```

```
15      strcpy(student[0].name, "Hong");
16      student[0].jumsu = 90;
17      strcpy(student[1].name, "Kim");
18      student[1].jumsu = 95;
19      strcpy(student[2].name, "Park");
20      student[2].jumsu = 80;
21
22      dispStudy(student);
23
24      return 0;
25 }
26
27 void dispStudy(struct study *s)
28 {
29      int i;
30
31      for(i = 0; i < 3; i++) {
32          printf("이름 : %s\n", s[i].name);
33          printf("점수 : %d\n", s[i].jumsu);
34      }
35 }
```

구조체 배열 student의 각 멤버에 값을 대입합니다.

dispStudy 함수를 호출하면서 구조체 배열 student를 매개변수로 전달합니다.

구조체 배열을 매개변수로 받기 위해 구조체 포인터를 사용합니다.

구조체 포인터를 사용해 각각의 배열 요소를 출력합니다.

실행결과

```
이름 : Hong
점수 : 90
이름 : Kim
점수 : 95
이름 : Park
점수 : 80
```

해설

- **13~20** : study 구조체 배열 student를 정의하고 각각의 배열 요소의 멤버에 값을 대입합니다. study 구조체의 name 멤버는 배열이므로 문자열을 직접 대입할 수 없기 때문에 strcpy 함수를 사용해서 문자열을 지정된 주소에 복사합니다. strcpy 함수를 사용하기 위해 2라인에서 string.

h 파일을 include 했고, 이 함수는 두 번째 매개변수에 있는 문자열을 첫번째 매개변수에 복사합니다.

· **22** : dispStudy 함수를 호출할 때 구조체 배열 student를 매개변수로 전달합니다. 구조체 배열도 배열의 일종이기 때문에 구조체 배열 이름은 해당 배열의 시작 주소입니다. 결국 구조체 배열을 실 매개변수로 사용하면 형식 매개변수는 구조체 포인터로 처리해야 합니다.

· **31~34** : 형식 매개변수인 study 구조체 포인터 s를 사용해 구조체 배열을 처리합니다.

매개변수로 구조체 포인터를 사용하면 크기가 큰 구조체를 매개변수로 처리하는데 시간과 메모리 공간을 절약할 수 있습니다.

구조체 포인터를 이용한 처리

구조체 배열을 함수의 매개변수로 전달하기 위해서 구조체 포인터를 사용하면 포인터 연산을 통한 효율적인 프로그램이 가능해집니다. [예제 11-8]에서 형식 매개변수인 구조체 포인터 변수 s를 사용하여 다음과 같이 포인터 연산을 수행할 수 있습니다.

> s++->jumsu : 현재 s가 가리키고 있는 주소에서 jumsu 멤버의 값을 읽고, s를 study 구조체 크기만큼 증가합니다.

dispStudy 함수에 있는 for 블록(예제11-8 예제의 31~34라인)을 다음과 같이 수정할 수 있습니다.

```
for(i = 0; i < 3; i++) {
    printf("이름 : %s\n", s->name);
    printf("점수 : %d\n", s++->jumsu);
}
```

구조체 포인터 s가 가리키고 있는 주소에서 name과 jumsu 멤버의 값을 읽어서 출력합니다. 그리고 s를 1 증가합니다. s는 구조체 포인터이기 때문에 study 구조체의 크기(24바이트)만큼 증가합니다. 이와 같이 처리하면 구조체 포인터를 사용하여 구조체 배열의 첨자를 증가시키는 것과 동일한 결과를 얻을 수 있습니다.

자기 참조 구조체

1 자기 참조 구조체란?

구조체는 다른 구조체를 멤버로 가질 수 있지만 구조체가 자기 자신을 중첩시킬 수는 없습니다. 하지만 동일한 구조체를 멤버로 포함하지 않으면서 자신과 같은 구조체를 포인터로 가리키는 것은 가능합니다. 이를 그림으로 표현하면 다음과 같습니다.

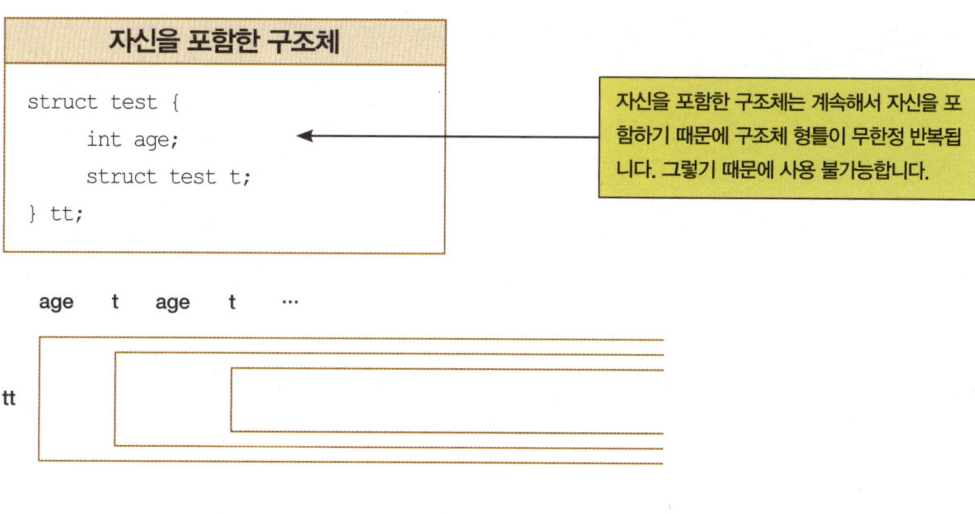

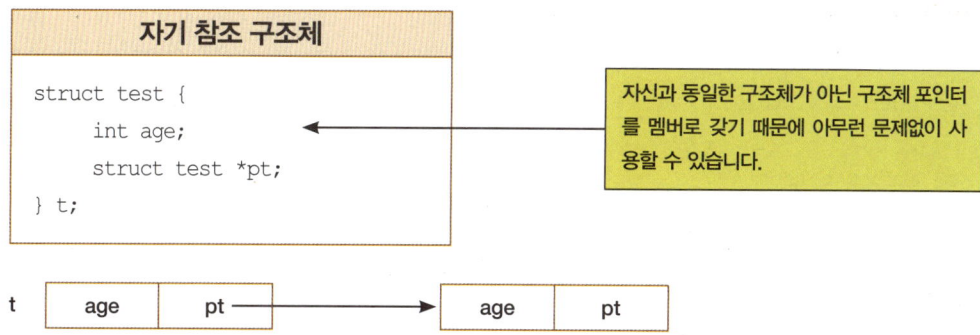

자기 참조 구조체(self referential structure)는 여러 가지 종류의 자료 구조를 구현하기 위한 연결 구조체(linked structure)입니다. 대표적으로 선형 연결 리스트(linear linked list), 이진 트리 구조(binary tree structure) 등이 있습니다. 자기 참조 구조체를 다음과 같이 정의할 수 있습니다.

> **자기 참조 구조체는 자신과 동일한 형의 구조체 포인터를 멤버로 갖고 있는 구조체**

자기 참조 구조체를 사용하면 연결 리스트를 구현할 수 있습니다.

이러한 자기 참조 구조체는 자신과 동일한 형의 또 다른 구조체를 가리킵니다. 자기 참조 구조체로 구현된 연결 리스트는 배열의 단점(크기의 고정성)을 극복한 자료 구조입니다. 자기 참조 구조체의 형틀을 선언하기 위해서는 반드시 구조체 태그가 필요합니다.

```
struct where {
    int x, y;
    struct where *pw;
}
```

자기 참조 구조체
(구조체 안의 멤버 pw가 구조체 자신과 동일한 형의 구조체를 가리키는 포인터입니다.)

자기 참조 구조체를 만들려면 구조체를 선언할 때 태그를 반드시 사용해야 합니다.

예제 11-9 자기 참조 구조체를 사용하는 프로그램입니다.

```
01 #include <stdio.h>
02
03 struct person {
04     char name[20];
05     int age;
06     struct person *p;
07 };
08
09 int main(void)
```

```
10  {
11      struct person per1 = {"Hong", 25};      구조체 변수를 선언하고 초기화
12      struct person per2 = {"Park", 20};      합니다.
13
14      per1.p = &per2;                          구조체 포인터에 per2의 주소를
15                                               대입합니다.
16      printf("이름 : %s\n", per1.name);
17      printf("나이 : %d\n", per1.age);
18      printf("이름 : %s\n", per1.p->name);
19      printf("나이 : %d\n", per1.p->age);
20
21      return 0;
22  }
```

실행결과

```
이름 : Hong
나이 : 25
이름 : Park
나이 : 20
```

해설

- **03~07** : 구조체 person의 형틀을 선언합니다. person은 자신과 동일한 구조체형을 가리키는 포인터 p를 포함하고 있는 자기 참조 구조체입니다.

- **11~14** : person형 구조체 변수 per1과 per2를 정의하였습니다. person 구조체의 멤버 p는 동일한 구조체를 가리키는 포인터이기 때문에 per2의 시작 주소를 per1에 있는 구조체 포인터 변수 p에 대입할 수 있습니다. 그러면 p를 사용해서 per2를 처리할 수 있고, 메모리 형태는 다음과 같습니다.

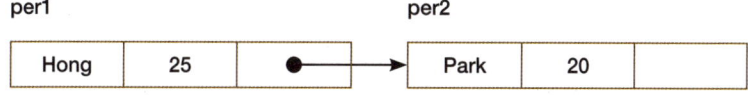

- **18~19** : 자기 참조 구조체에 있는 멤버인 포인터 변수 p를 사용해서 per2에 있는 멤버들을 처리할 수 있습니다. per1.p→name와 per1.p→age는 per1에 있는 포인터 변수 p가 가리키고 있는 per2의 멤버인 name과 age의 값을 읽어옵니다.

2 연결 리스트(linked list)

배열은 동일한 자료형의 집합으로, 각각의 배열 요소를 메모리에 연속적으로 저장하는 구조입니다. 이러한 배열을 사용하면 프로그램의 효율성과 유연성이 좋아집니다. 또한 배열 구조는 첨자(인덱스)를 사용해서 비순차적 방식으로 데이터에 접근할 수 있습니다. 하지만 배열을 생성할 때 배열의 크기가 고정되는 단점이 있습니다. 만약 다음과 같은 조건으로 구성된 전교생의 성적을 처리하기 위해 배열을 사용한다고 가정해보겠습니다.

- **학년** : 1, 2, 3학년
- **학년당 반수** : 1학년 5개 반, 2학년 4개 반, 3학년 2개 반
- 각 반당 학생수

	1반	2반	3반	4반	5반
1학년	36	40	38	36	37
2학년	35	38	34	40	×
3학년	38	37	×	×	×

이와 같은 학생들의 성적을 처리하려면 3차원 배열을 사용해야 합니다. 3차원 배열의 면은 학년, 행은 반, 열은 학생수를 표시한다면 배열을 다음과 같이 선언할 수 있습니다.

```
int sungjuk[3][5][40];
```

각 학년별로 반과 학생수가 다르지만 3차원 배열로 처리하기 위해 최대 반수와 학생수를 배열의 크기로 지정해야 합니다. 그러면 학생수가 적은 반은 배열 요소가 남게 됩니다. 결국 배열은 크기가 고정되기 때문에 메모리 낭비 현상이 발생합니다. 연결 리스트를 사용하면 이와 같은 배열의 단점을 일정 부분 보완할 수 있습니다.

연결 리스트는 데이터를 저장하는 부분과 포인터(링크)로 구성되고, 이를 노드라고 부릅니다.

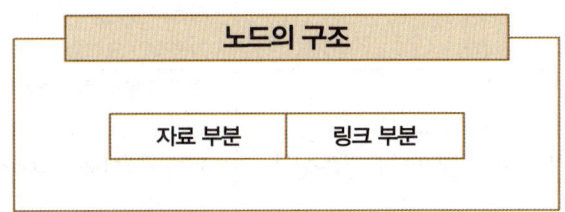

연결 리스트는 메모리를 동적으로 관리하기 때문에 새로운 노드가 추가될 때마다 동적 할당하고, 노드가 필요 없으면 할당받은 공간을 해제합니다. 결국 연결 리스트를 사용하면 미리 고정된 크기의 메모리를 확보하는 배열과 달리 메모리 낭비가 발생하지 않는 장점이 있습니다.

 배열은 고정된 크기를 사용하기 때문에 개수가 가장 많은 데이터를 기준으로 크기를 지정해야 하는 단점이 있습니다.

 연결 리스트는 데이터와 링크가 결합된 노드로 구성되는 자료 구조입니다.

배열은 메모리의 연속적 공간에 할당되기 때문에 배열의 시작 주소만 알고 있으면 첨자를 사용하여 모든 배열 요소에 접근할 수 있습니다. 하지만 연결 리스트를 구성하는 각각의 노드는 동적 할당으로 처리되기 때문에 메모리에 비연속적으로 배치됩니다. 그래서 연결 리스트를 처리하려면 각각의 노드에서 링크를 사용하여 다음 노드의 위치를 알 수 있도록 구성합니다. 또한 연결 리스트의 시작 위치를 가리키고 있는 헤드가 필요합니다. 노드에 있는 링크는 다른 노드를 가리키는 포인터이고, 연결 리스트를 사용해서 데이터를 처리하면 다음과 같은 구조가 됩니다.

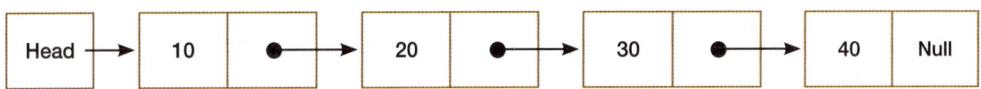

각각의 노드는 다음 노드를 가리키는 링크를 포함하고 있으며, 마지막 노드의 링크는 연결 리스트의 끝을 표시하는 널 값을 가집니다. 이와 같은 구조를 만들기 위해 자기 참조 구조체를 사용합니다.
연결 리스트와 배열의 장단점을 비교하면 다음과 같습니다.

	배열	연결 리스트
장점	• 자료 검색이 쉽습니다. • 처리 시간이 빠릅니다.	• 자료의 추가, 삭제가 쉽고 빠릅니다. • 가변적인 크기를 가집니다.
단점	• 고정적인 크기를 가집니다. • 자료의 추가, 삭제 시 시간이 많이 걸립니다.	• 링크 부분만큼의 추가적인 기억 장소가 필요합니다. • 링크(포인터)를 사용하기 때문에 검색 속도가 느립니다.

연결 리스트는 링크의 개수에 따라 단일 연결 리스트(singly linked list)와 이중 연결 리스트(doubly linked list)로 구분할 수 있습니다. 단일 연결 리스트는 다음 노드를 가리키는 한 개의 링크를 갖고, 이중 연결 리스트는 다음과 같이 앞뒤 노드를 가리키는 링크를 각각 한 개씩 가집니다.

연결 리스트는 노드를 동적 할당으로 생성하기 때문에 비연속적으로 배치되고, 메모리의 낭비를 줄일 수 있습니다.

단일 연결 리스트는 다음 노드의 위치를 가리키는 링크 멤버가 1개만 존재하고, 이중 연결 리스트는 앞뒤 노드를 가리키는 2개의 링크가 필요합니다.

예제 11-10 자기 참조 구조체를 사용해서 연결 리스트를 구현한 프로그램입니다.

```
01 #include <stdio.h>
02 #include <alloc.h>
03 #include <string.h>
04
05 void displayList(void);
06
07 typedef struct node {
08     char data[20];
09     struct node *link;
10 } nodeStr;
11
12 nodeStr *head = NULL;
```

자기 참조 구조체를 사용하여 연결 리스트의 구성 단위인 노드를 선언합니다.

헤드를 NULL 값으로 초기화합니다.

```
13
14  int main(void)
15  {
16      nodeStr *p1, *p2;
17
18      p1 = (nodeStr *)malloc(sizeof(nodeStr));    첫 번째 노드를 생성하기 위해
19                                                  동적 할당합니다.
20      strcpy(p1->data, "Computer");
21      p1->link = NULL;                            첫 번째 노드에 값을 대입합니다.
22      head = p1;
23
24      p2 = (nodeStr *)malloc(sizeof(nodeStr));    두 번째 노드를 생성하기 위해
25                                                  동적 할당합니다.
26      strcpy(p2->data, "Program");
27      p2->link = NULL;
28      p1->link = p2;                              두 번째 노드에 값을 대입합니다.
29
30      displayList();
31
32      return 0;
33  }
34
35  void displayList(void)
36  {
37      nodeStr *p;
38
39      p = head;
40      printf("헤드 포인터");
41      while(p != NULL){
42          printf(" -> %s", p->data);              연결 리스트를 구성하고 있는 노
43          p = p->link;                            드의 데이터를 출력합니다.
44      }
45      printf(" -> NULL\n");
46  }
```

실행결과

헤드 포인터 -> Computer -> Program -> NULL

해설

- **07~10** : char형 배열과 동일한 구조체형을 가리키는 포인터를 멤버로 갖는 node 구조체의 형틀을 선언합니다. 또한 typedef 명령을 사용하여 node 구조체의 자료형 이름을 nodeStr로 변경합니다. 이후부터는 node 구조체 변수를 정의할 때 struct node라는 자료형이 아니라 nodeStr이라고 해도 됩니다.

- **12** : 연결 리스트 시작 노드의 위치를 가리키는 헤드를 선언하면서 널 값으로 초기화합니다. 헤드에 널을 대입한 이유는, 연결 리스트를 구성하는 노드가 하나도 없는 경우에 헤드가 널 값을 가짐으로써 노드가 있는 경우와 구분하기 위해서입니다. 여기서 NULL은 stdio.h에서 '\0'으로 정의되어 있습니다.

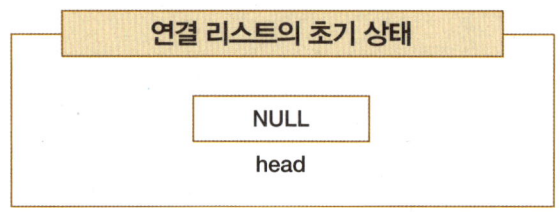

- **18** : 첫 번째 노드를 생성하기 위해서 malloc 함수로 nodeStr 크기만큼의 메모리 공간을 동적 할당하여 해당 주소를 p1에 대입합니다. 결국 nodeStr의 크기인 24바이트만큼 메모리를 할당하고, 그 위치를 p1이 가리키게 됩니다.

- **20~22** : p1이 가리키고 있는 노드의 data 필드에 문자열 "Computer"를 복사하고, 이 노드가 첫 번째이자 마지막 노드이기 때문에 연결 리스트의 끝을 표시하는 NULL을 link 필드에 저장합니다. 그리고 head에게 p1의 값, 즉 이 노드의 주소를 대입합니다. 그 결과 아래 그림과 같이 됩니다.

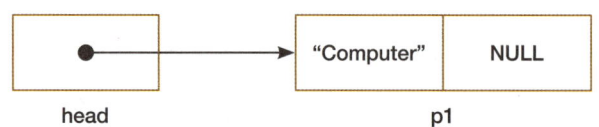

- **24~28** : 두 번째 노드를 생성하기 위해 malloc 함수를 사용해서 메모리를 할당하고, 그 주소를 p2에게 대입합니다. 또한 p2 노드의 data 필드에 문자열 "Program"을 복사하고, 이제는 두 번

째 노드가 마지막 노드이기 때문에 link 필드에 NULL을 대입합니다. 또한 첫 번째 노드인 p1
의 link 필드가 두 번째 노드를 가리키도록 하기 위해 p1의 link 필드에게 p2(두 번째 노드의 주
소)를 대입합니다.

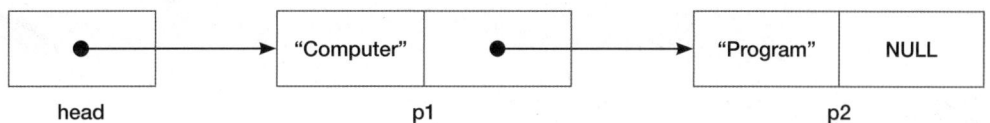

· **39~44** : 연결 리스트를 구성하는 노드의 data 필드를 출력합니다. 연결 리스트를 출력하는 방
법은, 연결 리스트 마지막 노드의 link 필드가 널 값을 갖고 있기 때문에 head가 가리키고 있는
노드부터 노드의 link 필드가 널일 때까지 반복하여 처리하면 됩니다. head는 연결 리스트의 시
작 위치를 가리키는 포인터입니다.

연결 리스트를 구성하고 있는 노드의 값을 출력하기 위해서 head를 이동하면 해당 연결 리스
트의 시작 위치를 읽어버리기 때문에 head의 값을 p에 대입해서 p가 head의 역할을 대신하도
록 구성합니다. 그리고 p가 가리키고 있는 노드의 data 필드를 출력하고, p의 link 필드(다음 노
드의 위치)를 다시 p에 대입하여 p가 다음 노드를 가리키도록 합니다. 이와 같은 작업을 link가
널이 될 때까지 반복하면 연결 리스트의 모든 노드를 출력할 수 있습니다.

공용체

CHAPTER 04

1 공용체란?

공용체(union)는 동일한 메모리 공간을 서로 다른 자료형이 공동으로 사용할 수 있도록 구성하는 자료형입니다. 사용 방법과 모양은 구조체와 비슷하지만 서로 다른 자료형이 동일한 메모리 공간을 공유해서 처리하는 점이 다릅니다. 즉, 구조체는 각 멤버들이 연속된 기억 공간에 별도로 배치되지만, 공용체의 각 멤버들은 동일한 기억 공간을 공유합니다.

이처럼 동일한 장소를 서로 다른 멤버들이 공유하여 처리하기 때문에 한 개의 데이터만 저장할 수 있고, 공용체를 정의하면 공용체 멤버 중에서 바이트 크기가 가장 큰 멤버만큼의 기억 장소를 공용체 변수에 할당합니다. 그리고 공용체 변수에 저장되어 있는 값의 실제 자료형은 가장 최근에 저장된 값의 자료형이 됩니다. 공용체는 주로 여러 바이트의 데이터를 바이트 단위로 처리하기 위해 사용합니다.

공용체(union)는 동일한 메모리 공간을 서로 다른 멤버들이 공유하는 자료형입니다.

공용체의 크기는 가장 큰 멤버의 크기로 정해집니다.

공용체는 여러 바이트의 데이터를 작은 단위로 쪼개서 처리하기 위해 사용합니다.

2 공용체의 사용 방법

공용체를 사용하는 방법은 구조체와 비슷합니다. 공용체 멤버에 접근하는 방법도 구조체와 동일하게 '.'와 '->'를 사용합니다. 다만 struct 대신에 union이라는 명령어를 사용한다는 점이 다를 뿐입니다. 공용체 형틀을 선언하고, 공용체 변수를 정의하는 방법은 다음과 같습니다.

```
union 태그 {
    자료형 멤버명;
    자료형 멤버명;
    ...
};

union 태그 공용체변수;
```

예

```
union data {
    int a;
    char b[4];
    short c;
};

union data uni;
```

이와 같이 공용체 변수를 정의하면 메모리 형태는 다음과 같습니다.

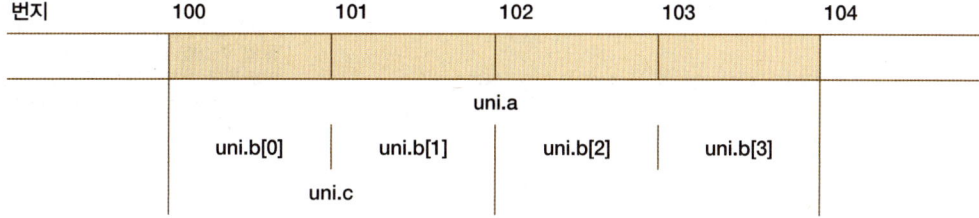

만약 위의 예가 구조체였다면 전체 크기가 8바이트로 구성되지만, 공용체는 각 멤버들이 메모리를 공유하기 때문에 가장 큰 멤버의 크기가 공용체의 크기가 되므로 결국 4바이트가 됩니다.

공용체는 구조체와 마찬가지로 공용체 형틀 선언, 공용체 변수 정의 순서로 처리합니다.

공용체 변수를 정의하면서 초기화하는 방법도 구조체와 비슷하지만 공용체는 각각의 멤버들이 메모리를 공유하기 때문에 1개의 값으로 초기화해야 하는 점이 다릅니다.

```
union tag data = {100};      → 공용체 변수를 선언함과 동시에 초기화합니다.
union tag data2 = data1;     → 다른 공용체 변수를 대입하여 초기화합니다.
```

공용체는 여러 개의 멤버로 구성되지만 1개의 값만 가질 수 있습니다.

예제 11-11 공용체를 구성하는 각각의 멤버들이 메모리를 공유하는 것을 확인하는 프로그램입니다.

```c
01  #include <stdio.h>
02
03  union data {
04      int a;
05      char b[4];
06      short c;
07  };
08
09  int main(void)
10  {
11      union data uni;
12
13      printf("uni.a의 번지 : %d\n", &uni.a);
14      printf("uni.b의 번지 : %d\n", &uni.b);
15      printf("uni.c의 번지 : %d\n", &uni.c);
16
17      return 0;
18  }
```

2개의 멤버로 구성된 data 공용체의 형틀을 선언합니다.

data 공용체 변수 uni를 정의합니다.

data 공용체 변수 uni의 각 멤버들의 주소를 출력합니다. 공용체 멤버들은 메모리를 공유하기 때문에 멤버들의 시작 주소가 동일합니다.

실행결과

```
uni.a의 주소 : 1245008
uni.b의 주소 : 1245008
uni.c의 주소 : 1245008
```

해설

- **03~07** : data 공용체의 형틀을 선언합니다. 공용체 멤버들은 서로 동일한 메모리 공간을 공유하고, 멤버 중에서 가장 큰 멤버의 크기가 공용체 크기입니다. 결국 data 공용체의 크기는 4바이트입니다.
- **11** : data 공용체 변수 uni를 정의합니다. 그 결과 다음과 같은 형태로 메모리에 저장됩니다. 공용체 멤버들은 메모리를 공유하기 때문에 멤버들의 시작 주소가 동일합니다.

번지	12450008	1245009	12450010	12450011	12450012
			uni.a		
	uni.b[0]	uni.b[1]	uni.b[2]	uni.b[3]	
		uni.c			

공용체의 멤버들은 메모리를 공유하기 때문에 동일한 시작 주소에 배치됩니다.

예제 11-12 공용체에서 데이터가 처리되는 방법을 알아보는 프로그램입니다.

```
01  #include <stdio.h>
02
03  union data {
04      int a;
05      char b[4];
06      short c;
07  };
08
09  int main(void)
10  {
11      union data uni;
12
13      uni.a = 0x12345678L;
14
15      printf("uni.a = %x\n", uni.a);
```

> 3개의 멤버로 구성된 data 공용체의 형틀을 선언합니다.

> 공용체 변수 uni의 멤버 c에 16진수 12345678을 대입합니다.

```
16      printf("uni.b[0] = %x\n", uni.b[0]);
17      printf("uni.b[1] = %x\n", uni.b[1]);
18      printf("uni.b[1] = %x\n", uni.b[2]);
19      printf("uni.b[1] = %x\n", uni.b[3]);
20      printf("uni.c = %x\n", uni.c);
21
22      return 0;
23 }
```

실행결과

```
uni.a = 12345678
uni.b[0] = 78
uni.b[1] = 56
uni.b[2] = 34
uni.b[3] = 12
uni.c = 5678
```

해설

· 11~13 : data 공용체 변수 uni를 정의하고, uni의 멤버인 a에 16진수 12345678을 대입합니다. 메모리에 저장된 형태는 다음과 같습니다.

번지	12450008	1245009	12450010	12450011	12450012
	78	56	34	12	
		uni.a			
	uni.b[0]	uni.b[1]	uni.b[2]	uni.b[3]	
	uni.c				

메모리는 낮은 번지부터 값을 저장하기 때문에 뒤집힌 형태로 값이 할당됩니다. 결국 각 멤버에 저장된 값은 멤버 a에는 16진수로 12345678, b[0]은 78, b[1]은 56, b[2]는 34, b[3]은 12가 됩니다. 그리고 c는 5678이 저장됩니다.

뛰어넘기 리틀 엔디언과 빅 엔디언

리틀 엔디언과 빅 엔디언은 여러 바이트로 이루어진 하나의 데이터를 메모리에 저장하는 순서를 나타냅니다. 걸리버 여행기에 나오는 소인국 사람들은 삶은 달걀을 넓은 면을 깨서 먹는 사람들(big endian)과 좁은 면을 깨서 먹는 사람들(little endian)로 나뉘어 대립하였는데, 이 용어는 여기서 유래되었습니다.

여러 바이트 크기의 데이터를 저장할 때 바이트의 순서에 대한 표준이 없기 때문에 이와 같은 두 가지 방식이 사용됩니다. 2 바이트로 이루어진 16비트 정수의 경우를 예로 들면, 2바이트에서 하위 바이트를 먼저 저장하는 것을 리틀 엔디언이라 하고, 상위 바이트를 먼저 저장하는 것을 빅 엔디언이라 합니다.

인텔 계열의 CPU는 리틀 엔디언 방법으로 데이터를 메모리로 저장하고 추출합니다. 반면에 빅 엔디언은 썬마이크로시스템즈나 모토롤라 계열의 CPU에서 사용합니다.

4바이트 크기의 16진수 0x12345678 데이터를 메모리의 0번지부터 저장한다고 가정해 보겠습니다.

- 리틀 엔디언인 경우

하위 바이트 값인 78이 메모리의 가장 낮은 주소에 저장됩니다. 56은 두 번째 바이트에, 그리고 나머지 바이트는 다음 그림처럼 차곡차곡 이어서 저장됩니다.

주소	0	1	2	3
값	78	56	34	12

- 빅 엔디언인 경우

빅 엔디언은 상위 바이트가 낮은 주소에 배치됩니다. 데이터가 저장된 구조는 다음과 같습니다.

주소	0	1	2	3
값	12	34	56	78

비트 필드

1 비트 필드란?

C 언어에서 데이터를 비트 단위로 처리하기 위해 비트 연산자와 비트 필드를 사용할 수 있습니다. 이미 4장에서 비트 연산자에 대해 설명했기 때문에 여기서는 비트 필드에 대해서만 설명합니다. 비트 필드(bit field)는 구조체의 일종으로 int형 데이터를 비트 단위로 처리하기 위한 자료형입니다. 즉, 정수형 데이터를 비트 단위로 처리하는 구조체입니다. 비트 필드를 구성하는 멤버들의 자료형은 반드시 int형이나 unsigned int형이어야 하고, 비트 필드를 구성하는 멤버들은 비트 수를 지정할 수 있습니다.

비트 필드는 비트 단위로 int형 데이터를 처리하기 위한 구조체의 일종입니다.

비트 필드를 구성하는 멤버의 자료형은 반드시 int 또는 unsigned int형이어야 합니다.

2 비트 필드의 사용 방법

비트 필드는 정수형 자료를 비트 단위로 처리하기 위한 일종의 구조체이기 때문에 멤버들로 구성되고, 각 멤버는 비트 단위로 사용할 수 있습니다. 비트 필드를 사용하려면 우선 비트 필드의 형틀을 선언한 후에 비트 필드 변수를 정의합니다. 비트 필드의 형틀을 선언하는 방법은 다음과 같습니다.

```
struct 태그 {
    자료형 멤버이름: 비트수;
     자료형 멤버이름: 비트수;
    자료형 멤버이름: 비트수;
};

struct 태그 변수명;
```

예

```
struct data {
    unsigned b0: 1;
    unsigned b1: 4;
    unsigned b2: 5;
    unsigned  : 22;
};
```

> b0은 1비트, b1은 4비트, b2는 5비트 크기를 갖는 비트 필드 멤버입니다.
>
> 22개의 비트를 사용하지 않기 때문에 멤버 이름 없이 비트의 개수만 지정했습니다.

비트 필드 멤버의 비트 수는 비트 단위의 필드 폭을 의미하고, 0부터 32까지의 값을 갖는 상수 수식이어야 합니다. 정수형 데이터를 비트 단위로 처리하기 위해 비트 필드를 사용하는데, 만약 사용하지 않는 비트가 있다면 멤버를 선언할 때 멤버 이름을 생략하거나 아예 아무런 멤버를 적지 않아도 됩니다. 이처럼 사용하는 비트를 지정하고 남는 비트에 멤버를 지정하지 않고 사용하는 것을 패딩(padding)이라고 하는데, 패딩의 목적은 데이터의 크기를 맞추기 위해서 입니다. 즉, 비트 필드의 멤버 이름을 생략할 수 있으며 생략된 멤버에 해당하는 비트는 사용하지 못합니다.

그리고 멤버로 나열된 비트들은 하위 비트에서 상위 비트로 차례로 배치됩니다. 각 멤버는 비트 단위로 처리되기 때문에 0또는 1의 값을 갖게 되고, 각 멤버의 자료형을 unsigned로 지정하는 것이 바람직합니다. C 언어는 비트 필드의 기본 크기를 int형으로 사용합니다. 만약 비트 필드에서 1비트만 멤버로 지정해도 int형 크기가 필요합니다.

비트 필드 변수를 선언함과 동시에 초기화하는 방법은 구조체와 마찬가지로 중괄호를 사용하여 각 멤버 단위로 합니다.

> **예**
>
> struct data bit = {1, 13, 35};
>
>   -> data 비트 필드형 변수 bit를 정의하면서 초기화합니다. 비트 필드는 구조체의 일종이기 때문에 중괄호를 사용하여 멤버 단위로 초기화해야 합니다. bit의 b0 멤버에 1, b1에 13, b2에 35를 대입합니다.

비트 필드의 기본 구성 단위는 int형입니다.

예제 11-13 비트 필드를 사용하여 정수 데이터를 2진수로 출력하는 프로그램입니다.

```
01 #include <stdio.h>
02 struct data {
03      unsigned b0: 1;
04      unsigned b1: 1;
05      unsigned b2: 1;
06      unsigned b3: 1;
07      unsigned b4: 1;
08      unsigned b5: 1;
09      unsigned b6: 1;
10      unsigned b7: 1;
11      unsigned  : 24;
12 };
13
14 int main(void)
15 {
16      int a = 65;
17
18      struct data *bit = (struct data *)&a;
19
20      printf("%d : ", a);
21      printf("%3d", bit->b7);
22      printf("%3d", bit->b6);
23      printf("%3d", bit->b5);
24      printf("%3d", bit->b4);
25      printf("%3d", bit->b3);
26      printf("%3d", bit->b2);
27      printf("%3d", bit->b1);
```

- data 비트 필드형의 형틀을 선언합니다.
- data 비트 필드형 포인터 변수 bit를 정수형 변수 a의 주소를 초기화합니다.
- 비트 필드의 각 멤버들을 출력합니다.

```
 28        printf("%3d\n", bit->b0);
 29
 30        return 0;
 31 }
```

실행결과

```
65 :  0 1 0 0 0 0 0 1
```

해설

- **02~12** : data 비트 필드 각각의 멤버는 하위 비트부터 차례대로 배치되고, 사용하지 않는 비트는 멤버 이름을 생략할 수 있습니다. b0부터 b7까지는 1비트씩 배정되고, 마지막에 있는 멤버는 멤버 이름이 생략된 채 비트 크기만 24로 선언되었기 때문에 사용할 수 없는 비트입니다. 즉, 32비트의 정수에서 하위 8비트만 사용하고 상위 24비트는 사용하지 않습니다.
- **18** : 비트 필드는 구조체의 일종이기 때문에 구조체 변수를 만들면서 중괄호를 사용하여 초기화하거나 구조체 연산자를 이용하여 각 멤버 단위로 값을 대입해야 됩니다. 여기서는 int형 변수에 있는 값을 비트 필드에 대입하기 위해 포인터와 형변환 방식을 사용합니다.

  비트 필드형 포인터 변수 bit를 정의하고, 정수형 변수 a의 시작 주소를 대입합니다. 변수 a는 int형이기 때문에 비트 필드로 형변환한 주소를 대입합니다. 이제부터는 포인터 변수 bit를 사용해서 a의 값을 비트 단위로 처리할 수 있습니다.
- **21~28** : 비트 필드형 구조체 포인터 변수 bit를 사용하여 비트 단위로 출력합니다.

뛰어넘기: 열거형

열거형(enumerated type)은 변수에 저장될 값을 미리 지정해 놓은 자료형입니다. 이때 정수형 상수에 이름을 부여하여 값을 지정합니다. 열거형을 생성하기 위해 enum 명령어를 사용하여 열거형 형틀을 선언하고, 그 자료형을 갖는 변수를 정의합니다. 이러한 과정은 구조체와 비슷합니다. 열거형을 사용하는 이유는, 특정한 변수가 처리하는 값의 범위가 한정되어 있고, 그 값에 고유한 이름을 부여하여 가독성을 높이기 위해서입니다.

• **열거형의 선언 및 정의 방법**

열거형은 변수가 처리할 값의 범위와 값의 이름을 부여하는 선언(구조체 형틀의 선언과 비슷합니다)과 열거형 변수를 정의하는 2단계를 거칩니다.

열거형의 선언
```
enum tag {열거형 상수, 열거형 상수, ...};
```

열거형 변수의 정의
```
enum tag 변수;
```

예
```
enum boolean {FALSE, TRUE};     → ①
enum boolean bool;              → ②
```

①은 boolean이라는 태그로 새로운 열거형을 선언하였습니다. 이때 사용된 FALSE와 TRUE를 열거형 상수라 하고, 이 상수의 값은 자동으로 0과 1을 갖습니다. 즉 FALSE는 0, TRUE는 1이 됩니다. 이러한 열거형 상수의 C 언어 내부적 표현은 int형으로 취급됩니다. ②는 boolean 열거형 변수 bool을 정의한 것입니다. 이제부터 bool이 처리할 수 있는 값은 FALSE와 TRUE만으로 한정됩니다.

열거형의 선언과 정의 방법은 구조체와 마찬가지로 한 번에 할 수도 있습니다.

예
```
enum boolean {FALSE, TRUE} bool;
```
→ boolean 열거형 형틀을 선언하고, 해당 열거형 변수 bool을 정의합니다.

• **열거형 상수**

enum으로 지정된 열거형 상수는 int형으로 취급되기 때문에 어떠한 int형 변수도 열거형 상수를 취급할 수 있습니다. 또한 열거형 상수 자체만으로도 사용 가능합니다.

> **예**
>
> printf("%d, %d\n", TRUE, FALSE); → 1과 0이 출력됩니다.
> int a = TRUE; → 열거형 상수 TRUE는 1이기 때문에 변수 a에 1이 대입됩니다.

이처럼 열거형 상수는 열거형 변수뿐만 아니라 int형 변수를 사용하여 자유롭게 처리할 수 있습니다. 앞에서와 같이 열거형 상수를 선언할 때 값을 지정하지 않으면 자동으로 0, 1, … 등으로 대입됩니다.

> **예**
>
> enum color {White, Black, Red, Green, Blue};
> → White, Black, Red, Green, Blue에 0, 1, 2, 3, 4가 대입됩니다.

이처럼 기본값으로 처리하는 것 이외에 필요에 따라서는 특정한 값을 지정할 수 있습니다.

> **예**
>
> enum color {White=1, Black, Red, Green, Blue};
> → White에만 1을 대입하면 그 다음에 나오는 열거형 상수는 연속적으로 값이 매겨져서 Black, Red, Green, Blue에 2, 3, 4, 5가 대입됩니다.

또는 열거형 상수별로 값을 지정할 수도 있습니다.

> **예**
>
> enum color {White=1, Black=5, Red=10, Green=15, Blue=20};
> → 각각의 열거형 상수에 지정한 값이 대입됩니다.

> **예**
>
> enum color {White=1, Black=2, Red=5, Green, Blue};
> → White와 Black, Red에는 대입한 값이 지정되고, Green과 Blue는 각각 6과 7이 됩니다.

예제 11-14 열거형 변수를 사용하는 프로그램입니다.

```c
01  #include <stdio.h>
02
03  enum color {White, Black, Red, Green, Blue};
04
05  int main(void)
06  {
07      enum color clr;
08
09      printf("0부터 4까지의 정수를 입력하세요 : ");
10      scanf("%d", &clr);
11
12      switch(clr) {
13          case White:
14              printf("Color : White\n");
15              break;
16          case Black:
17              printf("Color : Black\n");
18              break;
19          case Red:
20              printf("Color : Red\n");
21              break;
22          case Green:
23              printf("Color : Green\n");
24              break;
25          case Blue:
26              printf("Color : Blue\n");
27              break;
28      }
29
30      return 0;
31  }
```

- color 열거형 형틀을 선언합니다.
- color 열거형 변수 clr을 정의합니다.
- 열거형 변수 clr의 값을 열거형 상수와 비교하여 해당 case 구문을 처리합니다.

실행결과

```
0부터 4까지의 정수를 입력하세요 : 2
Color : Red
```

해설

- 03, 07 : color 열거형은 5개의 열거형 상수를 갖고, 각각에 0부터 4까지의 값이 지정됩니다. 이러한 열거형 상수를 처리할 변수 clr을 정의합니다.

연습문제

01 다음과 같은 구조체 형틀을 사용해서 구조체 변수를 맞게 정의한 것은?

```
struct test {
    int a;
    char b[10];
    float c;
};
```

① struct abc;   ② struct test abc;   ③ struct test;   ④ test abc;

02 구조체, 공용체, 비트 필드를 위한 명령어가 옳게 묶인 것은?

① struct, union, bitfield
② union, struct, bit
③ struct, union, union
④ struct, union, struct

03 다음과 같은 구조체를 맞게 초기화한 것은?

```
struct test {
    int a;
    char b[10];
};
```

① struct test aa = {10, "Kim"};
② struct test aa = {10, Kim};
③ struct test aa = {10};
④ struct test aa = "Kim";

04 다음과 같은 공용체 형틀의 크기는 몇 바이트인가?

```
union exam {
    int a;
    char b[10];
    long c;
    double d;
};
```

① 4　　　　　② 6　　　　　③ 8　　　　　④ 10

05 구조체와 공용체의 차이점에 대해서 설명하시오.

06 비트 필드의 사용 용도에 대해서 설명하시오.

01 다음은 10명의 학생 성적을 처리하는 프로그램입니다. 이 프로그램을 실행하고 구조체의 장점에 대해 설명하시오.

```c
#include <stdio.h>

struct student {
    char name[20];
    int kor, eng, mat;
};

int main(void)
{
    struct student study[10];
    int i, korTot, engTot, matTot;

    korTot = engTot = matTot = 0;

    for(i = 0; i < 10; i++) {
        printf("이름을 입력하세요 : ");
        scanf("%s", study[i].name);
        printf("국어, 영어, 수학 점수를 입력하세요 : ");
        scanf("%d%d%d", &study[i].kor, &study[i].eng, &study[i].mat);
        korTot += study[i].kor;
        engTot += study[i].eng;
        matTot += study[i].mat;
    }

    printf("국어 총점 : %d, 국어 평균 : %.2f\n", korTot, korTot/10.0);
    printf("영어 총점 : %d, 영어 평균 : %.2f\n", engTot, engTot/10.0);
    printf("수학 총점 : %d, 수학 평균 : %.2f\n", matTot, matTot/10.0);

    return 0;
}
```

02 다음 프로그램을 실행하여 결과를 확인해 보시오. 이 프로그램은 단일 연결 리스트를 사용해서 다음과 조건에 따라 처리합니다.

- 구조체의 형틀
    ```
    typedef struct man{
        char name[20];
        char addr[30];
        char tel[20];
        struct man *next;
    } MAN;
    ```

- 메뉴 구성
    ```
    -----------------
    1. Input
    2. Search
    3. End
    -----------------
    ```

만약 1을 입력하면 새로운 노드를 추가하고, 2를 입력하면 이름이 이용해서 노드를 검색합니다. 3은 프로그램을 종료합니다.

```c
#include <stdio.h>
#include <stdlib.h>
#include <string.h>
#include <conio.h>

typedef struct man{
    char name[20];
    char addr[30];
    char tel[20];
    struct man *next;
} MAN;

MAN *head, *tag, *move, *new;

int link(void);
int getString(void);
```

```c
int searchString(void);
int putString(void);

int main(void)
{
    head = tag = move = new = NULL;

    while(1) {
        printf("\n--------------\n");
        printf(" 1 : Input\n");
        printf(" 2 : Search\n");
        printf(" 3 : End\n");
        printf("--------------\n");
        printf("select ? ");
        switch(getche()) {
            case '1' :
                getString();
                break;
            case '2' :
                searchString();
                break;
            case '3' :
                while(head != NULL) {
                    move = head;
                    head = head->next;
                    free(move);
                }
                return 0;
        }
    }
}

/************** getString() **************/
int getString(void)
{
    link();

    printf("\n\nname    : ");
```

```
        gets(tag->name);
        printf("address : ");
        gets(tag->addr);
        printf("tel     : ");
        gets(tag->tel);
}

/************** searchString() **************/
int searchString(void)
{
    char name[20];
    printf("\n\nInput name : "); gets(name);

    move = head;
    while(move)
        if(strcmp(name, move->name) == 0)
            break;
        else
            move = move->next;
    if(move)
        putString();
    else
        printf("not found !");
}

/************** putString() **************/
int putString(void)
{
    printf("name    : %s\n", move->name);
    printf("address : %s\n", move->addr);
    printf("tel     : %s\n", move->tel);
}

/************** link() **************/
int link(void)
{
    new = (MAN *)malloc(sizeof (MAN));
```

```
        if(!new) {
            printf("\nout of memory\n");
            exit(1);
        }
        if(head == NULL)
            head = move = new;
        else
            tag->next = new;

        tag = new;
        tag->next = NULL;
    }
```

03 문자를 입력받아서 2진수로 출력하는 프로그램을 작성하시오. 단, 비트 필드를 이용해서 처리하고 ESC 키가 입력될 때까지 반복합니다. 참고로 ESC 키의 ASCII 코드는 27입니다.

04 제품명, 가격, 판매 수량을 멤버로 갖는 구조체를 선언하시오. 그리고 이 구조체를 사용해서 키보드로 입력받는 값을 멤버에 대입하고, 각 멤버들의 값을 출력하는 프로그램을 작성하시오.

05 정수와 비트 위치를 입력받아서 해당 위치의 비트 값을 출력하는 프로그램을 작성하시오. 단 비트 필드를 사용해서 처리하시오.

06 연결 리스트를 사용해서 정수형 자료를 오름차순 정렬하는 프로그램을 작성하시오.

MEMO

PART 12

선행처리기

선행처리에 대한 설명도 없이 지금까지 작성한 프로그램에서 선행처리 명령어를 사용했습니다. 이제부터는 C 언어의 독특한 사항인 선행처리에 대해 설명하겠습니다. 선행처리기(preprocessor)란 프로그램을 컴파일하기 전에 프로그램에 포함되어 있는 특별한 지시어를 미리 처리하는 것을 의미합니다. 컴파일러가 컴파일하기 전에 먼저 처리하기 때문에 선행처리기라고 부릅니다. 원래 선행처리기는 C 언어의 컴파일러와 독립적으로 수행되고, C 언어의 문법과는 별도로 사용됩니다. 하지만 대부분의 C 컴파일러가 선행처리기를 내장하고 있기 때문에 C 언어를 공부하면서 선행처리 명령어의 사용 방법에 대해 알아 두는 것이 프로그램을 보다 효율적으로 작성할 수 있는 방법입니다. 이 장에서는 선행처리기를 이용한 매크로의 작성, #include의 정확한 사용. 그리고 조건부 컴파일에 대한 내용을 설명합니다.

선행처리기의 이해

CHAPTER 01

선행처리기란?

선행처리기(preprocessor, 전처리기)란 프로그램이 컴파일되기 전에 프로그램에 대한 일련의 작업을 수행하는 것을 의미합니다. 일반적으로 C 컴파일러는 프로그램을 선행처리기로 먼저 처리한 다음에 컴파일합니다. 선행처리(preprocess)는 컴파일 전에 소스 프로그램을 여러 가지로 가공하기 때문에 붙은 이름입니다(컴파일러 보다 먼저 무엇인가 처리한다는 뜻입니다).

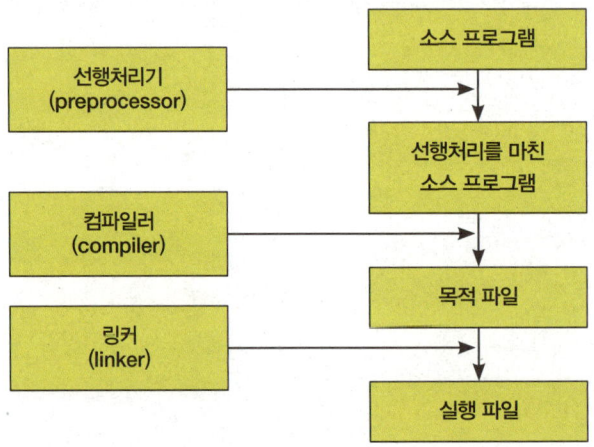

선행처리기는 프로그램에서 지정된 선행처리기 명령어를 해석하여 변환된 결과를 소스 프로그램에 추가합니다. 컴파일러는 명령어를 기계어 코드로 변환하는 반면에, 선행처리기는 텍스트를 다른 텍스트(C 언어 명령)로 변환합니다. 선행처리기 명령으로는 다른 파일을 포함시키는 include문, 매크로 기능의 define문 등이 있습니다. 선행처리 명령을 사용하면 다음과 같은 장점이 있습니다.

- 프로그램을 이해하기 쉬워집니다.
- 프로그램의 이식이 간편해집니다.
- 프로그램의 수정이 쉬워집니다.
- 프로그램을 작성하기 쉬워집니다.
- 프로그램을 깔끔하게 처리할 수 있습니다.

선행처리기(preprocessor)는 컴파일러가 소스 프로그램을 기계어 코드로 번역하기 전에 특정한 작업을 수행합니다.

컴파일러는 텍스트를 기계어 코드로 변환하는데 반해서, 선행처리기는 텍스트를 다른 텍스트로 변환합니다.

2 선행처리 명령의 종류

선행처리기는 프로그램 내의 모든 선행처리 명령어를 컴파일할 수 있는 C 문장으로 변환하는 작업을 수행합니다. 선행처리기의 기능은 문자열의 치환, 외부 파일의 포함, 조건부 컴파일 등이 있습니다. 모든 선행처리 명령어는 선행처리 지시자('#')로 시작되어야 합니다. 선행처리 명령의 종류는 다음과 같습니다.

- 외부 파일을 포함 : #include
- C 문장으로 치환 : #define, #undef
- 조건부 컴파일 : #if, #ifdef, #ifndef, #else, #elif, #endif
- 컴파일러에 기타 정보를 제공 : #error, #line, #pragma

선행처리 명령 중에서 #include, #define을 가장 많이 사용합니다.

3 선행처리 명령의 사용 방법

선행처리기는 프로그램 내의 모든 선행처리 명령어를 컴파일할 수 있는 C 문장으로 변환하는 작업을 수행합니다. 선행처리기의 기능은 문자열의 치환, 외부 파일의 포함, 조건부 컴파일 등이 있습니다. 모든 선행처리 명령어는 선행처리 지시자('#')로 시작해야 합니다. 선행처리 명령의 종류는 다음과 같습니다.

```
#선행처리명령어  리스트
```

예

```
#include <stdio.h>
#define MAX 100
#define chSet(ch)     (ch) == '!' || (ch) == '"' || (ch) == '*' \
                  || (ch) == '#' || (ch) == '$'
```

선행처리 문장은 끝에 세미콜론(';')이 붙지 않고, 1줄만으로 한정됩니다. 만일 명령의 길이가 1줄을 초과하면 줄의 끝에 역슬래시('\')를 붙여서 다음 줄로 연속됨을 표시합니다. 그리고 고전적인 C에서는 '#'의 앞뒤에 공백이 올 수 없고, 반드시 1열에 있어야만 했지만 ANSI C(표준 C)에서는 이러한 제한이 없어졌습니다.

선행처리 문장의 끝에는 세미콜론을 붙이지 않습니다.

선행처리 문장은 1줄만 인정되기 때문에 1줄을 초과한다면 해당 줄의 끝에 역슬래시(\)를 사용하여 다음 줄로 연속됨을 표시해야 합니다.

#include

CHAPTER 02

1 사용 방법

#include는 지정된 파일을 컴퓨터에서 찾아 파일 내용을 소스 프로그램에 포함시킬 때 사용하고, 두 가지 사용 방법이 있습니다.

형식 ①
이 형식은 C 컴파일러가 제공해주는 표준 헤더 파일을 지시할 때 사용합니다.

형식 ①의 사용 방법
#include 〈헤더파일이름〉

 `#include <stdio.h>` → stdio.h라는 헤더 파일을 현재 프로그램에 포함시킵니다.

#include 명령은 외부 파일을 소스 프로그램에 포함시킬 때 사용합니다.

#include에서 표준 헤더 파일을 사용하는 경우에는 꺽쇠 괄호(〈 〉) 안에 파일 이름을 명시해야 합니다.

형식 ②
이 형식은 사용자가 작성한 헤더 파일을 소스 프로그램에 포함시킬 때 사용합니다.

형식 ①의 사용 방법
#include "헤더파일이름"

| 예 | `#include "header.h"` |

→ 현재 폴더에서 지정된 파일을 찾아서 소스 프로그램에 포함시킵니다. 만약 다른 폴더에 있는 파일이라면 다음과 같이 헤더 파일의 경로를 지정할 수 있습니다.

```
#include "\work\include\header.h"
```

#include에서 사용자가 작성한 헤더 파일을 사용하는 경우에는 큰따옴표(" ") 안에 파일 이름을 명시해야 합니다.

2 표준 헤더 파일의 종류

C 언어는 여러 가지 종류의 표준 헤더 파일을 제공합니다. 헤더 파일에는 다양한 매크로와 상수, 라이브러리 함수의 원형 등이 정의되어 있습니다. 헤더 파일은 컴파일러마다 조금씩 다를 수 있지만 주요한 파일만 정리하면 다음과 같습니다.

헤더 파일 이름	설명
`conio.h`	직접 입출력 함수를 선언합니다. **cputs( ), putch( ), getch( ), getche( ), …**
`ctype.h`	폴더를 제어하는 함수를 선언합니다. **chdir( ), getcwd( ), mkdir( ), rmdir( ), …**
`direct.h`	폴더를 제어하는 함수를 선언합니다. **chdir( ), getcwd( ), mkdir( ), rmdir( ), …**
`errno.h`	시스템의 오류 번호를 지정합니다.
`io.h`	저수준의 파일 입출력 함수를 선언합니다. **eof( ), open( ), tell( ), read( ), lseek( ), …**
`alloc.h`	메모리의 동적 할당 함수를 선언합니다. **calloc( ), malloc( ), realloc( ), …**
`math.h`	수학 함수를 선언합니다. **log10( ), sqrt( ), sin( ), pow( ), …**
`process.h`	프로세스를 제어하는 함수를 선언합니다. **abort( ), exit( ), system( ), …**
`stdio.h`	표준 입출력 및 파일 입출력 함수들을 선언합니다. **scanf( ), printf( ), gets( ), fclose( ), fopen( ), fread( ), …**
`strlib.h`	수치 변환이나 난수 관련 함수를 선언합니다. **abs( ), atoi( ), itoa( ), rand( ), …**
`string.h`	문자열 처리 함수를 선언합니다. **strcat( ), strcpy( ), strcmp( ), strncmp( ), …**

표준 헤더 파일의 종류는 C 컴파일러마다 약간의 차이가 있습니다.

표준 헤더 파일은 C 언어의 라이브러리 함수 원형을 선언하고 있습니다.

예제 12-1 라이브러리 함수를 사용해서 알파벳 대·소문자를 변환하는 프로그램 입니다.

```
01 #include <stdio.h>
02 #include <ctype.h>          isupper, islower, tolower, toupper 함수를 사
03                             용하기 위해 표준 헤더 파일 ctype.h를 포함시
                               킵니다.
04 int main(void)
05 {
06     char ch;
07
08     printf("알파벳을 입력하세요 : ");
09     scanf("%c", &ch);
10
11     if(isupper(ch))          입력받은 문자의 대·소문자 여부를 판단하여
12         ch = tolower(ch);    대문자는 소문자로, 소문자는 대문자로 변환합
                                니다.
13     else if(islower(ch))
14         ch = toupper(ch);
15
16     printf("대소문자 변환 : %c\n", ch);
17
18     return 0;
19 }
```

실행결과

알파벳을 입력하세요 : a
대소문자 변환 : A

해설

- **01~02** : 헤더 파일 stdio.h는 표준 입출력, 파일 입출력 함수 원형을 선언하고 있습니다. stdio.h는 이 예제에 사용된 scanf, printf 함수의 원형을, ctype.h는 isupper, islower, toupper, tolower 함수와 같은 문자 검사와 관련된 함수 원형을 선언하고 있습니다.
- **11~14** : ch에 있는 값이 대문자이면 소문자로, 소문자이면 대문자로 변환합니다.

함수	islower, isupper 함수
함수 원형	int islower(int c); int isupper(int c);
반환값	매개변수로 전달된 문자가 소문자인지(islower 함수), 대문자인지(isupper 함수) 판별하여 0 이외의 값을 반환합니다. 만약 거짓이면 0을 반환합니다.

함수	tolower, toupper 함수
함수 원형	int islower(int c); int isupper(int c);
반환값	매개변수로 전달된 문자가 대문자면 소문자로(tolower 함수), 소문자면 대문자로(toupper 함수)로 변환된 값을 반환합니다. 만약 그렇지 않다면 원래의 값을 그대로 반환합니다.

라이브러리 함수를 사용하려면 해당 함수의 원형을 선언하고 있는 표준 헤더 파일을 #include 해야 합니다.

예제 12-2 사용자가 정의한 헤더 파일을 사용하는 프로그램입니다.

```
01 #define NAME "Hong Gil Dong"
02 #define AGE 24
03 #define SEX "Male"
```

myheader.h 파일에 기호 상수들을 정의합니다.

```
01 #include <stdio.h>
02 #include "myheader.h"
03
04 int main()
05 {
06     printf("이름 : %s\n", NAME);
```

```
07      printf("나이 : %d\n", AGE);
08      printf("성별 : %s\n", SEX);
09
10      return 0;
11  }
```

> myheader.h 파일에 정의되어 있는 기호 상수들을 사용합니다.

실행결과

이름 : Hong Gil Dong
나이 : 24
성별 : Male

해설

- **myheader.h 파일** : 선행처리기 명령어 #define을 사용해서 3개의 상수를 정의합니다. "Hong Gil Dong", 24, "Male"이라는 상수를 프로그램에서 반복해서 사용한다면 기호 상수로 정의하는 것이 편리합니다. 특정한 의미가 있는 값에 이름을 붙임으로써 프로그램의 해독력이 좋아집니다.
- **02** : myheader.h라는 헤더 파일을 선행처리 명령어 #include를 사용해서 프로그램에 포함시킵니다. 만일 표준 헤더 파일을 사용한다면 꺾쇠괄호(〈 〉)를 쓰지만 지금처럼 사용자가 정의한 헤더 파일을 포함시킬 경우에는 큰따옴표(" ")를 사용합니다. 꺾쇠괄호는 헤더 파일을 표준 폴더에서 찾아오라는 의미이고, 큰따옴표는 현재 폴더나 지정된 위치에서 검색하라는 의미입니다. 만일 myheader.h 파일이 C:\work\include 폴더에 저장되어 있다면, 다음과 같이 폴더 경로까지 지정해야 합니다.
  #include "C:\work\include\myheader.h"

사용자는 헤더 파일을 자유롭게 만들고, 이를 #include 명령으로 소스 프로그램에 포함시킬 수 있습니다.

#define

CHAPTER 03

#define의 기능

#define은 지정된 값을 다른 값으로 치환하는 기능입니다. 여기서 치환은 단순 치환과 매개변수를 포함하는 치환(매크로 함수)으로 구분할 수 있습니다. #define의 사용 방법은 다음과 같습니다.

```
단순 치환    : #define 매크로이름    치환리스트
매크로 정의  : #define 매크로이름(매개변수)   매개변수 포함 문자열
```

예

```
#define MAX   100                    → 정수형 상수 정의
#define NAME  "Hong Gil dong"        → 문자열 상수 정의
#define PRINT printf("%d", a)        → 실행문 정의
#define SQ(x) (x) * (x)              → 매크로 정의
```

#define은 매크로(macro)를 정의해서 치환 기능을 수행하는 선행처리 명령입니다. 여기서 매크로란 프로그램 내에서 반복적으로 사용되는 단어나 문장을 특정한 심벌(symbol)을 사용해서 나타내는 것을 의미합니다. 즉, 자주 사용되는 상수나 명령을 약어로 정의해서 필요할 때 사용하는 것을 매크로라고 합니다. 매크로는 단순 치환하는 매크로 상수(기호 상수)와 함수와 같은 기능을 수행하는 매크로 함수가 있습니다.

#define 명령은 단순히 상수를 치환하는 것에서 매크로 함수를 정의하는 것에 이르기까지 다양한 기능을 수행합니다.

2 단순 치환

특정한 값을 다른 값으로 정의하는 것으로 숫자, 문자, 문자열 등의 상수를 특정한 단어로 정의해서 사용할 수 있습니다.

> #define 매크로이름   치환리스트   ← 세미콜론(';')이 없음에 유의해야 합니다.

매크로 이름을 치환 리스트로 치환합니다. 이처럼 #define 명령어로 정의된 단어를 치환하는 것을 '매크로 확장(macro expansion)'이라고 부릅니다. 치환 문자열을 정의할 때 다음과 같은 사항에 주의해야 합니다.

- 매크로 이름은 공백 문자가 나오기 직전까지의 문자열이고, 나머지는 치환 리스트로 취급됩니다.
- 프로그램의 어디에서나 매크로를 정의할 수 있고, 유효 범위는 정의한 곳부터 프로그램 끝까지입니다.
- 매크로 정의문의 끝에 세미콜론(';')이 붙지 않습니다.
- 매크로 이름은 영문자, 숫자, 밑줄 문자('_')만 사용할 수 있습니다.
- 매크로 이름은 일반 변수와 구분하기 위해 가급적 대문자를 사용하는 것이 좋습니다.
- 반드시 한 줄에 기술해야 합니다. 만약 줄이 바뀌면 '\'을 사용하여 줄이 이어짐을 표시합니다.
- 매크로는 단순히 치환만할 뿐 연산을 수행하지는 않습니다.
- 문자 상수나 문자열 상수 내에서는 매크로가 전개되지 않습니다.

#define로 정의한 단어를 정의된 단어로 치환하는 것을 매크로 확장이라고 합니다.

예제 12-3 매크로 상수를 사용해서 합을 구하는 프로그램입니다.

```
01 #include <stdio.h>
02
03 #define START 1                                          ◀── 매크로 상수로 정의합니다.
04 #define END 100
05
06 int main(void)
07 {
08     int cnt, sum = 0;
09                                              ◀── 반복 횟수를 매크로 상수로 지정합니다.
10     for(cnt = START; cnt <= END; cnt++)
11         sum = sum + cnt;
12
13     printf("%d부터 %d까지의 합 : %d\n", START, END, sum);
14
15     return 0;
16 }
```

실행결과

1부터 100까지의 합 : 5050

해설

- **03~04** : 1과 100을 각각 매크로 상수 START와 END로 정의합니다. 프로그램에서 START와 END를 사용하면 1, 100으로 치환됩니다. 이처럼 매크로를 사용하면 다음과 같은 장점이 있습니다.

① 프로그램을 이해하기 쉬워집니다. 특정한 상수에 의미 있는 이름을 붙여서 사용하기 때문에 쉽게 이해할 수 있습니다.

② 프로그램 수정이 쉽습니다. 특정한 상수를 변경해서 프로그램을 수정할 때 매크로상수만 바꾸면 되기 때문입니다. 이 프로그램은 1부터 100까지의 합을 구하는데, 만약 END를 1000으로 바꾸기만 하면 1부터 1000까지의 합을 구할 수 있습니다.

- **10~11** : 선행처리기에 의해서 START는 1로, END는 100으로 치환됩니다. 이와 같이 매크로가 실제 값으로 치환되는 것을 '매크로 확장'이라고 합니다.

예제 12-4 단순 치환을 사용해서 원의 둘레를 구하는 프로그램입니다.

```
01 #include <stdio.h>
02
03 #define PI 3.141592
04 #define AREA PI * r * r
05
06 int main(void)
07 {
08     float r;
09
10     printf("반지름을 입력하세요 : ");
11     scanf("%f", &r);
12
13     printf("원의 둘레 : %f\n", AREA);
14
15     return 0;
16 }
```

03~04: 단순 치환을 위한 매크로를 정의합니다.

13: AREA를 매크로 확장한 결과를 출력합니다

실행결과

반지름을 입력하세요 : 2.3
원의 둘레 : 16.619021

해설

- **03~04**: 매크로 상수 PI와 AREA를 정의합니다. AREA는 앞에서 정의한 PI를 이용해서 정의하고 있습니다. 이런 경우에는 매크로 확장이 두 번 이루어집니다. AREA에 있는 r은 변수 이름입니다.
- **11~13**: 입력받은 반지름을 변수 r에 저장합니다. 그리고 매크로 상수 AREA를 매크로 확장한 결과를 출력합니다. AREA에 정의되어 있는 r은 변수 이름이기 때문에 변수 이름을 다른 것으로 변경하면 오류가 발생합니다. 매크로 확장은 다음과 같이 이루어집니다.

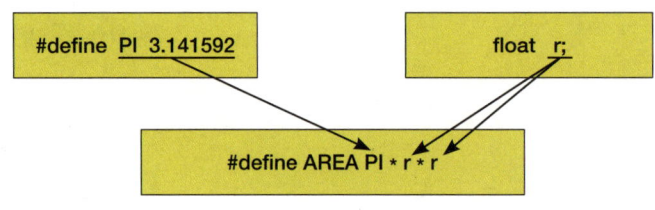

3 매크로 함수

매크로는 단순히 문자열의 확장뿐만 아니라 매개변수를 사용해서 함수처럼 사용할 수 있습니다. 이러한 것을 매크로 함수라고 합니다. 매크로 함수와 일반 함수의 차이점은 다음과 같습니다.

- 매크로 함수는 선행처리 단계에서 확장되기 때문에 일반 함수보다 실행 속도가 빠릅니다.
- 매크로 함수는 연산을 수행하는 것이 아니고 단지 치환만 할 뿐이기 때문에 프로그램 크기가 커집니다. 반면에 일반 함수는 호출해서 실행하기 때문에 프로그램이 커지지 않습니다.

매크로 함수를 정의하는 방법은 다음과 같습니다.

#define 문자열1(매개변수들)   매개변수를 포함한 문자열

예 #define   power(x)   (x)*(x)
    프로그램 내에서 power(100)이라고 사용하면 100*100으로 치환됩니다.

예 `#define ABS(x) ((x)>0 ? (x) : (-x))`
조건 연산자를 사용하여 절대값을 구하는 치환문입니다.

매크로 함수는 단순 치환과 달리 매개변수를 가집니다.

일반 함수는 여러 번 호출해도 프로그램 크기하고는 상관없지만 매크로 함수는 치환되기 때문에 프로그램 크기가 커집니다. 하지만 일반 함수는 호출로 인한 속도 저하가 발생하는 반면에 매크로 함수는 처리 속도를 저하시키지 않습니다.

매크로 함수는 일반 함수처럼 사용할 수 있지만 다음과 같은 특징이 있습니다.

- 매크로 상수와는 달리 일반적으로 소문자를 사용합니다.
- 매크로 함수의 매개변수는 특정 자료형에 제한 받지 않습니다.
- 단순히 치환만 할 뿐이지 연산은 수행하지 않습니다.

```
#define power(x) (x * x)
...
a = power(3+1);
```

이와 같은 예제를 수행하면 다음과 같이 치환됩니다.

```
3+1*3+1
```

원래 의도는 (3+1)*(3+1)이었지만 매크로 함수는 있는 그대로 치환만 하기 때문에 엉뚱한 결과가 나올 수 있습니다. 이런 문제를 해결하기 위해서는 치환 문자열의 매개변수를 괄호로 처리해야 합니다. 또한 실 매개변수에서 ++ 또는 -- 연산자를 사용하지 않는 것이 좋습니다.

```
#define power(x)   ((x)*(x))
```

매크로 함수도 단순 치환과 마찬가지로 치환만할 뿐 연산을 수행하지는 않습니다.

예제 12-5 매크로 함수를 사용하여 제곱을 구하는 프로그램입니다.

```
01 #include <stdio.h>
02
03 #define power1(x) (x * x)
04 #define power2(x) ((x) * (x))
05
06 int main(void)
07 {
08     int num;
09
10     printf("정수를 입력하세요 : ");
11     scanf("%d", &num);
12
13     printf("%d의 제곱 : %d\n", num, power1(num));
14     printf("%d의 제곱 : %d\n", num, power2(num));
15
16     printf("(%d+2)의 제곱 : %d\n", num, power1(num+2));
17     printf("(%d+2)의 제곱 : %d\n", num, power2(num+2));
18
19     return 0;
20 }
```

매크로 함수를 정의합니다.

매크로 함수 power1과 power2를 사용합니다.

실행결과

정수를 입력하세요 : 10
10의 제곱 : 100
10의 제곱 : 100
(10+2)의 제곱 : 32
(10+2)의 제곱 : 144

해설

- **03~04** : 매크로 함수 power1과 power2를 정의합니다. 이 두 개의 매크로 함수는 치환 리스트에 있는 매개변수를 괄호로 둘러싼 것과 그렇지 않은 것에 차이가 있습니다. 매크로 함수는 매

크로 확장을 통한 치환만 수행하고 연산을 하지 않는다는 점을 주의해야 합니다.

- **13~14** : power1과 power2의 매개변수로 num을 사용했습니다. 매크로 함수는 있는 그대로 치환하기 때문에 다음과 같이 방식으로 매크로 확장됩니다.

```
power1(num) → (num * num)
power2(num) → ((num) * (num))
```

매크로 확장 결과 동일한 값이 출력됩니다. 만약 num이 10이라면 둘 다 100이 출력됩니다.

- **16~17** : power1과 power2를 매크로 확장하면 다음과 같이 전개됩니다.

```
power1(num+2) → (num+2 * num+2)
power2(num+2) → ((num+2) * (num+2))
```

만약 num이 10이라면 매크로 확장 결과 power1은 (10+2 * 10+2) = 32가 되고, power2는 ((10+2) * (10+2)) = 144가 됩니다. 결과에서 알 수 있듯이 매크로 확장 시 연산을 수행하지 않고 그대로 치환만 하기 때문에 각각의 매개변수를 괄호로 둘러싸는 것이 좋습니다.

매크로 함수를 확장할 때 뜻하지 않은 결과가 나올 수 있기 때문에 매크로 함수를 정의하면서 각각의 매개변수를 괄호로 둘러싸는 것이 좋습니다.

예제 12-6 매크로 함수에 서로 다른 자료형의 매개변수를 전달하는 프로그램입니다.

```
01 #include <stdio.h>
02
03 #define add(a, b) ((a) + (b))         매크로 함수 add를 정의합니다.
04
05 int main(void)
06 {
```

Part 12. 선행처리기 **613**

```
07      int a, b;
08      float x, y;
09
10      printf("정수 2개 입력 : ");
11      scanf("%d%d", &a, &b);
12
13      printf("실수 2개 입력 : ");
14      scanf("%f%f", &x, &y);
15
16      printf("%d + %d = %d\n", a, b, add(a, b));
17      printf("%f + %f = %f\n", x, y, add(x, y));
18
19      return 0;
20   }
```

> 서로 다른 자료형의 매개변수로 매크로 함수를 이용합니다.

실행결과

```
정수 2개를 입력 : 10 20
실수 2개를 입력 : 10.3 20.4
10 + 20 = 30
10.300000 + 20.400000 = 30.700000
```

해설

- **03** : 두 개의 매개변수를 갖는 매크로 함수 add를 정의합니다.
- **16** : 매크로 함수 add를 매크로 확장합니다. a와 b는 int형이고, 두 개의 값을 더한 결과가 출력됩니다.
- **17** : 매크로 함수 add를 매크로 확장합니다. 일반적인 함수는 함수의 자료형과 매개변수의 자료형이 명시되어야 하기 때문에 함수의 자료형과 매개변수의 자료형이 서로 다른 함수는 따로 정의해야 합니다. 앞에서는 int형 결과를 반환해야 하고, 여기서는 float형 결과를 반환해야 하기 때문에 두 개의 수를 더하는 함수를 따로 작성해야 합니다. 하지만 매크로 함수는 단순히 치환만 하기 때문에 매개변수의 자료형이나 함수의 자료형에 구애받지 않습니다. 그래서 float형 x, y를 더한 결과가 float형으로 출력됩니다. 이처럼 때로는 매크로함수가 일반 함수보다 더 유용하게 사용될 수 있습니다.

매크로 함수는 반환값의 자료형이나 매개변수의 자료형을 고려하지 않기 때문에 함수 자료형과 매개변수 자료형이 다르더라도 1개의 매크로 함수로 처리할 수 있습니다.

4 #undef

#undef는 정의된 매크로를 취소할 때 사용합니다. #undef의 사용 방법은 다음과 같습니다.

```
#undef 매크로이름
```

```
#define MAX 100        ← 매크로 상수 MAX의 정의
...
#undef MAX             ← 매크로 상수 MAX의 정의 취소
#define MAX 200        ← 매크로 상수 MAX의 재정의
```

#define로 정의된 매크로는 취소하지 않고 재정의 할 수 있지만 보다 프로그램을 명확하게 하기 위해서는 취소한 다음에 재정의 하는 것이 좋습니다. #undef 명령을 사용하는 예를 보도록 하겠습니다.

만약 my.h 헤더 파일에 자주 사용하는 상수를 매크로로 정의하였다고 가정하겠습니다.

```
/* my.h 헤더 파일 */
#define MAX 100
#define MIN 1
#define BUF 1024
```

어떤 프로그램에서 my.h 파일을 첨가하여 작성할 때, MAX와 MIN 매크로를 다른 값으로 재정의 하여 사용하고자 한다면 매크로의 중복이 발생합니다.

```
#include "my.h"
#define MAX 1000
#define MIN  0
    …
    …
```
매크로 중복이 발생합니다.

이처럼 my.h를 첨가한 프로그램을 컴파일하면 다음과 같은 경고 메시지가 출력됩니다.

```
Warning : Redefinition of 'MAX' is not identifier
Warning : Redefinition of 'MIN' is not identifier
```

오류가 아니라 경고이기 때문에 실행하는 데는 문제가 없지만 프로그램을 명확하게 처리하지 못한 책임을 면할 수는 없습니다. 이런 경우에는 #define으로 정의한 매크로를 #undef로 해제한 다음에 재정의 하는 것이 좋습니다. 위의 프로그램을 다음과 같이 수정해야 올바로 처리됩니다.

```
#include "my.h"
#undef MAX
#undef MIN
#define MAX 1000
#define MIN  0
    …
    …
```
MAX, MIN 매크로를 해제합니다.
MAX, MIN 매크로를 재정의 합니다.

#undef는 #define으로 정의한 매크로를 해제하는 선행처리기 명령입니다.

#define으로 이미 정의한 매크로를 #undef로 해제하지 않고 재정의 하면 경고(warning) 메시지가 출력됩니다.

예제 12-7 #undef를 사용하여 매크로를 해제하고 재정의 하는 프로그램입니다.

```
01  #include <stdio.h>
02
03  #define MAX 100                              ── MAX 매크로를 정의합니다.
04
05  int main(void)
06  {
07      int cnt, sum = 0;
08
09      for(cnt = 1; cnt <= MAX; cnt++)          ┐
10          sum = sum + cnt;                     ┘ 1부터 MAX까지의 합을 구합니다.
11
12      printf("1부터 %d까지의 합 : %d\n", MAX, sum);
13
14      #undef MAX                               ┐
15      #define MAX 50                           ┘ MAX 매크로를 해제하고 재정의 합니다.
16
17      sum = 0;
18      for(cnt = 1; cnt <= MAX; cnt++)          ┐ 1부터 재 정의한 MAX까지의 합을
19          sum = sum + cnt;                     ┘ 구합니다.
20
21      printf("1부터 %d까지의 합 : %d\n", MAX, sum);
22
23      return 0;
24  }
```

실행결과

1부터 100까지의 합 : 5050
1부터 50까지의 합 : 1275

- **14~15** : #undef 명령을 사용해서 매크로 상수 MAX의 정의를 해제합니다. 그리고 MAX를 재 정의하여 MAX를 50으로 변경합니다.

뛰어넘기 — 시스템 정의 매크로

C 언어에서는 보다 편리한 프로그래밍을 위해 시스템에 정의되어 있는 매크로를 제공합니다. 다음은 각각에 대한 설명입니다.

시스템 정의 매크로	설명
__FILE__	현재 처리 중인 프로그램의 이름을 나타내는 문자열입니다.
__TIME__	컴파일 시간을 "시 : 분 : 초"로 표시하는 문자열입니다.
__DATE__	컴파일 날짜를 "월 일 년"으로 표시하는 문자열입니다.
__LINE__	현재 사용 중인 행 번호를 나타내는 문자열입니다.

예제 12-8 시스템 정의 매크로를 사용하는 프로그램입니다.

```
01 #include <stdio.h>
02
03 int main()
04 {
05     printf("__LINE__ : %d\n", __LINE__);
06     printf("__FILE__ : %s\n", __FILE__);
07     printf("__TIME__ : %s\n", __TIME__);
08     printf("__DATE__ : %s\n", __DATE__);
09
10     return 0;
11 }
```

실행결과

```
__LINE__ : 5
__FILE__ : 예제12-8.c
__TIME__ : 14:28:37
__DATE__ : Feb  1 2018
```

조건 컴파일

1 조건 컴파일이란?

선행처리 명령으로 특정한 조건에 따라 선택적으로 컴파일할 수 있습니다. if문과 같은 형태의 명령을 사용해서 컴파일 범위를 지정합니다. 조건 컴파일에 사용하는 선행처리 명령은 #ifdef, #ifndef, #if, #else, #elif, #endif 등이 있습니다. 조건 컴파일 명령의 사용 방법 및 실행 순서는 if문과 비슷합니다. #ifdef와 #ifndef는 매크로의 정의 여부에 따라서 조건을 판단하고, #if는 주로 매크로의 값에 따라 조건을 평가합니다.

조건 컴파일 명령을 사용하면 #define 명령으로 정의한 매크로의 유무와 값에 따라 다른 결과를 생성할 수 있습니다.

제어문의 if는 C 언어 명령이기 때문에 조건의 참 또는 거짓에 따라 프로그램 크기에 변동이 없습니다. 하지만 선행처리기의 조건 컴파일 명령을 사용하면 해당 조건이 거짓일 때 기술된 C 문장을 소스 프로그램에 추가하지 않기 때문에 프로그램 크기를 줄일 수 있습니다.

2 #ifdef, #ifndef

#ifdef와 #ifndef는 #define 선행처리 명령으로 정의된 매크로가 있는지를 판단해서 조건 컴파일 합니다. 이 명령어의 사용 형식은 다음과 같습니다.

형식 ❶

```
#ifdef 매크로이름
      실행 블록1
#else
      실행 블록2
#endif
```

#define 선행처리 명령으로 매크로 이름이 정의되어 있으면 '실행 블록1'을 컴파일하고, 그렇지 않으면 '실행 블록2'를 컴파일합니다.

형식❷

```
#ifndef 매크로이름
        실행 블록1
#else
        실행 블록2
#endif
```

매크로 이름이 정의되어 있지 않으면 '실행 블록1'을 수행하고, 정의되어 있으면 '실행 블록2'를 실행합니다. 이처럼 #ifndef는 #ifdef와 정반대로 조건을 검사합니다.

#ifdef와 #ifndef는 #define으로 정의된 매크로가 존재하는지 유무를 검사합니다.

예제 12-9 매크로의 정의 유무에 따라 조건 컴파일하는 프로그램입니다.

```
01 #include <stdio.h>
02
03 int main(void)
04 {
05     int cnt, sum = 0, multi;
06
07     #ifdef MULTI
08         multi = 3;
09     #else
10         multi = 2;
11     #endif
12
13     for(cnt = 1; cnt <= 100; cnt++)
14         if(cnt % multi == 0)
15             sum = sum + cnt;
16     printf("%d의 배수의 합 : %d\n", multi, sum);
17
18     return 0;
19 }
```

MULTI라는 매크로 정의 유무에 따라 multi 변수에 다른 값을 대입합니다.

실행결과

2의 배수의 합 : 2550

해설

- **07~11** : #ifdef 명령을 사용해서 조건 컴파일합니다. 만약 MULTI 매크로가 정의되어 있다면 변수 multi에 3을 대입하고, 정의되어 있지 않다면 2를 대입합니다. 여기서는 int형 변수 multi에 값을 대입하는데, 이 부분을 #define 명령을 사용해서 매크로로 정의할 수 있습니다.
- **13~15** : 1부터 100까지의 수에서 multi로 지정된 배수의 합을 구합니다. 만약 앞에서 #define문을 사용해서 MULTI라는 매크로 상수를 정의했다면 multi를 MULTI로 바꿔야 합니다.

예제 12-10 매크로의 정의 유무에 따라 매크로를 정의하여 처리하는 프로그램입니다.

```
01 #include <stdio.h>
02
03 int main(void)
04 {
05     int cnt, sum = 0, num;
06
07     #ifndef MAX
08         #define MAX 5
09     #endif
10
11     for(cnt = 1; cnt <= MAX; cnt++) {
12         printf("정수를 입력하세요 : ");
13         scanf("%d", &num);
14         sum = sum + num;
15     }
16     printf("5개 정수의 합 : %d\n", sum);
17
18     return 0;
19 }
```

> 만약 MAX 매크로가 정의되어 있지 않다면 MAX 매크로를 정의합니다.

> MAX 매크로의 값만큼 반복하면서 정수를 입력받고, 그 값의 합을 구합니다.

실행결과

정수를 입력하세요 : 4
정수를 입력하세요 : 2
정수를 입력하세요 : 10
정수를 입력하세요 : 15
정수를 입력하세요 : 3
5개 정수의 합 : 34

해설

- **07~09** : #ifndef 명령을 사용해서 조건 컴파일합니다. 매크로 MAX가 정의되어 있지 않다면 MAX를 정의합니다.

예제 12-11 매크로 함수의 정의 유무에 따라 조건 컴파일하는 프로그램입니다.

```
01 #include <stdio.h>
02
03 int main(void)
04 {
05     int a = 10, b =20;
06
07     #ifndef add(a,b)
08         #define add(a,b)  ((a)+(b))
09     #endif
10
11     printf("%d + %d = %d\n", a, b, add(a,b));
12
13     return 0;
14 }
```

매크로 함수 add가 정의되어 있지 않다면 add를 정의합니다.

실행결과

```
10 + 20 = 30
```

해설

- **07~09** : #ifndef 명령을 사용해서 매크로의 정의 여부를 판단합니다. 조건에 매크로 상수뿐만 아니라 매크로 함수도 사용할 수 있습니다. 여기서는 매크로 함수 add(a, b)가 정의되어 있지 않다면 새롭게 정의합니다.

#ifdef, #ifndef는 매크로 함수의 정의 유무도 검사할 수 있습니다.

3 #if, #elif

매크로의 값에 따라 조건 컴파일합니다. if문과 사용 방법이 거의 비슷합니다. #elif는 else if의 줄임말입니다. 이 명령어들의 사용 형식은 다음과 같습니다.

사용 형식

#if 조건식
    실행 블록1
#elif 조건식
    실행 블록2
    …
#else
    실행 블록n
#endif

#if와 #elif는 매크로의 값에 따라 조건 컴파일하는 선행처리기 명령입니다.

예제 12-12 매크로의 값에 따라 조건 컴파일하는 프로그램입니다.

```
01 #include <stdio.h>
02 #include <alloc.h>
03 #define MAX 10
04
05 int main(void)
06 {
07     char *buf;
08
09     #if MAX == 10
10         buf = (char *)malloc(MAX*2);
11     #else
12         buf = (char *)malloc(50);
13     #endif
14
15     printf("문자열을 입력하세요 : ");
16     gets(buf);
17     printf("문자열 : %s\n", buf);
18
19     return 0;
20 }
```

> MAX 매크로의 값이 10인지, 아닌지에 따라 각각 다른 방식으로 컴파일합니다.

실행결과

문자열을 입력하세요 : C Language
문자열 : C Language

- **09~13** : 만약 매크로 MAX의 값이 10이라면 MAX*2바이트의 메모리를 동적 할당하고, 그렇지 않다면 50바이트를 할당합니다. 이 프로그램에서는 MAX가 10으로 정의되어 있기 때문에 20바이트를 할당합니다. #if 명령은 if문의 사용 방법과 유사합니다.

예제 12-13 다중 조건으로 컴파일하는 프로그램입니다.

```
01 #include <stdio.h>
02
03 #define NUM 2
04
05 int main(void)
06 {
07     #if NUM == 1
08         printf("#if NUM == 1\n");
09         printf("NUM은 1입니다.\n");
10     #elif NUM == 2
11         printf("#elif NUM == 2\n");
12         printf("NUM은 2입니다.\n");
13     #elif NUM == 3
14         printf("#elif NUM == 3\n");
15         printf("NUM은 3입니다.\n");
16     #elif NUM == 4
17         printf("#elif NUM == 4\n");
18         printf("NUM은 4입니다.\n");
19     #else
20         printf("#else\n");
21         printf("NUM은 1, 2, 3, 4 이외의 수입니다.\n");
22     #endif
23
24     return 0;
25 }
```

NUM 매크로의 값에 따라 다른 내용을 컴파일합니다.

실행결과

```
#elif NUM == 2
NUM은 2입니다.
```

- **07~09** : #if 명령을 사용해서 조건 컴파일합니다. 만약 매크로 NUM의 값이 1이면 두 개의 문자열을 출력합니다. C 언어 문법에 맞게 기술한다면 if의 조건에 괄호가 있어야 하고, 처리하는 문장이 두 개 이상이면 중괄호를 사용해서 블록으로 처리해야 하지만 선행처리 명령은 C 문법과는 독립적으로 처리되기 때문에 그러한 제약이 없습니다. 다만 조건 비교에서 사용하는 관계 연산자와 논리 연산자는 C 문법에 있는 것을 그대로 사용할 수 있습니다.
- **10~12** : #elif 명령을 사용해서 조건을 처리합니다. #elif는 'else if'를 의미하기 때문에 앞의 #if 조건이 거짓일 때 수행합니다.

#ifdef, #ifndef는 매크로 함수의 정의 유무도 검사할 수 있습니다.

4 기타 명령어

조건 컴파일 명령어 이외에도 다양한 선행처리기 명령어들이 있습니다.

- **#line**

컴파일러는 소스 파일을 컴파일할 때 프로그램의 행 번호와 파일 이름 정보를 저장합니다. #line 명령어는 이러한 정보를 변경할 때 사용합니다. #line의 사용 형식은 다음과 같습니다.

> **사용 형식 ①** #line 행번호
> **사용 형식 ②** #line 행번호 "파일 이름"

①과 같이 행 번호를 지정하면 소스 코드의 #line 다음 문장이 지정된 번호로 변경됩니다. 행 번호는 1부터 32,767 사이의 수만 사용할 수 있습니다. ②와 같이 행 번호에 파일 이름까지 지정하면 원래의 소스 파일 이름 대신에 새롭게 지정한 이름을 사용하게 됩니다. 이 명령은 주로 디버깅할 때 사용합니다.

#line 명령어는 프로그램에서 #line 명령이 기술되어 있는 곳의 라인 번호나 파일 이름을 재지정할 수 있습니다.

예제 12-14 #line 명령을 사용하는 프로그램입니다.

```
01 #include <stdio.h>
02
03 int main(void)
04 {
05     int a = 10;
06
07     printf("line : %d file : %s -> a = %d\n", __LINE__, __FILE__, a);
08
09     a = a + 10;
10     #line 1
11     printf("line : %d file : %s -> a = %d\n", __LINE__, __FILE__, a);
12
13     a = a + 10;
14     #line 50 "test.c"
15     printf("line : %d file : %s -> a = %d\n", __LINE__, __FILE__, a);
16
17     return 0;
18 }
19
```

실행결과

line : 7 file : 예제12-14.c -> a = 10
line : 1 file : 예제12-14.c -> a = 20
line : 50 file : test.c -> a = 30

- **07** : 시스템 정의 매크로 __LINE__과 __FILE__를 사용해서 현재의 행 번호와 파일 이름을 출력합니다. 이 문장은 7행에 있기 때문에 행 번호 7을 출력합니다.
- **10~11** : #line 명령을 사용해서 행 번호를 1로 변경합니다. 그 결과 현재의 행은 1이 됩니다.
- **14~15** : #line 명령을 사용해서 행 번호와 파일 이름을 변경합니다. 행은 50, 파일 이름은 test.c로 변경되었습니다.

- **#pragma**

#pragma는 pragmatize의 약자로 컴파일러에게 무엇인가를 지시할 때 사용합니다. 사용 형식은 다음과 같습니다.

```
#pragma 지시자
```

ANSI C에서는 지시자의 종류를 따로 규정하지 않고 각 컴파일러 제조회사에서 지시자를 규정하도록 하고 있습니다. 그렇기 때문에 컴파일러가 이해하지 못하는 지시자를 사용하게 되면 컴파일러는 그것을 무시합니다.

- **#error**

컴파일러가 컴파일할 때 독자적으로 오류가 발생했음을 통보하고 컴파일을 중단시키는데 사용합니다. #error의 사용 형식은 다음과 같습니다.

```
##error 문자열
```

컴파일러는 컴파일을 중지하고 시스템에서 규정된 정보와 함께 #error 명령으로 지정한 문자열을 출력합니다.

#error 명령은 특정한 위치에서 오류가 발생할 때 출력할 오류 메시지를 지정합니다.

예제 12-15 #error 명령을 사용하여 지정된 오류 메시지를 출력하도록 하는 프로그램입니다.

```
01  #include <stdio.h>
02  #define COND 5
03
04  int main(void)
05  {
06      #if COND == 1 || COND == 3
07          int a = 10, b =20;
08      #else
09          #error COND : out of range
10      #endif
11
12      printf("%d + %d = %d\n", a, b, a+b);
13
14      return 0;
15  }
```

> #error 명령을 사용하여 출력할 오류 메시지를 지정합니다.

이 프로그램을 컴파일하면 오류 메시지를 출력합니다. 매크로 COND의 값이 1 또는 3이면 int형 변수 a, b를 생성하지만, 그렇지 않으면 #error 명령에 의해서 오류 메시지를 출력하고 중단됩니다. #error 명령은 오류가 발생했음을 통지하고 컴파일을 중단하도록 지시하는 선행처리기 명령입니다. #error 명령 뒤에 나와 있는 문자열을 오류 메시지로 출력합니다.

- **#**

매크로 함수의 실 매개변수를 그대로 문자열화 하는 연산자입니다. 매크로를 정의하는 치환 리스트에 있는 매개변수 앞에 #을 붙이면 실 매개변수는 그대로 문자열로 변환됩니다. 다음의 경우를 보도록 하겠습니다.

```
#define PRINT(x)  printf("x = %d\n", x);
...
a = 100;
PRINT(a);
```

이 예에서 기대하는 출력은 "a = 100"입니다.

하지만 "x = 100"이라고 출력됩니다. 그 이유는 매크로 함수에서 큰따옴표(" ")안에 있는 값은 매크로 확장되지 않기 때문입니다. 이런 경우에 #을 사용해서 다음과 같이 표현하면 원하는 결과가 출력됩니다.

```
#define PRINT(x)    printf(#x" = %d\n", x);
```

명령은 실 매개변수를 그대로 문자열로 변환합니다.

예제 12-16 # 명령을 사용하여 매크로 함수의 유용성을 높여주는 프로그램입니다.

```
01 #include <stdio.h>
02
03 #define PRINT(x)    printf(#x" = %d\n", x);
04
05 int main(void)
06 {
07     int a = 100;
08
09     PRINT(a);
10     PRINT(a+10);
11
12     return 0;
13 }
```

03 # 명령을 이용한 매크로 함수를 정의합니다.

실행결과

```
a = 100
a+10 = 110
```

해설

- **03** : #이 붙은 x는 실 매개변수를 문자열로 변환합니다.
- **09** : 03라인에서 #x라고 했기 때문에 x가 매개변수 a로 치환됩니다. 매크로 확장하면 다음과 같습니다.

    ```
    printf("a = %d\n", a);
    ```

- **10** : 매크로 확장하면 다음과 같아집니다.

    ```
    printf("a+10 = %d\n", a+10);
    ```

- **##**

매크로에서 사용된 두 개의 매개변수를 하나로 합칠 때 사용합니다. 다음의 예를 보겠습니다.

```
#define PRINT(a,b) printf("%d\n", a##b);
    ...
xy = 100;
PRINT(x,y);
```

이와 같이 하면 x, y가 하나로 합쳐져서 xy가 됩니다.

명령은 두 개의 매개변수를 하나로 합칩니다.

예제 12-17 ## 명령을 사용하여 두 개의 매개변수를 합치는 프로그램입니다.

```
01 #include <stdio.h>
02
03 #define PRINT(x,y)   printf("%d\n", x##y)    ## 명령을 이용한 매크로 함수를 정의합니다.
04
```

```
05  int main(void)
06  {
07      int a1 = 100, a2 = 200, a3 = 300;
08
09      PRINT(a, 1);
10      PRINT(a, 2);
11      PRINT(a, 3);
12
13      return 0;
14  }
```

실행결과

```
100
200
300
```

해설

- **03** : 매크로 함수 PRINT를 정의합니다. x##y는 x와 y를 하나의 단어로 결합시키는 명령입니다.
- **09~11** : 매크로 함수 PRINT를 매크로 확장하면 다음과 같이 변환됩니다.

```
PRINT(a, 1) → printf("%d\n", a1);
PRINT(a, 2) → printf("%d\n", a2);
PRINT(a, 3) → printf("%d\n", a3);
```

뛰어넘기: typedef와 #define

typedef는 정해진 자료형을 사용자가 다른 이름으로 재정의 하는 명령입니다. 11장에서도 설명했듯이 이 명령어의 사용 형식은 다음과 같습니다.

```
typedef 기존자료형 변경자료형;
```

```
typedef unsigned char  byte;   → unsigned char 자료형을 byte라는
                                  이름으로 재정의 합니다.
```

이 예에서 처리한 typedef의 기능은 #define 선행처리 명령으로도 처리할 수 있습니다.

```
#define byte unsigned char
```

typedef와 #define은 다음과 같은 차이점이 있습니다.

- typedef는 컴파일러에 의해 처리되지만 #define은 선행처리기가 처리합니다.
- typedef 명령은 단지 자료형에서만 사용할 수 있지만 #define은 다양한 치환이 가능합니다.

연습문제

01 다음 중 선행처리기의 장점이 아닌 것은?

① 프로그램을 이해하기 쉽다.
② 프로그램 실행 속도가 빨라진다.
③ 프로그램 수정이 간편하다.
④ 프로그램 크기가 작아진다.

02 다음 중 선행처리 명령과 관계없는 것은?

① #macro   ② #include   ③ #define   ④ #if

03 다음 중 매크로를 선언하는데 사용하는 선행처리 명령은?

① #include   ② #if   ③ #line   ④ #define

04 다음 중 매크로에 대한 설명이 잘못된 것은?

① 매크로 정의된 단어를 치환하는 것을 '매크로 확장'이라고 부른다.
② 매크로 이름은 큰 따옴표가 나오기 직전까지의 문자열이다.
③ 매크로 정의문의 끝에 세미콜론이 붙지 않는다.
④ 매크로 이름은 영문자, 숫자, 밑줄 문자('_')만 사용할 수 있다.

05 #define으로 정의된 매크로를 해제하는 명령은?

① #if   ② #include   ③ #undef   ④ #ifdef

06 매크로 함수가 다음과 같이 정의되었을 때 MULTI(3+4)의 결과는?

```
#define MULTI(x)   (x*x)
```

① 15   ② 19   ③ 25   ④ 49

07 #include 명령의 기능에 대해 설명하시오.

08 조건 컴파일을 하는 이유에 대해 설명하시오.

09 #define 명령을 사용해서 수행할 수 있는 기능에 대해 설명하시오.

10 매크로에 대해서 설명하시오.

01 다음의 프로그램을 실행한 결과는? 이 프로그램에서 INPUT은 scanf 함수를 이용한 입력문, PRINT는 printf 함수를 사용해서 입력한 값을 출력하기 위한 출력문으로 정의하고 있습니다.

```
#include <stdio.h>

#define INPUT(x)   scanf("%d", &x);
#define PRINT(x)   printf("x is %d\n", x)

int main(void)
{
    int x;

    INPUT(x);
    PRINT(x);

    return 0;
}
```

02 다음 프로그램을 실행한 결과는? 이 프로그램은 조건 컴파일 기능을 사용하여 매크로 상수 MAX가 정의되어 있으면 1부터 MAX까지의 합을 출력하고, 정의되어 있지 않으면 1부터 100까지의 합을 출력합니다.

```
#include <stdio.h>

#define MAX 200

int main(void)
{
    int i, sum = 0;

    #ifdef MAX
        for(i = 1; i <= MAX; i++)
            sum = sum + i;
```

```
            printf("1부터 %d까지의 합 : %d\n", MAX, sum);
        #else
            for(i = 1; i <= 100; i++)
                sum = sum + i;
            printf("1부터 100까지의 합 : %d\n", sum);
        #endif

            return 0;
    }
```

03 다음 프로그램을 실행한 결과는?

```
#include <stdio.h>
#define bit_extract(x,i) (((x) >> (i)) & 1)
int main(void)
{
    int i, num;

    printf("정수를 입력하세요 : ");
    scanf("%d", &num);

    for(i = 15; i >= 0; i--)
        printf("%2d", bit_extract(num, i));

    return 0;
}
```

04 절대값을 구하는 매크로 함수를 정의해서 입력받은 정수의 절대값을 출력하는 프로그램을 작성하시오.

05 두 개의 정수 중에서 최대값을 구하는 매크로 함수를 정의해서 정수 두 개를 입력받아서 합을 출력하는 프로그램을 작성하시오.

PART 13

파일 입출력

입출력 방법은 표준 입출력과 파일 입출력으로 구분할 수 있습니다. 표준 입출력은 표준 입출력 장치인 키보드와 모니터를 이용한 방법이고, 파일 입출력은 지정된 파일에 입출력하는 것을 의미합니다. 지금까지는 키보드 입력과 화면 출력으로 끝났는데, 이제부터는 파일을 대상으로 작업을 수행합니다. C 언어는 다양한 파일 입출력 함수를 제공합니다. 이장에서는 파일 입출력 함수의 사용 방법에 관해서 설명하고, 예제를 통해 파일 입출력을 마스터합니다.

파일 입출력의 기초

 스트림의 이해

스트림이란?

파일은 하드디스크와 같은 보조기억장치에 저장하는 단위입니다. 데이터를 하드디스크에 입출력하기 위해서는 해당 장치에 접근해야 하는데, 사용자가 하드디스크와 같은 물리적 장치에 직접 접근하는 프로그램을 작성하는 것은 쉬운 일이 아닙니다. 사용할 장치가 변경되면 프로그램을 수정해야 하고, 장치의 종류에 따라 서로 다른 프로그램을 작성해야 하기 때문입니다. 즉, 프로그램이 물리적 장치로부터 독립적이지 않으면 프로그램의 호환성에 문제가 발생합니다. 이러한 문제를 해결하기 위해 스트림(stream)이라는 논리적인 개념을 사용합니다.

스트림은 사전적인 의미로 '연속된 흐름'을 뜻하듯이 컴퓨터 분야에서는 '데이터의 흐름'을 의미합니다. 입출력에 사용되는 스트림을 보다 자세히 설명하면 데이터를 입력받거나 출력할 때 입출력 장치로부터 데이터가 흘러가는 것을 뜻합니다. 즉, 스트림은 데이터를 입력받거나 출력하는 장치를 논리적으로 연결하는 방법입니다. 이렇듯 C언어는 파일 입출력을 위해 스트림을 사용하기 때문에 파일을 바이트 단위로 읽을 수 있는 바이트의 연속된 묶음으로 이해합니다.

만약 키보드로 입력받은 문자를 모니터에 출력한다면, 키보드와 모니터라는 물리적 장치와 연결되어야 합니다. 그런데 물리적 장치가 달라짐에 따라 사용자가 처리하는 방식이 달라지고, 사용자가 장치의 특성을 파악하여 처리해야 한다면 입출력 작업이 너무 힘들어지겠죠. 이런 부담을 덜어주기 위해 C 언어의 입출력 시스템은 실제 연결된 물리적 장치가 다르더라도 같은 방식으로 동작할 수 있게 하려고 스트림을 사용하는 것입니다.

그렇게 하면 어떤 입출력 장치를 사용하더라도 장치와 무관하게 동일한 인터페이스를 사용하여 입출력할 수 있습니다. 이처럼 C 언어는 물리적 장치와 사용자 사이에서 편리하게 입출력할 수 있도록 스트림을 제공합니다. 스트림을 사용하면 장치 독립적으로 입출력할 수 있기 때문에 모니터로 출력할 데이터를 하드디스크에 파일로 출력하거나 프린터로 출력하더라도 동일한 방법으로 처리할 수 있습니다.

표준 입출력은 키보드를 이용한 입력, 모니터를 이용한 출력을 뜻합니다. 이러한 장치를 콘솔(console)이라고 합니다.

스트림(stream)은 물리적 장치와 사용자 사이를 연결해서 입출력 장치의 종류에 상관없이 입출력할 수 있도록 지원해주는 논리적인 방법입니다.

스트림(stream)을 사용함으로써 장치 독립적인 입출력이 가능해집니다.

스트림은 순서 있는 데이터의 일방적인 흐름입니다. 언제나 시냇물이 한쪽으로 흘러가듯이 스트림도 항상 데이터가 한쪽으로만 전송됩니다. 그렇기 때문에 입력과 출력을 동시에 처리하는 스트림은 없고, 입력과 출력만을 전담하는 스트림이 구분되어 있습니다.

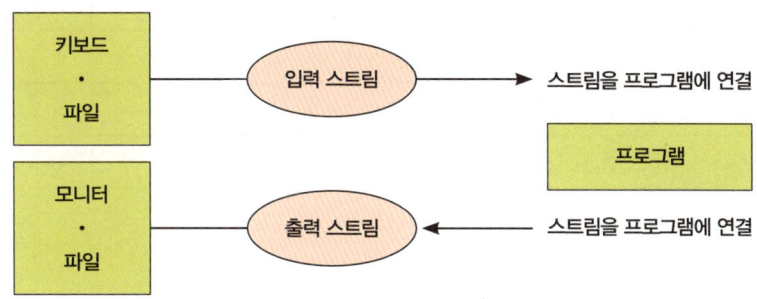

지금까지 설명한 스트림을 정리해보겠습니다.

스트림은 물리적 장치인 하드디스크에 있는 파일과 각종 장치들(키보드, 모니터, 통신 포트, 프린터 등)을 하나의 통일된 방식으로 다루기 위한 추상화된 논리적 장치를 의미합니다. 즉, 스트림은 파일 및 여러 장치에 대한 논리적인 접속 방법(interface)입니다.

파일과 스트림의 차이점은, 파일은 하드디스크 상의 파일을 포함하여 개개의 물리적인 실제 장치들을 총칭하는 말인 데 반해, 스트림은 실제 장치들을 하나의 통일된 방식으로 다룰 수 있도록 마련된 실제 장치들과는 독립적인 접속 장치를 뜻합니다. 이와 같이 추상적인 스트림을 이용해서 하드디스크 상의 파일과 장치들을 논리적으로 동등하게 취급하는 이유는 데이터 입출력에 상당한 융통성과 효율성을 주기 때문입니다. 서로 다른 장치들에 접근할 때 동일한 스트림으로 처리할 수 있기 때문에 장치와 관계없이 사용할 수 있습니다. C 언어에서 사용하는 스트림은 다음과 같은 장치에 대한 논리적인 접속입니다.

스트림 = 하드디스크의 파일 + 키보드 + 화면 + 통신포트 + 프린터

기정의 스트림

C 언어는 키보드, 모니터, 프린터와 같은 입출력 장치를 하나의 파일로 취급하고, 이들을 표준 입출력 스트림 또는 기정의 스트림(이미 정의된 스트림, predefined stream)이라고 부릅니다. 표준 입출력 스트림은 컴퓨터가 작동하면 자동으로 사용할 수 있도록 활성화되고, 표준 파일이라고도 합니다.

역할	스트림 이름	장치	파일 식별자
표준 입력(standard input)	stdin	키보드	0
표준 출력(standard output)	stdout	모니터	1
표준 에러 출력(standard error)	stderr	모니터	2
표준 보조 장치(standard auxiliary)	stdaux	시리얼 포트	3
표준 프린터(standard print)	stdprn	병렬 포트	4

이러한 표준 입출력 스트림은 언제든지 사용 가능합니다. 만약 프린터로 문자를 출력하려면 다음과 같이 할 수 있습니다.

```
fprintf(stdprn,"\n%s", "This is printed output");
```

일반적으로 fprintf 함수는 하드디스크의 파일에 내용을 출력하는 것으로 생각하기 쉽지만, C 언어에서는 파일이라는 개념이 더욱 넓게 사용되기 때문에 프린터도 하나의 파일처럼 취급할 수 있습니다.

> 기정의 스트림은 컴퓨터가 켜지자마자 활성화되는 스트림입니다. 키보드, 모니터, 프린터와 같은 기본 입출력 장치가 이에 해당합니다.

FILE 구조체

C 언어는 파일에 대한 스트림 처리를 위해 stdio.h 헤더 파일에 선언되어 있는 FILE형 구조체를 사용합니다. 스트림은 stdio.h에 선언되어 있는 FILE형 구조체를 가리키는 포인터 변수, 즉 스트림 변수를 이용하여 제어하는데, FILE형 구조체는 다음과 같이 선언되어 있습니다.

```
typedef struct {
    short           level;      /* 버퍼의 사용량           */
    unsigned        flags;      /* 파일 상태 플래그        */
    char            fd;         /* 파일 식별자             */
    unsigned char   hold;       /* 버퍼가 없을 때의 문자   */
    short           bsize;      /* 버퍼의 크기             */
    unsigned char   *buffer;    /* 데이터 전송 버퍼        */
    unsigned char   *curp;      /* 현재 파일의 포인터      */
    unsigned        istemp;     /* 임시 파일 식별자        */
    short           token;      /* 유효성 검사를 위해 사용 */
} FILE;                         /* FILE 구조체             */
```

C 언어는 파일 입출력을 위해서 FILE형 구조체를 사용합니다.

FILE형 구조체를 구성하는 주요 멤버들의 기능은 다음과 같습니다.

bsize	파일 입출력 버퍼의 크기입니다.
flags	파일 접근 모드, 파일 끝, 에러 등에 관한 상태 정보를 담고 있습니다.
fd	각각의 스트림을 구별하기 위한 파일 식별자(descriptor)입니다.
buffer	파일 입출력 버퍼의 시작 주소를 가리키는 포인터입니다.
curp	현재 파일 포인터입니다. 데이터를 입출력할 스트림 상의 현재 위치를 가리키는 포인터인데, 실제는 파일 입출력 버퍼에서 현재 입출력하고자 하는 문자의 위치를 가리킵니다.

파일 입출력을 위해 FILE형 구조체는 버퍼를 사용합니다.

뛰어넘기

버퍼(buffer)

입출력을 보다 빨리 처리하기 위해 버퍼를 사용할 수 있습니다. 버퍼는 장치와 프로그램 사이에 전송되는 데이터를 임시로 저장하는 메모리 공간입니다. 버퍼를 사용하면 입출력 데이터를 일정량 모았다가 한 번에 처리하기 때문에 하드디스크 접근 시간과 프로그램 수행으로 인한 지연 시간을 줄일 수 있습니다.

예를 들면, 1024바이트(1KB)의 데이터를 출력하기 위해 각각의 바이트마다 모니터 장치로 출력하는 방법보다는 한 번에 출력함으로써 장치에 접근하는데 소요되는 시간을 단축할 수 있습니다. 일반적으로 버퍼는 입력 버퍼와 출력 버퍼로 구분할 수 있는데, 입력 버퍼는 키보드로 입력된 데이터를 버퍼에 채우다가 [Enter↵] 가 입력되면 버퍼에 보관된 데이터를 전송합니다. 반면에 출력 버퍼는 개행 문자('\n')를 받으면 버퍼에 보관된 데이터를 모니터로 출력합니다. C 언어는 파일 입출력을 위해 버퍼 방식과 비버퍼 방식 함수를 전부 제공합니다.

2 파일 입출력 함수의 종류

입출력 버퍼의 사용

C 언어에서 제공하는 파일 입출력 함수는 여러 가지 종류가 있습니다. 스트림을 사용하는 함수들은 버퍼 방식이기 때문에 직접 파일에 입출력하지 않고 일단 메모리 버퍼에 입출력 정보를 보관합니다. 이처럼 버퍼를 사용하는 이유는 속도 향상을 위해서입니다. CPU는 하드디스크 장치와 같은 주변 장치에 비해 처리 속도가 훨씬 빠르기 때문에 CPU가 입출력할 데이터를 주변 장치에 전송하고 데이터를 처리하는 동안 상당히 많은 시간을 유휴 상태로 머물게 됩니다. 그렇기 때문에 입출력 효율성이 크게 떨어집니다. 이러한 문제를 보완하기 위해 입출력할 일정량의 데이터를 메모리 버퍼에 보관하고 버퍼가 채워지면 그때야 비로소 입출력 처리를 합니다.

대부분의 파일 입출력 함수는 버퍼를 사용한 입출력입니다.

파일 입출력 함수의 종류

자주 사용되는 파일 입출력 함수의 종류는 다음과 같습니다.

함수	기능
fopen	파일을 오픈합니다.
fclose	오픈된 파일을 닫습니다.
fgetc, getc	파일로부터 문자 한 개를 읽습니다.
fputc, putc	파일에 문자 한 개를 출력합니다.
fgets	파일로부터 문자열을 읽습니다.
fputs	파일에 문자열을 출력합니다.
fread	파일로부터 블록 단위로 데이터를 읽습니다.
fwrite	파일에 블록 단위로 데이터를 출력합니다.
fscanf	파일로부터 지정된 서식으로 데이터를 읽습니다.
fprintf	파일에 지정된 서식으로 데이터를 출력합니다.
feof	파일의 끝을 검출합니다.
ftell	현재 파일 포인터의 위치를 알려줍니다.
fseek	파일 포인터의 위치를 옮깁니다.
rewind	파일 포인터를 파일의 시작 위치로 옮깁니다.

파일 입출력

CHAPTER 02

 파일 입출력 작업의 순서

C 언어는 파일 처리를 위해서 스트림을 사용하기 때문에 제일 먼저 해야 할 일은 파일 포인터를 선언하는 것입니다. 파일 포인터는 실제 파일과 프로그램을 연결하는 통로 역할을 합니다. 이를 위해 FILE형 구조체를 가리키는 포인터 변수를 정의해야 합니다. 그런 다음에 입출력할 파일을 열어야 합니다. 파일을 여는 작업은 입출력 파일과 프로그램을 연결시키는 과정이고, 작업에 필요한 버퍼를 설정합니다. 이 과정을 정리하면 다음과 같습니다.

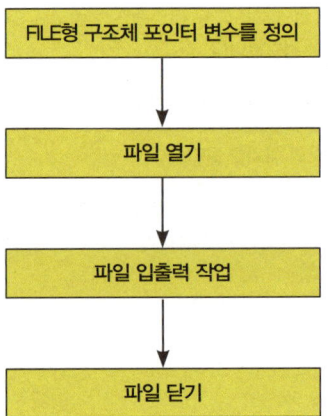

파일 입출력의 작업 순서 : FILE형 구조체 포인터 정의→파일 열기→파일 입출력→파일 닫기

2 파일 열기

파일을 여는 것은 하드디스크에 보관된 파일을 찾아서 입출력하기 위해 준비하는 작업입니다. 이를 위해 사용하는 함수는 fopen입니다. 이 함수의 원형 및 사용 방법은 다음과 같습니다.

| 함수 원형 | `FILE *fopen(char *filename, char *mode);` |

fopen 함수는 filename으로 주어진 파일을 지정된 mode로 열고, 스트림과 연결시킵니다. 지정된 파일을 여는데 성공하면 FILE형 구조체 포인터를 반환하고, 오류가 발생하면 널(NULL)을 반환합니다. fopen 함수에서 반환하는 FILE형 구조체 포인터는 실제 파일을 가리키는 것이 아니라 파일 입출력에 사용되는 버퍼 정보와 파일 정보가 들어있는 데이터들을 가리킵니다.

파일을 열면 FILE형 포인터가 반환되는데, 이것은 실제 파일을 가리키는 것이 아니고 파일 처리에 필요한 버퍼 공간을 사용하기 위해서 입니다.

fopen 함수에서 사용하는 모드의 종류는 다음과 같습니다.

모드	설명
r	파일의 처음부터 읽기 위해 엽니다. 만약 파일이 존재하지 않으면 오류가 발생합니다.
w	파일을 처음부터 기록하기 위해 엽니다. 파일을 무조건 새로 생성합니다.
a	파일의 끝에 새로운 내용을 추가하기 위해 엽니다. 만약 파일이 없으면 새로 생성합니다.
r+	이미 존재하는 파일을 읽기와 쓰기로 엽니다. 만약 파일이 없으면 오류가 발생합니다.
w+	읽기와 쓰기로 엽니다. 파일을 무조건 새로 생성합니다.
a+	파일의 끝에 새로운 내용을 추가하거나 읽기로 엽니다. 파일이 없으면 새로 생성합니다.
b	파일을 이진 모드로 엽니다.
t	파일을 텍스트 모드로 엽니다.

fopen 함수에서 사용하는 8가지의 모드를 조합해서 다음과 같은 12가지로 사용할 수 있습니다.
"rt", "wt", "at", "r+t", "w+t", "a+t", "rb", "wb", "ab", "r+b", "w+b", "a+b"

fopen은 텍스트 파일 처리가 기본값이기 때문에 일반적으로 "t"는 생략합니다.

"w"나 "w+" 모드는 무조건 파일을 새로 생성하기 때문에 기존에 파일이 있을 경우 파일을 지우고 새로 생성합니다.

"r+", "w+", "a+"는 읽기와 쓰기가 모두 가능한 모드이지만, "r+"는 기존에 파일이 있어야 하고, "w+"는 새롭게 파일을 생성합니다. "a+"는 파일이 있으면 기존 파일을 사용하고, 없으면 새롭게 생성합니다.

만약 두 개의 파일을 합친다면 한 개의 파일은 읽기 모드(r)로 열고, 또 다른 파일은 추가 모드(a)로 열어서 처리하면 됩니다.

파일 모드는 읽기, 쓰기, 추가와 같은 파일에 대한 접근 방법을 지정합니다. w나 w+ 모드는 이미 있던 파일 내용이 삭제되고 새로운 파일을 생성하기 때문에 주의해야 합니다.

텍스트(text) 모드와 이진(binary) 모드는 처리할 파일의 종류를 지정합니다. 텍스트 모드는 데이터를 ASCII 코드로 인식하고, 개행 문자가 출력되면 캐리지 리턴(CR, '\r')과 라인 피드(LF, '\n')의 쌍으로 변환합니다. 그렇기 때문에 원래의 데이터와 파일에 기록된 데이터가 반드시 일치한다고 볼 수 없습니다. 반면에 이진 모드는 어떠한 문자도 사용할 수 있고, 개행 문자를 변환하지 않습니다. 또한 텍스트 모드는 Ctrl + Z 문자가 파일 끝을 나타내는 EOF(End Of File)로 변환됩니다. 참고로 EOF는 stdio.h 파일에서 다음과 같이 정의되어 있습니다.

```
#define EOF    -1
```

파일 모드에서 't'를 생략하면 텍스트 모드로 간주하지만, 이진 모드는 반드시 'b'를 지정해야 합니다. 텍스트 모드는 눈으로 볼 수 있는 일반적인 텍스트 파일을 처리할 때 사용하고, 이진 모드는 이미지 파일, 실행 파일 등을 처리할 때 사용합니다.

```
#include <stdio.h>
   ...
FILE *fp;                          ← FILE형 구조체 포인터 변수를 정의합니다.
```

```
fp = fopen("test.txt", "rt");          ── test.txt 파일을 읽기 전용의 텍스트 모드로
                                          엽니다.
if(fp == NULL) {                       ── fp가 NULL이면 test.txt 파일이 없는
    puts("File not found");               경우입니다.
    exit(1);
}
```

이와 같이 fopen 함수로 열게 되면 하드디스크에 있는 test.txt 파일을 FILE 형 포인터 fp로 처리하게 됩니다. 그래서 fp는 논리적 파일 이름, test.txt는 물리적 파일 이름이라고 부를 수 있습니다.

EOF(End Of File)는 파일의 끝을 표시하고, 키보드의 Ctrl + Z 문자이며 원래의 ASCII 코드는 $(1A)_{16}$입니다.

뛰어넘기 : 텍스트 모드와 이진 모드

텍스트 모드와 이진 모드는 다음과 같은 차이점이 있습니다.

모드	파일 입력	파일 출력	Ctrl + Z 의 처리
텍스트 모드	CR, LF를 '\n'으로 변환	'\n'을 CR, LF로 변환	파일의 끝으로 판단
이진 모드	변환하지 않음	변환하지 않음	ASCII 코드 $(1A)_{16}$로 판단

만약 어떤 파일에 "ABC\n"이 있다면, 이것은 실제 파일에는 다음과 같이 저장됩니다 (16진수인 경우).

41	42	43	0D	0A	1A
'A'	'B'	'C'	CR	LF	Ctrl + Z

이러한 내용을 텍스트 모드와 이진 모드로 읽을 때 다음과 같은 결과가 출력됩니다.

모드	프로그램	출력 결과

텍스트 모드 입력	`fp = fopen("test.txt", "r");`
	`while((c = fgetc(fp)) != EOF)`
	`    printf("%3X", c);`
		41 42 43 0A

이진 모드 입력	`fp = fopen("test.txt", "rb");`
	`while((c = fgetc(fp)) != EOF)`
	`    printf("%3X", c);`
		41 42 43 0D 0A 1A

그리고 파일에 출력하면 다음과 같은 내용이 저장됩니다.

모드	프로그램	출력 결과
텍스트 모드 출력	`fp = fopen("output.txt", "w");` `fprintf(fp, "ABC\n");`	41 42 43 0D 0A
이진 모드 출력	`fp = fopen("output.txt", "wb");` `fprintf(fp, "ABC\n");`	41 42 43 0A

3 파일 닫기

파일 입출력이 끝나면 사용한 파일을 닫아야 합니다. 이 때 사용하는 함수가 fclose입니다.

| 함수 원형 | `int fclose(FILE *stream);` |

fclose 함수의 매개 변수는 파일을 열 때 지정된 FILE형 구조체 포인터입니다. 파일 닫기가 성공하면 0을, 오류면 EOF를 반환합니다. 만약 파일 입출력 작업이 끝나고 파일 닫기를 하지 않는다면 문제가 발생할 수 있습니다. 일반적으로 프로그램이 끝나면 fclose 함수를 사용하지 않아도 자동으로 파일이 닫히지만 프로그램 실행 도중에 갑작스러운 사건으로 프로그램 실행이 종료되면 버퍼에 보관된 입출력 데이터가 소멸할 수도 있습니다. C 언어는 대부분 버퍼형 파일 입출력이기

때문에 메모리에 보관된 데이터를 한꺼번에 디스크의 파일로 입출력하게 됩니다. 만약 불의의 사고로 프로그램이 종료되면 메모리에 있는 데이터를 디스크에 저장하지 못할 수 있기 때문에 파일 닫기를 반드시 수행하는 것이 좋습니다.

fclose 함수를 사용하여 파일 닫기를 수행하는 것이 안전한 방법입니다.

스트림은 여는 작업(open operation)을 사용하여 파일에 연결되고, 닫는 작업(close operation)으로 연결을 단절시킵니다.

4 문자 입출력 함수

문자 입력 함수

fgetc, getc 함수는 표준 입출력 함수인 getchar과 마찬가지로 한 개의 문자를 입력받습니다. 다만 키보드가 아니라 파일로부터 한 개의 문자를 읽어 들입니다. fgetc는 함수이지만, getc는 fgetc를 이용한 매크로 함수라는 차이만 있고, 사용 방법은 동일합니다.

| 함수 원형 | `int fgetc(FILE *stream);`
`int getc(FILE *stream);` |

이 함수는 FILE형 구조체 포인터로 지정된 스트림으로부터 한 개의 문자를 읽고, 그 값을 int형으로 반환합니다. 만약 오류가 발생하거나 파일의 끝이면 EOF를 반환합니다.

fclose 함수를 사용하여 파일 닫기를 수행하는 것이 안전한 방법입니다.

예제 13-1 키보드로 입력한 문자열을 파일에 저장하는 프로그램입니다.

```
01 #include <stdio.h>
02
03 int main(void)
04 {
```

```
05      char str[100];
06      int i;
07      FILE *fp;                                    FILE형 구조체 포인터 변수 fp를 정의합니다.
08
09      fp = fopen("test.txt", "w");                 test.txt 파일을 쓰기 전용 모드로 엽니다.
10
11      printf("문자열을 입력하세요 : ");
12      gets(str);
13
14      for(i = 0; str[i] != NULL; i++)
15          fputc(str[i], fp);                       배열 str에 저장된 문자를 1개씩 읽어서
16                                                   fp로 지정된 파일에 출력합니다.
17      fclose(fp);
18
19      return 0;
20  }
```

실행결과

문자열을 입력하세요 : C Language

해설

· **07~09** : FILE형 구조체 포인터 fp를 정의합니다. fopen을 사용해서 test.txt 파일을 쓰기 전용 모드로 열고, FILE형 구조체 포인터를 fp에 대입합니다. 여기서 test.txt는 실제로 하드디스크에 있는 물리적 파일 이름이고, fp는 c언어에서 처리하기 위한 논리적 파일 이름으로 이해할 수 있습니다.

$$fp = fopen("test.txt", "w");$$

논리적 파일 이름   물리적 파일 이름

· **14~15** : 사용자가 키보드로 입력한 문자열을 보관하고 있는 str 배열로부터 1문자씩 읽고, 이 문자를 fp로 지정된 파일에 출력합니다. 이 프로그램을 실행하면 사용자가 입력한 문자열이 test.txt 파일에 저장된 것을 확인할 수 있습니다.

문자 출력 함수

fputc, putc는 한 개의 문자를 파일로 출력하는 함수입니다. fputc는 함수이고, putc는 fputc를 이용한 매크로 함수이기 때문에 사용 방법은 동일합니다.

함수 원형	`int fputc(int c, FILE *stream);` `int putc(int c, FILE *stream);`

stream으로 지정된 스트림으로 c의 값을 출력합니다. 출력이 성공하면 출력한 문자 c를 반환하고 오류가 발생하면 EOF를 반환합니다.

fputc와 putc는 한 개의 문자를 파일로 출력하는 함수이고 오류가 발생하면 EOF를 반환합니다.

예제 13-2 파일을 한 문자씩 읽어서 내용을 화면에 출력하는 프로그램입니다.

```
01  #include <stdio.h>
02  #include <stdlib.h>
03
04  int main(void)
05  {
06      int c;
07      FILE *fp;                              // FILE형 구조체 포인터 변수 fp를 정의합니다.
08
09      fp = fopen("test.txt", "r");           // test.txt 파일을 읽기 모드로 엽니다.
10      if(fp == NULL) {
11          puts("File not found!!");          // 만약 test.txt 파일이 없으면 오류 메시지를 출력
12          exit(1);                           // 하고, 프로그램을 종료합니다.
13      }
14
15      while((c = fgetc(fp)) != EOF)          // 파일 포인터 fp로 지정된 파일로부터 한 문자씩
16          printf("%c", c);                   // 읽어서 화면에 출력합니다.
17
18      fclose(fp);
19
20      return 0;
21  }
```

> **실행결과**

C Language

> **해설**

- 09~13 : test.txt 파일을 읽기 모드(r)로 엽니다. 만약 성공하면 FILE형 구조체 포인터를 반환하고, 파일이 없으면 NULL을 반환하기 때문에 if문을 사용해 해당 파일이 존재하는지 유무를 비교합니다.
- 15~16 : 지정된 스트림으로부터 한 개의 문자를 읽습니다. fgetc 함수는 파일의 끝이면 EOF를 반환하기 때문에 반복문의 조건으로 사용합니다. 16라인을 아래와 같이 변경할 수도 있습니다.

fputc(c, stdout);

이 문장은 c를 stdout 스트림에 출력합니다. 여기서 stdout은 기정의 표준 출력 스트림이기 때문에 변수 c가 갖고 있는 문자를 화면에 출력합니다.

> **콕콕**
>
> fgetc 함수를 사용해서 파일로부터 데이터를 읽는 경우에 반환값이 EOF일 때까지 반복하면 파일의 끝까지 처리할 수 있습니다.

예제 13-3 파일 내용을 한 페이지 단위(24라인)로 출력하는 프로그램을 작성하세요.

배경 지식

파일 내용이 많아서 한 페이지를 초과하면 내용을 제대로 볼 수 없습니다. 이러한 문제를 해결하기 위해서 한 페이지 분량을 출력하고 키보드 입력이 있으면 또 다음 페이지를 출력하는 방식을 사용합니다. 이를 구현하는 방법은 출력한 내용의 라인 개수를 카운트하여 24개를 초과할 때 멈추면 되는데, 이는 파일로부터 읽은 문자가 개행 문자('\n')면 라인 개수를 카운팅하는 방식으로 처리합니다.

```
01  #include <stdio.h>
02  #include <stdlib.h>
03  #include <conio.h>
04
05  int main()
06  {
07      int c, line=1;
08      char fName[20];
09      FILE *fp;
10
11      printf("파일 이름 입력 : ");
12      scanf("%s", fName);                      파일 이름을 입력 받아서 배열
13                                               fName에 저장합니다.
14      fp = fopen(fName, "r");
15      if(fp == NULL) {
16          puts("File not found!!");
17          exit(1);
18      }
19
20      while((c = fgetc(fp)) != EOF)  {
21          printf("%c", c);
22          if(c == '\n')                        개행 문자면 라인 개수를 1 증가시킵니다.
23              line++;
24          if(line >= 24) {                     출력한 라인 개수가 24이면 출력을
25              line = 1;                        멈추고 키보드 입력을 기다립니다.
26              puts(" ##  Press any key to continue  ##");
27              getch();
28          }
29      }
30      fclose(fp);
31
32      return 0;
33  }
```

Part 13. 파일입출력

실행결과

```
C:\Windows\system32\cmd.exe
#include <stdio.h>
#include <stdlib.h>
#include <conio.h>

int main()
{
        int c, line=1;
        char fName[20];
        FILE *fp;

        printf("파일 이름 입력 : ");
        scanf("%s", fName);

        fp = fopen(fName, "r");
        if(fp == NULL) {
                puts("File not found!!");
                exit(1);
        }

        while((c = fgetc(fp)) != EOF) {
                printf("%c", c);
                if(c == '\n')
                        line++;
## Press any key to continue ##
```

해설

- **22~23** : 화면에 24라인씩 출력하기 위해 개행 문자의 개수를 카운트 합니다. 파일로부터 읽은 문자가 개행 문자('\n')라면 line 변수를 1 증가시킵니다.
- **24~28** : 화면에 24라인이 출력되면 "## Press any key to continue ##" 메시지를 출력하고, 아무 키나 입력하면 다시 스크롤됩니다. getch 함수는 키보드로 입력한 문자가 화면에 표시되지 않기 때문에 이런 경우에 사용하면 유용합니다.

예제 13-4 파일로부터 한 문자씩 읽어서 다른 파일에 복사하는 프로그램입니다.

```
01 #include <stdio.h>
02 #include <stdlib.h>
03
04 int main(void)
05 {
06     int ch;
07     char file1[20], file2[20];
```

```
08      FILE *source, *destin;
09
10      printf("원본 파일 이름 입력 : ");
11      scanf("%s", file1);
12
13      printf("복사 파일 이름 입력 : ");
14      scanf("%s", file2);
15
16      source = fopen(file1, "rb");
17      if(source == NULL) {
18          puts("File not found!!");
19          exit(1);
20      }
21
22      destin = fopen(file2, "wb");
23
24      while((ch = fgetc(source)) != EOF)
25          if(fputc(ch, destin) == EOF)
26              break;
27
28      printf("%s copied to %s\n", file1, file2);
29      fclose(source);
30      fclose(destin);
31
32      return 0;
33 }
```

원본 및 복사 파일 이름을 입력 받아서 각각 배열 file1과 file2에 저장합니다.

소스 파일을 읽기 모드로 엽니다.

복사하여 새롭게 생성할 파일을 쓰기 모드로 엽니다.

파일에서 한 문자씩 읽어서 destin으로 지정된 파일에 복사합니다.

실행결과

원본 파일 이름 입력 : test.txt
복사 파일 이름 입력 : test2.txt
test.txt copied to test2.txt

해설

- **10~14** : 원본 파일과 복사될 파일 이름을 입력받아서 각각 file1과 file2 배열에 저장합니다.
- **16~22** : 지정된 파일을 새로운 파일로 복사하기 위해서 소스 파일은 읽기 모드(r)로 열고, 새롭게 생성될 파일은 쓰기 모드(w)로 엽니다. 복사할 파일은 이진 파일인지 텍스트 파일인지 알 수 없기 때문에 이진 모드(b)로 여는 것이 좋습니다.
- **24~26** : fgetc 함수를 사용해서 source 스트림으로부터 한 개의 문자를 읽어서 ch에 저장합니다. 이렇게 읽은 문자를 저장하고 있는 ch를 destin으로 지정된 스트림에 출력합니다.

파일 복사를 위해 소스 파일은 읽기 모드(r), 복사하여 새로 생성되는 파일은 쓰기 모드(w)로 열어야 합니다.

5 문자열 파일 입출력 함수

지정된 파일로부터 문자열 단위로 입출력하는 함수는 fgets와 fputs가 있습니다. 입력 함수 fgets는 파일로부터 읽을 문자열의 길이를 지정할 수 있습니다. 함수 원형은 다음과 같습니다.

함수 원형	`char *fgets(char *s, int n, FILE *stream);` `int fputs(char *s, FILE *stream);`

매개변수 s는 입출력한 문자열을 저장할 메모리의 주소이고, stream은 입출력할 스트림입니다. fgets 함수의 n은 지정된 스트림으로부터 읽어 들일 문자열의 길이인데, n개를 읽는 것이 아니고 NULL 값을 저장하기 위해 n-1개의 문자를 읽게 됩니다. 만약 n-1개의 문자를 읽지 않더라도 개행 문자('\n')를 만나면 읽기를 중단합니다. 결국 fgets 함수는 지정된 개수의 문자 또는 개행 문자가 나올 때까지 문자열을 읽기 때문에 한 줄 단위의 입력이 가능합니다.

fgets 함수는 포인터 변수 s가 가리키는 문자열 포인터를 반환하고, 파일의 끝이거나 오류가 발생하면 NULL을 반환합니다. fputs 함수는 성공하면 맨 마지막에 출력한 문자를 반환하고, 오류가 발생하면 EOF를 반환합니다. 참고로 fputs 함수는 문자열의 끝에 자동으로 개행 문자를 붙여주지 않습니다.

fgets 함수는 문자열 단위로 읽는 기능이지만, 주로 한 줄 단위로 읽을 때 사용합니다.

fgets 함수는 파일의 끝이거나 오류가 발생하면 NULL을 반환하고, fputs 함수는 오류가 발생하면 EOF를 반환합니다.

예제 13-5 fgets와 fputs 함수를 사용해서 파일을 복사하는 프로그램입니다.

```
01  #include <stdio.h>
02  #include <stdlib.h>
03
04  int main(void)
05  {
06      char buf[256];
07      char file1[20], file2[20];
08      FILE *source, *destin;
09
10      printf("원본 파일 이름 입력 : ");
11      scanf("%s", file1);
12
13      printf("복사 파일 이름 입력 : ");
14      scanf("%s", file2);
15
16      source = fopen(file1, "rb");
17      if(source == NULL) {
18          puts("File not found!!");
19          exit(1);
20      }
21
22      destin = fopen(file2, "wb");
23
24      while(fgets(buf, 256, source) != NULL)
25          if(fputs(buf, destin) == EOF)
26              break;
```

> source 파일로부터 256개의 문자를 읽어서 destin에 복사합니다.

```
27
28      printf("%s copied to %s\n", file1, file2);
29
30      fclose(source);
31      fclose(destin);
32
33      return 0;
34  }
```

실행결과

```
원본 파일 이름 입력 : test.txt
복사 파일 이름 입력 : test2.txt
test.txt copied to test2.txt
```

해설

- **24~26** : fgets 함수를 이용해서 지정된 파일로부터 문자열 단위로 데이터를 읽습니다. 읽을 문자의 크기가 256으로 지정되어 있지만 실제로 읽어오는 문자의 개수는 255개 또는 개행 문자까지입니다. 결국 읽을 문자의 개수를 크게 지정하면 한 줄 단위로 읽을 수 있습니다. 이렇게 읽은 문자열을 fputs 함수를 이용해서 지정된 파일에 출력합니다.

뛰어넘기 : 파일 삭제하기

디스크에 저장된 파일을 삭제할 때 unlink 함수를 사용합니다.

함수 이름	unlink
함수 원형	int unlink(char *filename);
기능	filename으로 지정된 파일을 삭제합니다. 와일드 카드(*, ?)는 사용할 수 없고, 드라이브 이름, 폴더 이름, 파일 이름을 filename에 지정할 수 있습니다. 파일 삭제에 성공하면 0, 오류면 −1을 반환합니다. 이 함수는 스트림을 사용하지 않고 삭제할 파일 이름을 직접 지정하는 것에 주의해야 합니다.

예제 13-6 파일 이름을 입력받아서 해당 파일을 삭제하는 프로그램입니다.

```
01  #include <stdio.h>
02  #include <dos.h>
03
04  int main(void)
05  {
06      char file[20];
07
08      printf("삭제할 파일 이름 입력 : ");
09      scanf("%s", file);         // 삭제할 파일 이름을 입력받습니다.
10
11      if(unlink(file)==0)
12          printf("Deleting %s\n",file);
13      else
14          printf("File not found: %s\n",file);
15
16      return 0;
17  }
```

09 삭제할 파일 이름을 입력받습니다.
11 unlink 함수는 매개변수로 지정된 파일을 삭제합니다. 만약 삭제에 성공하면 0, 오류면 −1을 반환합니다.

실행결과

```
삭제할 파일 이름 입력 : test2.txt
Deleting test2.txt
```

파일을 삭제할 때 unlink 함수를 사용합니다.

6 서식화 파일 입출력 함수

표준 입출력에서 입출력할 데이터의 서식을 지정할 수 있는 scanf와 printf 함수와 비슷한 파일 입출력 함수가 있습니다. fscanf와 fprintf 함수가 바로 서식화 파일 입출력 함수입니다. 이 함수들은 입출력할 스트림을 지정하는 것 이외에는 scanf, printf의 사용 방법과 동일합니다.

함수 원형	`int fscanf(FILE *stream, char *framat...);` `int fprintf(FILE *stream, char *format...);`

fscanf는 파일로부터 읽은 필드의 개수를 반환하고, 오류면 EOF를 반환합니다. fprintf는 출력된 바이트 수를 반환하고, 오류면 EOF를 반환합니다.

서식화 파일 입출력을 위해 fscanf와 fprintf 함수를 사용합니다.

fscanf와 fprint 함수는 표준 입출력 함수인 scanf와 printf 함수에서 사용한 서식 지정자를 그대로 사용합니다.

예제 13-7 서식화 파일 입출력 함수를 사용해서 파일을 형식에 맞게 복사하는 프로그램입니다.

```
01 #include <stdio.h>
02 #include <stdlib.h>
03
04 int main(void)
05 {
06     int i, kor, eng, mat, tot;
07     FILE *in, *out;
```

```
08      char name[10];
09      float avg;
10
11      in = fopen("input.txt", "r");
12      if(in == NULL) {
13          puts("File not found!!");
14          exit(1);
15      }
16
17      out = fopen("output.txt", "w");
18
19      fprintf(out, "   Name    | Korea | English | Mathematic | Total | "
20                   " Average |\n");
21      fprintf(out, "=================================================="
22                   "============\n");
23
24      for(i = 0; i < 5; i++) {
25          fscanf(in, "%s%d%d%d", name, &kor, &eng, &mat);
26          tot = kor + eng + mat;
27          avg = tot / 3.0;
28          fprintf(out, "%10s | %5d |  %5d  |   %5d    | %5d | %7.2f |\n",
29                  name, kor, eng, mat, tot, avg);
30      }
31
32      fclose(in);
33      fclose(out);
34
35      return 0;
36  }
```

> input.txt는 읽기 모드로, output.txt는 쓰기 모드로 엽니다.

> input.txt 파일로부터 1줄 단위로 읽어서 output.txt에 출력합니다.

해설

이 프로그램에서 사용하는 input.txt 파일 내용은 다음과 같습니다.

```
Seo 100 90 95
Kim 90 85 90
```

```
Lee  85 95 90
Choi 80 85 80
Park 90 95 90
```

- **11~17** : 입력 파일 input.txt는 읽기 모드로, 출력 파일 output.txt는 쓰기 모드로 엽니다.
- **24~30** : fscanf 함수를 사용해서 문자열 1개, 정수형 3개의 데이터를 in으로 지정된 파일로부터 읽습니다. 그리고 fprintf 함수를 사용해서 지정된 서식으로 out 파일에 출력합니다. 이 프로그램을 실행하면 다음과 같은 내용을 갖는 output.txt 파일이 생성됩니다.

```
Name | Korea | English | Mathematic | Total | Average |
==========================================================
 Seo |  100  |   90    |     95     |  285  |  95.00  |
 Kim |   90  |   85    |     90     |  265  |  88.33  |
 Lee |   85  |   95    |     90     |  270  |  90.00  |
Choi |   80  |   85    |     80     |  245  |  81.67  |
Park |   90  |   95    |     90     |  275  |  91.67  |
```

7 블록 단위 입출력 함수

서식화된 입출력 함수인 fscanf와 fprintf는 주로 텍스트 파일에서 지정된 형식으로 데이터를 처리할 때 사용합니다. 하지만 이 함수들은 데이터를 지정된 서식으로 변환하기 위한 시간이 소요되는 단점이 있습니다. 이러한 문제를 보완하기 위해 파일의 종류와 관계없이 데이터를 입출력할 수 있는 블록 입출력 함수를 제공합니다. fread와 fwrite는 지정된 크기만큼의 데이터를 블록 단위로 입출력할 수 있습니다.

함수 원형	`int fread(void *ptr, int size, int n, FILE *stream);` `int fwrite(void *ptr, int size, int n, FILE *stream);`

fread는 stream으로 지정된 입력 스트림에서 각각의 길이가 size 바이트인 n개의 데이터를 읽어서

ptr이 가리키는 블록에 저장합니다. 그리고 fwrite는 stream으로 지정된 출력 스트림에 ptr이 가리키는 블록에 있는 내용을 size 바이트의 길이로 n개의 데이터를 출력합니다. 결국 fread와 fwrite에서 실제로 입출력되는 블록의 크기는 size * n 바이트가 됩니다.

fread, fwrite는 성공적으로 입출력을 수행하면 입출력한 항목의 개수를 반환하고, 파일의 끝이나 오류가 발생하면 0을 반환합니다.

fread와 fwrite 함수는 블록 단위 입출력을 위해 사용합니다.

블록 단위 입출력은 데이터가 레코드 단위로 처리될 때 사용하는 방법입니다.

ffread와 fwrite 함수에서 입출력하는 블록은 (size * n) 바이트 크기입니다.

예제 13-8 블록 단위로 파일 입출력하는 프로그램입니다.

```
01  #include <stdio.h>
02  #include <stdlib.h>
03
04  int main(void)
05  {
06      FILE *in, *out;
07      char buf[100];
08
09      in = fopen("input.txt", "r");
10      if(in == NULL) {
11          puts("File not found!!");
12          exit(1);
13      }
14      out = fopen("output2.txt", "w");
15
16      while(fread(buf, 14, 2, in) != 0)
17          fwrite(buf, 14, 1, out);
18
19      fclose(in);
20      fclose(out);
```

```
21
22      return 0;
23 }
```

해설

- 16~17 : 블록 단위로 파일 입출력 합니다. 스트림 in으로 지정된 파일로부터 14바이트를 2개 읽어서 스트림 out으로 지정된 파일에 14바이트 크기의 1개 블록만을 저장합니다. 결국 28바이트 읽어서 14바이트만 파일에 출력하게 됩니다. output2.txt 파일의 내용은 다음과 같습니다.

```
Seo 100 90 95
Lee 85 95 90
Park 90 95 9
```

뛰어넘기 — 폴더 목록 출력하기

폴더 정보를 출력하기 위해서는 dos.h에 선언되어 있는 ffblk 구조체를 사용해야 합니다. 이 구조체의 형틀은 다음과 같습니다.

```
struct  ffblk   {
        char            ff_reserved[21];    /* 예약 영역 */
        char            ff_attrib;          /* 파일 속성 */
        unsigned        ff_ftime;           /* 시간 */
        unsigned        ff_fdate;           /* 날짜 */
        long            ff_fsize;           /* 크기 */
        char            ff_name[13];        /* 파일 이름 */
};
```

파일 속성 정보를 갖고 있는 ff_attrib 멤버는 dos.h에 정의되어 있는 다음과 같은 상수를 사용합니다.

ff_attrib의 값	실제 값	설명
FA_RDONLY	1	Read-only 속성
FA_HIDDEN	2	히든(hidden) 파일
FA_SYSTEM	4	시스템 파일
FA_LABEL	8	볼륨 레이블
FA_DIREC	16	폴더(디렉토리)
FA_ARCH	32	Archive

실제 폴더 정보를 알아내기 위해서 findfirst와 findnext 함수를 사용하고, dir.h 파일을 include합니다.

함수 이름	findfirst
함수 원형	int findfirst(char *pathname, struct ffblk *ffblk, int attrib);
기능	pathname은 검색할 폴더 위치이고, ffblk는 폴더의 내용을 저장하는 구조체의 포인터입니다. 그리고 attrib는 읽어 올 파일 속성의 종류입니다. pathname은 와일드카드를 사용할 수 있으며, 찾고자 하는 파일이 발견되면 ffblk 구조체는 파일과 폴더 정보로 채워집니다. 지정된 파일을 찾으면 0, 오류나 파일이 없으면 -1을 반환합니다.

함수 이름	findnext
함수 원형	int findnext(struct ffblk *ffblk);
기능	findfirst 함수에서 지정된 pathname과 일치되는 파일을 계속해서 찾을 때 사용합니다. 다음 파일을 찾으면 0, 오류나 파일이 없으면 -1을 반환합니다.

예제 13-9 현재 폴더 목록을 출력하는 프로그램입니다.

```
01 #include <stdio.h>
02 #include <dos.h>
03 #include <dir.h>
04
05 int main(void)
06 {
07     struct ffblk f;
08     int i, done;
09
10     done = findfirst("*.*", &f, FA_DIREC);
11     i = 0;
12     while(done == 0) {
13         if(!(i % 4)) {
14             printf("\n");
15             i = 1;
16         }
17         printf(" %13s %6ld ", f.ff_name, f.ff_fsize);
18         i++;
19         done = findnext(&f);
20     }
21     printf("\n");
22
23     return 0;
24 }
```

- 현재 폴더에 있는 모든 파일의 목록을 검색합니다.
- findnext는 더 이상 검색할 목록이 없으면 -1을 반환하고, 있으면 0을 반환하기 때문에 done이 0이 아니면 중단합니다.
- 현재 폴더에 있는 다음 목록을 검색합니다.

실행결과

```
             .     0              ..     0         exam.dat     0
      file.txt     3       file2.exe 104745        input.txt    75
    output.txt   442      output2.txt    44       random.dat    44
        test.c   514         test.txt    10        예제13-1.c   248
   예제13-1.exe 56320     예제13-1.obj   590     예제13-1.tds 393216
   예제13-10.c    188     예제13-11.c    546      예제13-12.c    933
   예제13-2.c    261      예제13-2.exe 56320     예제13-2.obj    659
   예제13-2.tds 393216    예제13-3.c    491      예제13-3.exe 71680
   예제13-3.obj    865    예제13-3.tds 393216    예제13-4.c     556
   예제13-4.exe 68096     예제13-4.obj   899     예제13-4.tds 393216
   예제13-5.c    570      예제13-5.exe 68608     예제13-5.obj   905
   예제13-5.tds 393216    예제13-6.c    254      예제13-6.exe 66048
   예제13-6.obj   674     예제13-6.tds 393216    예제13-7.c    761
   예제13-7.exe 68096     예제13-7.obj  1070     예제13-7.tds 393216
   예제13-8.c    338      예제13-8.exe 51712     예제13-8.obj   739
   예제13-8.tds 393216    예제13-9.c    344      예제13-9.exe 55296
   예제13-9.obj   897     예제13-9.tds 393216
계속하려면 아무 키나 누르십시오 . . .
```

파일에 대한 임의 접근

1 임의 접근이란?

파일에 있는 데이터에 접근하는 방법은 순차 접근(sequential access)과 임의 접근(random access)이 있습니다. 순차 접근은 파일의 시작 위치부터 시작하여 파일의 끝까지 순차적으로 파일 포인터를 이동하면서 처리하는 방법입니다. 오디오 테이프에서 처음부터 끝까지 음악을 듣는 것과 같은 방식입니다. 데이터를 추가하는 경우에 파일의 끝에 기록하기 때문에 출력 작업의 속도가 빠릅니다. 하지만 파일의 특정 위치에 데이터를 삽입하거나 삭제, 수정하는 경우에는 원하는 위치로 순차적으로 이동해야 하기 때문에 처리 속도가 느려지는 단점이 있습니다.

임의 접근은 순차 접근처럼 파일에 있는 데이터를 순차적으로 읽는 것이 아니라 원하는 위치로 직접 이동하는 방법입니다. 고용량의 데이터를 처리하는 경우에 특정한 위치로 파일 포인터를 이동시키기 위해 순차 접근 방법을 사용한다면 처리 속도가 매우 느릴 겁니다. 이런 경우에 임의 접근 방법으로 파일 포인터를 원하는 위치로 이동할 수 있다면 속도 향상 효과를 얻을 수 있습니다.

순차 접근과 임의 접근
- 순차 접근 : 파일의 현재 위치에서 순차적으로 입출력하는 방법입니다.
- 임의 접근 : 원하는 위치로 파일 포인터를 옮겨서 처리하는 방법입니다.

2 임의 접근 함수

지금까지 사용한 파일 입출력은 순차 접근 방법으로 처리했습니다. C 언어는 파일 포인터를 원하는 위치로 직접 이동시키기 위해 여러 가지 함수를 제공합니다.

fseek 함수

파일을 읽기나 쓰기 모드로 열면 파일의 시작 위치로 파일 포인터가 이동하고, 추가 모드로 열면 파일의 맨 뒤로 파일 포인터가 이동합니다. 이렇게 열린 파일을 대상으로 데이터를 입출력할 때마다 자동으로 파일 포인터가 이동합니다. 하지만 파일 포인터를 임의로 변경할 수 있습니다. 파일의 원하는 위치로부터 데이터를 입출력하기 위해 임의 접근 함수를 사용합니다.

| 함수 원형 | `int fseek(FILE *stream, long offset, int whence);` |

fseek 함수는 파일 포인터를 지정된 위치로 옮깁니다. stream으로 지정된 스트림의 파일 포인터를 whence를 기준으로 offset 바이트 떨어진 위치로 이동시킵니다. 만약 offset의 값이 음수면 역방향으로 진행합니다.

파일 포인터를 제대로 옮겼으면 0, 오류면 −1을 반환합니다. 오류는 주로 파일의 경계를 벗어나는 경우에 발생합니다. whence에 사용되는 값은 다음과 같습니다.

whence	실제값	기준점의 위치	offset의 범위
SEEK_SET	0	파일의 시작 위치	0L 이상
SEEK_CUR	1	현재의 파일 포인터 위치	임의
SEEK_END	2	파일의 끝 위치	0L 이하

숫자에 붙어 있는 접미사 L은 long형 값을 의미합니다.

fseek 함수는 파일 포인터를 원하는 위치로 이동시킬 뿐 입출력을 수행하지는 않습니다.

예 `fseek(stream, 200L, SEEK_SET);`
→ stream으로 지정된 파일의 파일 포인터를 맨 처음 위치(SEEK_SET)부터 200바이트 떨어진 위치로 이동합니다.

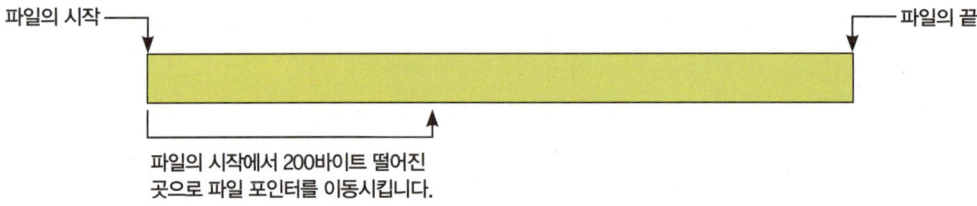

예 fseek(stream, 100L, SEEK_CUR);

→ stream으로 지정된 파일의 파일 포인터를 현재 위치(SEEK_CUR)로부터 100바이트 떨어진 곳으로 이동합니다.

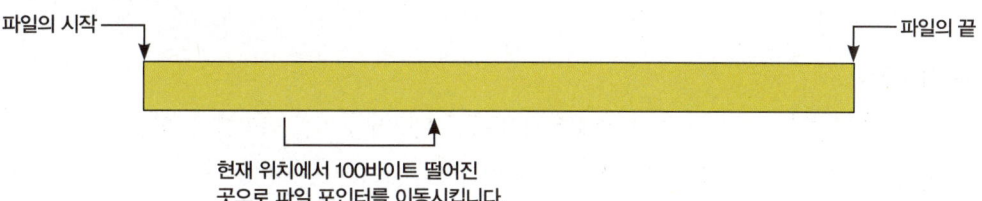

예 fseek(stream, -50L, SEEK_END);

→ stream으로 지정된 파일의 파일 포인터를 맨 마지막 위치(SEEK_END)로부터 50바이트 이전 위치로 이동합니다.

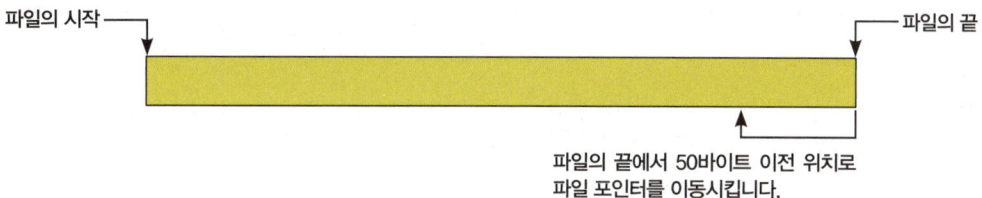

fseek 함수는 기준 위치(whence)부터 일정한 거리(offset)만큼 파일 포인터를 이동시킵니다.

rewind 함수

rewind 함수는 파일 포인터를 스트림의 시작 위치로 이동시킵니다. 결국 fseek(stream, 0L, SEEK_SET)과 같은 기능을 수행합니다. 하지만 fseek 함수는 주로 이진 모드에서 사용하는데 반해서 rewind 함수는 텍스트 모드에서 디스크 상의 파일을 파일 선두부터 다시 읽거나 쓰고자할 때 사용합니다.

| 함수 원형 | `void rewind(FILE *stream);` |

rewind는 파일 포인터를 시작 위치로 이동시킵니다.

rewind 함수는 fseek(stream, 0L, SEEK_SET)와 동일한 기능입니다.

ftell 함수

파일 포인터를 이동시키는 함수 이외에 현재의 파일 포인터 위치를 파악할 수 있는 함수도 있습니다. ftell 함수는 stream의 현재 파일 포인터 위치를 구합니다. 반환값은 파일 선두로부터의 오프셋(offset)이고, 에러가 발생하면 −1을 반환합니다. 오프셋은 파일 시작 위치부터 현재의 파일 포인터가 위치한 곳까지의 바이트 수입니다.

함수 원형	`long ftell(FILE *stream);`

ftell은 파일의 시작 위치부터 현재 파일 포인터의 위치까지를 바이트 크기로 반환합니다.

fflush 함수

fflush는 버퍼에 저장된 입출력할 내용을 모두 비우는데 사용하는 함수입니다. 만약 입력받은 데이터가 계속 버퍼에 보관되어 있다면 출력 시 엉뚱한 데이터가 처리될 수 있기 때문에, 이러한 문제를 해결하기 위해 버퍼 내용을 비워야 합니다. 이때 fflush 함수를 사용합니다.

함수 원형	`int fflush(FILE *stream);`

fflush 함수는 파일 입출력에 사용된 버퍼의 모든 내용을 비웁니다.

예제 13-10 ftell 함수를 사용해서 현재의 파일 포인터 위치를 구하는 프로그램입니다.

```
01  #include <stdio.h>
02
03  int main(void)
04  {
05      FILE *stream;
06
07      stream = fopen("test.txt", "w");     // test.txt 파일을 쓰기 모드로 엽니다.
08      fprintf(stream, "C Language");
09      printf("현재 파일 포인터 위치 : %ld\n", ftell(stream));
10
11      return 0;
12  }
```

실행결과

현재 파일 포인터 위치 : 10

해설

· **08~09** : 파일 포인터는 파일 입출력 함수를 실행한 다음에 자동으로 이동합니다. 만약 10 바이트를 입출력했으면 10바이트만큼 이동합니다. 여기서는 stream으로 지정된 파일에 "C Language" 문자열을 출력했기 때문에 파일 포인터가 10만큼 이동합니다. ftell 함수로 파일 포인터의 위치를 알아내면, 시작 위치부터 10바이트 떨어진 곳에 있기 때문에 10을 반환합니다.

fseek와 ftell 함수를 사용한 다음의 두 문장으로 파일의 크기를 알아낼 수 있습니다.

```
fseek(stream, 0L, SEEK_END);
printf("파일의 크기 : %ld\n", ftell(stream));
```

예제 13-11 파일에 임의 접근하여 원하는 데이터를 화면에 출력하는 프로그램입니다.

```
01  #include <stdio.h>
02  #include <stdlib.h>
03
04  int main(void)
05  {
06      long bunho, jumsu, size = 9L;     // random.txt 파일을 구성하는 레코드의 길이가 9바이트입니다.
07      char name[10];
08      FILE *in;
09
10      in = fopen("random.txt", "r");    // random.txt 파일을 읽기 모드로 엽니다.
11      if(in == NULL) {
12          puts("File not found !!");
13          exit(1);
14      }
15
16      printf("찾고자 하는 레코드 번호는? ");
17      scanf("%ld", &bunho);
18                                        // 키보드로부터 입력받은 레코드 번호가 0이 아니면 반복 처리합니다.
19      while(bunho != 0) {
20          fseek(in, (bunho-1)*size, SEEK_SET);   // 키보드로부터 입력받은 레코드 번호를 사용해 파일에 임의 접근합니다.
21          fscanf(in, "%ld%s%ld", &bunho, name, &jumsu);
22          printf("Name : %s\nJumsu : %d\n", name, jumsu);
23
24          printf("찾고자 하는 레코드 번호는? ");
25          scanf("%ld", &bunho);
26      }
27
28      fclose(in);
29
30      return 0;
31  }
```

실행결과

```
C:\Windows\system32\cmd.exe
찾고자 하는 레코드 번호는? 1
Name : Seo
Jumsu : 99
찾고자 하는 레코드 번호는? 4
Name : Kim
Jumsu : 90
찾고자 하는 레코드 번호는? 3
Name : Lee
Jumsu : 85
찾고자 하는 레코드 번호는? 0
계속하려면 아무 키나 누르십시오 . . .
```

해설

이 프로그램은 random.txt 파일로부터 입력된 레코드 번호의 데이터를 화면에 출력합니다. 이를 위해 입력받은 번호를 이용하여 파일 포인터를 레코드 길이만큼 이동해서 검색합니다. random.txt 파일 내용은 다음과 같습니다.

```
1 Seo 99 2 Cho 95 3 Lee 85 4 Kim 90 5 Won 80
```

- **20~21** : 한 레코드의 크기가 8바이트이고, 레코드를 구분하기 위해 한 개의 공백 문자를 사용했기 때문에 파일 포인터를 9바이트만큼 이동시키면 다음 레코드로 이동할 수 있습니다. 그래서 (bunho-1)*size는 레코드 번호에 해당하는 위치가 되기 때문에 파일의 처음부터 지정된 오프셋만큼 파일 포인터를 이동시키게 됩니다. 참고로 키보드로부터 입력받은 레코드 번호(bunho)에 1을 뺀 이유는, 시작 레코드 위치가 0이기 때문입니다. 파일 포인터가 이동된 이후에 입출력 작업은 해당 위치부터 처리됩니다. fscanf 함수는 읽은 데이터를 bunho, name, jumsu에 저장합니다.

> fseek 함수를 사용하여 파일의 임의의 위치로 파일 포인터를 이동시키면 원하는 위치에 있는 데이터를 손쉽게 처리할 수 있습니다.

뛰어넘기 : 기타 함수들

• **ferror 함수**

ferror는 스트림으로 지정된 파일에서 읽거나 쓸 때 오류가 발생하는지를 조사하는 매크로 함수입니다.

| 함수 원형 | `int ferror(FILE *stream);` |

stream으로 지정된 파일에서 오류가 발견되면 0 이외의 값을 반환합니다.

예

```
int c;
c = fgetc(stream);
if(c == EOF && ferror(stream))
    fputs("File reading error !\n",stderr);
```

• **feof 함수**

feof는 파일의 끝인지 아닌지를 알려주는 함수입니다.

| 함수 원형 | `int feof(FILE *stream);` |

stream으로 주어진 파일에서 파일의 끝(EOF) 표시를 검출하는 매크로 함수입니다. 파일의 끝이면 0 이외의 값을, 끝이 아니면 0을 반환합니다.

연습문제

01 다음 중 파일 입출력을 위한 과정을 올바른 순서대로 나열한 것은?

> A. 파일 입출력을 수행한다.
> B. 파일을 연다.
> C. FILE형 구조체 포인터 변수를 선언한다.
> D. 파일을 닫는다.

① A - B - C - D
② C - B - A - D
③ B - A - C - D
④ C - A - B - D

02 파일 입출력을 위해서 파일 및 여러 장치에 대한 논리적인 접속(interface)을 사용하는데 이를 무엇이라고 하는가?

① 구조체
② 프로토콜
③ 프로세스
④ 스트림

03 fopen 함수에서 사용하는 모드 중에서 파일을 새롭게 생성하지 않는 것은?

① w
② r
③ w+
④ a+

04 파일 입출력을 위한 FILE형 구조체를 올바로 선언한 것은?

① FILE *stream;
② struct FILE *stream;
③ FILE stream
④ struct FILE stream;

05 다음 중 임의 접근 함수와 관계없는 것은?

① fseek ② ftell ③ fread ④ rewind

06 fscanf와 fprintf 함수의 기능에 대해 설명하시오.

07 fread와 fwrite 함수의 기능에 대해서 설명하시오.

08 fseek 함수의 사용 방법에 대해서 설명하시오.

01 다음은 파일을 일정한 크기로 분할하는 프로그램입니다. 이 프로그램을 실행하고 어떻게 동작하는지 분석해봅시다.

```c
#include <stdio.h>
#include <stdlib.h>

int main(void)
{
    int c, line, fileext, linecnt=0;
    char *filename = "file.1";
    char name[20];
    FILE *src, *file;


    printf("원본 파일 이름 입력 : ");
    scanf("%s", name);

    printf("분할할 라인수 입력 : ");
    scanf("%d", &line);

    src = fopen(name, "rt");
    if(src == NULL) {
        puts("File not found !!");
        exit(1);
    }

    file = fopen(filename, "wt");

    fileext = atoi(filename + 5);

    while((c = fgetc(src)) != EOF)  {
        if(fputc(c, file) == EOF)
            exit(1);
        if(c == 0x00a)
            linecnt++;
        if(linecnt == line)  {
            printf("file write ==> %s\n", filename);
            linecnt = 0;
```

```
                    fclose(file);
                    itoa(++fileext, (filename+5), 10);
                    file = fopen(filename, "wt");
                    if(file == NULL) {
                        puts("Output file error !!");
                        exit(1);
                    }
            }
        }
        if(linecnt != 0)   {
            printf("file write ==> %s",filename);
            fclose(file);
        }
        fclose(src);

        return 0;
    }
```

02 두 개의 텍스트 파일 이름을 입력받아서 한 개의 파일로 합치는 프로그램을 작성하시오.

03 키보드로 국어, 영어, 수학 점수를 입력받아서 파일에 저장하는 프로그램을 작성하시오.

04 한 개의 파일 이름을 입력받아서 파일의 각 행에 행 번호를 붙여 파일에 저장하는 프로그램을 작성하시오.

05 한 개의 파일 이름을 입력받아서 파일 내용을 16진수 ASCII 코드로 화면에 출력하는 프로그램을 작성하시오. 단, 한 줄에 20개의 ASCII코드만 출력합니다.

06 이름(20 바이트), 전화번호(12 바이트), 주소(50 바이트)를 키보드로 받아서 파일 person.txt에 저장하고, 저장된 내용을 다시 읽어서 화면에 출력하는 프로그램을 작성하시오. 단, fread와 fwrite 함수를 사용해서 처리합니다.

C 언어의 표준 라이브러리

부록

ANSI C는 다양한 표준 라이브러리 함수를 제공합니다. 책의 본문에서 설명한 함수 이외에 편리한 기능을 제공하는 함수들에 대해 알고 있으면 프로그램 작성에 도움이 됩니다. 라이브러리 함수 중에서 비교적 유용한 것들만 정리했습니다.

문자 검사 및 변환 함수

isalnum 함수	
함수 원형	`#include <ctype.h>` `int isalnum(int c);`
설명	매개변수 c가 문자나 숫자면 0이 아닌 값, 그렇지 않은 경우는 0을 반환합니다.

isalpha 함수	
함수 원형	`#include <ctype.h>` `int isalpha(int c);`
설명	매개변수 c가 문자면 0이 아닌 값, 그렇지 않은 경우는 0을 반환합니다.

iscntrl 함수	
함수 원형	`#include <ctype.h>` `int iscntrl(int c);`
설명	매개변수 c가 제어문자면 0이 아닌 값, 그렇지 않은 경우는 0을 반환합니다.

isdigit 함수

함수 원형	`#include <ctype.h>` `int isdigit(int c);`
설명	매개변수 c가 숫자면 0이 아닌 값, 그렇지 않은 경우는 0을 반환합니다.

isgraph 함수

함수 원형	`#include <ctype.h>` `int isgraph(int c);`
설명	매개변수 c가 어떠한 그래프 문자면 0이 아닌 값, 그렇지 않은 경우는 0을 반환합니다.

islower 함수

함수 원형	`#include <ctype.h>` `int islower(int c);`
설명	매개변수 c가 소문자면 0이 아닌 값, 그렇지 않은 경우는 0을 반환합니다.

isupper 함수

함수 원형	`#include <ctype.h>` `int isupper(int c);`
설명	매개변수 c가 대문자면 0이 아닌 값, 그렇지 않은 경우는 0을 반환합니다.

isspace 함수

함수 원형	`#include <ctype.h>` `int isspace(int c);`
설명	매개변수 c가 공백 문자, 라인 피드, 캐리지 리턴, 탭이면 0이 아닌 값, 그렇지 않은 경우는 0을 반환합니다.

isxdigit 함수	
함수 원형	`#include <ctype.h>` `int isxdigit(int c);`
설명	매개변수 c가 16진수 숫자면 0이 아닌 값, 그렇지 않은 경우는 0을 반환합니다.

tolower 함수	
함수 원형	`#include <ctype.h>` `int tolower(int c);`
설명	매개변수 c가 대문자면 소문자로 변환합니다.

toupper 함수	
함수 원형	`#include <ctype.h>` `int toupper(int c);`
설명	매개변수 c가 소문자면 대문자로 변환합니다.

데이터 변환 함수

atof 함수	
함수 원형	`#include <stdlib.h>` `double atof(char *str);`
설명	매개변수 str이 가리키는 문자열을 실수로 변환합니다.

atoi 함수	
함수 원형	`#include <stdlib.h>` `int atoi(char *str);`
설명	매개변수 str이 가리키는 문자열을 정수로 변환합니다.

atol 함수

함수 원형	`#include <stdlib.h>` `int atol(char *string);`
설명	매개변수 str이 가리키는 문자열을 long형 정수로 변환합니다.

itoa 함수

함수 원형	`#include <stdlib.h>` `char *itoa(int value, char *string, int radix);`
설명	value를 radix로 지정된 진법을 사용하여 문자열로 변환합니다.

ltoa 함수

함수 원형	`#include <stdlib.h>` `char *ltoa(long value, char *string, int radix);`
설명	long형 정수인 value를 radix로 지정된 진법을 사용하여 문자열로 변환합니다.

문자열 처리 함수

strcpy 함수

함수 원형	`#include <string.h>` `char *strcpy(char *s1, const char *s2);`
설명	문자열 s2를 s1에 복사합니다.

strncpy 함수

함수 원형	`#include <string.h>` `char *strncpy(char *s1, const char *s2, size_t n);`
설명	n개의 문자를 s2에서 s1로 복사합니다.

strcat 함수	
함수 원형	`#include <string.h>` `char *strcat(char *s1, const char *s2);`
설명	문자열 s1의 끝에 s2를 연결합니다.

strncat 함수	
함수 원형	`#include <string.h>` `int strncat(char *s1, const char *s2, int n);`
설명	문자열 s2에 있는 n개의 문자를 s1의 끝에 연결합니다.

strlen 함수	
함수 원형	`#include <string.h>` `int strlen(const char *s);`
설명	문자열 s의 길이를 반환합니다.

strcmp 함수	
함수 원형	`#include <string.h>` `int strcmp(const char *s1, const char *s2);`
설명	두 개의 문자열 s1과 s2의 크기를 비교해서 s1이 s2보다 크면 양수, 작으면 음수, 같으면 0을 반환합니다

strncmp 함수	
함수 원형	`#include <string.h>` `int strncmp(const char *s1, const char *s2, int n);`
설명	두 개의 문자열 s1과 s2 중에서 n개의 부분 문자열만 비교해서 s1이 s2보다 크면 0보다 큰 값, 작으면 0보다 작은 값, 같으면 0을 반환합니다.

strchr 함수	
함수 원형	`#include <string.h>` `char *strchr(const char *s, int c);`
설명	문자열 s1에서 주어진 문자 c가 첫 번째로 나타나는 위치를 반환하고, 만약 문자 c가 발견되지 않으면 NULL을 반환합니다.

strrchr 함수	
함수 원형	`#include <string.h>` `char *strrchr(const char *s, int c);`
설명	문자열 s에 포함된 c 문자의 마지막 위치를 반환하고, 만약 문자 c가 없다면 NULL을 반환합니다.

strstr 함수	
함수 원형	`#include <string.h>` `char *strstr(const char *s1, const char *s2);`
설명	문자열 s2가 s1에 포함되어 있으면 그 시작 주소를 반환하고, 아니면 NULL을 반환합니다.

버퍼 조작 함수

memchr 함수	
함수 원형	`#include <string.h>` `void *memchr(void *s, int c, int n);`
설명	버퍼 s에 있는 n개의 문자열을 대상으로 문자 c를 검색하여 처음 발견된 곳의 주소를 반환합니다.

memcmp 함수	
함수 원형	`#include <string.h>` `int memcmp(void *s1, void *s2, int n);`
설명	두 개의 버퍼 s1과 s2에서 n개의 문자를 대상으로 비교합니다.

memcpy 함수	
함수 원형	`#include <string.h>` `void *memcpy(void *dest, void *src, int n);`
설명	버퍼 src에 있는 문자열 중에 n개를 dest에 복사합니다.

memmove 함수	
함수 원형	`#include <string.h>` `void *memmove(void *dest, void *src, int n);`
설명	버퍼 src에 있는 문자열 중에 n개를 dest에 복사합니다. 만약 src와 dest가 겹쳐도 복사가 이루어집니다.

memset 함수	
함수 원형	`#include <string.h>` `void *memset(void *s, int c, int n)`
설명	주어진 문자 c로 버퍼 s에 n개를 채웁니다.

메모리 관련 함수

calloc 함수	
함수 원형	`#include <alloc.h>` `void *calloc(int n, int size);`
설명	크기가 size 바이트인 메모리 영역을 n개 확보하여 해당 주소를 반환합니다. 이때 확보된 메모리를 0으로 초기화합니다.

malloc 함수	
함수 원형	`#include <alloc.h>` `void *malloc(int size);`
설명	size 바이트의 메모리를 확보하여 해당 주소를 반환합니다.

realloc 함수

함수 원형	`#include <alloc.h>` `void *realloc(void *p, int newsize);`
설명	포인터 p가 가리키는 메모리의 크기를 newsize로 변경하여 재할당하고, 해당 블록의 주소를 반환합니다.

free 함수

함수 원형	`#include <alloc.h>` `void free(void *memblock);`
설명	memblock이 가리키고 있는 주소의 블록을 해제합니다.

수학 함수

abs 함수

함수 원형	`#include <math.h>` `int abs(int n);`
설명	정수 n의 절대값을 구합니다.

labs 함수

함수 원형	`#include <math.h>` `long labs(long n);`
설명	long형 정수 n의 절대값을 구합니다.

fabs 함수

함수 원형	`#include <math.h>` `double fabs(double x);`
설명	실수형 x의 절대값을 구합니다.

acos 함수	
함수 원형	`#include <math.h>` `double acos(double x);`
설명	아크코사인을 구합니다.

asin 함수	
함수 원형	`#include <math.h>` `double asin(double x);`
설명	아크사인을 구합니다.

atan 함수	
함수 원형	`#include <math.h>` `double atan(double x);`
설명	아크탄젠트를 구합니다.

atan2 함수	
함수 원형	`#include <math.h>` `double atan2(double y, double x);`
설명	y/x의 아크탄젠트를 구합니다.

cabs 함수	
함수 원형	`#include <math.h>` `double cabs(struct_complex z);`
설명	복소수의 절대값을 구합니다.

cos 함수	
함수 원형	`#include <math.h>` `double cos(double x)`
설명	코사인 값을 구합니다.

cosh 함수	
함수 원형	`#include <math.h>` `double cosh(double x);`
설명	하이퍼블릭 코사인 값을 구합니다.

exp 함수	
함수 원형	`#include <math.h>` `double exp(double x);`
설명	지수 함수의 값을 구합니다.

fmod 함수	
함수 원형	`#include <math.h>` `fmod(double x, double y);`
설명	x/y의 나머지를 구합니다.

log 함수	
함수 원형	`#include <math.h>` `double log(double x);`
설명	자연 로그를 구합니다.

log10 함수	
함수 원형	`#include <math.h>` `double log10(double x);`
설명	상용 로그를 구합니다.

pow 함수	
함수 원형	`#include <math.h>` `double pow(double x, double y);`
설명	x의 y승을 구합니다.

sin 함수	
함수 원형	`#include <math.h>` `double sin(double x);`
설명	사인 값을 구합니다.

sqrt 함수	
함수 원형	`#include <math.h>` `double sqrt(double x);`
설명	입력된 값의 양의 제곱근을 구합니다.

tan 함수	
함수 원형	`#include <math.h>` `double tan(double x);`
설명	탄젠트 값을 구합니다.

표준 입출력 함수

getch 함수	
함수 원형	`#include <conio.h>` `int getch(void);`
설명	키보드로부터 문자를 입력받고, 화면에 에코가 안됩니다.

getchar 함수	
함수 원형	`#include <stdio.h>` `int getchar(void);`
설명	키보드로부터 문자열을 입력받습니다.

getche 함수	
함수 원형	`#include <conio.h>` `int getche(void);`
설명	키보드로부터 문자를 입력받고, 화면에 에코가 됩니다.

gets 함수	
함수 원형	`#include <stdio.h>` `char *gets(char *buffer);`
설명	키보드로부터 문자열을 입력받아서 buffer에 저장합니다.

printf 함수	
함수 원형	`#include <stdio.h>` `int printf(format [, argument, ...]);`
설명	서식화된 문자열을 화면에 출력합니다.

putchar 함수	
함수 원형	`#include <stdio.h>` `int putchar(int c);`
설명	문자 c를 화면에 출력합니다.

puts 함수	
함수 원형	`#include <stdio.h>` `int puts(char *s);`
설명	문자열 s를 화면에 출력합니다.

scanf 함수	
함수 원형	`#include <stdio.h>` `int scanf(char *formatString, args);`
설명	서식화된 값을 키보드로부터 입력받습니다.

파일 입출력 함수

clearerr 함수	
함수 원형	`#include <stdio.h>` `void clearerr(FILE *fp);`
설명	스트림 fp의 오류 지시자를 지웁니다.

fclose 함수	
함수 원형	`#include <stdio.h>` `int fclose(FILE *fp);`
설명	fp가 가리키는 파일을 닫습니다. 정상적으로 수행되면 0, 오류가 발생하면 EOF를 반환합니다.

feof 함수	
함수 원형	`#include <stdio.h>` `int feof(FILE *fp);`
설명	fp가 가리키는 파일의 끝을 검사합니다. 지정된 파일이 EOF이면 0 이외의 값을 반환합니다.

ferror 함수	
함수 원형	`#include <stdio.h>` `int ferror(FILE *fp);`
설명	파일의 입출력 동안 오류가 발생했는지를 검사합니다. 오류가 있으면 0 이외의 값을 반환합니다.

fflush 함수	
함수 원형	`#include <stdio.h>` `int fflush(FILE *fp);`
설명	버퍼의 내용을 파일에 쓰고 버퍼를 비웁니다. 정상적으로 수행되면 0을 반환하고, 그 이외에는 EOF를 반환합니다.

fgetc 함수	
함수 원형	`#include <stdio.h>` `int fgetc(FILE *fp);`
설명	fp로 지정된 파일에서 한 문자를 읽어옵니다. 오류나 파일의 끝이면 EOF를 반환합니다.

fgets 함수	
함수 원형	`#include <stdio.h>` `char *fgets(char *string, int n, FILE *fp);`
설명	fp로 지정된 파일에서 n개의 문자열을 읽어서 string에 저장합니다. 읽어 들이는 단위는 EOF 또는 개행 문자를 만나거나 n-1개의 문자 길이 만큼입니다. 실패한 경우 NULL을 반환합니다.

fopen 함수	
함수 원형	`#include <stdio.h>` `FILE *fopen(char *filename, char *mode);`
설명	지정된 mode로 파일을 엽니다. 성공하면 FILE형 구조체 포인터를, 오류면 NULL을 반환합니다.

fprintf 함수	
함수 원형	`#include <stdio.h>` `int fprintf(FILE *fp, char *formatString, char *args);`
설명	지정된 서식으로 파일에 출력합니다.

fputc 함수	
함수 원형	`#include <stdio.h>` `int fputc(int c, FILE *fp);`
설명	문자 c를 fp에 출력합니다. 정상적으로 수행되면 출력한 문자의 수를, 오류가 발생하면 EOF를 반환합니다.

fputs 함수	
함수 원형	`#include <stdio.h>` `int fputs(char *string, FILE *fp);`
설명	문자열 string을 파일에 출력합니다. 오류가 발생하면 EOF를 반환합니다.

fread 함수	
함수 원형	`#include <stdio.h>` `int fread(char *buffer, int size, int n, FILE *fp);`
설명	파일로부터 size*n개의 데이터를 읽어옵니다.

fscanf 함수	
함수 원형	`#include <stdio.h>` `int fscanf(FILE *fp, char *formatString, char *args);`
설명	파일로부터 서식으로 지정된 형태로 읽어옵니다.

fseek 함수	
함수 원형	`#include <stdio.h>` `int fseek(FILE *fp, long offset, int whence);`
설명	현재의 파일 포인터 위치를 이동합니다.

ftell 함수	
함수 원형	`#include <stdio.h>` `long ftell(FILE *fp);`
설명	파일 포인터의 현재 위치를 반환합니다. 오류가 발생하면 -1을 반환합니다.

fwrite 함수	
함수 원형	`#include <stdio.h>` `int fwrite(char *buffer, int size, int n, FILE *fp);`
설명	버퍼에 있는 size*n개의 데이터를 파일에 출력합니다.

getc 함수	
함수 원형	`#include <studio.h>` `int getc(FILE *fp);`
설명	파일로부터 한 개의 문자를 읽어옵니다.

putc 함수	
함수 원형	`#include <stdio.h>` `int putc(int c, FILE *fp);`
설명	문자 c를 파일에 출력합니다.

rewind 함수	
함수 원형	`#include <stdio.h>` `void rewind(FILE *fp);`
설명	파일 포인터를 첫 번째 위치로 이동합니다.

setbuf 함수	
함수 원형	`#include <stdio.h>` `void setbuf(FILE *fp, char *buffer);`
설명	파일에 새로운 버퍼를 지정합니다.

폴더 관련 함수

chdir 함수	
함수 원형	`#include <dir.h>` `int chdir(char *path);`
설명	현재의 폴더 위치를 주어진 경로로 변경합니다.

getcwd 함수	
함수 원형	`#include <dir.h>` `char *getcwd(char *path, int numchars);`
설명	현재의 작업 폴더 이름을 반환합니다.

mkdir 함수	
함수 원형	`#include <dir.h>` `int mkdir(char *path);`
설명	주어진 경로를 사용하여 폴더를 생성합니다.

rmdir 함수	
함수 원형	`#include <dir.h>` `int rmdir(char *path);`
설명	주어진 경로의 폴더를 삭제합니다.

시간 함수

asctime 함수	
함수 원형	`#include <time.h>` `char *asctime(struct tm *time);`
설명	struct tm 형식의 시간을 문자열로 반환합니다.

tm 구조체의 형틀
| ```
struct tm
{
    int   tm_sec;
    int   tm_min;
    int   tm_hour;
    int   tm_mday;
    int   tm_mon;
    int   tm_year;
    int   tm_wday;
    int   tm_yday;
    int   tm_isdst;
};
``` |
```

clock 함수	
함수 원형	`#include <time.h>` `clock_t clock(void);`
설명	지금부터 경과된 시간을 반환합니다.

ctime 함수	
함수 원형	`#include <time.h>` `char *ctime(time_t *time);`
설명	날짜와 시간을 문자열로 반환합니다.

difftime 함수	
함수 원형	`#include <time.h>` `double difftime(time_t time1, time_t time2);`
설명	두 시간 사이의 차이를 초 단위로 반환합니다.

gmtime 함수	
함수 원형	`#include <time.h>` `struct tm *gmtime(time_t *time);`
설명	Greenwich Mean Time(GMT)을 tm 구조체 포인터로 반환합니다.

localtime 함수	
함수 원형	`#include <time.h>` `struct tm *localtime(time_t *time);`
설명	local time을 tm 구조체 포인터로 반환합니다.

time 함수	
함수 원형	`#include <time.h>` `time_t time(time_t *timeptr);`
설명	1970년 1월 1일 0시 0분 0초부터 경과된 현재까지의 시간을 초로 환산하여 반환합니다.

난수 발생 함수

rand 함수	
함수 원형	`int rand(void);`
설명	난수를 발생시킵니다. 난수 발생 범위는 0부터 stdlib.h에 매크로로 정의된 RAND_MAX(32767) 사이입니다.

srand 함수	
함수 원형	`void srand(unsigned int seed);`
설명	난수 발생기의 seed를 변경시킵니다.

Index

기호

^	182
^=	158
-	149
--	154
-=	158
->	554
;	144
!	172
!=	163
?:	198
.	545
{ }	144
*	149 / 194 / 297 / 301
**	373
*=	158
/	149
/* ~ */	54
//	54
/=	158
\'	64
\"	64
\a	64
\b	64
\f	64
\n	64
\r	64
\t	64
\숫자	64
\\	64
&	179 / 194 / 295 / 301
&&	170
&=	158
#	53 / 629
##	631
#define	606
#elif	623
#error	628
#if	623
#ifdef	619
#ifndef	619
#include	601
#line	626
#pragma	628
#undef	615
%	60 / 149
%%	61
%c	61
%C	61
%d	61
%e	61
%E	61
%f	61
%g	61
%ld	61
%lo	61
%lx	61
%o	61
%s	61
%u	61
%x	61
%X	61
%=	158
+	149
++	154
+=	158
〈	163
〈〈	188
〈〈=	158
〈=	163
=	158
==	163
〉	163
〉=	163
〉〉	188
〉〉=	158
|	181
|=	158
||	170
~	183
__DATE__	618
__FILE__	618
__LINE__	618
__TIME__	618

숫자

1의 보수	184
2의 보수	91 / 184
2차원 배열	319
3차원 배열	325
8진 상수	112

10진 상수	112	bit field	580	ctime	700
16진 상수	112	block	144		
		break	275	**D**	
A		bug	51		
		buffer	644	data type conversion	127
abs	689	byte	101	debug	51
acos	690			debugging	50
actual parameter	389 / 403	**C**		derived type	84
address	294			Dev C++	43
algorithm	218	C90	28	difftime	700
AND	170	C99	28	double	106
ANSI	27	cabs	690	doubly linked list	570
ANSI C	27	call by reference	410	do~while	250
argc	424	call by value	407	dynamic allocation	488
argument	389 / 391	called function	389		
argv	424	callee	389	**E**	
array	307	caller	389		
ASCII 코드	94	calling function	389	embedded system	17
asctime	699	calloc	528 / 688	empty statement	144
asin	690	case	231	entry condition	247
assemble	19	cast	133	enum	584
assembler	19	cgets	456	enumerated type	584
assembly language	19	char	93	EOF	648
assignment	158	chdir	698	error	50
atan	690	clearerr	694	Escape character	117
atan2	690	clock	700	exit condition	251
atof	463 / 684	command line argument	424	exponent	106
atoi	462 / 684	comment	54	expression	84
atol	463	compiler	21	expressions	142
auto	494	compound statement	144	extern	508
		const	125 / 464	external static variable	503
B		constant	82	external variable	508
		continue	278		
bias	107	cos	691		
big endian	579	cosh	691		
bit	101	cputs	455		

F

fabs	689
false	163
fclose	650 / 694
feof	676 / 695
ferror	676 / 695
ffblk	666
fflush	672 / 695
fgetc	651 / 695
fgets	658 / 695
FILE 구조체	643
findfirst	667
findnext	667
fixed point	100
float	106
floating point data type	106
float형 상수	115
fmod	691
fopen	647 / 696
for	254
formal parameter	389 / 403
fprintf	662 / 696
fputc	653 / 696
fputs	658 / 696
fread	664 / 696
free	528 / 689
fscanf	662 / 697
fseek	697
ftell	672 / 697
function	384
function prototype	393
fwrite	664 / 697

G

getc	651 / 697
getch	454 / 693
getchar	455 / 693
gets	456 / 693
goto	281
getche	693
getcwd	698
gmtime	700

H

Hanoi tower	440
heap	527
high-level language	20

I

IDE	49
identifier	80
if	221
if~else	225
indentation	59
index	309
indirect address	195
int	100 / 102
interface	641
interpreter	22
IR	296
ISO C	27
iterative function	433
internal static variable	503
isalnum	682
isalpha	682
iscntrl	682
isdigit	683
isgraph	683
islower	604 / 683
isspace	683
isupper	604 / 683
isxdigit	684
itoa	685

K

K&R C	27

L

labs	689
label	281
library	387
library function	386
life time	491
LIFO	488
linked list	568
linker	52
little endian	579
localtime	700
log	691
log10	692
long	89 / 100 / 102
long double	106
long형 상수	112
low-level language	19
ltoa	685

M

macro	606
macro expansion	607

memchr	687	parameter	389 / 391	**S**	
machine language	19	PC	296		
main 함수	53 / 424	pointer	295	scanf	68 / 694
malloc	528 / 688	pop	488	scope	491
mantissa	106	pow	692	SEEK_CUR	670
MAR	296	predefined stream	642	SEEK_END	670
masking	180	preprocess	598	SEEK_SET	670
MBR	296	preprocessor	598	self referential structure	566
memcmp	687	postfix	154	sequential access	669
memcpy	688	prefix	154	setbuf	698
memmove	688	primitive type	84	short	89 / 100 / 102
memset	688	printf	60 / 693	signed	90
middle-level language	28	procedure	384	signed 2's complement	91
module	384	procedure oriented language	22	sin	692
mkdir	699	program	14	single statement	144
		push	488	singly linked list	570
N		putc	653 / 698	sizeof	204
		putch	454	sqrt	692
nested structure	557	putchar	454 / 694	srand	285 / 701
normalization	107	puts	455 / 694	statement	143
NOT	172			static	503
NULL	74 / 119	**R**		static allocation	489
				static variable	503
O		rand	284 / 701	stdaux	642
		random access	669	stderr	642
object code	50	random number	284	stdin	642
object oriented language	23	realloc	528	stdout	642
offset	670	recursive function	433	stdprn	642
OOP	37	reference	406	storage class	491
operand	143	register	500	strcat	472 / 686
OR	170	register variable	500	strchr	473 / 687
overflow	97	reserved word	81	strcmp	469 / 686
		return	283 / 413	strcpy	467 / 685
P		return value	388	stream	640
		rewind	671 / 698	stricmp	469
padding	581	rmdir	699	string	119

strlen	467 / 480 / 686
strlwr	475
strncat	472 / 686
strncmp	469 / 686
strncpy	467 / 685
strrchr	473 / 687
strrev	474 / 483
strstr	473 / 687
strtok	476
structure	538
strupr	475
subroutine	384
subscript	309
switch	231

T

tan	692
template	540
time	285 / 701
tm 구조체	699
tolower	604 / 684
toupper	604 / 684
true	163
typedef	544 / 633

U

union	574
unlink	661
unsigned	90
unsigned char	93
unsigned int	100
unsigned long	100
unsigned short	100
user defined function	386

V

variable	82
Visual Studio	36
void	376 / 422
void형 포인터	376
void형 함수	422
von Neumann	83

W

warning	50
while	246
word	101

X

XOR	182

ㄱ

가수	106
간접 주소	195
간접 주소 연산자	297
값에 의한 호출	407
강제 형변환	132 / 136
객체지향 언어	23
경고	50
고급 언어	20
고정 소수점	100
공문	144
공용체	574
광역화 형변환	136
구조체	538
구조체 배열	551
구조체 포인터	554
구조체 형틀	540
기계어	19
기본형	84
기억 클래스	491
기정의 스트림	642
기호 상수	124 / 606

ㄴ

나열 연산자	201
난수	284
내부 정적 변수	503
널	74 / 119
노드	569
논리형 상수	163

ㄷ

다중 if~else문	228
다중 선택	228
다차원 배열	318 / 361
단순 대입 연산자	158
단일문	144
단일 선택	221
단일 연결 리스트	570
단축 논리 연산	171
대입	158
대입 연산자	158
데니스 리치	25
동적 할당	527 / 488
동적	488
들여쓰기	59
디버그	51
디버깅	50

ㄹ

라이브러리	387
라이브러리 함수	386
레이블	281
레지스터 변수	500
리틀 엔디언	579
링커	52
링크	52 / 569

ㅁ

마스킹	180
매개변수	389 / 391 / 403
매크로	606
매크로 상수	606
매크로 함수	610
매크로 확장	607
멤버	545
명령행 인자	424
명시적 형변환	133 / 136
모듈	384
모듈화	385
목적 코드	50
무한 루프	248
묵시적 형변환	128 / 136
문자 상수	116
문자열	119 / 356
문자형 배열	315
문장	143

ㅂ

바이어스	107
바이트	101
반복문	218

반복 처리	220
반복 함수	433
반환값	388
배열	307
배열 요소	307
배열의 크기	307
배열 이름	307
배열 포인터	367
버그	51
버퍼	644
변수	82
복합문	144
부동 소수점 자료형	106
부분 배열	361
부호 수정자	90
부호화된 2의 보수	91
분기문	218 / 275
블록	144
비트	101
비트 논리 연산자	179
비트 연산자	179
비트 이동 연산자	188
비트 필드	580
빅 엔디언	579

ㅅ

사용자 정의 함수	386
산술 연산자	149
상수	82
서브루틴	384
선언	85
선택문	218
선택 처리	219
선행처리	598
선행처리기	598

선행처리 명령어	600
선행처리 지시자	600
세미콜론	144
수식	84 / 142
순차 접근	669
순차 처리	219
순환 함수	433
스택	488
스트림	640
시스템 소프트웨어	15
시스템 정의 매크로	618
식	142
식별자	80
실 매개변수	403
실수형 상수	115
실행	52

ㅇ

알고리즘	218
양자 선택	225
어셈블	19
어셈블러	19
어셈블리 언어	19
연결 리스트	568
연결 연산자	201
연산자	143
열거형	584
열거형 변수	584
열거형 상수	585
예약어	81
오류	50
오버플로우	97
외부 변수	508
외부 정적 변수	503
우선순위	147

Index 707

워드	101	조건 연산자	198	**ㅍ**	
유도형	84	조건 컴파일	619	파이썬	18
유효 기간	491	주석	54	팝	488
유효 범위	491	주소	294	패딩	581
응용 소프트웨어	15	주소 연산자	194 / 295	포인터	294
이스케이프	117	중괄호	144	포인터 배열	370
이스케이프 문자	117	중급 언어	28	포인터 연산	344
이진 모드	648 / 649	중첩 for	259 / 269	포인터의 포인터	373
이중 연결 리스트	570	중첩된 구조체	557	폰 노이만	83
인덱스	309	증감 연산자	154	표준 입출력	452
인수	389	지수	106	표현식	142
인터프리터	22	진입 조건	247	푸시	488
인터프리트	21			프로그래밍 언어	16
임베디드 시스템	17			프로그램	14
임의 접근	669	**ㅊ**		프로그램 내장 방식	83
입출력 버퍼	644	참조	406	프로시저	384
		참조에 의한 호출	410	피연산자	143
		첨자	309		
ㅈ		초기화	86	**ㅎ**	
자기 참조 구조체	566	치환	607	하노이 타워	440
자동 변수	494			함수	384 / 386
자동 형변환	128 / 136	**ㅋ**		함수 선언	393
자료형	84			함수 원형	393
자료형 수정자	88	캐스트	133	함수 포인터	443
저급 언어	19	캐스트 연산자	203	함수 호출	395
전달인자	391	컴파일	50	협소화 형변환	136
전위형	154	컴파일러	21	형변환	127
전처리기	598	컴파일 방식	21	형식 매개변수	403
절차지향 언어	22	크기 수정자	89	혼합 대입 연산자	158
정규화	107			후위형	154
정수형 상수	112	**ㅌ**		힙	527
정의	86	탈출 조건	251		
정적	489	토큰	476		
정적 변수	503	통합 개발 환경	49		
정적 할당	489	텍스트 모드	648 / 649		
제어문	218				